国家社会科学基金重大项目

中国地区间
居民收入分配差距研究

ZHONGGUO DIQU JIAN
JUMIN SHOURU FENPEI CHAJU YANJIU

李晓西 等◎著

人民出版社

前　言

　　改革开放以来，中国经济发展保持了持续高速增长的势头，人民生活水平得到了很大的提高。但一个不容忽视的问题是：区域经济发展差距加大，地区间居民收入差距拉大。这些差距如何进行测度、衡量和评判？地区间居民收入差距的变化有什么特点？国家应该如何完善区域发展战略、如何调整国民收入分配政策？显然，这些均是需要研究的。本书正是围绕这方面进行研究的一个成果。

　　作为国家社会科学基金重大项目"我国地区间居民收入分配差距研究"研究课题的最终成果，本书按主题要求，集中反映了国民收入分配中地区间居民收入差距的情况。从 2006 年初到现在的三年多时间里，我们实地考察与调查了若干省（市、区）的居民收入分配情况，撰写了若干份实地调研的考察报告，并对全国各区域及地区间居民收入差距的数据进行了统计分析，完成了报告。

　　事实上，本书的最大特点是提出并调研了 10 大特殊类型地区。这些地区亟需关注，往往是多矛盾、多问题地区和事件多发区，其对社会和国家的影响很大。如库区移民涉及到 2000 万人口，失地农民涉及到4000 万农民，而贫困地区涉及到 4000 多万人口，再加上边疆少数民族地区以及"十一五"规划中的四大功能区之一的"限制开发区"的人口，综合起来有几亿人口，而且其相应的区域面积也占全国总面积的相当大比重。显然，通过对这些特殊类型地区的经济发展和收入分配问题的研究，可以为国家区域经济发展政策和收入分配政策的完善提供有益的参考。

如何定位本课题在收入分配研究领域的份量呢？我想有正反两个角度值得一提。一方面，本课题提升了地区间居民收入差距在以往收入分配研究或区域研究中一个小配角角色，突出了特殊案例与宏观背景的结合，突出了对功能区中分配问题的关注，突出了地区间居民收入差距的重要性；另一方面，也要看到地区间居民收入差距确实只能解释全国收入差距的很小一部分。根据有关分配方面专家的研究成果，地区间居民收入差距在解释全国收入差距中，可能起到的作用仅为 1/10 左右，至多在 20% 以下①。因此，本课题所做的工作的定位，一是有价值，二是要服务于收入分配整体研究才更有价值。

回顾本课题的研究工作，有三次重要的会议值得再次提起。2006 年 7月，课题组召开了开题论证会。出席会议的专家、领导有国家发改委地区司范恒山司长、收入分配司胡德巧副司长，中央党校研究室周天勇副主任，国家发改委经济社会发展研究所杨宜勇所长，国务院研究室秘书司侯万军副司长，北京师范大学韩震副校长以及校社科处韦蔚副处长。收入分配领域的知名专家李实、吴殿廷、刘学敏、梁进社、施发启、周云波等教授也参加了会议。与会领导和专家对课题组前期所做的工作表示了充分肯定，并提出了许多宝贵的建议，为本课题的顺利进行提供了思路上的正确导向和精神鼓舞。记得周天勇教授的评价是："从这个课题的设计看，是要真干"。第二次是 2007 年 9 月在合肥召开的国家社科基金重大项目的中期检评会。会上有众多项目的交流以及领导的点评，非常有效率和启发性。我们这个课题的进展情况包括课题的组织方式等，在会上也得到国家

---

① 李实研究员等认为"1988 年整体收入不平等的十分之一来自于地区间平均收入的差异。这一贡献比率到 1995 年增加到 14%，因此可以说，地区间收入差距的扩大是全国收入不等在 1988 年到 1995 年之间扩大的原因之一"。参见李实、赵人伟《国居民收入分配再研究》，《经济研究》1999 年第 4 期。

哲学社会科学规划办公室张国祚主任的高度评价和表扬："晓西同志发言很精彩，研究方式很注重调研，经费使用上吸收各方面支持，见了实效"。这对我们继续完成课题有着非常直接的推动作用。第三次会议是2008年1月，本课题组召开了各子课题评议交流会。不少曾参加开题的领导和专家也再次来到会场，他们是胡德巧、周天勇、杨宜勇、施发启、陈谊、吴殿廷、赖德胜、刘学敏、梁进社、彭真怀、尹恒、张文勇、刘湘民等。北京师范大学韩震副校长再次参会并发表讲话。与会领导和专家认为课题调研工作量非常大，对课题组完成的工作表示赞许和高度肯定，并对完善各子课题和形成总报告提出了宝贵意见。各子课题的负责人汇报交流了课题的进展与成果，他们是重庆大学颜哲教授、中国中医科学院杨卫彬教授、中央财经大学王海港副教授、云南财经大学王敏副教授以及我院的张琦教授等。会上，胡德巧副司长感慨地说："整个课题的组织、调研、所花的功夫，使我非常感动，出了这么多的产品，说明课题组在实实在在地做事"。

在组织完成本课题过程中，我有两点体会。一是要以自身优势为基础，形成课题的攻关重点。我们的优势在于与国家各部委、若干省市有着良好的长期合作关系。同时，我们有着校内外的有着丰富的多项目合作经验的研究团队，有着大量研究生。因此，我们决定，要抓实地调研，要抓政府最关心的若干特别类型区进行调研。我们配套形成了若干相近课题，既获得多种支持，也直接为相关省市的决策提供了服务。二是要以当前重大问题为导向，形成课题的政策建议。课题之初，中央正在推进公务员工资改革。我们的调研马上为这项改革服务，我们提出了几份建议报告，如《分配制度改革需要准确全面的舆论导向》、《应高度重视解决企业退休金偏低问题》、《应加大支持农村"五保"的力度》、《山西煤炭工人收入偏低分析与建议》、《改善老年人收入与健康支出水平的政策建议》等，分别报送中央和国务院有关部门，引起了重视，工作得到充分肯定。

借此机会，再次向国家哲学社会科学规划办公室的信任表示衷心感谢，向关心和指导本课题的各位领导、专家表示诚挚的谢意，向参加课题的老师与研究生付出的辛勤劳动表示慰问。

2009 年 12 月 30 日于香港中文大学

目录

第一章

地区间居民收入分配差距概论
（2001～2008）

中国地区间居民收入差距问题，是一个关系重大且很难解释清楚的问题。近年来这个问题越来越引发各方关注，也直接影响到各地居民的工作生活态度，甚至影响到社会稳定。在第一章我们将从总体上对这个问题进行回答。它主要分四个方面，一是对"地区间居民收入分配差距"的内涵进行解析，明确我们的概念界定与方法选择；二是在这个基础上，对地区间居民收入的差距现状进行较为全面的统计分析；三是对地区间居民收入差距做个评价，并作初步的原因分析；最后则配合总体分析进行一次案例调研的研究，它是基于全国 24 个省（区）的 33 个城市城乡结合带居民收入随机抽样的结果。

第一节 "地区间居民收入分配差距"的
内涵解析[①]

"地区间居民收入分配差距"在各类差距比较中是相对有限的一种。

[①] 本节一、二、三部分由李晓西教授执笔，第四部分由曾学文副教授和张明明硕士完成。

地区间收入差距与地区间居民收入差距是不同的研究范围。前者涵盖城乡、阶层、行业、居民个人等多个方面，包括地区间财政、税收、产业、收入等指标。地区间居民收入差距则是一个范围相对小一些的概念。可以说，即使如此，"地区间居民收入分配差距"也是一个由多种选择构成的比较复杂的内容。这里涉及三个最基本的选择，一是对"地区划分"的选择，二是对"居民收入"的界定，三是对分配差距判定方法的选择。下面，我们重点就这三方面来展开论述。

一、对"地区划分"的选择

"地区间"可以进行多种选择，比如，有的按大地带划分，有的按行政区域划分，有的按典型特征来划分，等等。不同划分方式下的收入比较的结果，显然会是非常不同的。

在本报告中，我们对"地区间"划分的选择是两大类型。一大类型是按已形成共识的划分法。这又分两种情况，一是分省法，主要是指利用31省（市、区）的行政划分。在这个区分中，我们又借用了世界银行专家以省为单位按收入进行排序的划分办法进行对比分析。在此基础上，我们运用了波士顿矩阵分析法。二是分大区域法，即借用东、中、西三大地带的划分。这两种划分都具有很强的实用性，也是从事区域经济研究和区域发展政策制定最常用的分区法。因此，它既利于与他人成果的比较，也利于转换成有行政单位支撑的政策建议。这种方法多与统计分析紧密结合，其在国土范围是全覆盖的，即各区划加总即为全国面积。

第二大类型的划分方法是典型区域选择。这是本报告在区域选择中的特点。我们认为，在中国，问题积聚区和矛盾冲突地区非常值得关注，"问题积聚区"中的社会不稳定因素较多，而这些地区收入分配研究成果相对少一些。我们希望借这次课题的推动，多进行实地考察，多分析案例，为政府决策服务，以推动这些地区收入差距问题的解决。在本报告的第二、三章中共有10类特殊或典型区域。这类区域的选择显然是非全覆盖的，因此，地区间的比较也是需要从实际出发，具体问题具体对待。比如，如何看待不同类型地区的收入与全国平均收入的差距、典型区域与周边同类区域的差距等。这将体现在我们的实地考察报告中。当然，这种选择不以行政区划为主线，但还需要以一定的行政区划作参考。本课题力求在这一类区域的研究和比较中有所突破，有所贡献。

以上两类区域选择，构成我们课题目标的主要思路。在开题报告中，我们提出了具体的"1 加 4"的研究框架："1"就是指在对地区间居民收入差距的现有成果进行分析比较的基础上，按照现有统计分析方法，对差距现状做出全面的定量分析，并得出定性的判断。我们计划在这一部分分析收入差距的现状并提出相关的政策建议。

二、如何界定"居民个人收入内涵"？

居民个人收入包括哪些内容呢？这也是一个包含多种选择性的问题。从收入来源方面，有若干分类；从收入的支出方面，又会有若干分类。它的类型很多，比如有劳动力收入，要素收入，公共品折合的收入，非法收入，社会福利性收入，财产性收入等。我国的居民收入要包括一些间接的、非货币化的部分。在统计分析部分，我们重点还是以城镇人均居民收入和农民人均收入作为分析比较的基础。在实地调研部分，则会适当细化居民收入的种类。

用什么指标来衡量收入差距？这里首先涉及到差距指标的选定。在调研中，我们认为对地区域收入差距分析可有多种指标体，总量上的指标体系有区域国民收入、社会总产值、GDP、GNP、区域农村居民纯收入、区域城镇居民总收入等；人均指标则有人均国民收入、人均社会总产值、人均 GDP、人均 GNP、人均农村居民纯收入、人均城镇居民总收入等指标等。在本书第一章中，我们选择了三个通常普遍运用的指标，即：人均 GDP、人均农村居民纯收入和人均城镇居民纯收入。人均 GDP，可以反映区域经济总发展水平和收入的能力，而人均农村居民纯收入和人均城镇居民纯收入,则可以从城镇和农村的角度来观察区域间收入水平。

三、差距比较分析方法的确定

原则上,测度随机变量离散程度的统计量都可用来测度单一指标的地区间不均等,如极差、方差、离差系数、变异系数、均方对数差等。分析区域经济收入的常用方法主要有极值差分析、变异系数分析、基尼系数分析、集中指数和泰尔指数分析等。有些专家还使用了 Atkinson 指标、奥尔曼(Oshima)指标、库兹涅茨指标、塞尔指标等。在以上分析方法中,集中指数一般适用于总量的比较,而分析收入差距时用人均指标比总量指标更合适,因为各区域的数量和人口存在差异。而泰尔指数分析不是很常用。

本书特别使用了一种波士顿矩阵的方法。这是美国波士顿咨询集团于1960年提出的一种分析方法,主要用于市场销售分析。波士顿矩阵的纵坐标表示产品的市场增长率,横坐标表示本企业的相对市场份额。根据市场增长率和市场份额的不同组合,可以将企业的产品分成四种类型:明星产品、金牛产品、问号产品和瘦狗产品。一个企业的所有产品,都可以归入这四种类型,依据其所处的地位采取不同的战略。在这里,借用这个思路,我们把各省的人均 GDP 收入增长平均值和某年各省人均GDP 平均值做为两个坐标,来寻找各省在人均 GDP 上的定位。此外,在报告中,我们还采取了极值差分析、变异系数分析和基尼系数分析方法等。

四、相关文献简述

我国许多学者对地区间收入分配差距进行过测度。蔡昉、都阳(2000)① 认为中国在改革开放以来,地区经济发展中不存在普遍的趋同现

---

① 蔡昉、都阳:《中国地区经济增长的趋同与差异——对西部开发战略的启示》,《经济研究》2000 年第 10 期。

象，却形成了东部、中部和西部地区三个趋同俱乐部。同时，在考虑到诸如人力资本秉赋等影响人均收入增长率的变量之后，人均收入增长率与初始年份的人均国内生产总值之间呈反向关系，即中国地区经济发展中存在着有条件趋同。林毅夫、刘培林（2003）[①]认为中国大陆地区差距从20世纪90年代以来逐渐拉大，其主要原因是重工业优先发展的赶超战略下形成的生产要素存量配置结构，与许多省区市的要素禀赋结构决定的比较优势相违背，从而导致大量的赶超企业缺乏自生能力。李实（2003）[②]对居民收入差距的研究文献进行了综合梳理。他将居民收入差距分解为农村内部、城镇内部、城乡之间和地区之间的收入差距，分别考察了各种收入差距的变化趋势。王小鲁、樊纲（2004）[③]考察了上世纪80年代和90年代地区收入差距的变动趋势，认为我国东部沿海地区和中西部内陆地区在经济发展水平方面，无论是绝对差距还是相对差距都还在扩大。这主要是由于生产率的差别以及由此引起的资本流动所导致。资本的持续流动已经使地区间资本产出率的差别出现了缩小的趋势，但是生产率的地区差距还没有出现缩小的趋势。刘夏明、魏英琪、李国平（2004）[④]对基尼系数进行分解的结果表明，中国地区经济的总体差距在20世纪80年代有所下降，但在20世纪90年代却呈上升趋势；地区经济的总体差距主要来自沿海和内陆地区的差距，在各地区内部不存在所谓的俱乐部收敛。经济、地理、历史等多种因素使沿海地区处在了比较高的发展起点上，地区发展战略、全球化、经济自由化，要素市场的扭曲相互交织，对地区差距的形成产生了重要的影响。彭国华（2005）[⑤]认为全要素生产率（TFP）与收入的收敛模式具有很大的相似性，全国范围内没有绝对收敛，只有条件收敛，但

---

① 林毅夫、刘培林：《中国的经济发展战略与地区收入差距》，《经济研究》2003 年第 3 期。

② 李实：《中国个人收入分配研究回顾与展望》，《经济学（季刊）》2003 年第 2 期。

③ 王小鲁、樊纲：《中国地区差距的变动趋势和影响因素》，《经济研究》2004 年第 1 期。

④ 刘夏明、魏英琪、李国平：《收敛还是发散——中国区域经济发展争论的文献综述》，《经济研究》2004 年第 7 期。

⑤ 彭国华：《中国地区收入差距、全要素生产率及其收敛分析》，《经济研究》2005 年第 9 期。

第一章

地区间居民收入分配差距概论（2001～2008）

5

是 TFP 的收敛速度明显高于收入的收敛速度。三大地区中只有东部地区存在俱乐部收敛现象。而且，我国 TFP 与收入的收敛模式与世界范围的 TFP 和收入的收敛模式具有很大的相似性。万广华（2005）[①] 等人主要对造成地区间收入差距的原因进行了分析，通过模型得出全球化对于地区间收入差距的贡献显著为正，并且随着时间而加强；资本是导致地区间收入差距的最为主要且日益重要的因素；以非国有化为特征的经济改革对地区间收入差距有显著作用；教育、地理位置、城市化和人口负担率对地区间收入差距的相对贡献在减弱。张健，何彬（2007）[②] 运用面板数据单位根检验方法检验地区经济收敛性，认为从 1952～2004 年中国地区人均 GDP 数据来看，中国省际收入不存在绝对收敛现象，但是如果控制了时间和个体效应之后可能存在条件收敛现象。

第二节 地区间居民收入分配差距现状[③]

研究地区间居民收入差距这一重大课题，需要回答一个问题，即我国地区间居民收入差距现状如何？近些年来差距是拉大了还是缩小了？区域经济增长与区域差距研究有大量成果，地区间居民收入差距研究同样也有大量成果。不论国外还是国内，学者们在这方面的贡献是巨大的。判断地区间居民收入差距是一个复杂问题，选择不同的地区划分，选择不同的收入指标，就会得出不同的结论。为简化并实用起见，我们这里先从回答"现在最需要关注的省是哪些"这一问题入手，并一步步地进行深入的分析。

---

① 万广华、陆铭、陈钊：《全球化与地区间收入差距：来自中国的证据》，《中国社会科学》2005 年第 3 期。

② 张健，何彬：《中国地区收入差距趋于收敛还是发散学习与探索》2007 年第 3 期。

③ 本节是李晓西教授与范丽娜老师共同完成的。范丽娜承担了所有的测算工作。

一、从波士顿矩阵判断省（市、区）收入差距的定位

对不同地区间收入差距比较，本课题是分别是从城镇和农村两部分进行的，这是因为中国的城乡收入的差距很大。因此，分别类型的比较更有实际意义。下面，我们借用波士顿矩阵的思路来定位各省市人均收入的相对差距。

各省在2000~2008年城镇人均收入的波士顿矩阵中的定位，先看表1-1：

表1-1　2000~2008年城镇人均收入波士顿矩阵

	2000~2008年城镇人均收入增长速度低于全国平均水平	2000~2008年城镇人均收入增长速度低于全国平均水平
2008年城镇人均收入高于全国平均收入	明星区 江苏	问号区 上海，北京，浙江，广东，天津，福建，山东
2008年城镇人均收入低于全国平均收入	内蒙古，山西，河南，辽宁，吉林，宁夏，江西 金牛区	重庆，广西，湖南，河北，云南，湖北，安徽，陕西，四川，海南，西藏，贵州，青海，黑龙江，新疆，甘肃 瘦狗区

资料来源：根据相应年份的《中国统计年鉴》计算整理。

从上表可以看到，通过波士顿矩阵的思路，我们将2000~2008年各省城镇人均收入平均增速设为横坐标，将2008年各省城镇人均收入设为纵坐标，形成4个象限即4个特别区，其意义分别是：高基数高增长的明星区，高基数低增长的问号区，低基数高增长的金牛区和低基数低增长的瘦狗区。从表1-1中的这四类区域看，2000~2008年江苏省位于明星区，2008年城镇人均收入和2000至2008年人均增长速度都高于全国的平均水平，也就是"双高"省份。位于金牛区的省份有内蒙古、山西、河南、辽宁、吉林、宁夏、江西。这7个省份虽然在城镇人均收入的基数上低于全国的平均水平，但增长速度很快，具有后发优势，非常值得关注。相比而言，问号区的省份虽然在城镇人均收入上有较高的水平，但增速较低，优

势不明显了，应该引起关注。而瘦狗区内的省份，其人均收入的增速与分量上均低于全国的平均水平，处于劣势，位于这个区间的省份有重庆、广西、湖南、河北、云南、湖北、安徽、陕西、四川、海南、西藏、贵州、青海、黑龙江、新疆和甘肃。它们的基础比较弱，发展的后劲不强，更值得重视。

再看一下农村人均收入的波士顿矩阵。

同理，我们可以得到 31 个省市区在波士顿矩阵中的位置。

表 1 – 2　2000～2008 年农村人均收入波士顿矩阵

	2000~2008年农村人均收入增长速度高于全国平均水平	2000～2008年农村人均收入增长速度低于全国平均水平
2008年农村人均收入高于全国平均收入	**明星区** 北京，浙江，天津，山东，辽宁，吉林，黑龙江	问号区 上海，江苏，广东，福建，河北
2008年农村人均收入低于全国平均收入	江西，内蒙古，河南，安徽，重庆，四川，山西，宁夏，新疆，西藏，陕西 金牛区	湖北，湖南，海南，广西，云南，青海，贵州，甘肃 瘦狗区

资料来源：根据相应年份《中国统计年鉴》计算整理。

从表 1 – 2 可以看到，北京、浙江、天津、山东、辽宁、吉林、黑龙江位于明星区，它们的农村人均收入水平和增长速度都高于全国的平均值。位于金牛区的省份有江西、内蒙古、河南、安徽、重庆、四川、山西、宁夏、新疆、西藏、陕西，虽然这类地区的农村人均收入低于全国平均水平，但增长速度快，后发优势突出；而湖北、湖南、海南、广西、云南、青海、贵州、甘肃等地区，基础比较弱且发展的后劲不足，位于瘦狗区，值得关注。

综合 2000～2008 年城镇人均收入波士顿矩阵和 2000～2008 年农村人均收入波士顿矩阵的定位，我们可以看到，两表中没有一个省份均被列入明星区,即没有双明星省;同理,可称为双金牛省的有内蒙古、山西、河南、宁夏、江西这5个省;而处于双问号的省(市)有上海、广东和福建;处于双瘦狗区的省有广西、湖南、湖北、云南、海南、青海、甘肃、贵州。我们认为,处于双瘦狗区的这8个省,应成为国家关注与支持的重点中的重点。

二、各省(市、区)居民收入差距的分析比较

我们已经按照波士顿矩阵思路分析了各省(市)收入差距的定位,下面我们需要分别将各省(市)城镇与农村人均收入的数据表提供出来,并进行分析。

首先,让我们分析一下城镇人均收入的差距。

本书列出了1988～2008年31个省(市、区)城镇人均收入及平均增长速度的基本表,为方便行文阅读,将这个大表附在了本节后面。

我们可以归纳出各省(市、区)人均收入差距变化的5个统计特点:

第一,2000～2008年城镇人均收入年均增长率虽与1988～2000年相比普遍下降,但除广东、云南、西藏和新疆外,各省(市、区)增长率均在10%以上,且各省(市、区)增速的差别也不超4个百分点。

表1-3 1988～2008年我国城镇人均收入及平均增长率

年份 地区	城镇人均收入(元)			平均增长率(%)	
	1988	2000	2008	1988～2000	2000～2008
北 京	1532	10350	24724.89	17.25	11.50
天 津	1330	8141	19422.53	16.30	11.48
河 北	1153	5661	13441.09	14.18	11.41
辽 宁	1214	5358	14392.69	13.17	13.15
上 海	1735	11718	26674.90	17.26	10.83
江 苏	1337	6800	18679.52	14.52	13.46
浙 江	1589	9279	22726.66	15.84	11.85

年份 地区	城镇人均收入(元)			平均增长率(%)	
	1988	2000	2008	1988~2000	2000~2008
福 建	1302	7432	17961.45	15.62	11.66
山 东	1170	6490	16305.41	15.35	12.20
广 东	1600	9762	19732.86	16.27	9.20
海 南	—	5358	12607.84	—	11.29
山 西	919	4724	13119.05	14.61	13.62
吉 林	974	4810	12829.45	14.24	13.05
黑龙江	1004	4913	11581.28	14.14	11.31
安 徽	1086	5294	12990.35	14.11	11.88
江 西	975	5104	12866.44	14.79	12.25
河 南	950	4766	13231.11	14.39	13.61
湖 北	1136	5525	13152.86	14.09	11.45
湖 南	1151	6219	13821.16	15.10	10.50
重 庆	—	6276	14367.55	—	10.91
四 川	1148	5894	12633.38	14.60	10.00
贵 州	1068	5122	11758.76	13.95	10.95
云 南	1169	6325	13250.22	15.11	9.69
西 藏	—	7426	12481.51	—	6.71
陕 西	1052	5124	12857.89	14.10	12.19
甘 肃	—	4916	10969.41	—	10.55
青 海	1154	5170	11640.43	13.31	10.68
宁 夏	1101	4912	12931.53	13.27	12.86
新 疆	1161	5645	11432.10	14.09	9.22
广 西	1293	5834	14146.04	13.38	11.71
内蒙古	909	5129	14432.55	15.51	13.81

资料来源:根据相应年份的《中国统计年鉴》计算整理,1988年数据来源于《中国社会统计资料1990》,详见本节后的附录。

上表反映出一个个问题,即在提醒我们,西藏和新疆虽因农村人均收入增长较快而没列入双瘦狗区,但我们仍应高度关注其城镇人均收入的情况。

第二,各省(市、区)城镇人均收入最高和最低的绝对差距越来越大。下表反映出,这个差距由1988年的825元扩大到2000年的

6994 元。到 2008 年，收入差距已经扩大到 15705 元，是 1988 年的 19 倍。

表 1 – 4 1988 ~ 2008 年各省（市、区）城镇人均收入绝对差比较

年份 \ 指标	人均收入最高省(市、区)	指标值(元)	人均收入最低省(市、区)	指标值(元)	人均收入绝对差(元)
1988	上 海	1735	内蒙古	910	825
2000	上 海	11718	山 西	4724	6994
2008	上 海	26675	甘 肃	10969	15705

资料来源：根据相应年份的《中国统计年鉴》计算整理，1988 年数据来源于《中国社会统计资料1990》，详见本节后的附录。

第三，各省（市、区）最高和最低的相对差距时高时低，变化较多。此差距由 1988 年的 1.91 倍扩大到 1996 年的 2.44 倍（详见本章后的附表 1 – 5）；此后有所下降，1998 年下降到 2.21，1999 年又升至最高的 2.52；但 1999 到 2002 年，又呈现下降态势；2003 年之后，相对差距又呈增加趋势，2008 年达到 2.43。

表 1 – 5 1988 ~ 2008 年各省（市、区）城镇人均收入相对差比较

年份 \ 指标	人均收入最高省(市、区)	指标值(元)	人均收入最低省(市、区)	指标值(元)	人均收入绝对差
1988	上 海	1735	内蒙古	910	1.91
2000	上 海	11718	山 西	4724	2.48
2008	上 海	26675	甘 肃	10969	2.43

资料来源：根据相应年份的《中国统计年鉴》计算整理，1988 年数据来源于《中国社会统计资料1990》，详见本章后的附表 1 – 4。

说明：此表中城镇人均收入相对差有所下降，至少是平缓了下来。

以上是对城镇人均收入增长速度、绝对和相对差距进行的分析，但这种分析的局限性是没有综合衡量区域间收入差距以及各区域差距与全国平均水平之间差距究竟有多大，不过威廉逊系数弥补了这一缺陷。

第四，从城镇人均收入变异系数（威廉逊系数）动态变化看，我国区域之间城镇人均收入差距有先升后降的变化趋势。

什么是变异系数？就是通过将区域内某均值与全国可比的同一均值的绝对差距的标准差乘以该区域人口占总人口的比重后得出的数据。通过变异系数，可以测度出区域内相对差异的程度，且可进行两个以上区域比较。因此，它比极差即绝对和相对差只是两个区域更能反映区域间的差距特征。变异系数有两种：一种是简单式，一种是加权式，加权式又被称为威廉逊系数。本报告就采用了威廉逊系数，将人口也作为其影响因素之一加以分析，从而使反映的指标更确切。一般来说，威廉逊系数值越大，说明各地区收入水平相对差异程度越大，区域的不平衡性就越大。

请看下表：

表 1 – 6　1988 ～ 2008 年各省（市、区）城镇人均收入威廉逊系数

地区 年份	1988	1992	1996	1998	2000	2002	2004	2006	2008
全国 31 省（市、区）	0.185	0.220	0.265	0.262	0.307	0.264	0.279	0.278	0.243

资料来源：根据相应年份的《中国统计年鉴》计算整理，1988 年数据来源于《中国社会统计资料1990》，详见本节后的附录。

从上表可以看到，全国 31 省市区 2008 年威廉逊系数（0.243）是 1988 年 0.185 的 1.31 倍，但在 2000 年之后威廉逊系数整体有所下降，而在 2005 年有个上升点（详见本章后的附表 1 – 6）。这反映了我国区域之间城镇人均收入差距的大体趋势。

第五，从城镇人均收入基尼系数动态变化看，我国区域之间城镇人均收入差距也呈先升后降的变化趋势。

这里的基尼系数是各地区按照人均收入水平由低到高排序，计算累计一定百分比收入总量所对应的累计人口百分比。基尼系数值越大，则区域不平衡性越大。

表 1 - 7　1988 ~ 2008 年各省（市、区）城镇人均收入基尼系数

地区 \ 年份	1988	1992	1996	1998	2000	2002	2004	2006	2008
全国 31 省（市、区）	0.098	0.110	0.133	0.133	0.225	0.129	0.139	0.140	0.128

资料来源：根据相应年份的《中国统计年鉴》计算整理，1988 年数据来源于《中国社会统计资料 1990》，参见附录。

从表 1 - 7 可以看到，全国 31 省市区 1988 年到 2000 年城镇人均收入基尼系数变化的曲线平滑上升，其中 1998 ~ 2000 年的上升幅度略大，而此后又出现向下倾斜的平滑下降变化，说明 2000 年后我国 31 省市区之间的收入不平衡性有所趋缓。

其次，我们再分析一下各省（市、区）农村人均收入的差距。

通过大量的统计数据分析，我们可以归纳出各省（市、区）农村人均收入差距变化的几个统计特点：

第一，各省（市、区）农村人均收入增长率大体上是 2000 年前的 12 年略高于后 8 年，增长率的绝对差距不大。除西藏、辽宁和吉林外，各省（市、区）1988 年至 2000 年农村人均收入增长率均高于 2000 年至 2008 年。各省（市、区）发展速度的差距不大，1988 年至 2000 年农村人均收入最高年均增长为福建的 14.85%，最低为青海的 9.66%；而 2000 年至 2008 年，最高增长率为吉林的 11.79%，最低增长率为广东的 7.25%。年均增长率的绝对差距有所减小。

表 1 - 8　1988 ~ 2008 年各省（市、区）农村人均收入及平均增长率表

地区 \ 年份	农村人均收入（元）			平均增长率（%）	
	1988	2000	2008	1988 ~ 2000	2000 ~ 2008
北　京	1063	4605	10662	13.00	11.07
天　津	891	3622	7911	12.40	10.26
河　北	547	2479	4795	13.43	8.60
辽　宁	700	2356	5576	10.65	11.37

年份 地区	农村人均收入(元)			平均增长率(%)	
	1988	2000	2008	1988~2000	2000~2008
上 海	1301	5596	11440	12.93	9.35
江 苏	797	3595	7356	13.38	9.36
浙 江	902	4254	9258	13.79	10.21
福 建	613	3230	6196	14.85	8.48
山 东	584	2659	5641	13.47	9.86
广 东	809	3654	6400	13.39	7.25
海 南	567	2182	4390	11.89	9.13
山 西	439	1906	4097	13.02	10.04
吉 林	628	2023	4933	10.24	11.79
黑龙江	553	2148	4856	11.97	10.73
安 徽	486	1935	4202	12.21	10.18
江 西	488	2135	4697	13.09	10.36
河 南	401	1986	4454	14.25	10.63
湖 北	498	2269	4656	13.47	9.40
湖 南	515	2197	4512	12.84	9.41
重 庆	—	1892	4126	—	10.23
四 川	449	1904	4121	12.79	10.14
贵 州	398	1374	2797	10.88	9.29
云 南	428	1479	3103	10.89	9.71
西 藏	374	1331	3176	11.15	11.49
陕 西	404	1444	3136	11.19	10.18
甘 肃	340	1429	2724	12.71	8.40
青 海	493	1490	3061	9.66	9.41
宁 夏	472	1724	3681	11.39	9.94
新 疆	496	1618	3503	10.35	10.14
广 西	424	1865	3690	13.13	8.91
内蒙古	500	2038	4656	12.43	10.88

资料来源：根据相应年份的《中国统计年鉴》计算整理，1988 年数据来源于《中国社会统计资料 1990》，农村人均收入以当年价计算，参见附录。

　　第二，农村人均收入绝对差额越来越大。从省市区的变化看，1988 年农村人均收入最高的上海市与最低的甘肃省绝对差为 961 元，2000 年农村人均收入最高的上海市与最低的西藏绝对差为 4266 元。2008 年农村人均收入最高的上海市与最低的甘肃省绝对差为8716元，相比1988年时扩大了9倍多。

表1-9　1988~2008年各省（市、区）农村人均收入绝对差比较

年份 \ 指标	人均收入最大区域	指标值（元）	人均收入最小区域	指标值（元）	人均收入绝对差（元）
1988	上海	1301	甘肃	340	961
2000	上海	5596	西藏	1331	4266
2008	上海	11440	甘肃	2724	8716

资料来源：根据相应年份的《中国统计年鉴》计算整理，1988年数据来源于《中国社会统计资料1990》，参见附录。

第三，各省（市、区）农村人均收入的相对差比较稳定。从下表中可以看到，人均收入最高区域与最低区域的相对差，在1988年、2000年、2008年分别是3.83、4.21、4.20，总体的变化趋势较平稳。

表1-10　1988~2008年各省（市、区）农村人均收入相对差比较

年份 \ 地区	人均收入最高区域	指标值（元）	人均收入最低区域	指标值（元）	人均收入绝对差
1988	上海	1301	甘肃	340	3.83
2000	上海	5596	西藏	1331	4.21
2008	上海	11440	甘肃	2724	4.2

资料来源：根据相应年份的《中国统计年鉴》计算整理，1988年数据来源于《中国社会统计资料1990》，参见附录。

第四，从农村人均收入变异系数（威廉逊系数）动态变化看，我国区域之间农村人均收入差距同城镇人均收入变化相同，也呈现先升后降的变化趋势。从表1-11可明显地看出，1988年到2002年，我国31个省市区农村人均收入威廉逊系数从0.289到增长到0.363，总体上呈现逐年上升态势，这说明这个时段区域之间收入差异继续在不断扩大。2002年后，威廉逊系数都开始呈现下降趋势，农村人均收入在31个省（市、区）之间的差距扩大势头有所控制，且开始缩小。

表 1-11　1988~2008 年各省（市、区）农村人均收入威廉逊系数

地区＼年份	1988	1992	1996	1998	2000	2002	2004	2006	2008
全国 31 省（市、区）	0.289	0.331	0.343	0.332	0.351	0.363	0.348	0.340	0.311

资料来源：根据相应年份的《中国统计年鉴》计算整理，1988 年数据来源于《中国社会统计资料 1990》，参见附录。

第五，从农村人均收入基尼系数动态变化看我国区域之间农村人均收入差距也呈先升后降的变化趋势，但 1996 年是一个拐点。从 2000 年至 2008 年，它保持着基本稳定的格局。

表 1-12　1988~2008 年各省（市、区）农村人均收入基尼系数

地区＼年份	1988	1992	1996	1998	2000	2002	2004	2006	2008
全国 31 省（市、区）	0.149	0.166	0.188	0.167	0.173	0.177	0.168	0.173	0.172

资料来源：根据相应年份的《中国统计年鉴》计算整理，1988 年数据来源于《中国社会统计资料 1990》，参见附录。

三、东中西三大地带居民收入差距的分析比较

本书采用"十五"规划中明确提出的三大地带分法，从东、中、西三大范围上把握收入差距的现状和特点。三分法中的东部地区有辽宁、河北、北京、天津、山东、福建、广东、海南、江苏、上海、浙江，中部地区有河南、安徽、江西、湖北、湖南、黑龙江、吉林、山西，西部地区有陕西、新疆、西藏、青海、甘肃、宁夏、内蒙古、四川、重庆、贵州、云南和广西。

首先，我们先对三大地带城镇居民收入差距进行分析。

通过统计数据分析，我们可以归纳出三大地带城镇人均收入差距变化的几个统计特点。

第一，从总体上来说，**2000 年以前东部地区增长速度最快，但 2000 年以后，中部地区成为城镇人均收入增长是最快的地区，西部地区城镇人均收入增长相对缓慢**。在三大区域中，1988～2000 年东部地区增长最快，为 15.60%，中部和西部分别是 14.38% 和 14.40%，中部地区增速相对较慢。但到 2000～2008 这个时段，虽然中部地区的城镇人均收入始终处于最低水平，但增速最快，达到 12.23%，高于东部地区的 11.40% 和西部地区的 11.08%，而西部地区为最低。

表 1-13　1988～2008 年三大地带城镇人均收入及平均增长率表

年份\\地区	城镇人均收入（元）			平均增长率（%）	
	1988	2000	2008	1988～2000	2000～2008
东部地区	1383	7877	18686	15.60	11.40
中部地区	1030	5165	13003	14.38	12.23
西部地区	1117	5611	13007	14.40	11.08

　　资料来源：根据相应年份的《中国统计年鉴》计算整理，1988 年数据来源于《中国社会统计资料 1990》，参见附录。

第二，**城镇人均收入最高的东部地区与最低的中部地区的绝对差距依然呈现扩大之势**。从收入的差距来看，1988～2008 年我国城镇人均收入差距逐渐增大，其绝对差距从 1988 年的 354 元增加到 2000 年的 2712 元，到 2008 年则拉大到 5683 元，差距增大了 15 倍多。这说明了区域不平衡在加剧，消除不均衡的任务是极其艰巨的。

表 1-14　1988～2008 年三大地带城镇人均收入绝对差比较

年份\\指标	人均收入最大区域	指标值（元）	人均收入最小区域	指标值（元）	人均收入绝对差（元）
1988	东部地区	1383	中部地区	1030	354
2000	东部地区	7877	中部地区	5165	2712
2008	东部地区	18686	中部地区	13003	5683

　　资料来源：根据相应年份的《中国统计年鉴》计算整理，1988 年数据来源于《中国社会统计资料 1990》，参见附录。

第三，三大地带城镇人均收入相对差呈先升后降的特点，**2000 年以后开始出现缩小态势**。从相对差的变化看，1988 年是 1.34，2000 年达到最高，是 1.53，到 2008 年又降为 1.44。也就是说，相对差在 1988 年到 2000 年之间呈现逐年增加态势。从 2000 年开始到 2008 年，相对差有所下降，这说明城镇人均相对收入差距已经开始下降，反映了中国实行的西部大开发和中部崛起战略在抑制区域非均衡发展上初步显示了效果。

表 1－15　1988～2008 年三大地带城镇人均收入相对差比较

年份 \ 指标	人均收入最大区域	指标值（元）	人均收入最小区域	指标值（元）	人均收入绝对差
1988	东部地区	1383	中部地区	1030	1.34
2000	东部地区	7877	中部地区	5165	1.53
2008	东部地区	18686	中部地区	13003	1.44

资料来源：根据相应年份的《中国统计年鉴》计算整理，1988 年数据来源于《中国社会统计资料 1990》，参见附录。

第四，三大地带城镇人均收入的威廉逊系数呈现阶段性变化特点，**最大值出现在 2000 年**。经过我们计算整理 1988 年到 2008 年三大地带威廉逊系数的动态变化数据，三大地带城镇人均收入威廉逊系数从 1988 年的 0.138 提高到了 2000 年的 0.205，达到最高值，到 2006 年再次达到 0.203。在此期间，威廉逊系数的变化幅度不大，但从趋势上看它呈现下降之势，2008 年的数值较 1988 年增加了 30% 之多。

表 1－16　1988～2008 年三大地带城镇人均收入威廉逊系数

地区 \ 年份	1988	1992	1996	1998	2000	2002	2004	2006	2008
三大地带	0.138	0.137	0.165	0.171	0.205	0.175	0.185	0.203	0.180

资料来源：根据相应年份的《中国统计年鉴》计算整理，1988 年数据来源于《中国社会统计资料 1990》，参见附录。

第五，三大地带 1988～2008 年基尼系数的变化比较平缓，最高值同样是出现在 2000 年。近年来城镇人均收入基尼系数反映出三大地带城镇人均收入差距的变化幅度相对较小，波动性不强。

表 1-17　1988～2008 年三大地带城镇人均收入基尼系数

地区＼年份	1988	1992	1996	1998	2000	2002	2004	2006	2008
三大地带	0.071	0.073	0.084	0.089	0.101	0.089	0.091	0.099	0.090

资料来源：根据相应年份的《中国统计年鉴》计算整理，1988 年数据来源于《中国社会统计资料 1990》，参见附录。

其次，我们再来分析一下三大地带农村人均收入的差距。

我们可以归纳出三大地带农村人均收入差距变化的 5 个统计特点：

第一，2000～2008 年三大地带农村人均收入增长速度较 1988～2000 年的增长速度普遍降低，前一个时段东部地区增速最快，后一个时段中部地区增速最快。这一变化特点与城镇人均收入增速的变化特点相同。与城镇人均收入不同的是，农村人均收入的最大值与最小值分别为东部地区和西部地区，2000～2008 年中部地区的增速最大，为 10.20%，西部地区的增长速度超过东部地区，东部地区增速最慢。

表 1-18　1988～2008 年三大地带农村人均收入及平均增长率表

地区＼年份	城镇人均收入（元）			平均增长率（%）	
	1988	2000	2008	1988～2000	2000～2008
东部地区	711	3200	6365	13.36	8.98
中部地区	480	2071	4504	12.95	10.20
西部地区	431	1691	3524	12.08	9.61

资料来源：根据相应年份的《中国统计年鉴》计算整理，农村人均收入以当年价计算，1988 年数据来源于《中国社会统计资料 1990》，参见附录。

第二，三大地带中，1988～2008 年农村人均收入始终是东部地区最高，西部地区最低，其绝对差逐年增加。它从 1988 年的 280 元增加到了 2000 年的 1509 元，到 2008 年达到 2841 元，呈现出差距逐年扩大趋势。

表 1 - 19　1988 ~ 2008 年三大地带农村人均收入绝对差比较

年份＼指标	人均收入最大区域	指标值（元）	人均收入最小区域	指标值（元）	人均收入绝对差（元）
1988	东部地区	711	西部地区	431	280
2000	东部地区	3200	西部地区	1691	1509
2008	东部地区	6365	西部地区	3524	2841

资料来源：根据相应年份的《中国统计年鉴》计算整理，1988 年数据来源于《中国社会统计资料 1990》，参见附录。

第三，农村人均收入相对差的变化幅度不是很大，1988 年到 1996 年呈现增大之势，从 1.65 达到 1.92。之后呈阶段性的变化特点，但基本都在 1.8 ~ 1.95 之间变动。

表 1 - 20　1988 ~ 2008 年三大地带农村人均收入相对差比较

年份＼指标	人均收入最大区域	指标值（元）	人均收入最小区域	指标值（元）	人均收入绝对差
1988	东部地区	711	西部地区	431	1.65
2000	东部地区	3200	西部地区	1691	1.89
2008	东部地区	6365	西部地区	3524	1.81

资料来源：根据相应年份的《中国统计年鉴》计算整理，1988 年数据来源于《中国社会统计资料 1990》，参见附录。

第四，三大地带农村人均收入威廉逊系数先升后降。从表 1 - 21 可明显看出，威廉逊系数从 1988 年的 0.227 上升到 2000 年的 0.30，这一时段总体上呈现逐年上升态势，只是其中的 1998 年有所下降，说明这个时段三大地带之间收入差距在不断扩大。2002 年以后，三大地带的威廉逊系数都开始呈现下降趋势，表明农村人均收入在三大地带之间的差距开始缩小。

表 1 – 21　1988～2008 年三大地带农村人均收入威廉逊系数

年份 地区	1988	1992	1996	1998	2000	2002	2004	2006	2008
三大地带	0.227	0.234	0.290	0.277	0.292	0.300	0.285	0.275	0.246

资料来源：根据相应年份的《中国统计年鉴》计算整理，1988 年数据来源于《中国社会统计资料 1990》，参见附录。

第五，从农村人均收入基尼系数动态变化看，三大地带之间的差距也呈先升后降的变化趋势，2002 年是一个拐点。从 2000 年至 2008 年，基尼系数保持着基本稳定的格局，总体上呈下降的趋势。

表 1 – 22　1988～2008 年三大地带农村人均收入基尼系数

年份 地区	1988	1992	1996	1998	2000	2002	2004	2006	2008
三大地带	0.116	0.118	0.151	0.138	0.144	0.147	0.139	0.145	0.144

资料来源：根据相应年份的《中国统计年鉴》计算整理，1988 年数据来源于《中国社会统计资料 1990》，参见附录。

最后，我们运用泰尔指数从人均 GDP 入手分析三大地带的经济差距[1]。由于三大地带在地区间经济比较中更为常用，因此，在本课题调研中，我们也进行了三大地带的多种方式测算。现将其中一种列示在此，以供参阅。

泰尔指数或称泰尔熵标准源自于荷兰著名经济学家 H. Theil 于 1967 年利用信息理论中的熵概念来计算收入的不平等性，是衡量个人之间或者地区之间收入差距的指标。该数值越大，说明区域间不均衡程度越大。

泰尔指数的公式表示如下：

$$T = \sum_{i=1}^{n} \left(\frac{Y_i}{Y}\right) \log\left(\frac{Y_i/Y}{N_i/N}\right),$$

---

[1]　本部分内容是由曾学文博士、张明明硕士完成的。

泰尔指数的分解公式如下所示：

$$T_P = \sum_i (\frac{Y_i}{Y}) T_{Pi} + \sum_i (\frac{Y_i}{Y}) \log(\frac{Y_i/Y}{N_i/N})$$

$$= \sum_i (\frac{Y_i}{Y}) T_{Pi} + T_{br}$$

$$= T_{wr} + T_{br}$$

$$T_{Pi} = \sum_j (\frac{Y_{ij}}{Y_i}) \log(\frac{Y_{ij}/Y_i}{N_{ij}/N_i})$$

T_P 为总体差距，T_{wr} 为区域内差距，T_{br} 为区域间差距，T_{Pi} 为区域内 j 的省际差距，Y_{ij} 为 i 区域内 j 的收入，Y_i 为 i 区域的收入，Y 为所有省的总收入，N_{ij} 为 i 区域 j 省的人口数，N_i 为 i 区域的人口数，N 为所有省的人口数。

运用泰尔指数，对中国 1996～2007 年三大地区人均 GDP 差距进行计算，得出的结果如下：

表 1-23　中国 1996～2007 年三大区域经济差距计算表

年 份	组　　内			区域内差距	区域间差距	总差距
	东 部	中 部	西 部			
1996	0.0197	0.0064	0.0092	0.0142569	0.0450	0.0592
	(18.37%)	(2.87%)	(2.83%)	(24.07%)	(75.93%)	
1997	0.0201	0.0067	0.0098	0.0146461	0.0457	0.0604
	(18.37%)	(2.95%)	(2.94%)	(24.25%)	(75.75%)	
1998	0.0207	0.0065	0.0096	0.0150183	0.0484	0.0634
	(18.30%)	(2.69%)	(2.69%)	(23.69%)	(76.31%)	
1999	0.0214	0.0068	0.0091	0.0154579	0.0512	0.0666
	(18.19%)	(2.64%)	(2.38%)	(23.21%)	(76.79%)	
2000	0.0177	0.0073	0.0082	0.0134192	0.0540	0.0674
	(15.04%)	(2.77%)	(2.08%)	(19.90%)	(80.10%)	
2001	0.0192	0.0082	0.0103	0.0148766	0.0548	0.0696
	(15.82%)	(3.01%)	(2.53%)	(21.36%)	(78.64%)	
2002	0.0190	0.0078	0.0106	0.0147314	0.0562	0.0709
	(15.48%)	(2.75%)	(2.55%)	(20.78%)	(79.22%)	

年 份	组 内			区域内差距	区域间差距	总差距
	东 部	中 部	西 部			
2003	0.0257	0.0051	0.0124	0.0186461	0.0620	0.0806
	(0.1902)	(0.0149)	(0.0261)	(0.2312)	(0.7688)	
2004	0.0248	0.0042	0.0126	0.0178719	0.0607	0.0786
	(0.1873)	(0.0127)	(0.0274)	(0.2274)	(0.7726)	
2005	0.0227	0.0047	0.0154	0.0172133	0.0608	0.078
	(0.1731)	(0.0140)	(0.0336)	(0.2206)	(0.7794)	
2006	0.0212	0.0046	0.0175	0.0167306	0.0608	0.0776
	(0.1634)	(0.0138)	(0.0386)	(0.2157)	(0.7843)	
2007	0.0200	0.0045	0.0184	0.0161016	0.0586	0.0747
	(0.1586)	(0.0141)	(0.0428)	(0.2154)	(0.7846)	

资料来源：根据相应年份的统计年鉴整理得到，括号内是对全国收入差距的贡献度。

从上述计算的结果可以看出，近年来我国人均 GDP 差距经历了一个由升到降的过程，具体可以得到如下两个重要的统计结论：一是 1996～2007 年全国差距呈现先升后降的变化，即自 1996 年开始逐年上升，在 2003 年达到拐点，差距最大，对应泰尔指数为 0.0806；其后，差距逐年下降，但下降的速度缓慢；2007 年衡量全国差距对应的泰尔指数为 0.0747，为近五年来的最小值。同时，与全国差距变化趋势相同的是地区间差距的变化，它亦在 2004 年出现拐点，其后不断下降。而在 1996～2007 年里，组内差距变化不大。近年来我国三大经济地带差距呈现收敛的趋势，表明西部大开发政策已经收到了积极的效果，并且这一势头还将在未来延续。第二个统计结论是地区内部差距变化较大。虽然组内差距部分在 1996～2007 年期间是在 0.0134（2000 年）和 0.0186（2003 年）之间稳定地变动，但从各个区域的内部收入差距来看，变动差异相当大。东部地区是三个区域中差异最大的区域。1996 年以来，它呈现"平稳—下降—上升—下降"这一变化趋势。西部地区差距变化最为明显，呈逐年上升的趋势，由 0.0092（1996 年）上升到接近东部泰尔指数的 0.0184（2007 年），差距扩大了 2 倍。中部差距变化不大，近几年来稳步下降。

附录一

相关数据表

表 1－24　1988~2008 年三大地带城镇人均收入及平均增长速度表

年份 地区	城镇人均收入(元)								
	1988	1996	1997	1998	1999	2000	2001	2002	2003
东部地区	1383	5786	6331	6543	7115	7877	8459	9203	10201
中部地区	1030	4090	4370	4516	4855	5165	5643	6380	7039
西部地区	1117	4281	4603	4904	5261	5611	6120	6629	7192

年份 地区	城镇人均收入(元)					平均增长率%	
	2004	2005	2006	2007	2008	1988~2000	2000~2008
东部地区	11366	12961	14508	16493	18686	15.60	11.40
中部地区	7822	8752	9819	11442	13003	14.38	12.23
西部地区	8022	8770	9717	11345	13007	14.40	11.08

　　资料来源：根据相应年份的《中国统计年鉴》计算整理，1988 年的数据来源于《中国社会统计资料 1990》。

表 1－25　1988~2008 年 31 个省市区城镇人均收入及平均增长速度表

年份 地区	城镇人均收入(元)								
	1988	1996	1997	1998	1999	2000	2001	2002	2003
北　京	1532	7332	7813	8472	9183	10350	11578	12464	13883
天　津	1330	5968	6608	7111	7650	8141	8959	9338	10313
河　北	1153	4443	4959	5085	5365	5661	5985	6680	7239
辽　宁	1214	4207	4518	4617	4899	5358	5797	6525	7241
上　海	1735	8178	8439	8773	10932	11718	12883	13250	14867
江　苏	1337	5186	5765	6018	6538	6800	7375	8178	9262
浙　江	1589	6956	7359	7837	8428	9279	10465	11716	13180
福　建	1302	5173	6144	6486	6860	7432	8313	9189	10000
山　东	1170	4890	5191	5380	5809	6490	7101	7614	8400
广　东	1600	8158	8562	8840	9126	9762	10415	11137	12380
海　南	—	4926	4850	4853	5338	5358	5839	6823	7259
山　西	919	3703	3990	4099	4343	4724	5391	6234	7005
吉　林	974	3806	4191	4207	4480	4810	5340	6260	7005
黑龙江	1004	3768	4091	4269	4595	4913	5426	6101	6679
安　徽	1086	4513	4599	4770	5065	5294	5669	6032	6778
江　西	975	3780	4071	4251	4721	5104	5506	6336	6901
河　南	950	3755	4094	4219	4532	4766	5267	6245	6926
湖　北	1136	4364	4673	4826	5213	5525	5856	6789	7322
湖　南	1151	5052	5210	5434	5815	6219	6781	6959	7674
重　庆	—	—	5323	5467	5896	6276	6721	7238	8094

地区＼年份	城镇人均收入（元）								
	1988	1996	1997	1998	1999	2000	2001	2002	2003
四　川	1148	4483	4763	5127	5478	5894	6360	6611	7042
贵　州	1068	4221	4442	4565	4934	5122	5452	5944	6569
云　南	1169	4978	5558	6043	6179	6325	6798	7241	7644
西　藏	—	6556	—	—	6909	7426	7869	8079	8765
陕　西	1052	3810	4001	4220	4654	5124	5484	6331	6806
甘　肃	—	3354	3592	4010	4475	4916	5383	6151	6657
青　海	1154	3834	3999	4240	4703	5170	5854	6171	6745
宁　夏	1101	3612	3837	4112	4473	4912	5544	6067	6530
新　疆	1161	4650	4845	5001	5320	5645	6395	6900	7174
广　西	1293	5033	5110	5412	5620	5834	6666	7315	7785
内蒙古	909	3432	3945	4353	4771	5129	5536	6051	7013

地区＼年份	城镇人均收入（元）					平均增长率%	
	2004	2005	2006	2007	2008	1988～2000	2000～2008
北　京	15638	17653	19978	21988.71	24724.89	17.25	11.50
天　津	11467	12639	14283	16357.35	19422.53	16.30	11.48
河　北	7951	9107	10305	11690.47	13441.09	14.18	11.41
辽　宁	8008	9108	10370	12300.39	14392.69	13.17	13.15
上　海	16683	18645	20668	23622.73	26674.90	17.26	10.83
江　苏	10482	12319	14084	16378.01	18679.52	14.52	13.46
浙　江	14546	16294	18265	20573.82	22726.66	15.84	11.85
福　建	11175	12321	13753	15506.05	17961.45	15.62	11.66
山　东	9438	10745	12192	14264.70	16305.41	15.35	12.20
广　东	13628	14770	16016	17699.30	19732.86	16.27	9.20
海　南	7736	8124	9395	10996.87	12607.84	—	11.29
山　西	7903	8914	10028	11564.95	13119.05	14.61	13.62
吉　林	7841	8691	9775	11285.52	12829.96	14.24	13.05
黑龙江	7471	8273	9182	10245.28	11581.28	14.14	11.31
安　徽	7511	8471	9771	11473.58	12990.35	14.11	11.88
江　西	7560	8620	9551	11451.69	12866.44	14.79	12.25
河　南	7705	8668	9810	11477.05	13231.11	14.39	13.61
湖　北	8023	8786	9803	11485.80	13152.86	14.09	11.45
湖　南	8617	9524	10505	12293.54	13821.16	15.10	10.50
重　庆	9221	10243	11570	12590.78	14367.55	—	10.91

地 区 \ 年 份	城镇人均收入(元)					平均增长率%	
	2004	2005	2006	2007	2008	1988~2000	2000~2008
四　川	7710	8386	9350	11098.28	12633.38	14.60	10.00
贵　州	7322	8151	9117	10678.40	11758.76	13.95	10.95
云　南	8871	9266	10070	11496.11	13250.22	15.11	9.69
西　藏	9106	9431	8941	11130.93	12481.51	—	6.71
陕　西	7492	8272	9268	10763.34	12857.89	14.10	12.19
甘　肃	7377	8087	8921	10012.34	10969.41	—	10.55
青　海	7320	8058	9000	10276.06	11640.43	13.31	10.68
宁　夏	7218	8094	9177	10859.33	12931.53	13.27	12.86
新　疆	7503	7990	8871	10313.44	11432.10	14.09	9.22
广　西	8690	9287	9899	12200.44	14146.04	13.38	11.71
内蒙古	8123	9137	10358	12377.84	14432.55	15.51	13.81

资料来源：根据相应年份的《中国统计年鉴》计算整理，1988 年的数据来源于《中国社会统计资料1990》。

表 1-26　中国不同区划 1988~2008 年人均收入（城镇）绝对差比较

	年 份	人均收入最大区域	指标值（元）	人均收入最小区域	指标值（元）	人均收入绝对差
三分法	1988	东部地区	1383	中部地区	1030	354
	1992	东部地区	2346	中部地区	1730	616
	1996	东部地区	5786	中部地区	4090	1696
	1997	东部地区	6331	中部地区	4370	1961
	1998	东部地区	6543	中部地区	4516	2027
	1999	东部地区	7115	中部地区	4855	2260
	2000	东部地区	7877	中部地区	5165	2712
	2001	东部地区	8459	中部地区	5643	2816
	2002	东部地区	9203	中部地区	6380	2823
	2003	东部地区	10201	中部地区	7039	3162
	2004	东部地区	11366	中部地区	7822	3544
	2005	东部地区	12961	中部地区	8752	4210
	2006	东部地区	14508	西部地区	9717	4792
	2007	东部地区	16493	西部地区	11345	5148
	2008	东部地区	18686	中部地区	13003	5683

年　份		人均收入 最大区域	指标值 （元）	人均收入 最小区域	指标值 （元）	人均收入 绝对差
全 国 省 份	1988	上　海	1735	内　蒙　古	910	825
	1992	广　东	3477	内　蒙　古	1495	1982
	1996	上　海	8178	甘　肃	3354	4825
	1997	广　东	8562	甘　肃	3592	4969
	1998	广　东	8840	甘　肃	4010	4830
	1999	上　海	10932	山　西	4343	6589
	2000	上　海	11718	山　西	4724	6994
	2001	上　海	12883	河　南	5267	7616
	2002	上　海	13250	贵　州	5944	7306
	2003	上　海	14867	宁　夏	6530	8337
	2004	上　海	16683	宁　夏	7218	9465
	2005	上　海	18645	新　疆	7990	10655
	2006	上　海	20668	新　疆	8871	11797
	2007	上　海	23623	甘　肃	10012	13610
	2008	上　海	26675	甘　肃	10969	15705

资料来源：根据相应年份的《中国统计年鉴》计算整理，1988 年的数据来源于《中国社会统计资料 1990》。

表 1 – 27　中国不同区划 1988 ~ 2008 年人均收入（城镇）相对差比较

年　份		人均收入 最大区域	指标值 （元）	人均收入 最小区域	指标值 （元）	人均收入 相对差
三 分 法	1988	东部地区	1383	中部地区	1030	1.34
	1992	东部地区	2346	中部地区	1730	1.36
	1996	东部地区	5786	中部地区	4090	1.41
	1997	东部地区	6331	中部地区	4370	1.45
	1998	东部地区	6543	中部地区	4516	1.45
	1999	东部地区	7115	中部地区	4855	1.47
	2000	东部地区	7877	中部地区	5165	1.53
	2001	东部地区	8459	中部地区	5643	1.50
	2002	东部地区	9203	中部地区	6380	1.44
	2003	东部地区	10201	中部地区	7039	1.45
	2004	东部地区	11366	中部地区	7822	1.45
	2005	东部地区	12961	中部地区	8752	1.48
	2006	东部地区	14508	西部地区	9717	1.49
	2007	东部地区	16493	西部地区	11345	1.45
	2008	东部地区	18686	中部地区	13003	1.44

续表

	年份	人均收入最大区域	指标值（元）	人均收入最小区域	指标值（元）	人均收入相对差
全国省份	1988	上海	1735	内蒙古	910	1.91
	1992	广东	3477	内蒙古	1495	2.33
	1996	上海	8178	甘肃	3354	2.44
	1997	广东	8562	甘肃	3592	2.38
	1998	广东	8840	甘肃	4010	2.20
	1999	上海	10932	山西	4343	2.52
	2000	上海	11718	山西	4724	2.48
	2001	上海	12883	河南	5267	2.45
	2002	上海	13250	贵州	5944	2.23
	2003	上海	14867	宁夏	6530	2.28
	2004	上海	16683	宁夏	7218	2.31
	2005	上海	18645	新疆	7990	2.33
	2006	上海	20668	新疆	8871	2.33
	2007	上海	23623	甘肃	10012	2.36
	2008	上海	26675	甘肃	10969	2.43

资料来源：根据相应年份的《中国统计年鉴》计算整理，1988年的数据来源于《中国社会统计资料1990》。

表1－28　1988～2008年城镇人均收入威廉逊系数

地区 \ 年份	1988	1992	1996	1997	1998	1999	2000	2001
三大地带	0.138	0.137	0.165	0.179	0.171	0.177	0.205	0.190
全国31省市区	0.185	0.220	0.265	0.268	0.262	0.277	0.307	0.293

地区 \ 年份	2002	2003	2004	2005	2006	2007	2008
三大地带	0.175	0.185	0.185	0.202	0.203	0.185	0.180
全国31省市区	0.264	0.281	0.279	0.284	0.278	0.253	0.243

资料来源：根据相应年份的《中国统计年鉴》计算整理，1988年的数据来源于《中国社会统计资料1990》。

表 1-29　1988～2008 年城镇人均收入基尼系数

地区 ＼ 年份	1988	1992	1996	1997	1998	1999	2000	2001
三大地带	0.071	0.073	0.084	0.090	0.089	0.089	0.101	0.097
全国 31 省市区	0.098	0.110	0.133	0.135	0.133	0.203	0.225	0.142

地区 ＼ 年份	2002	2003	2004	2005	2006	2007	2008
三大地带	0.089	0.091	0.091	0.097	0.099	0.092	0.090
全国 31 省市区	0.129	0.137	0.139	0.142	0.140	0.131	0.128

资料来源：根据相应年份的《中国统计年鉴》计算整理，1988 年的数据来源于《中国社会统计资料 1990》。

表 1-30　1988～2008 年三大地带农村人均收入及平均增长速度表

地区 ＼ 年份	农村人均收入（当年价）（元）								
	1988	1996	1997	1998	1999	2000	2001	2002	2003
东部地区	711	2207	2882	3020	3107	3200	3377	3553	3776
中部地区	480	1393	1941	2005	2039	2071	2170	2280	2365
西部地区	431	1132	1539	1638	1673	1691	1753	1851	2009

地区 ＼ 年份	平均增长率%						
	2004	2005	2006	2007	2008	1988～2000	2000～2008
东部地区	4204	4523	4971	5626	6365	13.36	8.98
中部地区	2709	2977	3312	3878	4504	12.95	10.20
西部地区	2236	2389	2589	3033	3524	12.08	9.61

资料来源：根据相应年份的《中国统计年鉴》计算整理，农村人均收入以当年价计算。1988 年的数据来源于《中国社会统计资料 1990》。

表 1-31　1988～2008 年各省（市、区）农村人均收入及平均增长速度表

地区 ＼ 年份	农村人均收入（当年价）（元）								
	1988	1996	1997	1998	1999	2000	2001	2002	2003
北　京	1063	3224	3662	3952	4227	4605	5026	5398	5602
天　津	891	2406	3244	3396	3411	3622	3948	4279	4566
河　北	547	1669	2286	2405	2442	2479	2604	2685	2853
辽　宁	700	1757	2301	2580	2501	2356	2558	2751	2934
上　海	1301	4246	5277	5407	5409	5596	5871	6224	6654

年份 地区	农村人均收入（当年价）（元）								
	1988	1996	1997	1998	1999	2000	2001	2002	2003
江　苏	797	2457	3270	3377	3495	3595	3785	3980	4239
浙　江	902	2966	3684	3815	3948	4254	4582	4940	5389
福　建	613	2049	2786	2946	3091	3230	3381	3539	3734
山　东	584	1715	2292	2453	2550	2659	2805	2948	3150
广　东	809	2699	3468	3527	3629	3654	3770	3912	4055
海　南	567	1520	1917	2018	2087	2182	2226	2423	2588
山　西	439	1208	1738	1859	1773	1906	1956	2150	2299
吉　林	628	1610	2186	2384	2261	2023	2182	2301	2530
黑龙江	553	1766	2308	2253	2166	2148	2280	2405	2509
安　徽	486	1303	1809	1863	1900	1935	2020	2118	2127
江　西	488	1537	2107	2048	2129	2135	2232	2306	2458
河　南	401	1232	1734	1864	1948	1986	2098	2216	2236
湖　北	498	1511	2102	2172	2217	2269	2352	2444	2567
湖　南	515	1425	2037	2065	2127	2197	2299	2398	2533
重　庆	—	—	1643	1720	1737	1892	1971	2098	2215
四　川	449	1158	1681	1789	1843	1904	1987	2108	2230
贵　州	398	1087	1299	1334	1363	1374	1412	1490	1565
云　南	428	1011	1376	1387	1438	1479	1534	1609	1697
西　藏	374	1200	1195	1232	1309	1331	1404	1462	1691
陕　西	404	963	1273	1406	1456	1444	1491	1596	1676
甘　肃	340	880	1185	1393	1357	1429	1509	1590	1673
青　海	493	1030	1321	1425	1467	1490	1557	1669	1794
宁　夏	472	999	1513	1721	1754	1724	1823	1917	2043
新　疆	496	1136	1504	1600	1473	1618	1710	1863	2106
广　西	424	1446	1875	1972	2048	1865	1944	2013	2095
内蒙古	500	1208	1780	1981	2003	2038	1973	2086	2268

年份 地区	农村人均收入（当年价）（元）					平均增长率%	
	2004	2005	2006	2007	2008	1988～2000	2000～2008
北　京	6170	7346	8275	9440	10662	13.00	11.07
天　津	5020	5580	6228	7010	7911	12.40	10.26
河　北	3171	3482	3802	4293	4795	13.43	8.60
辽　宁	3307	3690	4090	4773	5576	10.65	11.37

年份 地区	农村人均收入（当年价）（元）					平均增长率%	
	2004	2005	2006	2007	2008	1988～2000	2000～2008
上　海	7066	8248	9139	10145	11440	12.93	9.35
江　苏	4754	5276	5813	6561	7356	13.38	9.36
浙　江	5944	6660	7335	8265	9258	13.79	10.21
福　建	4089	4450	4835	5467	6196	14.85	8.48
山　东	3507	3931	4368	4985	5641	13.47	9.86
广　东	4366	4690	5080	5624	6400	13.39	7.25
海　南	2818	3004	3256	3791	4390	11.89	9.13
山　西	2590	2891	3181	3666	4097	13.02	10.04
吉　林	3000	3264	3641	4191	4933	10.24	11.79
黑龙江	3005	3221	3552	4132	4856	11.97	10.73
安　徽	2499	2641	2969	3556	4202	12.21	10.18
江　西	2787	3129	3460	4045	4697	13.09	10.36
河　南	2553	2871	3261	3852	4454	14.25	10.63
湖　北	2890	3099	3419	3997	4656	13.47	9.40
湖　南	2838	3118	3390	3904	4512	12.84	9.41
重　庆	2510	2809	2874	3509	4126	—	10.23
四　川	2519	2803	3002	3547	4121	12.79	10.14
贵　州	1722	1877	1985	2374	2797	10.88	9.29
云　南	1864	2042	2250	2634	3103	10.89	9.71
西　藏	1861	2078	2435	2788	3176	11.15	11.49
陕　西	1867	2053	2260	2645	3136	11.19	10.18
甘　肃	1852	1980	2134	2329	2724	12.71	8.40
青　海	1958	2151	2358	2684	3061	9.66	9.41
宁　夏	2320	2509	2760	3181	3681	11.39	9.94
新　疆	2245	2482	2737	3183	3503	10.35	10.14
广　西	2305	2495	2770	3224	3690	13.13	8.91
内蒙古	2606	2989	3342	3953	4656	12.43	10.88

　　资料来源：根据相应年份的《中国统计年鉴》计算整理；农村人均收入以当年价计算。1988年的数据来源于《中国社会统计资料1990》。

表 1-32　不同区划 1988~2008 年人均收入（农村）绝对差比较

	年　份	人均收入最大区域	指标值（元/人）	人均收入最小区域	指标值（元/人）	人均收入绝对差
三分法	1988	东部地区	711	西部地区	431	280
	1992	东部地区	1028	西部地区	620	408
	1996	东部地区	2207	西部地区	1132	1075
	1997	东部地区	2882	西部地区	1539	1343
	1998	东部地区	3020	西部地区	1638	1383
	1999	东部地区	3107	西部地区	1673	1433
	2000	东部地区	3200	西部地区	1691	1509
	2001	东部地区	3377	西部地区	1753	1624
	2002	东部地区	3553	西部地区	1851	1702
	2003	东部地区	3776	西部地区	2009	1767
	2004	东部地区	4204	西部地区	2236	1968
	2005	东部地区	4523	西部地区	2389	2133
	2006	东部地区	4971	西部地区	2589	2382
	2007	东部地区	5626	西部地区	3033	2593
	2008	东部地区	6365	西部地区	3524	2841
全国省份	1988	上　海	1301	甘　肃	340	961
	1992	上　海	2226	甘　肃	489	1736
	1996	上　海	4246	甘　肃	880	3365
	1997	上　海	5277	甘　肃	1185	4092
	1998	上　海	5407	西　藏	1232	4175
	1999	上　海	5409	西　藏	1309	4100
	2000	上　海	5596	西　藏	1331	4266
	2001	上　海	5871	西　藏	1404	4467
	2002	上　海	6224	西　藏	1462	4761
	2003	上　海	6654	贵　州	1565	5089
	2004	上　海	7066	贵　州	1722	5345
	2005	上　海	8248	贵　州	1877	6371
	2006	上　海	9139	贵　州	1985	7154
	2007	上　海	10145	甘　肃	2329	7816
	2008	上　海	11440	甘　肃	2724	8716

　　资料来源：根据相应年份的《中国统计年鉴》计算整理，农村人均收入以当年价计算。1988年的数据来源于《中国社会统计资料1990》。

表 1 – 33　中国不同区划 1988 年 ~ 2008 年人均收入（农村）相对差比较

年　份	人均收入最大区域	指标值（元/人）	人均收入最小区域	指标值（元/人）	人均收入相对差
三分法 1988	东部地区	711	西部地区	431	1.65
1992	东部地区	1028	西部地区	620	1.66
1996	东部地区	2207	西部地区	1132	1.95
1997	东部地区	2882	西部地区	1539	1.87
1998	东部地区	3020	西部地区	1638	1.84
1999	东部地区	3107	西部地区	1673	1.86
2000	东部地区	3200	西部地区	1691	1.89
2001	东部地区	3377	西部地区	1753	1.93
2002	东部地区	3553	西部地区	1851	1.92
2003	东部地区	3776	西部地区	2009	1.88
2004	东部地区	4204	西部地区	2236	1.88
2005	东部地区	4523	西部地区	2389	1.89
2006	东部地区	4971	西部地区	2589	1.92
2007	东部地区	5626	西部地区	3033	1.85
2008	东部地区	6365	西部地区	3524	1.81
全国省份 1988	上　海	1301	甘　肃	340	3.83
1992	上　海	2226	甘　肃	489	4.55
1996	上　海	4246	甘　肃	880	4.82
1997	上　海	5277	甘　肃	1185	4.45
1998	上　海	5407	西　藏	1232	4.39
1999	上　海	5409	西　藏	1309	4.13
2000	上　海	5596	西　藏	1331	4.21
2001	上　海	5871	西　藏	1404	4.18
2002	上　海	6224	西　藏	1462	4.26
2003	上　海	6654	贵　州	1565	4.25
2004	上　海	7066	贵　州	1722	4.10
2005	上　海	8248	贵　州	1877	4.39
2006	上　海	9139	贵　州	1985	4.60
2007	上　海	10145	甘　肃	2329	4.36
2008	上　海	11440	甘　肃	2724	4.20

　　资料来源：根据相应年份的《中国统计年鉴》计算整理，农村人均收入以当年价计算。1988年的数据来源于《中国社会统计资料1990》。

表 1-34　1988~2008 年农村人均收入威廉逊系数

地区＼年份	1988	1992	1996	1997	1998	1999	2000	2001
三大地带	0.227	0.234	0.290	0.273	0.277	0.282	0.292	0.299
全国 31 省市区	0.289	0.331	0.343	0.337	0.332	0.338	0.351	0.358
地区＼年份	2002	2003	2004	2005	2006	2007	2008	
三大地带	0.300	0.294	0.285	0.274	0.275	0.259	0.246	
全国 31 省市区	0.363	0.362	0.348	0.338	0.340	0.323	0.311	

资料来源：根据相应年份的《中国统计年鉴》计算整理，1988 年的数据来源于《中国社会统计资料 1990》。

表 1-35　1988~2008 年农村人均收入基尼系数

地区＼年份	1988	1992	1996	1997	1998	1999	2000	2001
三大地带	0.116	0.118	0.151	0.140	0.138	0.140	0.144	0.148
全国 31 省市区	0.149	0.166	0.188	0.172	0.167	0.170	0.173	0.177
地区＼年份	2002	2003	2004	2005	2006	2007	2008	
三大地带	0.147	0.142	0.139	0.142	0.145	0.137	0.144	
全国 31 省市区	0.177	0.172	0.168	0.172	0.173	0.165	0.172	

资料来源：根据相应年份的《中国统计年鉴》计算整理，1988 年的数据来源于《中国社会统计资料 1990》。

第三节　地区间居民收入分配差距的评价及原因分析①

在前面数据分析中，我们已经对我国区域间居民收入差距现状有了一个总体了解和初步把握，那么如何对 1988~2008 年即前 20 年和 2000~

---

① 本节是由张琦教授执笔，张艾硕士为报告基础稿提供了部分资料。

2008 年即近 8 年的时间里，区域间居民收入差距变化的特征和规律进行总体判断和评价呢？影响地区间居民收入差距原因又是什么呢？

一、地区间居民收入差距的评价

首先，我国地区间居民收入差距的不平衡性开始减弱，但这并不预示地区间收入差距就已经消除。事实上，区域间的绝对差距仍很大，减弱的仅仅是相对差距。从前面分析数据可看出，尽管从 2000 年到 2008 年，中部地区和西部地区的城镇及农村居民收入增速加快，但我们也清楚地看到，直到 2008 年，中部地区和西部地区的城镇和农村人均收入水平仍然远远低于东部地区，消除地区间不均衡的任务仍然十分艰巨。

其次，我国地区间居民收入差距扩大之势已经开始逐步回落，并开始进入到差距增速迅速减小的通道，实现区域间社会经济发展的均衡增长为期不远。原因是：从总体上看，我国区域之间的经济收入差距经历了三个阶段：1988～1992 年间三大地带城镇人均收入差距并不明显，1992 年之后到 2000 年差距不断扩大，2000 年之后基尼系数开始波动，但总体上呈下降趋势。这表明 2006 年之后差距有所缩小。全国 31 个省市城镇人均收入基尼系数的变化也反映了这一特征，即基尼系数在 2000 年之前快速增加，2000 年之后基尼系数增速基本保持不变，维持在 0.14 左右，这表明地区差距仍在扩大，但趋势较为平缓。2005 年之后它逐渐开始呈下降趋势，表明我国地区间收入差距逐渐缩小。农村人均收入的变化也同样呈现相似的阶段性变化特点，只是转折点出现在 1996 年。1996 年之后，基尼系数变化幅度变小，保持在 0.17 左右，维持了基本稳定的格局。

再次，在我国地区间收入差距变化中，制度性差异因素所导致的差距成因在不断减弱。与过去我国在改革开放后通过实施优先发展政策带动部分地区先富起来有所不同，1999 年后我国开始实施西部大开发，2003 年实施振兴东北老工业基地，2005 年推出中部崛起战略，整个国家在区域政策上采取区域均衡发展战略，过去存在的超前性政策效应将逐渐被目前的平

第一章

地区间居民收入分配差距概论（2001～2008）

35

等的环境政策所代替。与此同时，取消农业税后的新型农村政策以及国家在农村医疗卫生、社会保险、基础设施建设、新农村建设等快速推进，在一定程度上也减少了过去中西部地区农村居民与其他区域间居民收入差距水平。可以说，随着国家财力日益雄厚，公共性财政支出与农村公共性基础设施建设规模不断扩大，不同地区居民开始享受到了公平均等的社会福利。可以设想，一旦所有地区居民都享受到平等公平均等的机会、过程时，我国地区间收入差距也将会进入到一个非制度性差异变化新阶段。

最后，影响地区间居民收入差距增速回落的不稳定性因素和不确定性要素还很多。 尽管区域间居民收入差距开始进入到了增速回落的新阶段，但是，影响区域间收入差距变化的很多不稳定性因素和不确定性因素，使得未来我国的区间居民收入差距的变化仍然存在着变数。例如，从世界范围来看，新的世界性金融危机对中国不同区域的影响和冲击程度和时间存在着差异；从国内范围来看，我国应对金融危机所采取的一揽子投资刺激计划在不同区域的效应还存在着很大的差异，地区间的经济实力和收入水平也同样存在着较大差异。另外，由于我国在 2003 年到 2007 年跨入到了快速增长周期，在经历了 2008 年的世界性金融危机后，中国经济增长开始出现了整体性大调整，尽管由于国家刺激性政策的强力拉动而呈现出回升和复苏。但是，这种强力刺激的效应持续发挥作用的时间有多长，尤其是经济自身恢复与调节能力在人为的强力推动之后又有多强，还存在不确定性。此外，巨大经济总量所需要的需求更增加了经济增长不确定性因素，而各地区间的差异同样加大了彼此之间差距变化的不确定性。

二、我国地区间居民收入差距变动的原因分析

引起和造成我国地区间居民收入差距变动新特点的因素很多。对此，无论是理论工作者还是实际工作者都进行了大量研究探讨，积累了很多研究成果，观点也各有不同。在此，我们将这些原因归纳为如下几个主要方面。

第一，国家均衡性区域发展新政策的持续性实施，是决定和影响我国地区间居民收入差距变动特征的主导性因素。如果仔细对照我国区域间居民收入差距变化的特征与国家区域性政策变化，就可以清楚发现，二者之间密切相关。以城镇收入差距为例，改革开放到2000年以前，我国区域间居民收入呈现的是东中西差距明显；到了2000年后，由于我国实施了西部大开发新区域发展战略性政策，中部地区城镇人均收入增速迅速。2005年开始，针对中部地区城乡人均收入增速明显落后于西部和东北的事实，国家又开始实施中部崛起的新区域发展战略。2005年后，中部地区城乡人均收入迅速提高，差距开始缩小。从数据看，2000年城镇人均收入的相对差最高，达到了1.53，到2008年又降为1.44。也就是说，相对差在1988年到2000年之间呈现逐年增加态势，而在2000年到2008年，相对差有所下降，说明城镇人均相对收入差距已经开始下降，反映出中国实行的西部大开发和中部崛起战略在抑制区域非均衡发展上初步显示了效果。同样，从农村人均收入的变化来看，其最大值与最小值分别在东部地区和西部地区。2000～2008年中部地区的增速最大，为10.20%，西部地区的增长速度超过部地区，东部地区增速最慢。正是这些区域战略政策的大调整，开始结束了我国1978年后实施了20多年的非均衡区域政策，使得区域间居民收入差距开始下降。

第二，资源要素价格提高及利益分配机制完善，中西部资源型地区权益保障得以提高，是中西部地区与东部地区居民收入差距迅速减少的重要原因之一。进入到21世纪后，中国经济实力开始跨入到了世界排名较前之列，目前排名第3，并可能很快赶上排名第二的日本。巨大的经济增长需求引致的资源供求紧张早在2002年到2004年就开始出现，当时煤电油气全面紧张。在这种情况下，国家先后实施了包括"西气东送"、"西电东送"、"南水北调"等重大工程项目，从而在解决资源供给紧张的同时也有力地拉动了西部地区经济增长。这也是2002年后西部经济增长加快的原因之一。例如，2003年以来，无论是石油价格，还是天然气价格、煤炭价格均有大幅度提高，这些资源产品价格提高的直接影响就是从事资源和能源的企业和所有者的收入水平大幅度提高。然而，区域间资源开发利用的关键还是要解决还资源要素的利益分配机制。而最近几年，我国在资源要素价格确定尤其是在利益分配机制上开始注重到西部地区资源利益，逐步推出了一系列措施，在一定程度上提高了西部地区居民的总体收入水平。据《中国的民族政策与各民族共同繁荣发展》白皮书显示，国家在开发新疆丰富的石油、天然气资源时，注重带动当地发展。仅"西气东输"项目每年可为新疆增加 10 多亿元的财政收入[①]。与此同时，我国在"十一五"规划纲要中提出要"将国土空间划分为优化开发、重点开发、限制开发和禁止开发四类主体功能区，按照主体功能定位调整完善区域政策和绩效评价，规范空间开发秩序，形成合理的空间开发结构"。这是一项重大的区域政策调整，而对于限制开发区和禁止开发区等进行的资源补偿机制的建立，使得西部地区在资源保护中也获得了以前从未有的补偿。这在一定程度上也提高了西部资源性地区的居民收入水平。

第三，国家制定初次不断加大分配比例的政策，在一定程度上降低了区域间收入差距程度。决定居民收入水平的首要因素还是初次分配，也就是说居民和职工工资性收入在很大程度上影响着去本人的收入和福利水平。过去我们一直有一个观点就是，初次分配体现效率，二次分配和三次分配体现公平。也就是说，初次分配由企业根据效益贡献决定工资水平，二次分配主要是国家根据初次分配所带来的不均衡性进行调节，如通过税收和一些社会福利措施，尽可能缩小收入差距。但事实上，改革开放以来，由于片面地追求企业效益，忽视了职工福利和权益，在企业和股东获得大量利润的同时，职工的收入水平却很低，两者形成巨大反差，造成严重的不平衡。可以说，很多研究结果都显示，初次分配比例在整个收入分配比例中过低，已经成为影响职工收入水平的重要因素。针对这种现象，国家早在制定"十一五"计划时就开始注重并制定了一系列提高初次分配

---

① 参见新华网 2009 年 10 月 10 日。

比例的政策措施，从而使原有的分配格局发生新变化，进而引发了区域间收入差距的新变化。因为，提升初次分配比例尤其是提高职工工资水平，中西部地区居民家庭收入相对获益最大。东南部地区的民营企业职工大多来源于中西部地区，而中西部地区农民收入中外出打工收入占其全年收入的多半以上。因此，中西部地区收入变化将最为明显，这也在一定程度上就降低了中西部与其他区域间收入水平的差距，降低了我国区域间收入差距的不平衡性程度。

第四，区域间产业转移加快，改变了要素原有流动方向，提升了要素配置效率，从而在一定程度上降低了区域间收入差距。伴随我国区域经济发展的新变化，劳动力价格在区域间的差异越来越大，原有的区域产业发展也因为要素价格提升进行区域间的产业转移。在上世纪 80 年代和 90 年代，我国东南沿海主要依靠劳动密集型产业。由于劳动成本较低，它才获得对外贸易中的竞争优势。进入到了 21 世纪后，东南沿海地区劳动力价格已经大大低于中西部地区，这样就出现了劳动密集型产业向中西部地区的转移大趋势。对于中西部来说，承接产业转移，不仅有利于促进本区域产业快速发展，而且也使得本地区整体经济增实力增强，收入水平提高。可以预计，随着全球化速度加快，区域间产业转移速度将会进一步加快，过去西部大量资金、劳动力和人才向东部地区聚集的局面将会减弱。相反，东部的资金、劳动力、人才、技术和信息也开始出现向中西部转移。这也大大提升了中西部要素配置效率，增强了区域竞争力，加快了地区经济增长，从而相应就提高了地区居民收入水平，并在一定程度上降低了区域间收入差距程度。

第五，国家财政转移支付能力的提高，在一定程度上使地区间收入差距有所缩小。进入到 21 世纪后，我国综合国力不断增强。在这种情况下，我国用于财政转移支付的规模不断加大。财政转移支付本身就是为弥补财政实力薄弱地区的财力缺口，平衡地区间财力差距，实现地区间基本公共服务能力的均等化。因此，国家财力赠强，也就预示着财政转移支付能力提升。它不仅可以帮助财政实力薄弱地区得以正常甚至良性运转，且其直接效应就是推动地区经济发展，平衡区域间差距。如2006年中央对地方财政转移支付9143.55亿元，比1994年增加8682.8亿元，增长18.8倍，年均增长28.3%。1994~2006年，中央对地方财政转移支付占地方财政支出总额的比重从11.4%提高到30%。其中，中部地区由14.7%提高到47.2%；西部地区由12.3%提高到52.5%。而在中央对地方财政转移支付中，中央对地方财力性转移支付由1994年的99.8亿元提高到4731.97亿元，年均增长38%，占转移支付总额的比重由21.6%提高到51.8%。财力性转移支付的稳定增长，大大提升了中西部地区的财力水平。2006年，如果将东部地区按总人口计算的人均地方一般预算收入作为100（约等于人均一般预算支出），中西部地区仅为32。在中央通过转移支付实施地区间收入再分配后，中、西部地区人均一般预算支出分别上升到55.63，与东部地区的差距明显缩小。另外，在专项转移支付中，由于中央重点支持经济社会发展的薄弱环节如支农、教科文卫、社会保障、医疗卫生等，因而中西部获利最大。这些资金缺口如果依靠中西部自身来解决，则困难很大。而正是国家在财政转移支付能力上的提升，极大地帮助中西部地区突破社会经济发展的瓶颈，也在一定程度上使中西部地区与发达地区间的经济发展和居民收入差距明显缩小。

第四节　全国24个省（区）的33个城市城乡结合地区居民收入分配差距调研报告[①]

近年来，我国居民收入分配差距不断扩大，这已经成为影响经济可持

① 2006年课题组组织了北师大多个学院众多研究生利用假期在全国24个省（区）、市的城乡结合区进行了调研，涉及到336个家庭的1091个调查对象。和晋予博士和肖博强硕士对调查数据进行了加工处理并撰写了初稿。感谢校学生处梁家峰处长的大力支持。

续发展和社会和谐稳定的重要问题。造成居民收入分配差距扩大的原因是多方面的，其中，城市化进程加快、城乡差距不断扩大是其中一个非常重要的因素。[①] 这个因素在城乡结合地区表现得更为突出。

城乡结合地区是指位于城市和乡村之间，以城市和乡村土地的利用方式相混合为典型特征，人口和社会特征具有城乡过渡性质的一个独特地域。[②] 城乡结合地区多是政府部门、社会公众关注的焦点区域，有着相对较多的流动人口和随着城市发展而改变收入来源的居民，其收入分配状况集中体现了城乡差距。因此，对这一特殊地区居民的收入分配状况进行研究，具有较强的现实意义。

一、城乡结合地区居民收入分配现状

对城乡结合地区居民收入进行调研，首先需确定从哪几个方面来考察城乡结合地区居民收入水平。随着我国市场经济体制的逐步完善，要素市场逐步确立，以家庭为主体的居民收入不仅包括劳动力收入——工资，而且还包括其他要素收入——利息、股息、租金等。因此，工资收入和其他资产收入是衡量居民收入水平的主要内容。同时，也要从支出的角度考虑收入分配状况。有学者认为，中国在过去十多年间，居民支出结构发生很大变化，特别是医疗、教育、住房等几大支出项目增长很快，这成为收入分配中被关注最多的问题。[③] 这样的问题在城乡结合部地区也比较突出。所以，对城乡结合地区居民收入分配情况的调研，主要是从居民收入和支出两方面来考虑。从现有调查结果来看，城乡结合地区目前收入分配的格局和机制总体上看是合理的，是富有效率的。但具体来看，人均收入水平较高，收入差距较大，半数城乡结合部的居民对当前收入分配状况不满意。

① 孔泾源：《中国居民收入分配年度报告（2005）》，经济科学出版社 2005 年版，第 8 ~ 9 页。
② 郝寿义、安虎森：《区域经济学通论》，经济科学出版社 1999 年版，第 395 页。
③ 人民网：《收入分配差距为何越拉越大？》，http://theory.people.com.cn/GB/49154/49156/4658794.html。

1. 被调查地区居民平均收入接近城镇水平，收入分配差距较大

调查中发现，被调查的城乡结合部地区居民平均收入虽然接近城镇人均可支配收入水平，但是却远高于农村居民纯收入水平。调查的 336 个家庭收入 2005 年人均为 9977 元，是农村人均纯收入 3254.9 元的三倍多，略低于城镇人均可支配收入 10493.0 元（见图 1 - 1）。

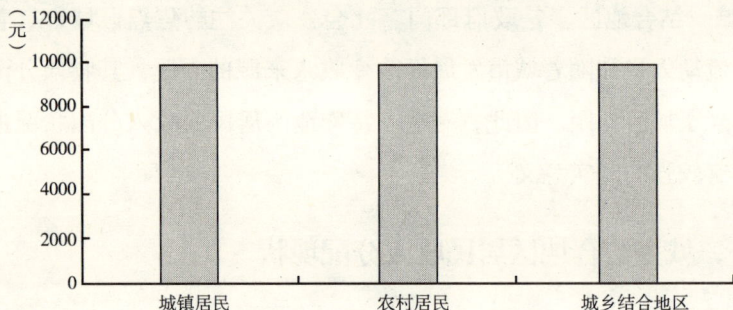

图 1 - 1　2005 年城乡结合地区人均收入和城镇、农村人均收入的对比

尽管城乡结合地区人均收入接近城镇居民人均可支配收入的水平，但是从城乡结合地区居民收入分配内部状况来看，其内部差距非常大，具有明显的二元结构特征。例如课题组对西安市城乡结合地区居民收入情况进行调查的结果显示，城乡结合地区收入差距主要表现在失地农民与城镇户口的居民之间，最低收入家庭与最高收入家庭年收入之比为 0.069∶1。

根据 336 个被调查家庭的收入分布情况，可以绘制洛伦茨曲线，如图 1 - 2 中的 a 图所示。从图中可以看出，336 户家庭收入分布的洛伦茨曲线偏离 45 度线距离较远，且趋近折线形状。这种弯曲反映了收入分配差距较大，不平等程度较高。

在样本家庭中，几乎 10% 的高收入家庭集中了大部分收入，而其余人口收入较低。如果去掉这 10% 的富庶家庭后，城乡结合地区的人均收入为 7118.45 元，尽管这仍然远高于农村居民家庭人均收入水平，但是其分布不均等情况有明显改善，如图 1 - 2 中的 b 图所示。

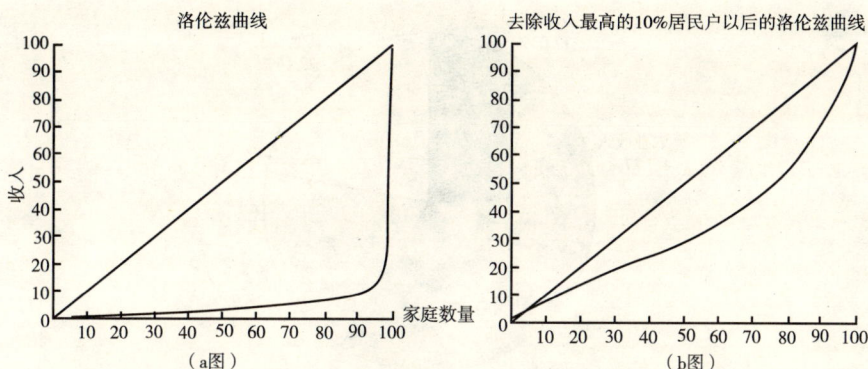

图 1 – 2 　城乡结合地区调研对象收入分布的洛伦兹曲线

2. 被调查的城乡结合地区居民非农业收入占比重较大

随着我国城市化进程的不断加快，城市的工业向郊区转移，城乡结合地区原有的农业用地转换为工业用地，大量城乡结合地区的居民脱离了第一产业，向第二、三产业集中。因此，城乡结合地区的居民收入中，工资收入成了最主要的部分，一部分有房产等资产的居民可以得到租金等财产收入；而原来最重要的农业收入的比重有所下降。例如，在对四川内江市东兴区居民收入分配调研中，课题组发现被调查居民中从事多种经营的达50%以上，其收入以其他经营收入和工资收入为主。他们从事的具体行业有房屋出租、交通运输、批发零售、餐饮等满足居住地人们基本日常生活需要的服务业。[①]

从全国调研数据分析来看，2005 年被调查的城乡结合地区居民收入中，工资收入占比达到了 34.64%，是占比最大的部分；农业经营收入有所下降，比重为 7.27%；其他依次为其他经营收入、其他收入、资产收入，比重分别为 17.03%、18.92% 和 22.14%（见图 1 – 3）。

从调研的城乡结合地区各种行业人均收入来看，资产收入最高，农业经营收入最低。随着城市化进程的加剧，城乡结合地区居民已经不再依赖

---

①　邱维真：《四川内汇城乡结合地区居民收入分配调查报告》，调研报告，2008 年。

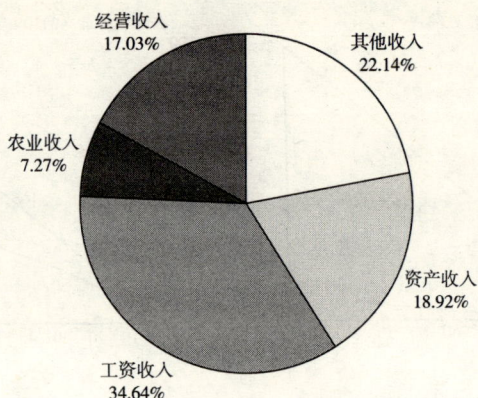

图1-3 城乡结合地区调研对象收入构成情况

农业经营收入生活，转而寻求资产收入、其他经营收入等多种收入来源。拥有不同的收入来源类型的家庭比例为27.64%。从资产收入角度看，年人均工资收入达到3481元；其次是其他收入，为2224.6元；资产收入和其他经营收入分别为1901.8元和1711.7元；最低的是农业经营收入，仅为730.7元（见表1-24）。这进一步印证了农业经营收入在城乡结合地区居民收入中的地位不断下降。

表1-24 调研地区不同来源的收入对比

单元：元

收 入 来 源	2004 年从业人均收入	收 入 来 源	2004 年从业人均收入
工资收入	3481.15	资产收入	1901.81
其他收入	2224.61	农业经营收入	730.73
其他经营收入	1711.69		

资料来源：根据调研结果数据整理。

3. 储蓄和房产是被调查的城乡结合地区居民拥有的主要资产

资产收入是城乡结合地区居民的重要来源之一。居民所持有的资产主要是银行存款和房产等。

在调研的城乡结合地区居民的资产中，户均拥有储蓄存款金额为

34217.26 元，处于较高水平。这表明居民的投资观念仍较为保守，对资金的安全性过于看重，从事高风险金融投资的意识不强。调研记录显示，在 336 个家庭中有 90 个家庭需要偿还债务，平均债务额度为 31391.77 元。它主要为住房按揭贷款和医疗负债，但没有向信用合作社和银行借贷的生产经营活动所需要的贷款。结合房产价值可以发现，被调查的城乡结合地区居民有抵押和担保能力。人均收入 4000 元以下的低收入群体共有 69 万元的存款和 61 万元的负债，分别占存款总额和负债总额的 6% 和 21.6%。

调研地区的家庭房产主要由自有房构成。89.6% 的被调查居民居住在自有房产中，包括外来人口和流动人口。户均居住时间较长，达到 22 年，户均居住面积较小，只有 38 平方米。从狭义上讲，房产价值应仅包括房屋自身的价值，但从广义上讲，由于装修依附于房屋并能为其带来一定程度的升值，在调查中也相应计入。经对房屋及附带装修的现有价值评估测算并汇总后的结果显示，被调查的城乡结合地区家庭现有房产价值为 13 万元/户。房产是家庭存款的 3.84 倍。上述结果表明，房产已逐渐成为被调查的城乡结合地区居民家庭价值量最大的财产。

资产来源于收入的积累，因此房产价值与居民人均收入之间存在一定的相关关系。从调查结果看，上年人均收入越高，其家庭所拥有的房产价值便越大。在不同收入的家庭中，拥有房产价值最低的是上年人均收入 4000 元以下的家庭，户均 7.91 万元，仅达到平均拥有量的 60.1%。当上年人均入上升至 4001～10000 元时，户均房产价值则提高到 11.3 万元；而当户主月收入进一步攀升，达到 10000 元以上时，户均房产价值则相应升高至 20.5 万元。依此类推，户人均收入每上一个台阶，其家庭房产价值也随之跃升一个层次。

4. 教育医疗等支出是被调查的城乡结合地区居民支出的重要部分

支出和收入密切相关，高收入者的支出可能也比较高。从调研结果分析，在 2005 年样本家庭总支出中，各居民户支出额度与家庭收入正相关关系较强。人均收入高于 5000 元的家庭支出额度占总支出额度的 73.35%。

从支出结构来看，教育、医疗等支出占很大比重。被调查的城乡结合地区居民总支出中，吃、穿、用支出占总支出的比例最大，为60.68%，教育支出占总支出额度的26.4%，医疗费用支出占总支出额度的12.92%。尽管吃、穿、用等一般性消费支出占据最主要的份额，但是教育支出和医疗费用支出的比重也不可忽视。尤其是教育支出占比较大，表明由于收入水平有限，在满足家庭日常基本需求之后居民支出以教育支出为主。这种消费模式与发展型消费和享受型消费尚有一段距离。

居民户成员中含有学生的105个家庭，平均每户年支出为17075元；不含学生的221个居民户，平均年支出为16405.4元。结合平均教育支出4341.9元来考虑，城乡结合区域居民的子女教育费用是在大幅削减吃、穿、用支出的情况下维持。例如，在宁夏石嘴山市大武口区的调查中，居民陈XX家庭有一个上小学的学生，2005年学习费用大概是2000元，另一户家庭有四个在外地上学的学生，2005年的教育支出为20050元。这个数字还是保守估计，因为大学生一般在学校里都有生活补助、兼职收入等，这在一定程度上可以帮助家里减少教育支出。

5. 被调查的城乡结合地区居民对收入分配现状满意程度较低

本次调研对被调查地区居民收入分配的满意程度进行了考察。在对此问题的回答中，50%的家庭填写"不满意"，这一部份家庭人均收入为5327元。22%认为满意的群体，家庭人均收入13554元。满意与否的区别主要源自收入高低。同时，"不满意"群体中有50%表示对当前政府在居民收入分配方面的工作情况"不了解"。80%的"满意"群体对政府在居民收入分配方面的工作情况表示"了解"。在被调查的城乡结合地区，收入差距确实能影响满意程度。

另外，被调查的城乡结合地区居民在对自己的收入状况进行判断的时候，会将自己的收入和其他人相比较。在调研对象中，有50个受访家庭选择与"周围的人"进行比较。他们在把自己和身边所了解的一个群体进行比较时，容易将自己收入中的不足和周围群体中该方面较为突出的个体进行比较。收入比较的各个方面都如此选择，就容易滋生不满情绪。其他的比较对象的特点是：有可比性，属于中等收入的群体。

二、影响被调查的城乡结合地区居民收入差距的主要因素

根据调查结果可知，二元结构和城市化的进程，对被调查的城乡结合地区居民收入分配有着重要影响。

1. 城市化对城乡结合地区居民平均收入水平提高有一定作用

城乡结合地区居民平均收入水平不低，很大程度上是因为城市化作用的结果。调查也说明了这一点。首先，城市化提高了城乡结合地区的农业经营收入。被调查的城乡结合地区务农者多为继续耕作剩余土地，也有少数是耕作他人土地，或者承包外出务工人员土地耕作。务农人员占20%，数量庞大但收入不低。通过访谈发现，这些地区的务农人员所从事的农业生产工作已经逐步从城郊农业向都市农业过渡。都市农业的生产、流通和消费，农业的空间布局和结构安排，农业与其他产业的关系等，都首先服从了城市的需要，为城市提供相应的服务。这种由城市需要决定的农业发展模式，体现了大都市对农业的依赖性，并进而表现出二者相互依存、相互补充、相互促进的一体化关系。这种关系促使大量的城乡结合地区务农人员在其居住环境逐渐城市化的同时，还继续从事农业生产经营活动，并取得较高收入。都市农业不仅是经济领域的开发，而且进行了生态、社会领域的开发，并通过代耕外出务工人员土地等方式实现了规模化的大农业。被调查的一些城乡结合地区务农人员有部分已经采取了高度集约化的经营方式，实现生产、加工、销售一体化发展，并达到高级农业发展形态。

其次，城市化的发展给被调查的城乡结合地区居民带来较多的非农收入。城乡结合地区毗邻城市，有着可以利用的巨大城市需求，有着便捷的交通运输、强有力的工业支持、雄厚的科技力量、灵敏的信息传递等条件，因而城乡结合地区乡镇企业产品和农副产品的生产和交换周转快，成本低，形成较高的商品率，取得高于一般乡村经济的收益。根据调查，城

乡结合地区的党政机关从业人员较多,工资收入较高,人均收入达到20866元。被调查的城乡结合地区个体经营者数量为总人口的11%,其人均收入最高,超过30000元。例如,宁夏市大武口区属于城乡结合地区。城市化进程加快和大量的新兴园区建设,为该区富余劳动力尤其是青壮年劳动力的转移提供了比较有利的条件。很多年轻人进城工作,劳务经济已经成为大武口区农村经济的重要产业。

此外,城市化使城乡结合地区居民资产增值,获取更高的资产收入。城乡结合地区居民资产财产性质实现重大跨越,资产结构由先前仅仅拥有农业生产资料和生活资料转变为现有房产。居民可以通过出租房产等方式获得资产收入。

2. 就业多元化使被调查的城乡结合地区居民收入分配差距较大

城乡结合地区的就业人员可以较为明确地分为两类:一类是与城市的现代生产方式相结合的就业者,如在现代企业、国家机关、高层次的第三产业部门的就业人员;另一类是与农村的生产相结合的就业者,如从事农、林、牧、副、渔生产的就业人员。还需强调的是,如城乡结合地区属于开发区的话,那么该地区还可能会有大量的外来人员的流入流出,使该地的人口结构更趋于复杂化。

从调查结果看,不同职业的收入差距较大。尽管在城乡结合地区从事农业经营要比在农村收入高很多,但是就农业经营活动和从事其他职业所获得的收入比较来看,公务员、个体经营等收入还是比较高的。例如,在青岛市城乡结合地区的调查过程中,课题组了解到当地公务员的工资水平是每月3500元左右,福利待遇也很优越,而仅靠保洁工作维持生计的居民每月平均工资水平才600元。其收入差距由此可见一斑。

调查发现城乡结合地区存在9%的无业人员,这部分人员主要是失地又失业的农民。在失地之后,可能由于年龄、技能、寻职愿望等原因,他们沉淀在失业"蓄水池的底部",暂时或者永久退出劳动力市场。即使没有退出劳动力市场,失地农民与短期失业者相比,在知识和技能的"折旧"、寻找工作的勇气、对就业收入的预期、因失业影响的实际生活水平等方面，都会有显著的差异。

3. 不同居民享有社会公共物品差距较大

由于城乡结合地区的居民人口结构的复杂性，不同职业的居民享有社会公共物品的差距也较大。在对 33 个城乡结合地区的居民支出压力最大的项目进行调查时发现，将医疗支出压力排在首位的家庭最多，达到 79 户。排在第二位的支出项目是教育支出，有 69 户认为是子女教育是压力最大的支出方面。

医疗支出的压力是一种潜在的压力。由于我国目前医疗保险体制尚不健全，医疗覆盖水平也不全面，因此，医疗费用成为部分城乡结合地区居民特别是农业人口面对的主要支出压力。此外，一些城乡结合地区的教育资源比较匮乏。大部分城乡结合地区的居民都有让子女进入高校深造的愿望，而居民收入情况差异很大，有的居民家庭对子女在高中、大学期间的费用很难承担；收入比较高的居民相对没有太大的支出压力。例如，在黑龙江省哈尔滨市宾县糖坊镇进行调查时，发现城乡结合地区的农民反映城市居民很多享受公费医疗，而农村居民却没有这种待遇；城市的中小学能够获得国家大量财政补贴，而农村学校得到的补贴非常少；城市居民享受养老金保障、失业保险、最低生活救济，而农村居民却很少有。这也印证了城乡结合地区社会保障体系的不统一和不均等。

4. 征地对部分城乡结合地区居民收入影响较大

目前在城市化进程中，土地征用是一个比较普遍的现象。城乡结合地区存在一定数量的可利用土地资源，征地现象比较突出。在调查的 336 户家庭中，当前拥有土地的有 154 户，占总调查户数的 45.8%；十年前拥有土地的户数为 222 户，占总户数的 66.1%，比重呈下降趋势。十年内失去土地的户数为 78 户，占总数 23.3%。这些家庭人均收入为 9793 元，仅低于平均水平 184 元（见表 1-25）。

表 1 – 25   336 户城乡结合地区家庭失地的调研情况

单位：户

	当前是否有土地	十年前是否有土地
否	182	114
是	154	222

资料来源：根据调研数据整理。

　　在土地被征用的居民家庭中，具体情况又有所不同。一部分居民家庭失地并未失业，在一个较长的时间段内有能力获得其他收入来源。调查发现，失地未失业的人数占失地总人数的 86.6%。这说明征地并未造成失地人口收入下降，相反可能还会有所上升。但是，还有 13 人失地又失业，其收入状况不佳，生活处于比较贫困的水平。例如，在新疆伊宁市城乡结合地区的哈尔墩乡吉尔格朗村、东梁村和汉宾乡汉宾村进行实地考察时，课题组就失地农民的生存状况问题进行了深入细致的走访入户调查。调查发现，对于失地农民来说，最大的困难在于就业。村子中绝大多数人处于"务农无地，上班无岗"的状态。

　　农民失去了土地，就失去了谋生手段。然而为了生活，他们只能寻找其他的谋生手段。根据已有的调查结果，失地农民的劳动力供给意愿是非常强烈的，这主要是城乡结合部地区的社会保障系统一定程度的缺失与沉重的家庭负担使然。然而，失地农民的就业渠道非常有限。调查家庭中的失地农民，或者以土地补偿为资本，开始个体经营；或者加入城市的劳动力大军，成为农民工，领取一份在一定程度上固定却没有保障的收入。政府在征地之后只是简单地给了一笔经济补偿金，没能从根本上解决其就业问题。这与未来失去土地漫长的日子相比，显然是微不足道的。例如，长沙市城乡结合地区一户家庭，2005 年全年的收入仅靠户主做电工所得的12000 元生活，而务农的妻子没有收入，一家四口的人均年收入仅为 3000元。另一户家庭的情况更为不幸，户主一人 8000 元的打工收入要供养两个女儿读书。这些失地农民的生活压力较大。

5. 被调查地区的城市人口向城乡结合地区转移是收入分配差距较大的原因之一

随着当前我国城市房地产价格的不断上涨，房地产开发已经逐步由中心向外围转移。由于交通条件的不断改善，城乡结合地区以较低的房价、相对宽松的居住环境吸引越来越多的城市居民定居。

尽管城市人口到城乡结合地区定居带给当地经济发展机遇，但是也会对当地居民的收入情况产生一定影响。首先，过多的城市居民购房需求会带动当地房地产价格提升，从而引起房价上涨，并对城乡结合地区居民造成一定的压力。其次，部分收入很高的城市居民选择到环境较好的城乡结合地区居住。第三，城市居民的高购买力能够带动城乡结合地区消费品价格的上涨，全面提升当地生活成本。例如，当前环北京、天津一带的城乡结合部和农村，已经出现了一条300万人左右的贫困带，其产生的原因之一就是城市人口向城乡结合部和农村转移造成了当地物价的提高。

三、改善城乡结合地区居民收入分配要发挥市场和政府的作用

我国城乡结合地区居民收入分配现状是城市化和二元经济结构共同作用的结果，是市场经济机制和政府共同发挥作用的结果。根据库兹涅茨的"倒 U 假说理论"，在前工业文明向工业文明过渡的经济增长的早期阶段，收入或财富差距会扩大，而后趋于短暂的稳定，然后在增长后期逐渐缩小。因此，进一步提高城乡结合地区居民收入水平、改善收入分配不公的状况，需要从市场和政府两方面着手。

1. 加快城乡结合地区产业结构转型

城乡结合地区的产业结构由第一产业向第二、三产业转型，有助于提高居民收入水平。农业经营收入相对较低，城乡结合地区可以利用城市工业转移和城市巨大的消费市场，发展符合自身实际的产业。首先，可以利用城乡结合地区的过境交通量大，沿交通走廊发展第三产业。其次，依靠有地方特色的城郊农业，发掘近郊农业用地的潜力，促使农业经营向个体

经营发展，发展旅游观光农业，适应城市居民需求。第三，某些城乡结合地区蕴藏着较为丰富的自然资源，可被当地居民开发。可以吸引更多的城乡结合地区居民从事个体经营活动，同时通过有序竞争规范、健全市场。第四，可以在城乡结合地区规划建立污染小、市场吸附能力强的产业园区，吸引相关企业进驻，从而达到增加就业、提高收入的目的。

2. 对城乡结合地区进行合理规划

部分城乡结合地区长期以来具有城市和农村的双重特征，因此在城市规划中，往往难以准确界定。这对城乡结合地区的经济发展和居民收入水平造成了不利影响。以北京市丰台区长辛店镇为例，该镇处于丰台区西南边缘，全镇多为丘陵坡地，镇内农业人口占多数，同时也有一些工业企业和服务业企业，是典型的城乡结合地区。但由于其在北京城市规划中定位不甚明确，近年来该镇经济发展速度较慢，落后于周边其他地区，居民收入长期得不到有效提高。因此，对城乡结合地区企业群落的论证和建设、工厂的布局和选址、住宅小区的设计和分布、商业区布局等，都要进行合理统筹规划，对城乡结合地区经济发展和居民收入水平提高有积极作用。

3. 拓宽就业渠道，提高失地农民的收入水平

城乡结合部的主要就业压力来自于失地农民的生存压力而导致的劳动力供给膨胀，解决这一问题的关键是要拓宽失地农民的就业渠道。在征地过程中，优先考虑有能力安置失地农民的征地单位，在招工时要优先招用所征土地上的失地农民。政府要出台奖励安置失地农民就业的政策，鼓励征地单位或有关企业吸纳失地农民就业。各级职业介绍机构应该积极为失地农民服务，举办各种类型的招聘会，并为失地农民开办专场招聘会，广开失地农民的就业渠道。

同时，要充分发挥社区服务业在吸纳劳动力就业方面的重要作用。随着经济的发展和社会的进步，人们对社区服务的需求日益增长，社区就业逐渐成为失地农民和其他弱势就业群体实现就业的重要领域。社区服务的工作通常技术含量不高，无需培训即可上岗，非常有利于安置那些文化水平低的大龄失地农民。因此，发展社区服务也是缓解城乡结合部就业压力、扩大失地农民收入水平的重要途径。

4. 完善社会保障体系

从各国对社会收入分配调节的实践表明，完善社会保障体系是缩小社会生活水平差异最有效的措施。这主要是通过社会保障的各项措施，如养老保险、医疗保险、失业保险、工伤保险、最低生活保障、优抚扶贫、社会救助等，保障低水平生活群体的基本生活。目前，尽管社会保障体系在不断完善，但在城市和农村却未能统一，差别较大。在农村，绝大多数农民基本处于国家的社会保障体系之外，农民均无权享受城镇居民具有的就业、医疗、住房、退休金等福利措施，从而拉大了城乡之间的差距。城乡结合地区介于二者之间，尽管能接受城市社会保障体系的一部分辐射，但由此带来的收入分配差距依然存在。因此，非常有必要通过加速推进对城乡结合部社会保障改革、增加社会保障项目等措施，减轻低收入家庭负担，缩小收入差距。

本章主要参考资料

1. Lambert, P. J.: The Distribution and Redistribution of Income, Manchester University Press, Manchester, U. K., 2001.

2. Michael Schneider: The Distribution of Wealth, Northhampton, Mass: Edward Elgar. 2004.

3. Ravallion, Martin and Shaohua Chen (2004) China′s (Uneven) Progress Against Poverty, World Bank Policy Research Paper 3408, Development Research Group, World Bank, Washington, D. C.

4. Dwayne Benjamin; Loren Brandt; John Giles (2005): The Evvolution of Income Inequality in Rural China, Economic Development and Cultural Change Jul 2005

5. Justin Y Lin; Geweu\i Wang; Yaohui Zhao (2004): Regional Inequality and Labor Tranfers in China, Economic Development and Cultural Change Apr 2004

6. Jones, Derek, Cheng Li and Ann L. Owen (2003) Growth and Regional Inequality in China During the Reform Era, William Davidson Working Paper No. 561, The William Davidson Institute at The University of Michigan Business School.

7. Khan, Azizur Rahman, Keith Griffin, and Carl Riskin (1999) Income Distribution in Urban China During the Period of Economic Reform and Globalization, American Economic Review/AEA Papers and Proceedings, Vol. 89, No. 2.

8. Budy P Resosudarmo; Yogi Vidyattama (2006): Regional Income Disparity in Indonesia: A Panel Data Analysis, ASEAN Economic Bulletin Apr 2006.

9. 郝寿义、安虎森:《区域经济学》,经济科学出版社 1999 年版。

10. 孔泾源:《中国居民收入分配年度报告(2005)》,经济科学出版社 2005 年版。

11. 宋国恺:《城乡结合部研究综述》,《甘肃社会科学》2004 年第 2 期。

12. 甄艳、吕康娟:《城乡结合部的地缘特性及其管理机制创新》,《世界地理研究》2005 年第 9 期。

13. 郝寿义、安虎森:《区域经济学》,经济科学出版社 1999 年版。

14. 孔泾源:《中国居民收入分配年度报告(2005)》,经济科学出版社 2005 年版。

15. 宋国恺:《城乡结合部研究综述》,《甘肃社会科学》2004 年第 2 期。

16. 甄艳、吕康娟:《城乡结合部的地缘特性及其管理机制创新》,《世界地理研究》2005 年第 9 期。

17. 蔡昉、都阳:《中国地区经济增长的趋同与差异——对西部开发战略的启示》,《经济研究》2000 年第 10 期。

18. 林毅夫、刘培林:《中国的经济发展战略与地区收入差距》,《经济研究》2003 年第 3 期。

19. 李实:《中国个人收入分配研究回顾与展望》,《经济学(季刊)》2003 年第 2 期。

20. 王小鲁、樊纲:《中国地区差距的变动趋势和影响因素》,《经济研究》2004 年

21. 刘夏明、魏英琪、李国平:《收敛还是发散——中国区域经济发展争论的文献综述》,《经济研究》2004 年第 7 期。

22. 彭国华:《中国地区收入差距、全要素生产率及其收敛分析》,《经济研究》2005 年第 9 期。

23. 万广华、陆铭、陈钊:《全球化与地区间收入差距:来自中国的证据》,《中国社会科学》2005 年第 3 期。

24. 张健,何彬:《中国地区收入差距趋于收敛还是发散?》,《学习与探索》2007 年第 3 期。

25. 司志宾、张东辉:《地区收入差距与经济增长——基于中国统计数据的实证分析》,《东岳论丛》2007 年第 5 期。

26. 王家新、梅翠:《影响地区收入差距的税收因素分析》,《统计研究》2006 年第 12 期。

27. 陶应虎:《农村居民收入区域差异及其影响因素研究——以江苏省为例》,清华大学出版社 2009 年版。

28. 麻健:《调节不合理收入分配问题研究》,中国经济出版社 2008 年版。

第二章

城市居民收入状况的调查研究

第一节　城市老年人收入与健康支出状况研究
——北京市的调研

导　语

　　北京市老年人收入与健康支出状况研究是一个双委托课题。北京师范大学经济与资源管理研究院承担了北京市"新医药学科群"课题，同时又将这一课题与国家社科基金重大课题 A 类项目"我国地区间居民收入分配差距研究"结合起来，不仅研究了老年人的健康状况，同时也研究了老年人的收入与健康支出的关系。课题的立项和调研过程，一直得到了主持北京市"新医药学科群"重大项目的王永炎院士的指导。

　　课题组最初由北京师范大学经济与资源管理研究院和中国中医科学院组成。课题组由北师大经济与资源管理研究院院长李晓西教授负责，成员主要有医学博士杨卫彬、张占军，经济学博士王诺、刘涛和刘一萌。在调研过程中，北京市老龄问题研究中心陈谊主任率领的团队也参加进来，他们是梁积江、郭南方、黄慧、王海涛、范向华、汤哲等。

在北京市委研究室的大力支持下，课题组展开了实地调研。北京市委研究室的林向阳主任和胡雪峰处长为我们组织了由北京市统计局、财政局、民政局等八个部门参加的专题讨论会，并对完成课题提出了很好的建议。课题组的指导专家中国社会科学院经济研究所朱玲副所长、北京市统计局王红副局长以及信息咨询中心刘宏义主任对问卷调查给予了具体的指导意见。课题组还深入到朝阳区望京西园社区、宣武区西便门内社区以及海淀区牡丹园东里社区，与30位老年人代表座谈，并开展了小样本的问卷调查。三个社区的居委会主任以及广安门医院的花宝金副院长等领导协助安排了座谈会，在此一并表示感谢。

课题组在2007年还进行了北京市老年人口1‰抽样调查，得到了宝贵的第一手资料。在实地调研和统计分析的基础上，完成了报告的基础稿。在多次修改中，报告借鉴了卫生经济学的基本理论，重点对北京市老年人收入与健康支出的关系进行了研究和完善，就老龄资源的再社会化问题展开分析，提出了改善老年人收入和健康支出水平的六条建议等。课题组还撰写了《改善老年人收入与健康支出水平的政策建议》，上报中共北京市委研究室，受到了研究室领导的重视与好评，并刊发于研究室内部资料《决策参考》2008年第36期（2008年9月23日），服务于北京市的相关决策。国务院发展研究中心的重要刊物《管理世界》2008年第12期以"老年人收入与健康支出状况研究——以北京市为例"为题，登载了本课题的报告。张占军博士的策划组织，杨卫彬博士的协调和分析，王诺博士的重要建议，刘涛博士的报告初稿起草，刘一萌博士的联系协调等，均为课题完成做出了贡献。

虽然我们尽了自己的努力，但由于老龄问题涉及到医学、经济学、社会学等多个学科，内容广博，加之我们的政策水平有限，故报告中肯定存在着不少问题，还需要进一步研究和提高。

人口老龄化是我国经济社会发展中面临的一项重大挑战。2005 年，我国 60 岁及以上的老年人有 1.44 亿，占总人口的比例为 11.0%，老年人口规模居世界第一位。随着人口预期寿命的延长和老龄化程度的加深，老年人的健康问题日益受到广泛关注，成为一个重要的经济问题，同时这也是因为老年人的收入水平是影响其健康支出和生活质量的主要因素。党的十七大报告明确提出要加强老龄工作，要病有所医、老有所养。在这一背景下，加强对老年人收入与健康支出问题的研究，对于保持社会和谐稳定、促进经济可持续发展具有非常重要的意义。

以北京市为例，课题组对老年人的收入与健康支出状况进行了典型调研，并结合北京市老龄问题研究中心 2007 年开展的 1‰老年人口生活状况抽样调查①，最终形成了本报告。报告共分北京市老年人群体研究的重要性、老年人收入与健康支出的现状及特点、收入与健康支出的关系、老龄资源的再社会化，以及改善老年人收入与健康支出的政策建议等五个部分。

一、北京市老年人群体研究的重要性

北京市作为全国较早进入人口老龄化的地区之一，2005 年全市老年人口达到 224.3 万人，占总人口的 14.6%，而且未来这一比例上升的趋势还会加快，人口老龄化程度明显超前于经济发展的水平。参照国际通行标准和我国相关法律的规定，报告中所研究的老年人指的是在北京市常住人口

---

① 调查采用 PPS 比率抽样和分层抽样相结合的方法，抽取了北京市 8 个区县、38 个街道（乡镇）、237 个居（村）委会 2000 多位老年人予以入户访问。为了更好地以样本推断总体，课题组利用北京市统计局 2005 年 1% 人口抽样调查标准数据，对调查数据分年龄、性别进行加权，最终得到有效样本量 2034 份，其中城市 1566 份、农村 468 份。

中年龄在 60 岁及以上的群体。

1. 人口老龄化进程不断加快

改革开放以来，伴随人民生活水平的提高和医疗卫生条件的改善，北京市老年人口规模逐步增大，预期寿命不断延长，特别是 20 世纪 90 年代之后开始进入人口结构老年型城市。

（1）老年人口增速高于总人口增速

1990～2000 年，全市老年人口数量由 111.0 万增长到 170.2 万，年均增长率为 4.4%，比同期总人口年均 2.2% 的增长率高出了一倍。2000～2005 年，老年人口又增加了 54.1 万，年均增长率提高到 5.7%，而同期总人口增加了 156 万，年均增长率仅为 2.4%（见表 2-1）。

表 2-1　北京市总人口数、老年人口规模及比例

单位：万人/%

年　份	总 人 口 数	60 岁及以上人口数	60 岁及以上人口占总人口比例	80 岁及以上人口数
1990	1088	111.0	10.2	9.3
2000	1382	170.2	12.3	13.2
2005	1538	224.3	14.6	21.5

资料来源：北京市老龄问题研究中心编《北京市人口老龄化与社会经济发展（2007）》。

由此可见，北京市老年人口规模一直处于高速增长状态。从国际上看，其人口老龄化速度也高于其他国家的平均水平。

（2）老年人口占总人口比例不断提高

从老年人口比例来看，1990 年全市老年人口占总人口的比例为 10.2%，2000 年该比例提高到 12.3%，十年间增长了 2.1 个百分点。2005 年该比例更是达到 14.6%，五年间就增长了 2.3 个百分点（见表 2-1）。这就进一步印证了北京市人口老龄化发展趋势日益迅猛。

（3）老年人口高龄化呈上升趋势

1990～2000 年，全市 80 岁及以上的高龄老年人口由 9.3 万增加到

13.2 万，年均增长率为 3.6%。2005 年高龄老年人口比 2000 年又增加了 8.3 万，年均增长率提高到 10.2%。此外，高龄老年人占全部老年人口的比例也从 2000 年的 7.8% 上升至 2005 年 9.6%（见表 2-1）。

由于北京市老年人预期寿命的提高，以及人口增长的惯性作用，老年人群体呈现"增龄增长"的特点，即年龄越大，其占老龄人口的比例越高，增长速度越快。

2. 老年人群体对于社会稳定意义重大

老年人是处于特殊地位的社会群体。随着老龄化趋势的加快，重视并研究老年人群体不仅是帮助老年人安度晚年的需要，也是保持全市社会经济稳定发展的需要。

（1）纯老年人家庭户比例增长快

2000 年北京市纯老年人家庭①共 31.5 万户，占老年人家庭户的 26.9%；2005 年纯老年人家庭增加到 50.4 万户，所占比例升至 33.3%。五年间增加 18.9 万户，比例上升了 6.4 个百分点（见表 2-2）。

表 2-2　北京市老年人口的家庭户情况

单位：万户/%

户　类　型		2000 年		2005 年	
		户　数	比　例	户　数	比　例
有一个 60 岁以上老年人的户	单身老人户	12.9	11.0	18.5	12.2
	其他	53.7	45.9	61.4	40.7
有两个 60 岁以上老年人的户	单身老人户	18.6	15.8	31.9	21.1
	其他	31.1	26.5	38.5	25.4
其　他		0.9	0.8	0.9	0.6
合　计		117.2	100	151.2	100

资料来源：北京市老龄问题研究中心编《北京市人口老龄化与社会经济发展（2007）》。

---

① 纯老年家庭是指家庭全部人口的年龄都在 60 岁及以上的家庭，包括单身老人户和与配偶共同居住的老年户。

纯老年人家庭的不断增加，表明随着社会转型的加快，空巢老人数量逐渐增多，传统的家庭养老功能正在趋于弱化，由此带来的养老问题将会加重。

（2）老年人丧偶比例明显下降

2005 年全市有配偶的老年人占老年人总数的 76.9%，老年人丧偶率为21.7%。与 2000 年相比，老年人有配偶的比例增加了 10.7%，丧偶的比例下降了 9.3%。

总体上看，老年人有配偶的比例高，这对于稳定老年人的家庭结构、保证其晚年生活是非常有利的。

（3）人口结构尚处于经济社会发展的"人口红利期"①

伴随人口老龄化的加速，少儿人口规模不断缩小。1990~2000 年，北京市少儿人口由 218.1 万减少到 187.8 万，少儿人口抚养比也从 28.9% 降为 18.3%。2000 年全市总人口抚养比为 35.0%，比 1990 年降低了 8.4 个百分点。2000~2005 年，北京市少儿人口又减少了 30.8 万，少儿人口抚养比也降至 13.6%。2005 年全市总人口抚养比为 33.0%，比 2000 年回落了 2 个百分点（见表 2-3）。

表 2-3　北京市分年龄段人口数及人口抚养比

单位：万人/%

年 份	人 口 数				人口抚养比		
	合 计	0~14 岁	15~59 岁	60 岁及以上	少儿人口抚养比	老年人口抚养比	总人口抚养比
1990	1082	218.1	754.0	109.6	28.9	14.5	43.4
2000	1382	187.8	1024.0	170.2	18.3	16.6	35.0
2005	1538	157.0	1156.7	224.3	13.6	19.4	33.0

资料来源：北京市老龄问题研究中心编《北京市人口老龄化与社会经济发展（2007）》。

---

① 所谓"人口红利期"，是指由于生育率迅速下降，少儿人口比例迅速下降，总人口中劳动适龄人口比例上升，在老年人口比例达到较高水平之前，将形成一个劳动力资源相对比较丰富、少儿人口和老年人口抚养负担均相对较轻、对经济发展十分有利的黄金时期。国际上多以 50% 作为衡量人口总抚养比高低的标准，超过 50% 则意味着"人口红利期"接近尾声。

由总人口抚养比的变动趋势进行外推可知，2015 年以前的这段时间是北京市劳动年龄人口负担最轻、社会经济发展难得的"人口红利期"，同时也是应对老龄化高峰的最佳准备期。[1]

综上所述，北京市老年人群体的基本状况总体趋好，老年人成为了社会稳定的重要力量。但也应看到，老龄化进程与经济发展不同步的矛盾还较为突出。2005 年北京市人均 GDP 刚突破 5500 美元，同发达国家在人均 GDP 达到 10000 美元以上时才进入老龄化社会相比，呈现出典型的"未富先老"的特征。由于整个社会对于老龄化的承受能力还比较弱，加之应对人口老龄化的准备期又很短暂，老年人问题如重视不够、解决不好的话，将给社会稳定和经济发展带来巨大压力。

3. 老年人力资源再开发潜力广阔

应对人口老龄化带来的劳动适龄人口的紧缺，研究并促进老年人力资源的开发利用具有现实紧迫性。总体上看，老年人力资源的再开发具有四个显著优势。

（1）老年群体中以低龄[2]老年人口为主

2005 年北京市低龄老年人口为 172.6 万人，占到全部老年人口的 77.0%。其中，年龄在 65～69 岁的老年人数量最多，达到 62.7 万；年龄在 60～64 岁、70～74 岁的老年人口分别为 58.3 万、51.6 万（见表 2-4）。

低龄老年人绝大多数刚从工作岗位上退下来，还具备一定的劳动能力，是可供整个社会再开发和利用的重要人力资源。

（2）老年人的文化程度有所提高

2005 年北京市老年文盲人口约为 43.2 万，占老年人总数的 19.3%，比 2000 年的 25.7% 下降了 6.4 个百分点。其中，60～64 岁的老年人口文

① 北京市人口和计划生育委员会、北京市人口学会：《人口与发展》，清华大学出版社 2006 年版。
② 根据世界卫生组织提出的老年人划分标准（60～74 岁为年轻的老年人、75～89 岁为老年人、90 岁以上为长寿老年人），本报告将年龄在 60～74 岁的老年人界定为低龄老年人。

表 2 – 4　2005 年北京市老年人口的年龄及性别构成

单位：万人/%

年　龄	人　数			百　分　比			性别比
	合　计	男	女	合　计	男	女	
60 ~ 64 岁	58.3	26.8	31.5	26.0	46.0	54.0	85.1
65 ~ 69 岁	62.7	29.6	33.1	28.0	47.2	52.8	89.4
70 ~ 74 岁	51.6	25.7	25.9	22.9	49.8	50.2	99.2
75 ~ 79 岁	30.2	14.8	15.4	13.5	49.0	51.0	96.1
80 岁以上	21.5	9.9	11.6	9.6	46.0	54.0	85.3
合　计	224.3	106.8	117.5	100	47.6	52.4	90.9

资料来源：《2005 年北京市 1% 人口抽样调查资料》，中国统计出版社 2007 年版。

盲率从 2000 年的 11.2% 快速降至 2005 年的 5.3%，65 岁以上的老年人口的文盲率则由 2000 年的 32.7% 下降到 24.2%。

2005 年全市约有 16.7% 的老年人具有大专以上文化水平，其中，年龄在 60 ~ 64 岁、65 ~ 69 岁的老年人具有大专以上文化水平的比例分别比老年人整体高出 3.4 和 3.6 个百分点。此外，这两个年龄段的老年人平均受教育年限也是老年人群体中各年龄层次中最长的，分别比老年人总体受教育年限高出 1.5 年和 0.7 年（见表 2 – 5）。

表 2 – 5　2005 年北京市老年人口分年龄的文化程度

单位：%、年

		接受不同教育程度的人口比例							平均受教育年限
		文盲	小学	初中	高中/中专	大专	大学	研究生	
60 岁及以上		19.3	30.1	20.2	13.7	6.1	10.3	0.3	6.2
年龄段	60 ~ 64 岁	5.3	21.9	31.5	21.2	9.0	10.7	0.4	7.7
	65 ~ 69 岁	11.8	32.3	20.6	15.0	6.6	13.4	0.3	6.9
	70 ~ 74 岁	24.6	35.7	15.2	10.0	5.3	8.9	0.3	5.5
	75 ~ 79 岁	35.4	31.6	13.1	8.2	3.4	8.0	0.3	4.7
	80 ~ 84 岁	41.6	31.4	12.0	5.6	2.8	6.3	0.3	4.1
	85 岁以上	48.0	26.5	9.5	6.7	2.0	7.0	0.3	3.8

资料来源：《2005 年北京市 1% 人口抽样调查资料》，中国统计出版社 2007 年版。

与此同时，北京市作为全国文化教育中心，还拥有数量可观的高级专业技术队伍。即使到了退休年龄，他们的知识和技术所能产生的边际收益也仍然很高。巨大的人力资本存量，为挖掘老年人力资源奠定了基础。

（3）老年人的健康自评总体较好

2005 年北京市共有 85.5% 的老年人对于自身健康的评价较好。其中，62.0% 老年人认为自己身体健康，23.5% 的老年人表示基本能保证正常的生活工作。并且，年龄越小的老年人的身体健康状况的自我评价越好。具体来看，60～64 岁组和 65～69 岁组老年人认为自己身体健康的比例超过整体的平均水平，不能正常工作或生活不能自理的老年人占该组老年人的比例仅为 4.6% 和 8.2%（见表 2－6）。

表 2－6　2005 年北京市老年人身体健康状况的自我评价

单位：%

60 岁及以上		身体健康	基本能保证正常的生活	不能正常工作或生活不能自理	说不准	合　计
		62.0	23.5	13.8	0.7	100
年龄	60～64 岁	80.5	14.6	4.6	0.3	100
	65～69 岁	70.0	21.3	8.2	0.5	100
	70～74 岁	55.9	28.1	15.3	0.7	100
	75～79 岁	43.2	31.5	24.2	1.1	100
	80 岁以上	28.9	31.4	37.7	2.0	100

资料来源：《2005 年北京市 1% 人口抽样调查资料》，中国统计出版社 2007 年版。

由此可见，老年人群体特别是低龄老年人拥有较好的健康条件，是促进老年人力资源实现再开发的重要保障。

（4）老年人的社会参与意识和能力逐步增强

根据全国老龄委组织的《中国城乡老年人口状况追踪调查》调查显示，2000～2006 年，全国老年人在参与社会活动等方面的意识和能力逐步增强。就北京市的情况而言，2006 年约有 21.4% 的老年人仍在工作或参加劳动。具体来看，6.9% 的城市老年人仍在从事有收入的工作，其平均年龄为 68 岁；25.7% 的农村老年人还在参与劳动，其平均年龄为 66 岁。

总体上看，相当一部分老年人具备参与社会活动或继续工作的能力，并愿意根据自己的兴趣、特长选择适合的活动。因此，进一步挖掘老年人力资源的潜力巨大。

二、北京市老年人收入与健康支出的现状及特点

随着北京市老龄化趋势的深化，研究老年人群体的一项主要内容就是老年人的健康问题。而老年人的健康问题不仅是一个重要的社会问题，更是一个重要的经济问题。这是因为老年人的收入状况直接影响着老年人的健康支出和生活质量，进而影响家庭的生活和整个社会的可持续发展。

1. 老年人收入的现状及特点

（1）离退休金是老年人最主要的收入来源

随着经济的发展和社会保障事业的进步，2005 年全市离退休金发放的覆盖面继续扩大，使得以离退休金为主要收入来源的老年人占总数的 69.3%。与 2000 年相比，这一比例上升了 7.1 个百分点，表明离退休金在老年人生活中的重要性进一步增强。依靠家庭其他成员供养作为主要收入来源的老年人比例为 23.4%，比 2000 年下降了 3 个百分点；而劳动收入和其他收入来源合计只占老年人总体的 7.3%，比 2000 年也降低了 4.1 个百分点（见表 2-7）。

表 2-7 北京市老年人的主要收入来源

单位：%

主要来源	2000 年			2005 年		
	合　计	男	女	合　计	男	女
离退休金	62.2	70.5	54.4	69.3	77.4	62.0
家庭其他成员供养	26.4	12.4	39.4	23.4	11.8	33.9
劳动收入	8.9	15.1	3.2	4.7	8.4	1.4
其　他	2.5	2.0	3.0	2.6	2.4	2.7
合　　计	100	100	100	100	100	100

资料来源：《北京市 2000 年人口普查资料》，中国统计出版社 2002 年版。

《2005 年北京市 1% 人口抽样调查资料》，中国统计出版社 2007 年版。

此外，不同年龄的老年人由于就业经历、健康状况等方面不尽相同，在主要收入来源上也存在着较大差异。具体来看，60～64岁组的老年人以离退休金为主要来源的比例为67.0%，65～69岁组为74.7%，而自65～69岁组之后，该比例逐渐降低。与此相类似，以劳动收入为主要收入来源的主要是60～64岁的老年人，且随着年龄的升高，该比例也有明显下降。而依靠家庭其他成员供养的老年人比例在60～64岁组和65～69岁组一般不超过20%。在65～69岁组之后，该比例则大幅提高（见表2－8）。

表2－8　2005年北京市老年人口分年龄的主要收入来源分布

单位：%

主要来源	年　　龄　　组					
	60～64岁	65～69岁	70～74岁	75～79岁	80～84岁	85岁及以上
离退休金	67.0	74.7	72.6	66.7	59.6	50.0
家庭其他人员供养	19.9	18.5	22.7	29.9	36.2	46.4
劳动收入	10.6	4.7	2.4	0.7	0.2	0.1
其　他	2.5	2.1	2.3	2.7	4.0	3.5
合　计	100	100	100	100	100	100

资料来源：北京市老龄问题研究中心编《北京市人口老龄化与社会经济发展（2007）》。

总体上看，低龄老年人依靠离退休金和劳动收入的比例明显高于高龄老年人，而高龄老年人依靠家庭其他成员供养比例则高于低龄老年人。

（2）老年人整体的收入水平有所增长

离退休金作为老年人最主要的收入来源，其标准的高低直接影响着老年人的收入水平。自1994年北京市建立起养老金调整制度以来，退休人员养老金由建制初期的270元/月提高到2007年的1380元/月。从增长幅度上看，2004年以前，基本养老金平均增加水平介于40～80元之间，2005年来的三次调整幅度均在120元以上。2007年退休人员养老金较上年增长了12.0%，扣除价格因素影响，实际增速比上一年有所放缓。

2008年1月，北京市企业退休人员养老金按照人均月增200元的标准又进行了调整,调整后的月人均养老金水平提高到了 1580 元。这将在一定程度上抵消通货膨胀的影响,改善老年人的收入状况。

(3) 老年人群体内部存在着较大的收入差距

受城乡经济发展水平、退休前单位性质、文化程度等因素影响,老年人之间的收入差距较为明显。调查发现,2006 年全市老年人人均月收入在 500 元以下的比例为 23.4%,501 ~ 2000 元的有 56.9%,2000 元以上的只有 19.7%(见表 2 - 9)。

表 2 - 9 2006 年北京市老年人的人均月收入分布

单位:%

人均月收入	总　体	城　市	农　村
0 ~ 500 元	23.4	5.4	83.5
501 ~ 1000 元	16.7	18.9	9.4
1001 ~ 1500 元	27.3	34.2	4.2
1501 ~ 2000 元	12.9	16.3	1.5
2001 ~ 2500 元	6.8	8.6	0.9
2501 ~ 3000 元	3.7	4.8	0.1
3000 元以上	9.2	11.8	0.4
合　计	100	100	100

资料来源:课题组根据 2007 年北京市 1‰ 老年人口生活状况抽样调查数据整理而成。

从城市、农村内部差距来看,2006 年约有 70% 的城市老年人月收入集中在 501 ~ 2000 元之间,2000 元以上较高收入群体的比例占 25.2%。而农村 83.5% 的老年人集中在 500 元以下,收入在 2000 元以上的比例仅有 1.4%(见表 9)。由此可见,无论是城市内部还是农村内部,老年人之间的收入差距非常大。

从城乡间差距来看,2006 年全市老年人的人均月收入为 1423 元。其中,城市老年人为 1753 元,农村老年人为 317 元,城市为农村的 5.5 倍。与当年全市城市居民人均可支配收入 19978 元和农村居民人均纯收入 8276 元相比,城市老年人的人均年收入为 21041 元,略高于城市居民人均可支配收入；而农村老年人的人均年收入为 3802 元，仅为农村居民人均纯收入的 45.9%。

从老年人离退休前的单位性质来看，2006 年离退休前工作单位是党政机关的老年人的人均月收入最高，3000 元以上的老年人所占比例为40.9%，2001~3000 元收入段所占比例也有 30.9%。离退休前工作单位是事业单位的老年人人均月收入次之，但表现出分散化特点。1501~2000元、2001~2500 元、3000 元以上三个收入段的老年人的比重都超过了20% 以上，而离退休前工作单位为企业的老年人的人均月收入则相对较低。其中，从国有企业离退休的老年人的人均月收入在 1001~1500 元收入段的最为集中，达到 51.1%；从集体企业离退休的老年人的人均月收入主要集中在501~1000 元之间，比例为 56.5%；而从民营企业离退休的老年人的人均月收入在 500 元以下的比例则明显超过了其他性质离退休单位的老年人，并且还有 75% 的老年人的人均月收入处于 501~1500 元之间（见表 2-10）。

表 2-10　2006 年北京市老年人按离退休前单位性质分的人均月收入分布

单位：%

人均月收入	离退休前单位性质				
	党政机关	事业单位	国有企业	集体企业	民营企业
0~500 元	2.7	0.3	0.6	2.5	8.3
501~1000 元	0	4.4	20.8	56.5	33.3
1001~1500 元	9.1	11.7	51.1	28.7	41.7
1501~2000 元	16.4	28.5	14.9	4.1	8.4
2001~2500 元	17.3	21.3	4.6	0	8.3
2501~3000 元	13.6	10.0	2.4	3.3	0
3000 元以上	40.9	23.8	5.6	4.9	0
合　计	100	100	100	100	100

资料来源：课题组根据 2007 年北京市 1‰老年人口生活状况抽样调查数据整理而成。

从老年人文化程度来看，2006 年全市老年人文化程度与收入水平存在一定的正相关关系。不识字、小学、初中、高中（中专）、大专及以上文化程度的老年人的人均月收入依次为 515 元、885 元、1396 元、1840 元和 2783 元。总体上看，大专及以上文化程度的老年人月收入水平是不识字的老年人收入水平的 5.4 倍（见表 2 – 11）。

表 2 – 11　2006 年北京市老年人按文化程度分的人均月收入水平

单位：元

文化程度	不 识 字	小　学	初　　中	高中/中专	大专及以上
人均月收入	515	885	1396	1840	2783

资料来源：课题组根据 2007 年北京市 1‰老年人口生活状况抽样调查数据整理而成。

（4）绝大多数老年人认为收入有保障

课题组通过抽样调查发现，2006 年全市老年人认为自己目前经济上有保障的比例达到 81.5%。并且，老年人的实际收入高低与其自评状况存在正相关关系，即收入越高的老年人，越认同自己经济上有保障。在养老经济保障的四种意向选择中，全市老年人将"参加养老保险"作为第一选择的比例达到 43.8%。具体来看，城市中 53.9% 的老年人首选"参加养老保险"作为经济的保障，而农村的这一比例只有 8.8%。55.8% 的农村老年人认为经济有保障的第一选择是"依靠子女养老"（见表 2 – 12）。

表 2 – 12　2006 年北京市老年人养老经济保障的意愿选择

单位：%

意愿选择	总　体	城　市	农　村
参加养老保险	43.8	53.9	8.8
自己储蓄养老	33.1	33.7	31.0
依靠子女养老	20.6	10.5	55.8
购买商业保险	2.5	1.9	4.4
合　计	100	100	100

资料来源：课题组根据 2007 年北京市 1‰老年人口生活状况抽样调查数据整理而成。

此外，老年人将"自己储蓄养老"作为养老经济保障重要方式的比例也高达 33.1%。约有 32.4% 的老年人"给自己存了一笔养老用的钱",人均储备的养老费为 75386 元。其中,40.1% 的城市老年人有养老储蓄,平均存款为 78715 元;6.7% 的农村老年人有养老储蓄,平均存款为 14588 元。并且,53.3% 的老年人认为"这笔钱够今后养老用",其中城市的比例为 56.3%,农村的比例为 43.2%。

2. 老年人健康支出的现状及特点

（1）健康支出呈持续、渐进式增长

老年人是慢性病的高发群体。抽样调查表明,2006 年全市有 83.3% 的老年人患有慢性病。其中,城市和农村老年人慢性病的患病率分别为 84.6% 和 75.0%,城市略高于农村。

为了考察老年人某种慢性病的患病率,课题组将所有患病和不患病的老年人作为分母,对患有某种患病率的老年人所占比例进行了计算。调查发现,排在前三位的疾病分别为高血压、心脏病/冠心病和颈/腰椎病,老年人的患病率是 43.1%、31.8% 和 19.7%。其中,城市老年人排在前三位的慢性病分别为高血压、心脏病/冠心病和颈/腰椎病,其患病率为 45.5%、32.6% 和 21.7%;而农村老年人慢病率排在前三位分别为高血压、心脏病/冠心病和地方病,其患病率是 35.0%、29.1% 和 25.0%（见表 2-13）。

表 2-13　2006 年北京市老年人慢性病患病率

单位：%

慢性病	总体	城市	农村	慢性病	总体	城市	农村
高血压	43.1	45.5	35.0	类风湿	4.9	4.5	6.4
心脏病/冠心病	31.8	32.6	29.1	神经系统病	4.1	4.4	3.2
颈/腰椎病	19.7	21.7	12.9	皮肤病	3.4	4.2	0.8
地方病	19.1	17.3	25.0	肾病	3.2	3.5	2.4
关节炎	18.5	18.5	18.5	其他呼吸系统病	3.2	3.3	2.8
骨质疏松	15.3	18.3	5.3	口腔疾病	3.0	3.7	0.7
脑血管病	15.3	15.9	13.1	中风	2.6	3.0	1.1
糖尿病	12.7	14.7	6.1	肝病	2.3	2.6	1.1
青光眼/白内障	11.0	13.2	3.7	癌症/肿瘤	1.9	2.2	0.9

慢性病	总体	城市	农村	慢性病	总体	城市	农村
慢性支气管炎	8.6	9.2	6.6	妇科疾病	1.2	1.5	0.2
其他消化系统病	8.5	9.3	6.0	痴呆症	0.8	0.9	0.5
前列腺疾病	7.7	9.2	2.6	结核病	0.5	0.5	0.5
其他慢性病	6.7	6.0	9.2				

资料来源：课题组根据 2007 年北京市 1‰老年人口生活状况抽样调查数据整理而成。

此外，2006 年全市老年人患病后就诊率为 94.9%。其中，城市老年人为 96.5%，而农村老年人为 88.4%。绝大多数老年人患有慢性病且患病后的就诊率高，必然会使老年人考虑要将自身预算收入的一定比例用于健康，特别是医疗方面的投入或支出。

（2）健康支出构成老年人第二大支出项

随着收入水平的提高，老年人的消费支出也不断增长。2006 年，食品支出仍然在老年人所有消费支出中占首位，而健康支出则居第二位。根据三个典型社区的实地调研结果，39.7% 的老年人认为食品支出占全部消费总支出的比重最高，37.0% 的老年人认为健康支出所占比重最高。此外，老年人认为交通通讯费所占比例最高的为 17.4%，认为服装或是教育、文娱是自身月最大支出的比例仅是 3% 左右（见表 2-14）。

表 2-14   2006 年北京市老年人对最大消费支出项目的评价

单位：%

支出构成	食品	健康	交通通讯	服装	教育、文娱	合计
所占比例	39.7	37.0	17.4	3.2	2.7	100

资料来源：课题组根据 2007 年三个被访社区发放的问卷整理而成。

由此可见，老年人的消费结构正在发生积极的变化。在满足基本生活需要的必需型消费后，老年人开始重视生活质量的改善和提高。但身体健康状况不佳在一定程度上也导致了老年人的健康支出居高不下。

（3）药费是老年人健康支出首要内容

2006 年全市老年人年均门诊次数为 8.3 次/人、年均住院次数是 1.9 次/人，医药费成为老年人健康支出的首要内容。课题组在典型社区的调研中发现，药费支出占全部各项健康支出的比重达到了 72.7%；其次是滋补保健品，比例为 14.8%；再次是治疗费，比例为 9.9%。医疗器具和保健器具的支出相对较低，尤其是保健器具的支出比例仅为 1.1%（见表 2-15）。

表 2-15　2006 年北京市老年人年人均各项健康支出所占比重

单位：%

支出构成	药	滋补保健品	治 疗	医疗器具	保健器具	合　计
所占比重	72.7	14.8	9.9	1.5	1.1	100

资料来源：课题组根据 2007 年三个被访社区发放的问卷整理而成。

由上表可知，老年人药费支出约为其他项支出的 5 倍以上。值得注意的是，随着老年人收入水平的提高、健康意识的增强，老年人对于自身保健更为关注，这也使得滋补保健品的比重相对于其他支出而言也比较高。

（4）老年人治疗方式选择多元化

老年人对于疾病治疗方式的选择也是影响其健康支出的一项重要内容。课题组调查发现，2006 年全市老年人选择治病方式呈多元化，有 31.4% 的老年人愿意选择中医治疗，38.9% 的老年人愿意选择了中西医结合，另有 59.0% 的老年人愿意接受西医治疗。从城乡对比来看，城市老年人选择中医和中西医结合的比例均高于农村老年人。

上述数字反映的只是全市老年人对中医、西医和中西医结合等各种治疗方式选择的主体意向性，与实际接受何种治疗方式还存在着较大差异。从 2006 年全国各类医院门诊和住院服务情况看，综合医院的诊疗人次、入院人数分别是中医类医院（包括中医医院、中西医结合医院等）的 3.4 倍和 5.5 倍。① 由此可见，绝大多数人还是选择综合医院就诊，实际使用中

---

① 数据来源于《2006 年全国中医药统计摘编》。

医的比例较愿意使用中医的比例要低。这一方面可能是因为部分人尽管愿意使用中医，但由于身体健康而没有使用中医的客观需要；另一方面则可能存在妨碍中医使用的因素。

（5）多数老年人享有医疗保险

老年人处于多发病的年龄阶段，医疗保障水平的高低直接影响其生活质量的好坏。根据课题组的调查，2006年全市有92.6%的城市老年人享受医疗保险，85.5%的农村老年人享受医疗保险。其中，城市老年人以享受基本医疗保险为主，比例为66.5%；农村老年人以享受新型农村合作医疗为主，比例为84.1%。此外，享受各种形式医疗保险的老年人在性别、年龄上的分布差别并不明显。

2006年全市68.3%的老年人的医疗费用可由基本医疗保险支付。其中，纳入医保报销比例在70%以上的占46.3%，达到50%以上的占60.9%，而报销比例低于25%的仅为2.4%。同时，只有6.7%的老年人的医药费被拖欠，人均被拖欠金额为2515元。由此可见，大多数老年人的医疗费用可以纳入医保报销，这对于减轻老人的经济负担起到了重要作用。

三、北京市老年人收入与健康支出的关系

健康支出是老年人投资和消费组合的一项重要内容。健康支出的多少，既取决于老年人的健康偏好，更取决于其所拥有的经济资源。在现行的医疗保险制度中，不同收入水平的老年人健康支出的层次存在较大差别。收入越高的老年人，不仅能够满足对疾病的治疗需求，而且还能满足促进身体健康的生活保健需求；而收入较低的老年人，疾病的经济负担则更为沉重。从另一方面看，健康支出对于收入也具有较强的约束性。在收入一定的情况下，也要保持最低限度的健康支出的需要。健康支出的优先等级高于大多数消费支出。

1. 老年人收入与健康支出关系的总体判断

从经济学的角度看，健康表现为一种耐用消费品，每个人都继承了一个初始的健康存量。个人的健康存量随着年龄的增长，存在着折旧或损

耗，同时，健康也是可以通过对健康的投资生产出来。① 健康投资的另一个角度即为健康支出。从一般意义上讲，健康支出即是为促进健康而进行的物质和时间的投入，以恢复和发展最基本的社会活动能力，获取未来的健康收益和经济收益。

与一般性物质商品的消费不同，健康支出实际上是一种"人力资本"的投资。对于不同人群来说，健康支出的涵义有所差别。老年人的健康的支出更多是为了延年益寿，提高自身生活质量，促进家庭和睦和社会和谐等。因此，其健康支出既包括对疾病的医疗支出，也包括增进健康的一系列康复保健支出。

老年人的健康支出是个体或家庭投资和消费组合的重要内容。健康支出的高低，既取决于老年人的健康偏好，更取决于其所拥有的经济资源。在老年人的收入预算约束下，健康支出与其他消费支出彼此联系、相互制约，并随着收入和价格变动而变化。借助扩展线性支出系统模型（ELES）② 可以定量分析老年人收入与健康支出之间的关系（详见附录一）。对调查获得的有关北京市老年人口人均消费支出数据，采用最小二乘法求出各参数的估计值，并计算出基本需求（见表2－16）。

表2－16　2006年北京市老年人人均消费支出ELES参数估计值

支出项目	边际消费倾向	基本支出	实际支出	基本支出占实际支出比重(％)
食　品	0.107	237.7	340.0	69.9
烟　酒	0.004	29.6	32.0	92.5
服　装	0.021	10.4	29.9	34.8
教育、文娱	0.011	11.6	23.0	50.4
交通通讯	0.019	22.7	41.9	54.2
健　康	0.067	175.7	234.6	74.9
消费支出合计	0.229	487.7	701.4	69.5

注：表中所有参数已通过模型检验。
资料来源：课题组根据2007年北京市1‰老年人口生活状况抽样调查数据整理而成。

---

① 舍曼·富兰德等：《卫生经济学》，中国人民大学出版社2004年版。
② 扩展线性支出系统模型（Extend Linear Expenditure System，ELES）是英国经济学家朗茨（C·Lluch）于1973年在诺贝尔经济学奖得主斯通（R·Stone）的线性支出系统模型基础上提出的。

由表 2 – 16 的分析，可以得出以下结论：

第一，2006 年北京市老年人的边际消费倾向为 0.229。即每增加 100 元的收入，会有 22.9 元用于增加消费，77.1 元用于增加储蓄。可见，老年人的即期消费能力还处于较低水平，工作阶段的积蓄并没有转化成为现实购买力。究其原因，一方面是老年人的消费习惯使然，但更主要的还是出于养老的目的。正如前文分析的全市老年人都把"自己储蓄养老"作为养老经济保障的重要方式，有 32.4% 的老年人"给自己存了一笔养老用的钱"，人均储备的养老费为 75386 元。而在增加消费的 22.9 元中，用于增加食品支出的最多，约是 10.7 元。用于增加健康支出的居第二位，大致为 6.7 元，而其余各项消费支出均远低于健康支出。

第二，2006 年北京市老年人人均基本消费支出为 487.7 元，这部分支出与收入水平没有关联。其中，健康的基本支出为 175.7 元，这意味着老年人无论收入水平如何，都会支付 175.7 元满足生存型健康支出（实际上就是医疗支出）。从基本支出占实际支出的比重看，健康支出的比重高达 74.9%，这表明约有 3/4 的健康支出存在较强的刚性。

2. 收入水平对老年人医疗费用支出的影响

判断不同收入水平下老年人健康状况的差异是否显著，这是研究该问题的前提。因为，老年人的医疗费用支出大小首先是与其自身健康状况和患病情况密切相关。对于那些不能正常工作或生活不能自理的老年人来说，其医疗费用必然高于能保证正常的工作生活的老年人。抽样调查结果表明，老年人的收入与患有慢性疾病的比例没有明显的相关关系。不管老年人收入如何，患有慢性病的比例都很高（见表 2 – 17）。

首先，从老年人患病未去医治的原因进行分析。由于慢性病患病时间长、伴随并发症多、治疗难度大，所以次均门诊费与住院费都比较高。根据调查，2006 年全市有 52.6% 的老年人认为"经济困难"是自己患病未

表 2 – 17 2006 年北京市老年人不同收入水平患有慢性病的比例

单位：%

人均月收入	是否有慢性疾病	
	有	无
0 ~ 500 元	79.4	20.6
501 ~ 1000 元	77.1	22.9
1001 ~ 1500 元	82.0	18.0
1501 ~ 2000 元	85.8	14.2
2001 ~ 2500 元	79.1	20.9
2501 ~ 3000 元	78.9	21.1
3000 元以上	83.9	16.1
总 计	80.9	19.1

资料来源：课题组根据 2007 年北京市 1‰老年人口生活状况抽样调查数据整理而成。

去医治的主要原因。其中，城市的比例为 51.6%，是排在第二位的原因所占比例的 1 倍多；农村老年人认为"自感病轻"的比例最高，但排在第二位的原因同样是"经济困难"，比例也超过了 50%。而由"医院等待时间太长"、"医疗单位服务差"等外在因素构成老年人患病不就诊的几乎可以忽略不计（见表 2 – 18）。

表 2 – 18 2006 年北京市老年人患病未去医治的原因

单位：%

原 因	总 体	城 市	农 村
自感病轻	55.3	22.8	88.0
经济困难	52.6	51.6	56.9
家人没时间陪同	7.9	12.3	3.3
交通不便	2.6	7.3	0
没有疗效	0	7.6	0
医院等待时间太长	0	0	0
医疗单位服务差	0	0	0

资料来源：课题组根据 2007 年北京市 1‰老年人口生活状况抽样调查数据整理而成。

　　根据《2006年北京市城乡老年人口状况追踪调查》显示，2005年全市老年人年均收入为16056元，比2000年的7104元增长了126%。而同期，全市约有79%的老年人发生过医疗费用支出（包括门诊、住院的费用），年平均医疗费用支出为6280元，较2000年翻了一番。由此可见，医疗费用支出的增幅明显快于收入增幅，老年人对于医疗费用的快速增长承受力有限，是造成患病未就诊的重要原因。

　　其次，从老年人的收入与医疗费用支出占全部消费支出比例的关系进行分析。在这里，只考虑老年人自付的那部分医疗费用占全部消费支出的比例。这是因为在现行的医疗保险制度中，全市有92.6%的城市老年人、85.5%的农村老年人都享受医疗保险。这就意味着绝大多数老年人的部分医疗费用可由基本医疗保险或新型农村合作医疗支付，并不需要老年人从自己收入中真正付出。

　　抽样调查结果显示，2006年全市老年人的收入水平与自付医疗支出占全部消费支出的比例呈较为明显的反向关系。具体来看：500元以下的老年人几乎将收入全部用于自身的医疗支出，收入在501~1000元之间的老年人自付医疗支出占全部消费支出的比例大致为38.1%，而收入在1001~1500元、1501~2000元之间的老年人自付医疗支出所占比例分别是31.8%和33.3%，两者较为接近。但收入水平在2001~2500元间老年人的自付医疗支出的比例明显下降到28.6%，而收入在3000元以上的老年人自付医疗支出所占比例只有15.4%，仅相当于收入在500~1000元之间老年人自付医疗支出所占比例的2/5（见图2-1）。

　　在所患疾病差别并不突出的前提下，不同收入水平下老年人自付医疗费用存在的巨大差距，也在一定程度上反映出老年人用于满足自身医疗服务需求或应对医疗费用的支付能力的差异。

3. 收入水平对老年人日常保健支出的影响

　　在现行的医疗保险制度中，不同收入水平的老年人健康支出的层次存在较大差别。收入越高的老年人，不仅能够满足对疾病的治疗需求，而且

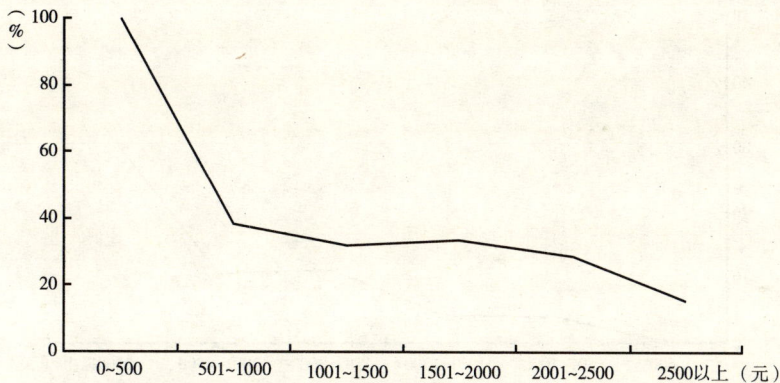

図 2 - 1 2006 年北京市不同收入水平下老年人自付医疗支出
占全部消费支出的比例

资料来源：课题组根据 2007 年北京市 1‰老年人口生活状况抽样调查数据及三个被访社区发放的问卷整理而成。

还能满足促进身体健康的生活保健需求；收入比较低的老年人，疾病的经济负担则更为沉重。

抽样调查发现，2006 年全市老年人的收入水平与自身日常保健支出占全部消费支出的比例存在着一定的正向变动规律。具体来看：500 元以下的老年人用于购买日常保健品的健康支出几乎为零，收入在 501 ~ 1000 元、1001 ~ 1500 元之间的老年人的日常保健支出占全部消费支出的比例分别为 3.9% 和 4.2%，两者差距不大。而收入在 1501 ~ 2000 元、2001 ~ 2500 元之间的老年人日常保健支出所占比例分别是 11.2% 和 10.6%。而收入在 2500 元以上的老年人购买日常保健品的支出所占比例却高达 32.6%，大致是收入在 700 ~ 1200 元之间的老年人日常保健支出所占比例的 8.4 倍（见图 2 - 2）。

随着收入水平的提高，老年人在吃、穿方面的支出所占比例会逐渐降低，而保健支出的比例会越来越高。老年人会更加关注健康，愿意并有能力为健康多投入，其需求的收入弹性较大。

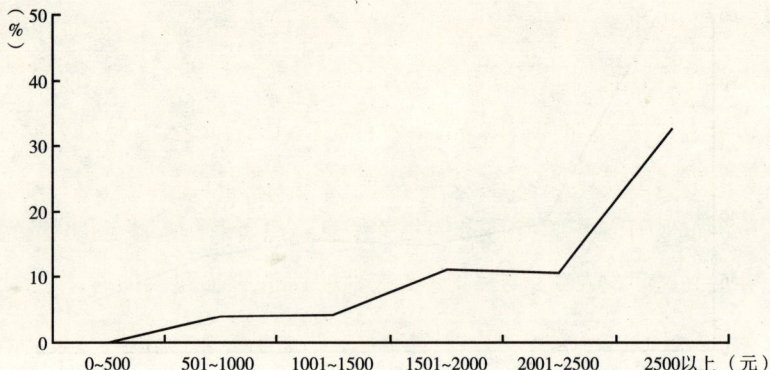

图 2 – 2　2006 年北京市不同收入水平下老年人日常保健
支出占全部消费支出的比例

资料来源：课题组根据 2007 年北京市 1‰老年人口生活状况抽样调查数据及三个被访社区发放的问卷整理而成。

4. 老年人健康支出对收入的反作用

健康支出对收入也具有较强的约束性。在收入一定的情况下，部分健康支出存在刚性，尤其是医疗支出更多的体现为基本需求，与收入水平无关，其优先等级要高于大多数消费支出。如前所述，在健康支出中，日常保健支出占全部消费支出的比例与收入存在一定的正向关系。这是因为，对于收入水平不高的老年人来讲，完全可以根据自己的收入状况少消费或者不消费保健品。而医疗支出却不同，它关系着人的生命安全，即使收入很低甚至于负债也不得不购买医疗服务，以保持健康最低限度的需要。

在卫生经济学中，诺贝尔经济学奖得主肯尼思·阿罗（Kenneth Arrow）曾于 1963 年对医疗服务的特点进行了分析。他认为，医疗服务的支出具有不确定性、道德风险、逆向选择和可能发生的诱导性消费等特点。具体来看：（1）在需求上，与其他商品（例如食品）不同，对医疗服务的需求存在不确定性和不可预见性。这是由疾病发生的不确定性决定的。（2）不确定性还体现在医疗服务的供给上，即并非接受了卫生服务就一定能达到预期的结果。（3）由于医疗保险的普遍性，许多病人并不直接支付医疗费用给医疗服务提供者。参与社会医疗保险的投保人采取由本人和社会医疗保险机构共担医疗费用的支付方式，参加商业医疗保险的人是由所投保的保险公司来支付费用，所以形成第三者付费的现象。然而，这种方式会造成消费者降低对医疗服务的价格弹性，不可避免地产生道德风险和逆向选择问题。(4) 由于缺乏医疗服务的相关信息，患者对医疗服务的需求很大程度上会受到医生的影响，并且还无法直接评估医生建议的有用性。因此，可能发生由于医生私利而导致的诱导性消费，即医生诱使或强迫患者接受不必要的治疗，服用不需要的药品。[1]

对于不同收入水平的老年人来讲，医疗费用支出的选择存在着机会成本。对于收入水平较高的老年人，医疗支出不会对老年人的日常支出构成太大的影响，其医疗支出的支付能力相对更高，机会成本也较低；而对于收入水平较低的老年人，医疗支出会在一定程度上影响必需型消费支出，其医疗支出的承受能力相对较弱，机会成本也会比较高，"因病致贫"、"因病返贫"的情况就容易发生。

四、老龄资源的再社会化

2002 年，联合国召开的第二届世界老龄大会提出了"积极老龄化"战略，并写进《政治宣言》，成为应对 21 世纪人口老龄化的政策纲领。这一战略将"积极老龄化"界定为"参与"、"健康"和"保障"，以"承认人们在增龄过程中，在生活的各个方面，都享有机会平等的权利"为出发点，提出"老年人的潜力是未来发展强有力的基础。社会依靠老年人的技能、经验和智慧，不但能首先改善他们自己的条件，而且还能积极参与社会条件的改善"。[2] 这就使"老年人是资源"的观点得到了国际社会的广泛认同。

美国芝加哥学派的社会学家曾提出一种老年"活动理论"，也被称为

---

① 赵忠:《健康、医疗服务于传染病的经济学分析》，北京大学出版社 2007 年版。
② 引自联合国秘书长安南在联合国第二届世界老龄大会开幕式上的讲话以及联合国第二届世界老龄大会政治宣言，详见"提高老年人生活质量对策研讨会"会议文件（北京，2002 年）。

"积极化老年理论"。该理论认为，对于一切性别和年龄的人，社会活动都应作为自己活动的基础。对于正在走向和已经处于老年阶段的人来说，社会活动的重要意义更应强调，老年人的健康归根到底取决于老年人是否继续参加社会活动。在我国，"建立不分年龄、人人共享社会"原则的一项重要内容就是要促进老年人的社会参与，将老龄资源进行再社会化。

1. 老龄资源的再社会化与收入的关系

老龄资源的再社会化是适应人口老龄化趋势的必然选择，是在新的环境和社会规范下，对老年人力资源进行重新开发，充分发掘其潜力，既满足老年人本人和家庭生活需要，又能实现其自身价值的过程。老龄资源再社会化的内容非常丰富，不单纯是指老年人留任原单位或就职于新工作，还包括老年人参与社区服务、参加各种社团和其他社会活动等。

老龄资源的再社会化与老年人的收入两者存在着紧密联系。一方面，老年人的收入水平是老龄资源再社会化的驱动力。这一点在老年人再就业上表现得更为突出。在经济社会发展水平相对较低，社会保障制度的覆盖率和保障水平还有待进一步提高时，就会导致部分低龄、低收入的老年人愿意继续工作，其目的在于获取额外收入，提高家庭整体收入水平，为未来养老奠定经济保障。另一方面，老年人的收入水平也是老龄资源再社会化的物质前提。只有达到一定的经济基础，老年人参与各种社团或其他社会活动才具备可能性。收入水平制约着老年人社会参与的机会和领域，影响其社会参与的深度与广度。

2. 影响老龄资源再社会化的个体因素

第一，身体健康状况。这是老年人力资源再开发面临的最直接的影响因素。身体健康的老年人可以有更充沛的体力投入到就业和社会活动中去。而对于一些健康状况不好的老年人，即使他们有经济上的困难，可能也不会选择再就业。

第二，性别。受传统家庭观念的影响，女性老年人在其生命历程中社会参与的机会少于男性老年人，其活动的相当一部分内容是从事家务劳动，照料子女和配偶，从而导致女性老年人没有过多的时间和精力投入到就业或参与社会活动中来。

第三，年龄。低龄老年人愿意从事有经济收入的工作或投身到社会活动中的比例明显高于高龄老年人。由于这部分老年人中很多是刚离开工作岗位，多数人身体条件允许，同时又很难摆脱原有工作角色的影响，因此这一年龄段的老年人参与经济活动或社会活动的意愿比较强烈。

第四，文化程度。文化程度高的老年人在获取各种信息、利用社会网络资源等方面更具优势。

第五，职业。如果老年人离退休前所从事职业的市场供求缺口较大，那么老年人力资源的开发则相对容易。此外，随着科技对经济发展的贡献越来越重要，相关领域的专家、工程技术人员也将成为老龄资源再社会化的重要组成部分。

3. 北京市老龄资源再社会化的现状及问题

（1）老年人继续参加工作的比例有所下降

以男性 60 岁、女性 55 岁的法定退休年龄为限，课题组的抽样调查发现，2005 年北京市男性老年人继续参加工作的比例为 9.2%，女性老年人继续参加工作的比例为 4.2%。与 2000 年相比，女性老人继续参加工作的比例上升了 0.7%，而男性老人继续参加工作的比例却下降了 5.9%。之所以出现老年人再就业比例的下滑，经济驱动力的减弱是原因之一。在以前经济社会发展水平相对较低因而居民收入较低时，更多老年人即使在达到退休年龄后也愿意继续参加工作，从而获得额外的经济收入，为自己的养老做好准备。而随着家庭总体收入水平的提高、老年人的退休金也有所增加时，老年人通过再就业来增加经济收入的动力减小，多数老年人到达退休年龄后愿意安度晚年，不愿再就业。

调查中还发现，全市老年人中高级知识分子的就业率在最近几年内也出现了一定比例的下降。这种现象不利于老年人发挥其老年价值，不利于实现"老有所用"和"老有所为"。

（2）老年人继续参加工作的收入较低

2005 年北京市老年人再就业的收入大多数低于 500 元/月。月收入在 500 元以下的占老年再就业总数的 58.8%，月收入在 500~1000 元之间的占 17.8%，月收入在 1000~2000 元的占 10.7%，月收入在 2000 元以上的仅为 11.5%。

从城乡及性别差异来看，城市老年人再就业的月收入明显高于农村老年人。只有 32.5% 的城市老年人月收入在 500 元以下，而在农村这一比例超过了 80%，差距比较悬殊。由于再就业收入低，一定程度上也限制了老年人继续参加工作的热情，降低了再就业率。

（3）老年人再就业的行业分布广泛

2005 年北京市城市老人中，男性老人退休后继续参加工作的以制造业的比例最高，其就业比例占男性老年就业总人数的 40%；而以科研、教育、文化以及卫生等以脑力劳动为主的行业，其比例也超过了 30%；此外，在批发、零售以及餐饮业就业的比例超过 15%。继续工作的女性老年人以就业于科研、教育、文化以及卫生等以脑力为主的行业为主，超过女性老年就业总人数的 50%；就业于制造业、电力及交通运输等重体力行业的比例接近 20%；此外，就业于批发、零售以及餐饮业的比例也有 20% 左右。

与城市老年人就业的多行业特点不同，农村老年人主要从事的是农、林、牧、渔工作，其中男性从事该类工作的比例为 66.8%，女性从事该类工作的比例达到 81.6%。

（4）老年人参与社会活动的比例有所提高

2005 年全市老年人参加各级老年人协会的人数超过 40 万，参加各级老年学校学习累计 31.4 万人次。同时，北京市率先在全国成立了老年人力资源开发中心、离退休科技工作者协会等老年人参与社会发展的服务机构；市、区（县）劳动职业介绍所均设有老年参与社会服务项目，探索出"以市场运作模式配置老年人才"的新路，为老年人参与社会创造了条件。

此外，全市还有老年志愿者队伍3000余支，老年志愿者6万余人。他们通过义务做起社区环保、义诊、法律咨询等工作，主动投入到公益事业之中。老年人互助服务"一帮一"结对子也达到了117万多对，较以往有明显的增加。

五、改善老年人收入与健康支出水平的政策建议

人口老龄化进程中产生的老年人收入和健康支出问题，是涉及经济社会发展的重要问题，单纯依靠个体或家庭难以有效解决，需要由国家和政府协调、引导社会力量，通过一系列政策措施来推动两者关系的良性互动，以满足老年人基本养老和医疗健康服务需求，有效提高老年人的生活质量。

1. 进一步发挥社区医院在老年人医疗保健中的作用

无论从资源配置、功能定位还是服务模式来看，社区卫生服务都是降低区域卫生资源浪费，确保提供有效、经济、便捷的医疗卫生保健的最佳途径。社区医院所能履行的职能除医疗以外，还包括预防、保健、康复、健康教育等公共卫生服务职能，是实现人人享有基本卫生保健的重要载体。近年来，北京市重点建设了一批社区卫生服务机构。截至2007年，全市已完成了611个社区卫生服务中心的标准化建设任务，一定程度上解决了老年人就近医疗的要求，缓解了就医难、住院难的矛盾。

为了能够让社区医院发挥更大的作用，建议政府首先要加大财政投入力度。支持社区医院引进一些热心为公众服务的医务人员，购买必备的基本设施和康复设备。对于那些用房困难的社区医院，应通过多种形式予以补助。同时，对于具有社区服务特点的医疗保健项目，财政也要给予必要的支持，使社区卫生服务真正体现价格低廉，服务便捷有效。

其次，赋予社区医院创新服务模式的自主权。根据调查，2006年北京市近20%的老年人曾因病卧床，平均卧床天数为9.2天。此外，老年人对各项社区医疗服务的需求率均高于利用率，尤其是对社区医疗服务中"上

门看病"的需求最高。而社区医院身处社区，便于与居民直接沟通，也具有创新多种服务方式的条件。因此应进一步出台相关激励措施，鼓励社区医院开展一些老年人所乐于接受的服务项目。如在社区开展慢性病系统管理，通过连续性、综合性服务，对其发病、康复、残疾和临终的全过程进行照料和护理，减少或推迟失能发生。

最后，将条件成熟的社区医院纳入医疗保险范围。调研中，很多老年人希望在医保指定医院外，能将社区医院取用的常用药品列入医保范围，降低在社区医院就诊的自付比例，增加进入医保的社区卫生服务项目，逐步扩大社区医院基本用药目录。上述问题的解决对于支持社区医院发展是很明显的。例如，2006 年北京市实行了 312 个品种的社区常用药品不提取流通费用，药价的下降使得社区医院日均门急诊量比实施前平均增加 3.5 倍。政策的实施就取得了明显成效。

2. 充分利用中医药在调理老年人慢性病中的独特优势

从调查来看，2006 年北京市 83.3% 的老年人患有慢性病，老年人身体机能下降，慢性病很难根治而重在调理，为中医发挥作用提供了很大空间。同时，中医治疗费用低、手段多样化的特点更契合社区卫生服务机构的实际需要。另外，中医"治未病"的养生保健理论对老年人不良生活方式所形成的疾病和亚健康状态等，也具有很好的预防指导作用。

为此，提出如下建议：一是推广适合于社区卫生的中医药适宜技术，新增开展一批社区常见疾病中医药预防与控制适宜技术的研究。二是鼓励全民学习中医基本理论，加大中医药科普宣传力度，向所有爱好者敞开进修学习的大门，促进老年人对中医药应用的了解和掌握。三是努力降低中医诊疗费用和中药销售价格，切实让老年人用得起、用得好中医药。四是加大对于全科医师的培养力度，引导社区老年人应用中医诊疗。针对合格的全科医师紧缺现状，国家有关部门应鼓励和引导社区医生向全科医师方向发展，加强全科医师规范化培训，有计划地将高等医学院校新毕业的大学生，送到大中型医院和预防保健机构进行规范化培训，培养高素质的全科医师。与此同时，还应合理解决社区卫生服务执业人员报酬问题，形成优秀人才流向社区卫生服务机构的用人机制。

3. 设计专门针对老年人的医疗保险模式

医疗保险制度建立的初衷，就是对疾病给个人带来的经济损失进行补偿。在建立医疗保险制度的初期，各国都将疾病补贴纳入医疗保险中，随后又增加了治疗费用，并逐步过渡到一般医疗服务。随着社会的发展和公众保健意识的增强，人们对医疗保险功能的认识也日益加深。一些发达国家已经把老年护理和医疗保健等内容纳入到医疗保险中。

而目前我国通行的按服务付费的支付方式，过于注重服务提供，轻视预防环节，极易产生诱导性需求，同时也不利于卫生资源的节约利用。在这方面，国外的一些做法值得借鉴。许多国家普遍采用预付制和人头付费制或按病种付费的方式，有效地解决医院滥用医疗资源的问题，并通过积极开展预防、健康教育、体检等活动来增进老年人的健康水平，最大限度地降低发病率和减少治疗性费用开支。

建议政府积极探索医疗与预防相结合的健康保险模式，同时将医疗保障支付方式的改革与为老年人提供全面、公平的社会医疗保险相结合。建立新的医疗保险融资模式，设立由国家特别是中央财政支付的针对老年人的特殊健康医疗的社会保险等。此外，政府还应进一步加强健康教育，并倡导积极健康的生活方式，推行医疗费用包干预付制，来调动医疗机构实施预防保健的积极性，逐步把预防保健纳入到医疗保险范围。这不仅有利于降低疾病风险和提高早期疾病的发现率，而且有利于控制医疗费用，从而达到提高老年人健康水平的目的。

4. 加大对低收入、残疾等特困老年人的救助力度

作为社会保障体系的三大基础，社会保险、社会救助、社会福利在保障老年人的经济收入方面发挥着重要的作用。改革城镇基本养老保险制度，建立新型农村养老保险制度，已经解决大部分现实老年人和未来老年人的经济保障问题。当前应重点关注那些低收入、残疾等特困老年人，通过社会救助和社会福利以解决其经济收入问题。调查显示，北京市城乡低保对象中老年人约有 4.1 万。在所患疾病差异并不明显的前提下，月收入低于 500 元的老年人几乎将收入全部用于自身的医疗支出，而月收入在 3000 元以上的老年人医疗支出仅为全部消费性支出的 15.4%。此外，全市的老年残疾人口达到 61.8 万，占老年人总数的 26.2%，其中近 40% 存在重度或极重度的活动障碍，加之身体残疾造成的收入能力偏低，进一步增加了健康和护理支出。

建议在已实施高龄津贴发放政策的基础上，扩大此项政策的覆盖范围，加大对低收入、残疾老年人的倾斜。一是进一步放宽低收入老年人纳入最低生活保障的条件，提高补助标准，并在医疗保障补偿机制上给予照顾。二是在现有在临时救助和应急救助制度中，增加"对常年需要药物治疗或维持的慢性疾病特困老年人给予定额临时救助"。三是健全社会服务网络，建立居家养老服务专项补贴，为这些特殊困难老年人提供照顾和康复服务，保障其基本生活。

5. 发展老龄产业以扩大低龄老年人的就业

如前所述，2006 年北京市老年人健康支出的边际消费倾向为 0.067，仅次于食品支出。所以，增加老年人的收入对于改善其健康状况具有重要意义。随着老龄化进程的加剧，老年人口持续增多，与老年人相关的医疗保健、生活照料和衣食住行等产业将会迅速发展。借鉴国外老龄资源再社会化的有益经验（详见附录二），积极发展老年产业，通过老年人服务老年人的方式，可以为低龄老年人提供更多的工作机会，增加其经济收入。

为此，建议政府部门首先制定相关的老龄产业发展政策。老龄产业的发展不可能单纯通过市场力量的自发作用来实现，还需要借助税收、信贷、法律等手段，推动老龄产业的发展。其次，发展多种形式的老年经济实体。老年经济实体是以老年人为主体，由老年人参与组织以发展老年事业为目的，实行自主经营、自负盈亏的经济组织。老年经济实体属于老年福利性质的企业，通过发展老龄人力资源经济实体，吸收有技术专长的低龄老年人，使其在市场经济中施展才华，实现自身价值。这种"以为促养"的方式，既可以提高老年人的自我保障能力，也是缓解人口老龄化与经济发展水平不相适应矛盾的积极对策。

6. 构建立足社区的老年社会参与平台

积极推进社区建设，把社会参与的平台建在老年人的家门口，是提高老年人社会参与热情最为现实可行的方法。首先，社区在老年人的社会参与问题上有着其他单位无法比拟的优势。它拥有丰富的社会资源，能够提供多种社会参与的平台，满足不同兴趣、能力的老年人的需求。其次，社区居民的积极参与也是社区发展的动力。老年人参与不单纯是从个体角度上发挥自身优势、经验，还体现了社区本身的内在需求。

因此，建议政府有关部门抓住 2015 年以前北京市劳动年龄人口负担最轻、经济社会发展难得的"人口红利期"，积极引导、鼓励面向老年人的各种自治性组织。同时，鼓励社区建立人才库，对有一技之长的老年人建立档案，让老年人积极参与到包括公共社区服务活动中，发挥余热。此外，应大力支持社区开展多元化的老年活动，从而进一步丰富老年人的精神文化生活，满足老年人的心理需要，提高其晚年生活质量。

附录一
改善老年人收入与健康支出水平的政策建议[①]

人口老龄化是我国经济社会发展中面临的一项重要挑战。北京作为全国较早进入老龄化的城市，2006 年全市 60 岁及以上的常住老年人达到 235.6 万，占总人口的 14.9%，比全国水平高出 3.6 个百分点。随着老龄

[①] 本报告由国家社科基金重大项目"我国地区间居民收入分配差距研究"子项目"北京市老年人收入与健康支出"课题组完成，并于 2008 年 9 月报北京市委决策参考。

化程度的加剧和人口预期寿命的延长，老年人群体的收入与健康问题对于社会和谐稳定、经济持续发展的影响日益显著。

2007 年 12 月在北京市委研究室的支持下，我们与北京市统计局、老龄委等八个部门进行了座谈，深入到朝阳区望京西园社区、宣武区西便门内社区、海淀区牡丹园东里社区展开了实地调研，并结合 2007 年北京市老年人口 1‰抽样数据，对全市老年人收入与健康支出的现状及问题进行了全面分析。为落实党的十七大对老龄工作的要求，利用好 2015 年以前应对老龄化高峰的最佳准备期，我们特提出以下三条建议。

1. 尽快落实将老年慢性病列入新农合医保范围

2006 年北京市已有 84.1% 的农村老年人享受新型农村合作医疗，这很大程度上解决了老年人的基础医疗保障。但作为慢性病的高发群体，农村老年人的慢性病患病率高达 75%，排在前三位的疾病分别是高血压、心脏病/冠心病和地方病，其患病率则分别为 35%、29.1% 和 25%。许多老年慢性病虽然不需要住院或手术，但年均治疗费用却比较高。目前的新农合只是针对大病住院费用的补偿，门诊费用无法报销，并且对就医范围还有一定限制，因而农村老年人获得就医费用补偿的比例不高，个人和家庭医疗负担较重。2006 年农村老年人医疗费用总支出为 2262 元，其中，由基本医疗保险支付所占比例仅为 10%（城市老年人的医疗费用由基本医疗保险支付的比例是 62.2%），自己负担的占 32.4%，由子女或亲属支付占 52.7%。农村老年人需自付、子女或亲属支付的医药费合计已高于其日常生活费用，约 25% 的老年人因经济困难患病后放弃治疗。

建议政府有关部门进一步优化现行农村合作医疗的补偿方案，将老年人常见慢性病的门诊专科药费纳入新农合的保障范围。此外，对在社区卫生服务机构进行血脂、血压等常规检查项目也可以列入医保报销范围，以扩大新农合补偿受益面，减轻农村老年人尤其是患慢性病的老年人的医疗负担。

2. 加大对低收入、残疾等特困老年人的救助力度

医疗费用是老年人主要支出项目之一，而低收入、残疾等特殊困难老年人的医疗支出负担则更为沉重。调查显示，北京市城乡低保对象中老年人约有4.1万。在所患疾病差异并不明显的前提下，月收入低于500元的老年人几乎将收入全部用于自身的医疗支出，而月收入在3000元以上的老年人医疗支出仅为全部消费性支出的15.4%。此外，全市的老年残疾人口达到61.8万，占老年人总数的26.2%，其中近40%的比例存在着重度或极重度的活动障碍，加之身体残疾造成的收入能力偏低，进一步增加了健康和护理支出。

建议在已实施高龄津贴发放政策的基础上，扩大此项政策的覆盖范围，加大对低收入、残疾老年人的倾斜。一是进一步放宽低收入老年人纳入最低生活保障的条件，提高补助标准，并在医疗保障补偿机制上给予照顾；二是在现有在临时救助和应急救助制度中，增加"对常年需要药物治疗或维持的慢性疾病特困老年人给予定额临时救助"；三是健全社会服务网络，建立居家养老服务专项补贴，为这些特殊困难老年人提供照顾和康复服务，保障其基本生活。

3. 大力发展中西医结合的社区康复服务

近年来，北京市社区卫生服务体系建设取得了明显进展，一定程度上满足了老年人就近医疗的需求，缓解了就医难、住院难的矛盾。但调研中我们也发现，除疾病治疗外，老年人对上门护理和康复治疗的需求率也很高，其比例分别是11.2%和5.5%。此外，从老年人对慢性病患病的得知途径看，约76.9%的老年人是在出现不适去医院就诊后才确定的，而农村老年人通过体检发现疾病的比例更低，仅为6.3%，反映出大部分老年人还没有形成定期体检的防病意识。从老年人患病后就诊率看，有55.3%的老年人因自觉感觉轻而未及时就诊，其中农村老年人的比例更高达88%，这种情况极易耽误疾病的治疗。

在老年人对滋补保健等健康投入不断增加的背景下，更需要对老年人的健康保健防病意识加以科学引导。在这方面，中西医结合的服务模式具有巨大的发展潜力。为此建议有关部门进一步发挥社区卫生服务机构对老年人健康管理的作用，赋予社区医院创新各种服务方式的自主权，支持其开展慢性病规范化管理以及各类健康教育、咨询活动。同时，进一步扩大全市提供中医药服务的社区卫生服务中心和服务站的比例，让老年人用得起、用得好中医药。通过连续性、综合性服务，对老年人患病、康复、残疾和临终的全过程进行照料和护理，减少或推迟重症发生，提高老年人的生活质量。

附录二
国外促进老龄资源再社会化的主要经验①

与一些人口老龄化程度较高的发达国家相比，当前我国老龄资源再社会化的规模和程度还存在着较大差距。因此，借鉴国外促进老龄资源再社会化的成功经验，有助于我国合理有效地配置老龄资源，推动形成人口与经济社会协调发展的机制。

1. 推迟退休年龄

许多国家修改法律允许身体健康的老年人能够将退休年龄推迟，以最大限度地发挥老年人的价值。美国在 2000 年就着手实施将退休年龄从 65 岁推迟到 67 岁，并规定如果职工达到退休年龄还想继续工作，可以一边领取退休金，一边工作；也可以不领取退休金而继续工作到 70 岁。在后一种情况下，每多工作一年，正式退休时将领取比正常退休高出约 7% 的退休金。其目的就是使养老金能节约地使用，同时延长缴费期。此外，日本于 2006 年也出台了《改正高龄者雇用安定法》，明确要求企业实行继续雇用制度，重视对 60 岁以上人才的雇用。

---

① 本部分由刘涛博士执笔。

2. 增加老年就业者的收入

保证老年人延长自己的职业生涯将会给老年人带来更多的经济利益。事实上，如果老年人达到退休年龄仍然没有更多经济上的激励，没有人会保持继续工作的积极性。许多欧洲国家对于推迟退休的老年人增加了养老金自然增长的额度。如法国对那些工作到 65 岁及以上的老年人增加了 40% 的养老金。此外，墨西哥也在 3000 多家企业中为老年人创造了超过 2 万个就业岗位。通过再就业，老年人能获得平均每天 70~150 比索的收入，改善了自身生活质量。

3. 消除歧视性政策

许多国家还制定法律明确禁止任何歧视性做法，为保障老年人再就业、参与社会活动奠定了基础。很显然，老年就业者遭遇到的歧视会对他们造成心理上的负担。在这种情况下，即使是最愿意参与工作或其他活动的老年人也有可能选择放弃。例如，荷兰就曾颁布法律，规定如果不是存在客观差异，禁止任何形式的年龄歧视。

4. 扩大雇主的经济利益

这项措施的主要目的是鼓励雇主雇佣、挽留更多的老年人。在一些国家，政府还对雇用老年人的企业采取了多项税收优惠政策。例如，在荷兰，如果雇主新雇佣了年龄超过 55 岁的劳动者，将免除他们支付伤残保险税。西班牙对于那些与年龄超过 60 岁签订永久合同的雇主减免了 50% 或更多的社会安全税。

5. 建立弹性的合同规定

政府鼓励弹性合同的典型是法国。法国创立了一种新型的更加具有弹性期限的合同，这种合同是专门为年龄超过 57 岁的人员而设计的。这种新合同的固定工作期限为 12 个月，而普通合同规定最短工作时间也要 18 个月。并且，新合同可以修改三次，普通合同只能修改两次。这一措施有助于消除企业的顾虑，促进目前再就业意愿强烈的老年人回到工作岗位上，同时也有利于解决劳动力市场上的供求矛盾。

附录三

相关数据表①

表 2 – 19　北京市分区县老年人口所占比例及增长幅度

单位：%

地　区	2000 年	2005 年	增 长 幅 度
北京市	12.5	14.6	2.1
首都功能核心区			
东城区	16.8	17.8	1.0
西城区	17.0	19.5	2.5
崇文区	17.1	18.1	1.0
宣武区	16.8	16.8	0.0
城市功能拓展区			
朝阳区	12.5	15.2	2.7
丰台区	12.2	15.2	3.0
石景山区	11.8	13.2	1.4
海淀区	11.5	13.7	2.2
城市发展新区			
房山区	10.4	12.6	2.2
通州区	11.9	12.3	0.4
顺义区	11.2	13.5	2.3
昌平区	9.9	12.8	2.9
大兴区	10.2	11.3	1.1
生态涵养发展区			
门头沟区	13.8	16.1	2.3
怀柔区	12.0	14.5	2.5
平谷区	12.4	14.8	2.4
密云县	12.5	14.1	1.6
延庆县	12.9	15.1	2.2

---

①　表 2 – 19 至表 2 – 25 的主要数据来源于北京市统计局、国家统计局北京调查总队编的《北京统计年鉴 2007》（中国统计出版社 2007 年版）；北京市 1% 人口抽样调查领导小组办公室、北京市统计局编的《2005 年北京市 1% 人口抽样调查资料》（中国统计出版社 2007 年版）；北京市人口普查办公室编的《世纪之交的中国人口（北京卷）》（中国统计出版社 2005 年版）等。

表 2 – 20   2006 年北京市老年人口分城乡、性别和年龄情况

单位：千人

			年　　龄				合　计
			60～69 岁	70～79 岁	80～89 岁	90 岁及以上	
城　市	性　别	男	410	273	67	3	753
		女	425	306	77	6	814
	合　计		835	579	144	9	1567
农　村	性　别	男	172	65	11	0	248
		女	121	84	16	0	221
	合　计		293	149	27	0	469

表 2 – 21   北京市老年人口的分年龄、性别的文化程度状况

单位：%

		年　份	接受不同教育程度的人口比例						
			文盲	小学	初中	高中/中专	大专	大学	研究生
60 岁及以上		2000	25.7	35.2	15.8	9.7	3.9	9.4	0.3
		2005	19.3	30.1	20.3	13.7	6.1	10.3	0.3
年龄	60～64 岁	2000	11.2	35.8	20.2	14.0	5.2	13.3	0.3
		2005	5.3	21.9	31.5	21.2	9.0	10.7	0.4
	65 岁及以上	2000	32.7	35	13.6	7.6	3.2	7.6	0.3
		2005	24.2	32.9	16.3	11.1	5.1	10.1	0.3
性别	男	2000	10.2	38.7	20.7	11.5	5.3	13.1	0.5
		2005	7.3	30.7	23.5	15.7	8.0	14.2	0.6
	女	2000	40.1	32.1	11.1	8.0	2.6	6.0	0.1
		2005	30.2	29.5	17.3	11.9	4.3	6.7	0.1

表 2 – 22   2005 年北京市分区县老年人主要生活来源构成

单位：%

地　区	劳动收入	离退休金	家庭其他成员供养	其　他
北京市	4.7	69.3	23.4	2.6
首都功能核心区				
东城区	2.2	87.2	9.4	1.2
西城区	1.6	90.8	6.8	0.8
崇文区	1.4	88.2	9.2	1.2
宣武区	1.2	90.2	7.6	1.0

地　区	劳动收入	离退休金	家庭其他成员供养	其　他
城市功能拓展区				
朝阳区	2.0	88.0	7.9	2.1
丰台区	1.8	85.0	11.6	1.6
石景山区	0.9	82.5	13.9	2.7
海淀区	2.6	86.9	9.3	1.2
城市发展新区				
房山区	7.5	39.2	47.3	6.0
通州区	10.0	33.4	50.3	6.3
顺义区	9.9	26.6	60.9	2.6
昌平区	7.0	51.8	36.6	4.6
大兴区	5.8	44.0	45.1	5.1
生态涵养发展区				
门头沟区	3.5	52.1	39.0	5.4
怀柔区	18.9	19.6	55.2	6.3
平谷区	13.6	21.4	63.0	2.0
密云县	17.5	21.0	58.9	2.6
延庆县	14.7	18.4	61.0	5.9

表 2–23　2006 年北京市城乡老年人的人均月收入水平及来源

单位：元/%

	城　市		农　村		合　计	
	收入金额	占总收入比重	收入金额	占总收入比重	收入金额	占总收入比重
离退休金	1404	80.1	52.2	16.5	1093.0	76.8
劳动收入	106.5	6.1	51.3	16.2	93.8	6.6
财产收入	82.5	4.7	48.6	15.3	74.7	5.3
亲友资助	77	4.4	46	14.5	69.9	4.9
养老补贴	43.4	2.5	29.6	9.3	40.2	2.8
社会救助	5.5	0.3	34.7	11.0	12.2	0.9
金融投资收入	5.9	0.3	7.4	2.3	6.2	0.4
其他收入	28.6	1.6	47	14.8	32.8	2.3
总　计	1753.4	100	316.8	100	1422.9	100

表 2 – 24　2006 年北京市城乡分性别的老年人的人均月收入

单位：%

		城　市		农　村		合　计	
		男　性	女　性	男　性	女　性	男　性	女　性
收入段	0～500 元	0.8	9.6	76.2	90.5	19.5	27.0
	501～1000 元	8.0	29.1	13.3	5.0	9.3	23.9
	1001～1500 元	35.0	32.8	6.0	2.3	28.5	26.2
	1501～2000 元	19.9	12.8	2.8	0.5	15.7	10.2
	2001～2500 元	11.3	6.0	0.8	1.4	8.7	5.0
	2501～3000 元	6.5	3.2	0.4	0.0	5.0	2.5
	3000 元以上	17.6	6.5	0.4	0.5	13.3	5.2
合　计		100	100	100	100	100	100
月　收　入		2121.5	1412.6	403.7	219.4	1695.5	1156.4

表 2 – 25　2006 年北京市老年人的人均月收入与个人消费性支出

单位：%

		个人消费支出				
		0～500 元	501～1000 元	1001～1500 元	1501～2000 元	2000 元以上
收入段	0～500 元	98.9	1.1	0	0	0
	501～1000 元	94.4	2.4	2.1	0	1.2
	1001～1500 元	89.9	5.6	1.8	0.2	2.5
	1501～2000 元	86.7	7.6	4.2	0.4	1.1
	2001～2500 元	68.3	7.9	10.1	5.0	8.6
	2501～3000 元	70.1	23.4	3.9	0	2.6
	3000 元以上	72.2	12.3	10.2	2.7	2.7
合　计		88.5	5.7	3.1	0.7	2.0

第二节　城市离退休人口的收入与生活问题①

——山东威海的调研

导　语

为落实国家社科基金重大课题 A 类项目"我国地区间居民收入分配差距研究"的具体地区调研工作，课题承担单位北京师范大学经济与资源管理研究院，联合山东省社会科学院组成调研小组，于 2006 年 7 月 27 日至 30 日赴山东省威海市就居民收入分配差距问题进行调研。期间，调研小组得到了威海市政府有关部门的大力支持和协助，在此表示衷心的感谢！

调研小组负责人是北京师范大学经济与资源管理研究院院长、山东省特聘"泰山学者"李晓西教授和山东省社会科学院两位副院长郑贵彬、曲永义研究员。调研小组成员有山东社科院的王向阳研究员，袁红英、李广杰副研究员，以及北京师范大学的王敏副教授，和晋予、张江雪、董晓宇博士，王颖硕士。

调研小组重点对企业退休人员收入情况进行了考察研究，形成了《威海市居民收入分配差距报告》调研报告。特别要提出的是，在这次调研中，我们发现在民政部门接待的上访人数中，80% 以上是退休干部职工反映收入越来越低的问题。因此，针对 2006 年 7 月 1 日我国开始实行新的公务员工资制度的背景，结合山东与山西的调研，我们形成了一份《应高度重视解决企业退休金偏低问题》的内参向有关部门反映，一并附后供参阅。

---

① 本报告由董晓宇博士和张江雪硕士根据课题组集体讨论意见和调研情况完成了初稿。

课题调研小组与市威海政府部门、企业代表进行了座谈，并分成两个小组，深入到威海市环翠区金线顶、东北村居委会，以及张村镇柳沟村、后双岛村，与居民和村民进行交流。调研小组对威海市居民收入分配情况有了较深入的了解，现将调研的基本情况与我们的观点整理如下。

一、威海市居民收入基本情况

威海市位于山东半岛东部，毗邻渤海和黄海，是国家级卫生城市，沿海经济开放城市。改革开放以来，威海市城乡面貌发生巨大变化，经济和社会事业发速发展，获得联合国"人居奖"。2005 年，全市 GDP 可达到1170 亿元，居全省第 8 位，比上年增长 17.4%。全市地方财政一般预算内收入 57.5 亿元，增长 35%，总量比 2002 年翻了一番。威海市居民收入的基本情况，可以从以下四个方面来说明。

1. 威海市城乡居民收入总体情况

近五年来，威海市城乡居民平均收入是不断增加的。其中，2001 ~ 2005 年，威海市城镇居民人均可支配收入分别为 8376 元、9390 元、10194元、11112 元、12455 元，年均增长 9.13%，五年分别位居全省第三、二、三、三、四位，总量分别高出全省平均水平 1635 元、1776 元、1794 元、1674 元、1710 元。

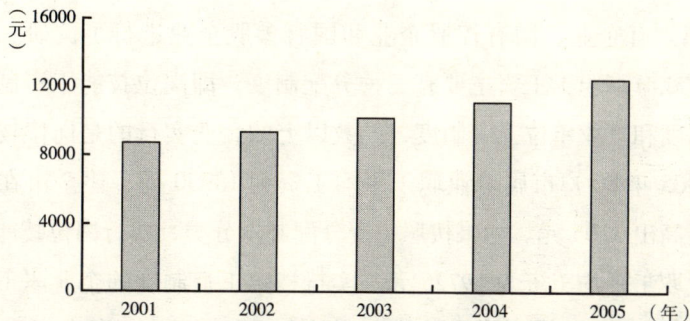

图 2 - 3　2001 ~ 2005 年威海市城镇居民人均可支配收入

就农村情况看，五年来，威海市农民人均纯收入分别为 4146 元、4402元、4751 元、5376 元、6083 元。自 1987 年以来，威海市农村人均纯收入一直位列山东省第一位，总量比全省平均水平分别高出 1340 元、1448 元、1600 元、1869 元、2153 元，年均增长 9.55%。

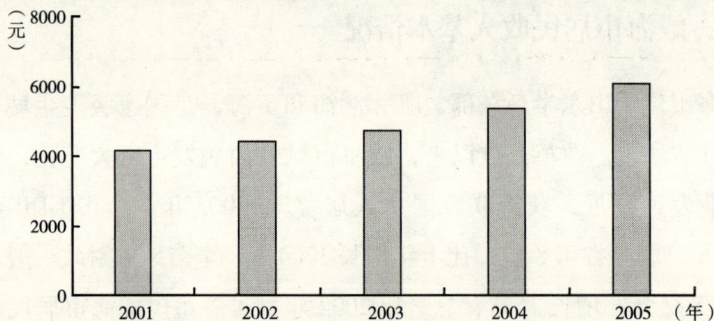

图 2-4　2001~2005 年威海市农民人均纯收入

资料来源：威海市统计局。

2. 威海市企业职工工资总体情况

近年来威海市企业职工工资增长较快。根据威海市劳动和社会保障部门的数据，2005 年，威海市在岗职工平均工资达到 15785 元，比去年13070 元增长 20.8%。

威海市有关部门对企业职工工资情况非常重视，市国资委在 2005 年对80 家市属国有企业、国有控股企业和国有参股企业进行了调研。结果表明，目前威海市职工工资主要有三种分配制度，即岗位技能工资制度、档案工资制度和事业单位工资制度，半数以上的企业实行的是岗位技能工资制度。2005 年 80 户市属企业职工平均工资为 18950 元，比全市在岗职工平均工资高出 3165 元。如果按照工资分配制度分类，实行岗位技能工资制度的企业职工平均工资为 19725 元，实行档案工资制度的企业职工平均工资为 14911 元，实行事业单位工资制度的企业职工平均工资为 20992 元。

3. 威海市低收入居民基本情况

威海市低收入居民主要包括三大类：一是城市"三无对象"和农村五

保对象，他们是城市中最困难的群体。目前全市共有城市三无对象 112 名；农村五保对象 9736 名，其中敬老院集中供养的有 3022 名，村中分散供养的有 6714 名。

二是城乡低保对象，即家庭人均月收入低于当地城市最低生活标准的城市居民和农村人均年收入低于 800 元的贫困家庭。目前威海市城市最低生活标准分为三个等级，环翠区、高技术产业开发区和经济技术开发区每人每月 260 元，文登、荣成每人每月 240 元，乳山每人每月 220 元。2005 年，全市共有城市低保对象 1235 人、农村低保对象 9234 人。

三是城乡其他贫困家庭，即其生活水平略高于城乡低保对象，但是相对于一般家庭仍很困难。威海市有关部门按照人均年收入低于 1000 元的标准，对农村贫困家庭进行摸底，发现全市家庭人均年收入低于 1000 元的农村贫困人口（不包括五保对象）共 9267 户，达 17020 人，占农村人口的 1.3%，其中享受农村低保的有 9234 人，占农村贫困人口的 54.2%。

农村贫困家庭主要分为五种类型：一是无劳动能力户，占贫困户总数的 24.8%；二是孤寡户，占 9.7%；三是重病户，占 9.8%；四是重灾户，占 6.9%；五是其他类型，占 48.8%。据威海市民政局有关资料统计，农村贫困户的收入来源主要有三种，其中最主要的是种植粮食的收成，73% 的贫困户将其作为主要收入；还有一部分是赡养费，但由于贫困家庭的子女也多处于贫困状态，只有 7.3% 左右的老年人能得到赡养费。另外，有 4.8% 的家庭能有少量的外出打工收入。

4. 威海市房地产价格和居民收入的变化

近年来，威海市充分利用获得联合国"2003 年度联合国人居奖"的契机，积极实行"居住在威海、创业在威海"的战略，房地产业得到较快发展。在居民收入不断增长的情况下，商品房销售总额和销售价格平稳增长。

威海市商品房价格上涨的幅度与居民收入相比较为合理。根据威海市发改委提供的资料，2004 和 2005 年，威海市商品房价格基本年增长幅度在 8% ~9%，而 2004 年城市居民可支配收入增长幅度为 9%，2005 年则为 12.1%，总体上高于房地产价格增长幅度，居民购房压力有所减轻。

威海市居民收入房价比稳定有序。全市每户平均人口为 2.8 人，以购买一套 90 平米的住房为例，居民收入房价比 2003、2004 年均为 5.2，2005 年为 5.0。如果按照统一条件推算，上海的收入房价比达到 10 以上。目前普遍认为我国居民收入房价比在 1∶6 和 1∶8 之间较为合理。因此，从这一指标看，威海市房地产尚未达到过热，居民收入增长和房地产价格同步有序增长。

二、威海市居民收入差距状况和存在的问题

总体来看，威海市居民收入分配整体差距比较大，同时存在一些比较突出的具体问题。

1. 威海市居民收入分配差距总体较大

威海市居民收入分配差距，主要体现在以下方面。

（1）城市居民收入差距显著增大

威海市统计局提供的资料显示，将调查的城市居民家庭按照收入排序，依次抽取最高收入户 10%、高收入户 10%、较高收入户 20%、中间收入户 20%、较低收入户 20%、低收入户 10% 和最低收入户 10%，分成 7 组（见表 2 - 26）。

表 2 - 26　2005 年威海市城镇居民收入分组

分　组	最低收入户（10%）	低收入户（10%）	较低收入户（20%）	中间收入户（20%）	较高收入户（20%）	高收入户（10%）	最高收入户（10%）	平均
人均可支配收入(元)	5780	7083	8806	11460	14135	17403	31091	12455
比上年增长(%)	2.88	4.75	6.05	9.99	15.44	10.93	27.99	12

资料来源：威海市统计局。

①城市最高收入和最低收入家庭差距悬殊。从表中可以看出，10%的城市最高收入家庭人均可支配收入为31091元，比上年增长27.99%，总量是平均水平的2.5倍，增幅比平均水平多出15个百分点。而10%的最低收入家庭人均可支配收入为5780元，仅为平均水平的52%，相当于最高收入家庭人均可支配收入的18.59%。

②城市居民收入差距加速拉大。从增长幅度可以看出，威海市城市居民收入差距加速拉大。从最低收入到最高收入，呈现出一种"基数小、增幅低；基数大、增幅高"的情况。最低收入组和低收入组的收入增幅还不到5%，而较高收入组和最高收入组的增幅都达到了15%以上。

③收入结构不平衡。城市人均可支配收入可分为工薪收入、财产收入、转移性收入和经营性收入四个部分。2005年威海市城市居民工薪收入为10592元，人均财产性收入为204元。最高收入组家庭人均工薪收入为21866元，财产性收入为1082元，分别是平均水平的2.06倍和5.3倍；而最低收入家庭人均工薪收入为4672元，仅为平均水平的44.1%，人均财产性收入仅为12元。

（2）农村居民收入差距明显拉大

从基尼系数上看，威海市2001～2005年农村基尼系数分别为0.24、0.30、0.33、0.36、0.35，呈现总体差距加大且基本上逐年增加的趋势。

按照和城市居民类似的办法，把农村居民收入分为7组。从表2-27中可以看出，最高收入组人均纯收入达到40257元，是最低收入组3505元的11.5倍，差距相当明显。从收入集中度看，2005年20%的最高收入户和高收入户占有农村纯收入总量的42%，其中最高收入户占比达26%，是农村居民收入金字塔的塔尖。而低收入户、较低收入户和最低收入户只占农村纯收入总量的16.5%。

表 2 − 27　2005 年威海市农村居民人均收入分组

分　组	最低收入户（10%）	低收入户（10%）	较低收入户（20%）	中间收入户（20%）	较高收入户（20%）	高收入户（10%）	最高收入户（10%）	平均
人均可支配收入(元)	3505	6020	9375	13902	19173	25029	40257	12455

资料来源：威海市统计局。

（3）城乡之间收入差距不断拉大

2004 年，我国城乡居民收入比已经达到 3.21：1[①]，威海市城乡居民收入差距虽然小于全国平均水平，但有不断拉大的趋势。

1987 年威海成为地级市以来，城乡居民收入差距总体上是扩大了。从表中可以看出 1988 ~ 2005 年间，威海市城乡居民收入差距的变化情况。1988 ~ 1992 年，城乡居民收入年增幅都超过 15%，但是农村人均纯收入的增幅小于城市居民收入增幅 1.25 个百分点，这一时期的城乡居民收入比为 1.44：1。1993 ~ 1996 年，农民人均纯收入增幅达到 18.41%，但是同期城市居民收入增幅达到年均 30.35%，城乡差距扩大，收入比为 2.03：1。1997 ~ 1999 年间，农村人均收入增幅超过城市，差距有短暂的缩小，城乡收入比为 1.82：1。但 2000 年以后，两者差距又进一步拉大，城乡收入比达到 2.05：1。

表 2 − 28　威海市历年城乡居民收入对比

年　份	城市居民人均可支配收入年均增长率（%）	农村居民人均纯收入年均增长率(%)	城乡居民收入比
1988 ~ 1992	16.32	15.07	1.44：1
1993 ~ 1996	30.35	18.41	2.03：1
1997 ~ 1999	2.23	8.13	1.82：1
2000 ~ 2005	11.00	8.59	2.05：1

资料来源：威海市统计局。

---

① 孔泾源主编：《中国居民收入分配年度报告（2005）》，经济科学出版社 2005 年版。

值得注意的是，上表中城市居民可支配收入的数字，仅指城市居民的货币收入，没有计算城市居民享受到的大量非货币性福利收入。特别是在社会保障方面，城乡没有完全统筹，农村养老保险一直未落到实处，调研组在和农村居民座谈时，农民对此反应较强烈。

（4）不同行业、不同企业间收入差距较大

不同行业、不同企业间居民收入差距较大，这是一个普遍性的问题，威海也未能例外。威海市国资委对市属国有企业的调查结果显示，80家市属企业中，职工工资平均最高的企业达到了78042元，最低的企业仅为3315元，差距悬殊。具体表现在：

①垄断行业和竞争性行业之间的收入差距。威海市发改委等部门反映，市电力、通信、自来水等垄断性企业的收入相当高，尤其是电力行业一个职工的收入相当于两三个公务员或七八个产业工人的收入。

②国有企业和国有参股公司职工工资收入较高。威海市国资委的调查表明，2005年市属国有企业平均工资为18688元，国有参股公司为23777元，都远远高于全市在岗职工平均工资15785元。

③盈利企业、大规模企业工资水平较高。市属国有企业中，盈利企业职工平均工资为23931元，亏损企业为16231元；总资产超过一亿元的企业，职工平均工资为21383元，不足一亿元的企业的职工平均工资为13239元。这个差距相当明显。

（5）行业内部、企业内部收入差距也比较大

威海市大多数国有企业都在1997年以后进行了改制，改制之后企业的竞争力有所增强，但是企业内部管理者和职工的收入差距却在不断拉大。一线职工收入比较低，工资提升速度慢，而管理层工资很高。例如，威海市三角轮胎集团中层管理者一年收入12万，高层更高，据反映能达到100多万元。外聘的国外专家年薪为50万~80万元；但一般工人年工资只有一两万元，差距悬殊。山花集团中层管理者的工资也是普通工人的2倍以上。

2. 威海市居民收入分配中较为突出的问题

整体上看，威海市居民收入分配差距较大，在一些矛盾比较集中的方面以下问题较为突出。

（1）企业和机关事业单位离退休人员待遇差别悬殊

在调研过程中，无论是和威海市政府部门座谈，还是和企业、城镇居民座谈时，都遇到这一问题。据威海市信访局反映，2005 年仅企业离退休人员因待遇问题上访就达 4000 余人次，影响较大。

调研组在环翠区东北村、金线顶两个居委会进行调研时，很多退休的企业职工纷纷反映这一问题。机关事业单位离退休人员，按照级别的不同，领取相当于在岗工资的 80% ~ 90% 的退休金，一般干部的退休金能达到 2000 元以上。这部分退休金是由财政支出的，因此能够得到保障。企业的情况不同，现在企业交的养老保险的基数不是很高。缴得越多，退休后得到的越多，但是很多企业负担不起，缴费基数较低。威海市相关企业离退休人员的退休金却非常少，一般工人只有七八百元，好一点的能达到九百元。即便是高级工程师，退休后只能拿到 1500 元左右的退休金。解放军的团级干部转业到企业退休后只拿 900 元，但是如果到事业单位退休后收入可达 3000 多元。

在医疗保险方面，企业和机关企事业单位退休人员差别也很大。公务员和事业单位人员的医疗保险由财政负责，比较稳定。但是企业退休职工医疗保险受企业经营效益制约。由于企业经营效益有好有坏，一些退休工人的医疗费用也不能及时得到报销，这也加重了企业退休人员的生活负担。威海市船厂的一些老职工，有 40 多年的工龄，退休工资仅为 770 多元。船厂效益不好的时候，不给退休职工缴纳医疗保险。退休职工几百元的退休金维持平时必要的医疗开销都很困难，生活相当贫困。

（2）部分居民因病、因学陷入贫困

在调研中发现，威海市部分居民因病、因学而陷入贫困，这种情况在城市和农村都存在。这部分居民主要是企业退休职工、下岗职工、没有医疗保障的外来务工人员、部分低收入农民等。

例如，在环翠区东北村居委会座谈时，威海市电机厂一名下岗职工反映，因电机厂倒闭，自己买断工龄下岗。3 年前患尿毒症，现在有 1 个孩子正在上初中，妻子无正式工作，在商场卖服装。现在每年治病的花费都在 6 万元左右，每个星期都要做透析，费用在 1000～1500 元/周。买断工龄后自己缴纳社会保险，每年支出 4000 元左右。尽管医疗药费能报销 80% 左右，自己每年仍要负担医疗费 2 万元，生活很艰难。

张村镇柳沟村的一些居民也反映了农村居民的医疗问题。尽管实行了新型合作医疗制度，但是对于本身收入就不是很高的农民来说，生病是大问题，因病返贫的情况也比较突出。因此农民是最害怕生病的。另外，一些贫困家庭的子女考上大学，也给家庭增加了沉重的开支，这也是造成低收入家庭更加贫困的原因之一。

（3）城市化过程中农民土地补偿和社会保障等问题

失地农民的补偿问题是一个共性问题。近年来威海市城市化进程比较快，同时造成了大批农村居民土地被征用。在这个过程中，有三个方面值得注意。

一是农民拿到手的征地补偿金较少，他们对此意见较大。张村镇是省级旅游区，1998 年以前，土地出让价格不超过 3 万元一亩。现在一些好的地段，土地出让价格已经达到 56 万元一亩左右，工业用地现在也达到 15 万元一亩。土地出让价格尽管如此高，但到农民手里就非常少了。据张村镇柳沟村村民反映，某块土地挂牌价格是 38 万元一亩，但是到农民手上的征地补偿金只有 4 万元一亩左右，差别非常大。对此，镇里的解释是，一方面由于行政上的压力，土地出让金一部分归市、区、镇财政所有，剩下到村里的已经不多了；另一方面，镇、村的道路、通信、宽带网络等基础设施建设资金，主要来源就是土地出让金。农民失去土地这一基本生产资料，应该得到合理的补偿。

二是农民"上楼"，增加了额外的生活支出。对于农村城市化，各地采取的一个措施是改造农民旧有住宅，建造新社区，使农民住进楼房。对此做法，各方面存在一定的争议。威海市一些农民反映，上楼后额外增加了生活支出。比如，住宅小区的取暖费、物业、水费电费，一年就要两三千元。对于失去土地的、没有劳动能力和固定收入来源的农民来说，这些钱是不小的开支，而住平房则没有这些费用。

三是农村社会保障体系不健全。除了医疗保障力度不够之外，威海市部分地区的农村养老保险业没有真正建立起来。一些年纪大的、超过退休年龄的农民无法为自己缴纳养老保险，这成了他们生活的后顾之忧。尽管一些比较富裕的农村，村里给60岁以上的老人每年有一定的福利，但是这跟各村的经济效益紧密联系，并不是固定的。

（4）社会保障负担增加了企业压力，不利于职工收入提高

威海市一些企业反映，由于采取了新的职工养老保险交纳办法，提高了养老保险金交纳的基数，按照山东省的比例个人缴11%，单位缴38%。这些是计入成本的。这是企业的严重负担。

金猴集团有关部门反映，该集团2006年职工工资和福利预计突破4000万元，职工待遇在威海市企业里算是不错的，但是企业成本越来越重，利润空间也在减小。今年该集团共缴纳养老保险1000份，加上住房公积金，负担沉重。一旦成本很难降下来，企业的发展也受到了严重制约，效益也呈现下滑趋势，职工收入就无法提高。这还很容易形成一种恶性循环。作为企业来讲，只能够狠抓管理，不断降低其他成本，提高经济效益。

三、威海市政府在改善居民收入分配方面的工作

近年来，威海市政府对居民收入问题高度重视，各个单位积极开展工作，努力改善居民收入分配状况。

1. 发挥财政在改善居民收入分配中的作用

威海市财政状况较好，为改善居民收入分配提供了雄厚基础。2000

年，地方财政收入22.6亿，2005年达到57.5亿，年均增长35%。每年财政收入位居山东省前三名，增幅很高，速度很快，人均地方财政收入居全省第二位。财政对居民收入分配的改善作用体现如下。

（1）调整产业支持的方向，鼓励就业

目前威海市财政对产业发展的支持，已经由过去重点支持第二产业，转为现在重点支持农业和第三产业。财政对农业的支持，主要是鼓励农民发展副业和特色农业，发展水产品养殖。对养牛、种植西洋参的农民，给予一定奖励。同时，财政支持农村基层政权，给予基层村干部一定补贴。这些措施有利于加快农村经济发展，提高农民的收入水平。

财政对三产大力支持，因为对三产的税收主要是营业税，大部分归地方财政所有。同时，三产吸纳劳动力就业人数最多。发展三产能够促进就业，增加居民收入。每年威海市举办"东北亚经济论坛"，借以发展以旅游业为龙头的第三产业。

（2）强化二次分配职能

初次分配讲效率，二次分配讲公平，威海市财政在保障二次分配的公平性上做了很多工作，努力保证财政负担的工资及时足额发放，保证社会稳定，保证教育、卫生等法定支出足额按时到位，保证社会保障要求的各项资金，并加大转移支付力度，实现社会公平。

（3）加强税收监管，发挥收入调节作用

威海市税务部门加强对高收入阶层的税收监管，并严格执行。对机关企事业单位人员收入，按照税法的要求进行代扣代缴。对高收入行业，比如房地产业，则严格监控，采取预缴税政策。

2. 规范职工工资收入

威海市政府、劳动和社会保障局等单位非常重视规范职工工资收入，近年来还以推进工资指导线、劳动力市场工资指导价位、最低工资标准、人工成本预警系统四项制度建设为重点，进一步完善企业宏观工资调控体系，逐步建立了企业职工收入随经济效益提高的正常增长机制。

（1）连续六年发布企业工资增长指导线。1999 年以来，每年以市政府文件的形式，定期发布全市企业工资增长指导线，指导企业在提高效益的同时合理提高职工工资收入。

（2）连续六年发布全市劳动力市场工资指导价位。2006 年，利用 4 个月的时间对全市 155 户企业的 75246 名职工的工资情况进行调查，在抽样调查的基础上目前形成了单位负责人、专业技术人员、普通职工等 235 个工种的劳动力市场工资指导价位，为用人单位招工和失业人员求职提供了参考。

（3）不断调整全市最低工资标准。结合威海市发展的实际情况，先后六次提高全市最低工资标准，2005 年起由 410 元提高到 530 元，增幅达 120 元，执行的是山东省最低工资标准的最高档。

（4）发布企业人工成本信息。2005 年根据劳动和社会保障部的要求，扩大了企业人工成本的抽样调查范围，形成了全市是一个行业的人工成本信息，进行企业人工成本预警，指导企业加强人工成本管理。

3. 重视低收入群体的救助工作

（1）威海市对城乡低保对象实行动态管理，努力实现应保尽保。威海市从 1996 年开始建立城市低保制度，从 1997 年开始建立农村低保制度，是山东省首批建立低保制度的地级市。目前已经对 73289 名对象实施了保障，共发放保障金 2837 万元，目前城市低保标准为每人每月 260 元，农村低保标准为每人每年 800 元。今年准备将农村低保标准提高到每人每年 1000 元，取消镇、村两级负担，由市县财政全部承担。

（2）探索建立与低保配套的医疗、教育、住房等专项救助制度，对 263 人实施了住房救助，发放三项救助资金 231 万元。

（3）对农村五保对象，加大财政供养力度，将分散供养标准提高到每人每年 1300 元，集中供养标准不低于 2100 元。市本级财政从公益福利彩票资金中拿出 1500 万元，各市区配套 1000 万元，资助全市 64 处敬老院改造扩建。

（4）对城市三无对象实行集中供养。筹资 5000 万元，建立了环翠区社会福利院（威海老年公寓），目前全市社会福利院、镇敬老院共收养城市三无对象 112 名。

（5）救助孤残儿童，投资 2300 多万元建立了市儿童福利院和流浪儿童救助保护中心，收养孤残儿童 48 名，救助流浪儿童 57 人次，下一步准备对威海市所有的孤儿实现集中供养。

（6）加大临时救助困难群众的力度。对因天灾人祸或重大疾病导致家庭暂时贫困的群众，实行及时救助。探索建立了温暖工程、慈善救助等多种扶危济困基金。三年来先后筹资 7500 多万元，开展慈善助学、夕阳扶老等活动，救助贫困家庭和困难学生 3 万多人次。

四、改善居民收入分配状况的建议

通过调研，各部门、各阶层队改善居民收入分配状况提出了一些建议。可以归纳为以下三个方面。

1. 促进经济发展，扩大就业

只有经济长期快速健康增长，市场环境持续被看好，企业效益才不断提升，居民就业才能更加充分。就业是民生之本，必须在今后努力改善创业环境，广开就业门路，发展劳动密集型产业。同时引导全社会转变就业观念，进一步完善就业培训和服务体系，提高城乡劳动者的就业技能，保障劳动者合法权益，实现收入和经济发展同步增长。

2. 打破二元结构，实现城乡统筹

目前威海市城乡差别还比较大，提升农村居民收入，一是靠科技兴农促进农业发展，二是靠农村二三产业的发展，三是靠大量农民进城，加快城市化进程。因此，应尽快消除城乡就业管理、统计、服务、社会保障等方面的界限，由城乡二元管理变为一元管理，建立城乡居民统一的以技能证书、工作能力就业的办法，使更多农村居民走上城市工作岗位，提升收入水平。

3. 争取出台合理政策，改善企业离退休人员工资状况

由于企业和机关事业单位离退休人员收入差距比较大，因此，希望有国家政策改变这一现状。企业在职人员并不和机关事业单位人员的收入作过多的比较，而且效益好的企业收入甚至比公务员还要高一些。但是离退休之后，收入上的巨大差别实际上是一种身份的差别，更是由于制度安排的不合理造成的。因此，希望国家改变这一制度安排，在符合实际的情况下，合理、有序地提高企业离退休人员的收入，进一步规范企业职工的社会保障，解决他们的后顾之忧。

4. 努力提高一线职工收入

企业内部收入也存在较大差距。长期以来，与管理者相比，绝大多数一线职工收入较低。因此，建议改革企业职工收入分配体制，具体方案从以下五个方面着手。

一是严格规范管理者和一线工人收入比例，防止管理者拿高薪、一线工人收入低下的矛盾。建立完善的薪酬制度，对管理者的收入进行合理规范，管理者拿高薪必须建立在企业效益好、工人工资提高的基础之上。

二是进一步提高企业工资指导线。几年来，威海市居民收入增长幅度远落后于经济增长速度，2005 年市确定的企业工资基准线增长 13%，上限为增长 17%，下限为 9%；但是同全市 GDP 增长 17.4%，地方财政收入增长 35%，限额以上工业销售收入增长 38.3%，固定资产投资增长 25.1%，实际利用外资增长 33.5% 相较，这个增长幅度是很低的。目前威海市处于经济增长快速发展时期，应该加快提高工资指导线，并建立以生产一线职工为基准的考核依据，使最广大中低收入者的收入达到于经济增长同步的水平，更好地共享经济发展带来的果实。

三是通过税收手段扶持一线工人提高工资。建议在建立完善的收入档案基础上，对于给生产一线职工收入提升一定幅度并合理增长的企业，给予所得税上的优惠，对于亏损企业给予计提折旧等方面的优惠。通过税收杠杆，引导企业重视职工尤其是生产一线职工的收入增长问题。

四是建立不同行业职工工资水平调节机制，对收入比较高的行业进行适当调节，防止不同行业间收入差距过大。

五是建立最低工资刚性兑现机制。威海市最低工资标准是530元，但是实际中很多企业连这个工资水平都发不出。为了保证职工最低工资收入制度能够得以贯彻，建议建立强制性的机制，定期对企业进行重点抽查。对于违反该制度的企业，有关部门要采取有力措施。

附录

应高度重视解决企业退休金偏低问题[①]

——兼顾各方利益，平稳推进公务员工资制度改革调查之一

2006年7月1日我国开始实行新的公务员工资制度，这是新中国成立以来第四次大的工资制度改革[②]，意义重大，影响广泛。但如何平稳推进，需要深入研究。近期，我们在山西和山东省就收入分配问题进行了调研，更加深刻地体会到胡锦涛总书记"在解决公务员收入分配问题的同时，要注意协调各方面的利益关系，特别是要关注低收入群众的利益问题，使全体人民都能够享受到改革开放和社会主义现代化建设的成果"指示的重大意义。

1. 企业与机关事业单位退休金差距悬殊引发的矛盾非常突出

1985年以前，机关事业单位和企业退休费比例基本为1∶1。据国家统计局统计，1990年养老保险制度改革时，我国机关、事业、企业退休人员的平均退休金差距很小，每月分别为143元、148元、134元。2003年，机关、事业、企业离退休人员的平均离退休费每月分别为1221元、1151元、644元，待遇水平相差500多元。2004年，全国企业退休职工退休金

---

① 本报告由国家社会科学基金重大项目"我国地区间居民收入分配差距研究"课题组完成，由李晓西教授和王敏老师等撰稿，并于2006年8月报国务院有关部门决策参考。

② 前三次分别是在1956年、1985年和1993年。

年人均为7831元，而事业单位的职工退休金为14644元，机关单位的职工退休金为15932元。2000年至2004年的5年间，全国企业职工的退休金以年均6.31%的速度增长，机关和事业单位职工的退休金增长速度分别是13.45%和11.67%。目前，机关事业单位和企业退休金差距在2至3倍左右，个别省市相差幅度还要大。一些中西部地区，这种情况更为突出。

在调研中我们获悉，山西省2005年曾两次出现上千名企业退休人员因退休金偏低集体围坐省政府请愿的事件，影响很大。在山东省威海市，去年上访案件有178起、近5000人次，其中企业退休职工上访4084人次，占上访人数的80%强。虽经各级政府努力矛盾已有所缓解，但并没有从根本上解决。

退休国企职工反映：到企业或机关工作，都是服从党和国家安排，同是社会主义建设者，同样享受退休待遇，为什么退休金出现几倍的差距？尤其是复转军人和企业干部反映强烈。在我们召开的座谈会上，威海一位在千人大厂工作35年并且担任一把手的老同志感慨地说：我现在每月900多元退休金，而机关科级干部退休金都在2000元左右。我们承认差距，但是差距过大了。这类人员中不少是老劳模、老英雄、老战士，对国家做出过较大贡献。他们说，若不是生活困难，多方反映解决无望，我们也不会上访。

2. 两点建议

（1）贯彻落实好《关于调整企业退休人员基本养老金的通知》精神

劳动和社会保障部、财政部已于今年6月16日下发了《关于调整企业退休人员基本养老金的通知》，这是非常及时和必要的。各省市区正在结合自身实际，制定具体措施。《通知》提出"从2005年起，连续三年提高企业退休人员基本养老金"。我们建议，要特别重视2006年对企业退休人员基本养老金的调整，调升数额应不低于此次收入分配改革后退休公务员退休金增加的绝对数，而不仅仅是与上年企业退休人员月人均基本养老金为比较的基数，以改善此次公务员工资调整的舆论环境和社会预期。因此，《通知》明确提出对中西部地区调整所需资金由中央财政予以补助，是非常必要的。

(2) 建议研究完善企业职工退休金核定办法

目前企业退休职工基本养老金，其给付标准为当地职工上一年平均工资的一定比例，这决定了晚退休的职工养老金一般要比早退休的职工高，而且一经核定，基本固定不变。因此，它是一种单因素核定。建议研究参照上年职工工资平均增长幅度、通货膨胀率、利率水平等多因素确定增长比例，完善企业职工退休金核定办法。

第三节　东部沿海城乡统筹解决居民
收入与生活问题[①]

——山东东营的调研

导　语

在结束山东威海市的调研后，课题组又前往山东省东营市就居民收入分配问题进行了调研。时间是 2006 年 7 月 31 日至 8 月 2日。在此期间，课题组先后与东营市政府部门、企业的代表进行了座谈，并分成两个小组，深入到东营市东营区红卫居委会、茶坡村委会，以及河口区海宁社区、六合乡于家村委会，与居民和村民进行深入交流。在此课题组特向东营市政府有关部门对调研的大力支持和协助表示由衷的感谢！

调研发现，东营市在城乡统筹方面创造了很好的经验。调研组在完成东营市居民收入分配差距报告的同时，还起草一份东营市城乡统筹经验研究报告。

---

① 本报告是由和晋予博士和王颖硕士根据课题组集体讨论意见和调研情况撰写了初稿。

一、东营居民收入差距的现状

1. 城镇居民收入差距

（1）城市居民收入及差距概况

东营市近三年来城市居民收入水平呈现良好增长态势。根据东营市统计局 100 户抽样调查资料显示，2003～2005 年城市居民人均可支配收入分别为 10198.70 元、12934.68 元、14939.28 元，其增幅分别为 11.5%、26.8%、15.5%。

①东营市城市居民收入构成现状

城市居民收入来源主要有四部分：工薪收入、经营净收入、财产性收入以及转移性收入。2005 年东营市城市居民可支配收入如下图。

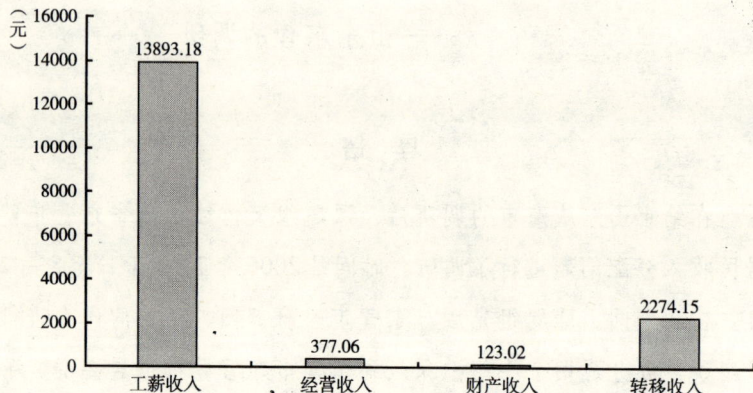

图 2－5　2005 年东营市城市居民可支配收入情况

工薪收入是构成东营市城市居民可支配收入的主要部分。2003～2005 年，城市居民人均工薪收入分别为 10464 元、13067.62 元、13893.18 元，同比增长 15.52%、24.88%、6.32%，分别占城市居民家庭总收入的 88.9%、88.4%、83.4%。城市居民工薪收入总量不断增加，但是增速和占家庭总收入比例却有所下降，这表明东营市城市居民收入渠道多元化。其中年人均工资及补贴收入分别为 10423.08 元、12997.30 元、13739.5

元，增长 15.23%、24.7%、5.71%，工薪收入是构成城市居民家庭收入的主要部分。居民其他劳动收入年人均分别为 40.92 元、70.32 元、153.67 元，分别增长 204.46%、71.8%、118.53%。这也反映出城市居民从非工薪渠道获得的收入增长较快。

经营净收入不稳定。东营市民营经济发展迅速，增加了居民收入来源，但由于经营不善，存在着利润下滑的现象。2003～2005 年东营市城市居民人均经营净收入分别是 353.20 元、500.85 元、377.06 元，同比增长 10.61%、41.8%、-24.72%。

财产性收入有所下滑。2003～2005 年，东营市城市居民人均得到的财产性收入分别为 161.80 元、129.14 元、123.02 元，同比增长 86.75%、-20.2%、-4.7%。近三年它持续下降，这主要受利息、股息、红利收入和出租房屋收入不稳定的影响所致。

转移性收入快速增长。受养老金或离退休金增长及购买住房须提取住房公积金等因素的影响，2003～2005 年，东营市城市居民年人均转移性收入分别为 795.92 元、1090.93 元、2274.15 元，同比增长 -20.75%、37.1%、108.5%。

另外，从城市居民房价比来看，东营市统计局每年发布住房价格调查指数，用收入增幅和房价指数进行对比。2004、2005 年的房价增长幅度分别为 8.3%、15.3%；同时居民收入也在增长，2004、2005 年增速分别是 26.8%、15.5%。2004 年居民收入增幅远高于房价增幅，而 2005 年房价增幅上升，与居民收入增长速度基本持平。

②东营市城市居民收入发展趋势

1985～2005 年，东营市城市居民人均可支配收入除个别年份略有下降外，总体趋势不断上升。这一时期，东营市城市居民人均可支配收入增长率大致可以分为三个阶段：1986～1994 年增长率总体上升，但上升过程中不断上下波动，且波动幅度相对较大；1995～1997 年增长率持续下降并低于 1986 年的增长率；1998～2005 年增长率总体上升，但过程中略有波动。

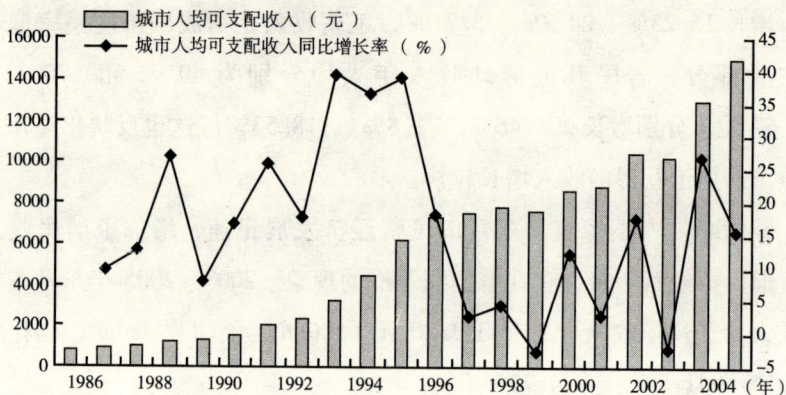

图 2 - 6　1984～2004 年东营市城市人均可支配收入及其增长率

③东营市和山东省其他城市居民收入横向对比

与山东省其他地区比较，东营市在诸多有利因素的共同影响下，其城市居民可支配收入名列全山东省前茅。2003 年东营市城市居民人均可支配收入绝对数位居第二，增幅位居第八。2004 年东营市城市居民人均可支配收入绝对数和相对数双第一。2005 年东营市城市居民人均可支配收入为14939.28 元，绝对数位居第一，比全省平均水平高 4194.49 元；比上年增长 15.5%，增幅位居第八。

④城市居民高、低收入差距拉大

东营市城市居民收入呈现出高收入户收入增长较快，低收入户收入增长缓慢的特征，高、低收入户间的差距有被拉大的趋势。从东营市统计局的相对收入分组来看，2003～2005 年，10% 的最低收入户年人均可支配收分别为 4561.57 元、6088.22 元、6221.41 元，同比增长 31.7%、33.5%、2.2%，增长速度下降明显；10% 的最高收入户年人均可支配收入分别为21796.62 元、27960.98 元、31483.07 元，同比增长 - 13.3%、28.3%、12.6%（如图 2 - 7）。2004 年高收入户收入同比增速与低收入户差别不大，2005 年增长速度已远高于低收入户收入增速。高收入户收入基数原本大于低收入户收入，同时增长速度又快于低收入户收入增速，因此高、低收入组之间的差距必然会被拉大。2003～2005 年高、低收入组绝对差分别为 17235.05 元、21872.76 元、25261.66 元，相对比分别为 4.8:1、4.6:1、5.1:1。

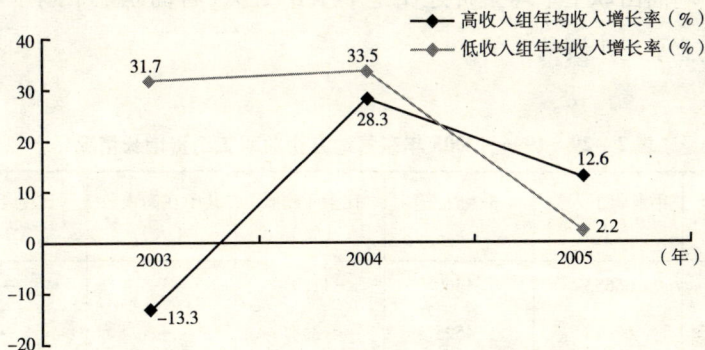

图 2-7　2003～2005 年最高与最低收入组年均收入增长率比较

（2）东营市城镇职工工资收入及差距概况

东营是一个资源型城市，职工收入又分为油田职工收入和地方职工收入。东营市统计局资料显示，2005 年全市在岗职工年均收入是 26231 元，增长 9.7%，其中，地方职工年均收入是 19949 元，增长 14.4%，油田职工年均收入是 32137 元。

①东营市城镇职工工资收入基本情况

据东营市劳动和社会保障局统计，2005 年东营全市城镇单位职工平均工资 25376 元，同比增长 9.8%；其中，在岗职工年平平均工资 26006 元，同比增长 8.8%，在山东省位居第一。

2005 年，地方（不含省属和油田三产）城镇职工年平均工资为 18535 元，同比增长 22.7%；其中，在岗职工平均工资为 18986 元，同比增长 21.7%。机关事业单位年平均工资 23976 元，同比增长 24.4%，其中，在岗职工平均工资 24279 元，同比增长 25.7%。地方企业年平均工资 15028 元，同比增长 41.11%，增幅位居全省第二；其中，在岗职工平均工资 15605 元，同比增长 37%，在山东省排名第五位；1996～2005 年期间，东营市地方企业平均工资年均增长 13.17%。

2005 年，胜利石油职工平均工资 28685 元，同比增长 6.7%；其中在岗职工平均工资 29461 元，同比增长 5.4%。东营市地方企业、机关事业单位、胜利油田职工平均工资之比是 1:1.6:1.9，石油职工平均工资几乎是地方企业平均工资的 2 倍。

表 2-29　1996~2005 年东营地方企业职工工资增长情况

年　份	年末职工人数（人）	平均工资（元）	比上年增长（%）	其中在岗人数（人）	比上年增长（%）
1996	66653	4360	11.9	—	—
1997	68878	4525	3.8	—	—
1998	61938	4616	2.0	—	—
1999	55031	5531	19.8	—	—
2000	49930	6402	15.7	7221	—
2001	45388	7198	12.4	7956	10.2
2002	49345	8028	11.5	8828	10.9
2003	52368	9332	16.2	10208	15.7
2004	51563	10650	14.1	11392	11.6
2005	99474	15028	41.1	15605	37.0

资料来源：东营市统计局、劳动局相关资料。

②东营市城镇职工收入差距

东营市行业间收入差距较大，尤其是垄断性行业与非垄断性行业工资水平仍存在较大差距。采矿、信息传输计算机服务业、金融等行业随着市场经济的深入发展，业务发展很快。同时这些行业的垄断经营又获取了高额利润，收入居高不下。2005 年，采矿、信息传输计算机服务业、金融三行业在岗职工平均工资分别为 34097 元、30963 元、26327 元。而传统行业中的商业服务业、批发和零售业、农林牧渔业，人均工资仍然处于较低水平，分别为 14504 元、14653 元、12661 元。其中，采掘业是商业服务业人均工资的 2.7 倍。

另外，企事业单位和机关退休人员收入差距很大。东营市地方企业退休人员每月收入平均在 780 元，而机关事业单位按照国家标准发放，大概在每月 2500 元左右。两者相差 1720 元，机关事业单位退休员工收入大约是企业退休员工的 3 倍。

2. 东营市农村居民收入差距

（1）农村居民收入概况

近三年来，随着农村经济快速健康地发展，东营市农民收入稳步增长增加，增长速度位居全省前五。根据东营市农村住户抽样调查（每县区 100 户调查），2005 年全市农民人均纯收入达到 4602.74 元，比 2004 年增长 14.1%，比 2003 年增长 31.12%，年均递增 13.3%。

①东营市农村居民收入基本构成

东营市农村居民收入来源主要有四部分：工资性收入、家庭经营纯收入、财产性收入及转移性收入。2005 年东营市农村居民人均纯收入如图 2－8。

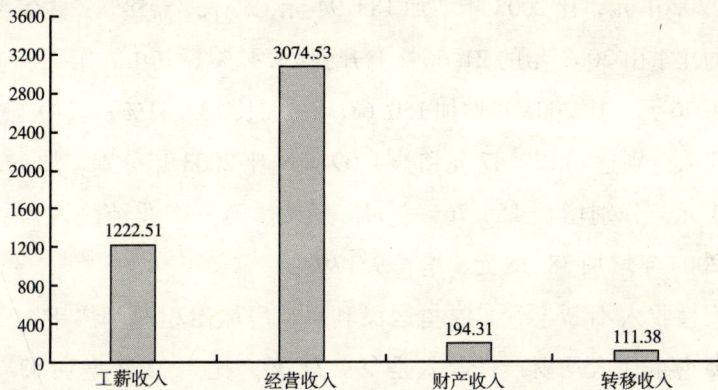

图 2－8　2005 年东营市农民居民人均纯收入分布情况

工资性收入迅速增长，务工收入增长突出。2005 年农民工资性收入达到 1222.51 元，比 2003 年增加 340.29 元，增长 38.57%，年均增长

11.5%；占纯收入的比重由 2003 年的 25.13% 上升到 26.56%。其中，在非企业组织中得到的收入是 230.31 元，比 2003 年增加 31.49 元，增长 15.84%；在本乡区域内劳动得到收入是 749.39 元，比 2003 年增加 191.73 元，增长 34.38%；外出从业得到收入为 242.81 元，比 2003 年增加 117.07 元，增长 93.1%。

家庭经营纯收入稳步增长，比重略有下降但仍占主要地位。家庭经营纯收入主要有农业纯收入和非农业纯收入等。2005 年家庭经营纯收入 3074.53 元，比 2003 年增加 622.98 元，增长 25.41%，年均递增 7.8%；占纯收入的比重由 2003 年的 69.8% 下降到 66.8%，虽然所占比重有所下降，但仍是农民收入的主要来源。其中，农业纯收入达到 1882.64 元，比 2003 年增加 328.39 元，增长 21.13%；林业纯收入 8.54 元，比 2003 年增加 9.2 元，增长 13 倍；牧业纯收入达到 332.37 元，比 2003 年增加 72.3 元，增长 27.8%；渔业纯收入达到 130.98 元，比 2003 年增加 24.15 元，增长 22.61%。第一产业纯收入占家庭经营纯收入的比重由 2003 年的 78.34% 下降到 76.58%。非农业纯收入增速较快，2005 年非农业产业纯收入达到 720.01 元，比 2003 年增加 188.94 元，增长 35.58%；占家庭经营纯收入的比重由 2003 年的 21.66% 上升到 23.42%。其中，第二产业纯收入为 264.56 元，比 2003 年增加 150.68 元，增长 132.31%；其中工业和建筑业纯收入分别达到 120.47 元和 144.09 元，比 2003 年分别增加 73.55 元和 77.13 元，分别增长 156.76%、115.19%。第三产业纯收入为 455.45 元，比 2003 年增加 38.26 元，增长 9.17%。

财产性收入不断上升。农村居民利息、房屋出租等都属于财产性收入。2005 年农民人均财产性收入是 194.31 元，比 2003 年增加 83.31 元，增长 75.05%，年均递增 20.5%。虽然占比很小，但却是农民纯收入中的重要部分。

转移性收入持续增长。赠送、城市向农村转移的财政收入等属于转移性收入。2005 年农民人均转移性收入是 111.38 元，比 2003 年增加 45.88

元，增长 70.05%，年均递增 19.4%。东营城市比较小，农村居民比重相对小，农村经济比例小，相对投入大。东营市城市财政支持能力较强，财政向农村投入资金较多，国家投资支持黄河三角洲的开发，农村经济发展后劲大，农村经济比全省增长速度快，而其他地方的财力支持没那么大的力度。

1985～2005 年东营市农民人均纯收入除个别年份略有下降外，总体趋势不断上升。这一时期，东营市农民人均纯收入增长率大致可以分为三个阶段：1986～1990 年增长率总体下降，但下降幅度相对较小；1991～1997年增长率不断波动，且波动幅度较大；1998～2005 年增长率总体上升，上升幅度较小。

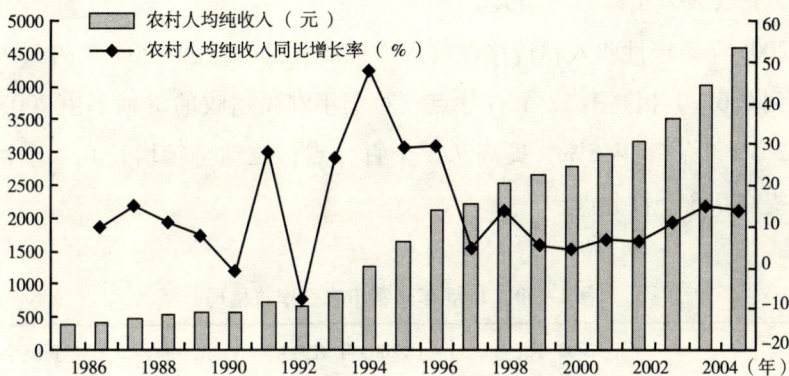

图 2-9 1986～2004 年东营市农村人均纯收入及其增长率

②农村居民各类收入对农民增收的具体作用

工资性收入上升促进农民增收。2005 年农民工资性收入占纯收入比重比 2003 年提高 1.43 个百分点，对全年农民增收的贡献率由 2003 年的10.36%上升到 34%，提高 23.64 个百分点；拉动全年收入增长 4.8 个百分点，提高 3.3 个百分点。

家庭经营纯收入拉动农民纯收入作用略有下降，但仍占重要地位。2005 年家庭经营纯收入占纯收入的比重比 2003 年降低 3 个百分点；对全年农民增收的贡献率由 2003 年的 92.2% 下降到 61.2%，降低 31 个百分点；拉动全年纯收入增长 8.6 个百分点，降低 1.4 个百分点。其中，2005年第一产业纯收入占家庭经营纯收入的比重比 2003 年降低 1.76 个百分点；对家庭经营收入增长的贡献率由 2003 年的 98.4% 下降到 53.7%，降低 44.7 个百分点；拉动家庭经营纯收入增长 6.1 个百分点，降低 6.6 个百分点。2005 年非农产业纯收入占家庭经营纯收入的比重比 2003 年提高 1.76个百分点；对家庭经营纯收入的贡献率由 2003 年的 1.6% 上升到 46.3%，提高 44.7 个百分点；拉动家庭经营纯收入增长 5.9 个百分点，提高 5.66个百分点。可见家庭经营纯收入比重及其对农民纯收入增长的贡献下降，主要表现在第一产业纯收入占比及其对收入的拉动作用下降，而非农产业纯收入占比及其贡献有所增大。

2005 年财产性收入和转移性收入占纯收入的比重由 2003 年的 5.03% 上升到 6.6%，提高 1.57 个百分点；对全年农民增收的贡献率由 2003 年的 -2.5% 上升到 4.8%，提高 7.3 个百分点；拉动全年增长 0.7 个百分点，提高 0.8 个百分点。

表 2-30　2005 年东营市农民增收格局

来　源	比 2003 年增加额（元）	比 2003 年增加（%）	比重（%）	贡献率（%）
农民人均纯收入	1092.7	31.12	100	
工资性收入	340.29	38.57	26.56	34
非企业就业收入	31.49	15.84		
本乡劳动收入	191.73	34.38		
外出从业收入	117.07	93.1		
家庭经营纯收入	622.98	25.41	66.8	61.2
农业纯收入	328.39	21.13	76.58	53.7
非农业纯收入	188.94	35.58	23.42	46.3
财产性收入	83.31	45.88	6.6	4.8
转移性收入	75.05	70.05		

资料来源：东营市统计局提供相关资料。

（2）农村居民收入差距略有拉大

近年来东营市农村居民收入差距略有拉大。2003 年和 2004 年全市农村居民基尼系数都是 0.32，2005 年东营农村居民基尼系数是 0.34，比前两年农村居民基尼系数有所增加，高出 0.02 个百分点，但仍处在合理区间内。

3. 东营市城乡之间居民收入差距

按照城市居民人均可支配收入和农村居民人均纯收入计算，1985 年，城市居民人均可支配收入是农村居民人均纯收入的 2.07 倍（城市居民人均可支配收入是 789.00 元，农村居民人均纯收入是 381 元）。步入 20 世纪 90 年代后，两者差距进一步拉大。1992 年，城市居民人均可支配收入是农村居民人均纯收入的 3.45 倍（城市居民人均可支配收入是 2329.12 元，农村居民人均纯收入是 675 元）；1993 年差距最大，城市居民人均可支配收入是农村居民人均纯收入的 3.81 倍（城市居民人均可支配收入是 3254.56 元，农村居民人均纯收入是 855 元），接近 4 倍。随后城乡收入差距上下波动，波动幅度不大。近三年来，两者差距平均保持在 3.1 倍左右，其中，2005 年的城市居民人均可支配收入是农村居民人均纯收入的 3.25 倍（城市居民人均可支配收入是 14939.3 元，农村居民人均纯收入是 4602.7 元）。

从收入构成上看，2005 年东营市城市居民人均收入中，工薪收入、经营性收入、财产性收入、转移性收入分别为 13893.18 元、377.06 元、123.02 元、2274.15 元。农村居民人均纯收入中工资性收入、经营性收入、财产性收入、转移性收入分别为 1222.51 元、3074.53 元、194.31元、111.38 元。城市和农村居民在工薪收入、经营性收入、财产性收入、转移性收入上的比之分别为 11.36∶1、0.12∶1、0.63∶1、20.42∶1。从构成上看，城乡居民收入差距最大一部分是转移性收入，其次是工资性收入。

表 2 – 31　1985 ~ 2005 年城乡居民收入差距比较

单位：元

年　份	城市人均可支配收入	同比增长（%）	农村人均纯收入	同比增长（%）	城乡收入相对差
1985	789.00	—	381	—	2.07
1986	867.05	9.89	419	9.97	2.07
1987	976.88	12.67	481	14.80	2.03
1988	1239.21	26.85	534	11.02	2.32
1989	1338.30	8.00	575	7.68	2.33
1990	1569.20	17.25	569	-1.04	2.76
1991	1975.97	25.92	731	28.47	2.70
1992	2329.12	17.87	675	-7.66	3.45
1993	3254.56	39.73	855	26.67	3.81
1994	4445.87	36.60	1265	47.95	3.51
1995	6173.83	38.87	1636	29.33	3.77
1996	7311.25	18.42	2119	29.52	3.45
1997	7495.65	2.52	2219	4.72	3.38
1998	7842.41	4.63	2533	14.15	3.10
1999	7633.22	-2.67	2670	5.41	2.86
2000	8596.68	12.62	2784	4.27	3.09
2001	8846.98	2.91	2981	7.08	2.97
2002	10429.32	17.89	3166	6.21	3.29
2003	10198.68	-2.21	3510	10.87	2.91
2004	12934.68	26.83	4033	14.90	3.21
2005	14939.30	15.50	4602	14.13	3.25

资料来源：东营市统计局提供相关资料。

　　城乡之间居民收入差距不断扩大，还可以从城乡居民收入增长速度的差异上得到反映。1986 ~ 2005 年，城乡居民收入增长速度都产生波动，其中城镇居民人均收入增长率普遍稳定在 10% 以上，达到 20% 以上的有六个年份，其中连续 3 年增长率超过 30%，20 年间平均增长率为 17%；而农村居民人均收入增长率只有一年超过 30%，20 年间平均增长率为 12%。

二、东营居民收入差距扩大的成因分析

1. 低收入群体收入增长有限

（1）低收入群体的自身就业和获得收入的能力不足

在日益激烈的市场竞争环境下，无一技之长或文化水平低的群体很难就业，即使找到工作，也是不稳定或者报酬不高的工作。而且低收入群体往往没有高收入群体的收入外部效应，获得其他收入的机会也很少，家庭收入很难提高，因此与高收入群体的差距会被进一步扩大。

（2）低收入群体因病、因学导致更加贫困

随着医疗保险体制改革的推进，居民个人承担的医疗费用越来越重，而且目前医疗乱收费现象严重，医疗费用昂贵，家庭中如有人生病特别是大病，负担随之加重，经济状况陷入困境。另外，教育费用负担成为低收入家庭支出的重要部分，尤其是高等教育收费标准较高，部分低收入家庭难以承受，造成经济出现较大困难。

（3）农民抵抗市场风险能力弱，增收较为困难

近年来，化肥、农药、地膜、汽油、柴油等农业生产资料的价格上涨增加了农业生产成本，一定程度上抵消了免除农业税、粮食补贴等利农措施给农民带来的收益，直接影响了农民的生产积极性。如果此时农产品市场行情出现大的波动，农民的家庭经营收入将受限。而且农业生产不仅受投入的影响，更主要是受气候、病虫害等自然因素影响较大，因此农民的家庭收入尤其是纯产粮的农民收入是否增收很难确定。

2. 有关增收的政策力度不够

（1）现行政策制约劳务输出

在农民收入构成上，工资性收入对农民收入增长的贡献率已达到34%，并有不断上升的趋势，来自非农业和进城务工的收入已经成为农民收入增长的主要来源之一。近几年来，虽然东营的农村人口流动性和流动规模大量增加，但由于城市用工制度与户口挂钩，农民进城就业遇到种种

问题和阻碍。农村富裕劳动力向城市及非农业的转移受到很大限制，农民通过流动获得较高收入的机会降低。

（2）社会保障政策覆盖不全

近几年国家出台了几次增资措施，提高了机关事业单位职工工资，基本工资水平大幅增加。同时国家建立了三条保障线制度，各级政府加大了社会保障力度，城市居民最低生活保障覆盖面不断扩大，保障标准也不断提高，东营市城镇居民的转移性收入明显增加，但农村方面的低保制度一直未出台，城乡居民收入差距进一步放大。

此外，退休员工工资发放方面，企业与事业机关单位的政策也不同。事业机关单位退休员工工资按照国家标准由财政统一发放，但企业单位的退休员工不享有这个政策。因此，地方企业退休人员收入平均在780元，而机关事业单位大概在2500元左右，从而造成企事业单位和机关退休人员收入差距过大。

三、东营市在缩小居民收入差距方面的经验

东营市在城市居民、农村居民、城乡居民以及行业职工中存在不同程度的收入差距现状，有的差距甚至比较大，但其整体社会矛盾小，保持着和谐稳定的发展局面，这与该市较为完善的社保体系密切相关。东营市现已形成政府主导、社会辅助、部门协作、规范管理、上下联动的工作机制，以"五保五救助"为主要内容的社会保障体系以及积极的财政职能，较好地保障了城乡特殊困难群众的生产生活，缩小了各方面收入差距带来的负面影响，促进了社会的公平和谐与稳定。该市主要有以下具体措施和经验。

1. 完善城乡养老保障体系

东营市1987年实行企业养老金社会统筹，养老保险覆盖面已扩大到城镇所有企业职工、城镇个体户及员工、城镇自由职业者和灵活就业者。到2006年6月末，共有城镇职工116521人参加社会养老保险，参保率达到

97%；1～6月共发放养老金4926万元，享受人员10486人。同时不断提高退休人员养老金标准，其中市直企业离休人员的待遇增长部分全部由市财政承担，保证了他们的生活水平与在职人员同步提高。农村养老保险在入保自愿的前提下，加强积极性高的县区乡镇农民、村干部和个体私营大户的投保、续保工作。目前有241097人参加农村养老保险，今年1～6月，发放养老金61万元，享受人员达2556人。

2. 完善城乡居民最低生活保障体系

东营市1997年建立城市最低生活保障制度，1998年建立农村最低生活保障制度，并先后4次提高城市最低生活保障标准，3次提高农村低保标准。目前城市低保两区为每人每月280元，三县为每人每月250元，且中心城区最低生活保障对象每户一次性救助800元。农村低保现行标准为每人每年1300元，比民政部门确定的温饱线高500元。今年1～6月城市最低生活保障资金发放860万元，享受人员8298名，农村最低生活保障资金发放1112万元，享受人员31540名，做到"应保尽保、应保必保"。

东营市也加强了低保规范化建设。结合本市实际，2005年市政府出台了《东营市实施城乡居民最低生活保障暂行办法》；建立了规范的低保申请审核审批工作机制，实行了申请对象家庭收入、保障对象、保障标准和保障金额"四公开"；各级设立专门的低保机构并加强低保组织机构窗口建设，通过招聘等形式配备了低保专管员和监管员。

3. 完善城乡医疗保障体系，实现全市无缝隙覆盖

东营市建立了城镇职工基本医疗保险和大额医药费救助制度。2001年市政府出台《东营市城镇职工基本医疗保险暂行规定》，开始由原公费医疗向医疗保险的转变。近几年，为解决困难企业和无法偿付欠缴基本医疗保险费的破产企业退休人员的参保问题，市政府为其负担医疗保险费，2005年共为452名破产企业退休职工缴纳医疗保险费43万元。当职工出现2.8万元以上15万元以下的大额医疗费用时，根据《东营市城镇职工大额医疗费救助暂行办法》按比例报销，五年共发放救助金9282.9万元，

降低了职工因病致贫的几率。

东营市建立了农民医疗保险和大额医药费救助制度。《东营市农民医疗保险管理暂行规定》规定市财政按农业人口每人每年补助 10 元，县（区）和乡镇各按 5～10 元的标准补助农民医疗保险，农民以家庭为单位按人均不低于 10 元的标准缴纳保险费。2004 年实施了农民医疗保险大额医药费救助办法，大额救助资金由市财政每年安排 300 万元，民政部门从留成的福利彩票公益金中提取 3％，以及各级红十字会开展农民参加医疗保险的募捐资金组成。2005 年市财政将其增加到 420 万元，这部分资金主要用于参保农民医药费超过 3 万元以上部分的大额医药费救助，大大降低了农民因病返贫的几率。

东营市还建立城镇居民医疗保险和医疗救助制度。2005 年 8 月出台的《东营市城镇居民医疗保险管理暂行办法》规定，对具有东营市常住户口且参加城镇职工和农民医疗保险的人员实施了城镇居民医疗保险管理办法，其标准是每人每年缴费不低于 20 元，市、县财政每人每年补助 10 元；参加城镇职工或农民医疗保险的农场职工配偶、子女及破产农场职工，可参加城镇居民医疗保险，市财政按每人每年 20 元标准补助。参加医疗保险的个人缴纳部分，由市财政负担，统筹帐户主要用于起付线以上、3 万元以下（城镇低保对象、烈属、因公牺牲军人家属、病故军人及七至十级残疾军人为年度发生医药费 1 万元以下）医药费用的补偿。2005 年 8 月出台的《东营市城镇居民医疗救助暂行办法》规定，对参加东营市城镇居民医疗保险的城镇居民在定点医疗机构发生医药费用 3 万元以上部分（城镇低保对象、烈属、因公牺牲军人家属、病故军人及七至十级残疾军人在定点医疗机构年度发生医药费 1 万元以上部分），可通过城镇居民医疗救助办法申请医疗救助。对此，市财政每年安排 300 万元，市民政部门每年从留成的福利彩票公益金中提取 100 万元作为医疗救助资金。东营市的医疗保险制度达到了无缝隙覆盖。

4. 完善城镇失业保险体系

2001 年东营市下岗职工生活保障与失业保险实现并轨，将失业保险覆盖范围扩大到城镇各类企业及其职工、游雇工的城镇个体工商户及其雇工，并实现市级统筹。

5. 完善农村五保供养体系

农村五保老人是指村民中无法定抚养义务人或者虽有法定扶养义务人但抚养义务人无抚养能力、无劳动能力、无生活来源的老年人。东营市针对税费改革给农村五保供养工作带来的影响，2004 年出台了《东营市农村五保供养工作按行办法》，在山东省率先建立了由市、县区、乡镇三级财政按 1∶1∶1 比例供养五保对象的长效机制，同时市政府还确定六个经济欠发达乡镇其本级负担部分由市财政承担，较好地解决了困扰五保供养事业发展的"资金难"问题。2006 年，东营市农村五保供养标准已提高到 2800 元。另外，市财政还为每位五保对象每年发放 400 元的生活补助。截至 2006 年，全市共有五保对象 3382 人，乡镇敬老院 39 处，总床位 3434 张，已有 3265 名五保对象集中入住敬老院，集中供养率 96.54%。同时在城镇建设老年公寓，实行有偿入住，推进养老社会化。

6. 实施重度特困残疾人救助

东营市财政每年安排 500 万元残疾人救助金，专门用于残疾人扶贫救助、康复救助、就业救助。自 2003 年以来每人每月按 80 元的标准对农村重度特困残疾人实施生活救助，现扩大到城市重度残疾人。近年来，扶持建立残疾人扶贫基地 59 处，促进残疾人就业，使 620 户残疾人家庭脱贫致富。

7. 实施灾害救助

从 2002 年起，东营市着手制定救灾应急预案，市、县二级都制定了救灾预案，并形成了完整的体系。2005 年市政府办公室出台了《东营市人民政府办公室关于进一步完善自然灾害救助体系的意见》，严格救助对象，规范发放程序，加强监管力度；推行"灾民救济卡"制度，强化救助措施和责任落实。

8. 实施老年人救助

从 2004 年起，东营市为 1.7 万的 80 岁以上老人（不含离退休人员）

第二章

城市居民收入状况的调查研究

每人每年发放生活补助360元，其中财政承担60元；2006年将农村老年人救助范围扩大到75岁以上，并将90岁以上老年人救助标准提高到960元（市财政负担800元，县区负担160元）。60岁以上老年人可以免费乘坐公交车，2005年市财政承担免费乘车资金200万元。

9. 实施住房救助

一是设立廉租房，面向特困职工廉价出租，解决其住房困难。二是解决农村无房户住房问题。东营市出台《关于实施农村特困群众安居工程的意见》，2005年各级政府和胜利油田投资建设住房2500间，有效地保障了农村特困群众的基本住房需求。

10. 完善教育救助体系

近年东营市加大教育投入，对农村义务教育阶段在校生实施"三免一补"政策。一是对基础教育阶段特困生实行救助制度，发放救助金，免除杂费、课本费和作业本费，对部分贫困寄宿生给于适当补助，有效防止中小学生因贫困辍学。二是对考入大学的贫困学生实行一次性救助，2005年市财政安排177.2万元专项资金对728名考入大学的学生实施救助，其中对考取大学的低保家庭子女读本科每人救助1万元，读专科资助5000元，对其他贫困生酌情救助。三是对市内大中专院校贫困生进行救助，在加强政府救助的同时，积极通过"校企联姻"、"希望工程"和"春蕾计划"等活动，捐赠助学资金救助贫困学生。

四、东营市在缩小居民收入差距方面存在的问题

1. 企业职工收入方面的问题

（1）企业改制后职工工资增长趋缓

目前东营市国有、集体企业改制为民营企业后，部分企业没有建立正常的工资增长机制。有的企业改制后工资总额没有增加很多，但企业通过实行厂级领导年薪制、中层管理人员岗薪制等办法，增加企业中层以上干部的工资。与一般工人相比，二者之间的收入差距拉大。此外，由于部分

企业中层以上管理人员持有企业大股，为尽早拿回投资和分得更多红利，存在增大分红比例、减少工资支出的现象。

（2）相关法律不健全，执法力度不强

最低工资保障制度不完善。有的企业以最低工资作为职工工资正常支付标准，使职工合法的劳动报酬受到损害。东营市政府虽然规定了企业工资指导线，但其指导作用并不明显。省、市每年发布的企业工资增长指导线由于缺乏强制力，对多数企业没有制约力。生产要素参与分配亟待规范，目前对生产要素参与分配一直没有明确统一的规定，东营企业在改革探索中出现一些问题：在资本收益分配方面，经营者持大股，资本收入侵蚀工资分配的问题时有发生；在技术入股方面，技术和科技成果入股缺乏具体可操作性的依据和标准，很多企业难以执行。

2. 社会救助体系方面的问题

（1）社会救助工作缺乏科学的收入评估机制

按照东营市低保有关政策，对低保家庭收入的核实必须执行按"实际收入"计算，但在实际工作中，低保家庭中的"应得未得"人员的收入很难认定，同时对困难居民的家庭收入也存在取证难、隐性收入难以掌握等问题。

（2）社会制度建设存在缺失，形成政策盲点

目前从国家到省里，在社保制度建设上还存在某些缺失，一些制度只能参照，致使在具体操作实施中不够规范。例如，国家出台了《城市生活无着的流浪乞丐人员救助管理办法》，对城市生活无着的流浪乞讨人员的救助作了明确规定，而对在农村流浪乞讨的人员没有说法。

（3）社会救助组织机构不健全，社会救助资源分散，救助整体效益不高

根据东营市民政局调查结果发现，东营市各级民政部门，特别是在县区、乡和街道、社区一级，机构不健全、工作经费缺乏、人手紧张、工作手段落后等问题还很突出，与社会救助事业快速发展的客观需要很不适应。

当前东营市较为全面的农村社会救助体系已经建立，但各职能部门分头救助，造成保障资金的重复救助，致使有限的救助资源发挥不了应有的作用。

3. 地方石化企业和油田关系需要加强

东营是典型的资源型城市，胜利油田自 1964 年正式投入开发建设以来，为石油石化工业的发展和国民经济建设做出了重要贡献，极大地带动了东营市的经济发展，促进了地方财政收入的快速增长。2005 年胜利油田实现税收 234.06 亿元，其中中央级税收 194.25 亿元，省级税收 26.30 亿元，市级税收 11.88 亿元。来源于油田的市级税收收入占市级财政收入的 59.19%。

这几年，东营市工业发展很不错，紧紧抓住了胜利油田主产区的优势，石化工业发展比较快。东营市石化产业目前有 7 家骨干企业，是 2000年经国家经贸委、国家工商总局以经贸石化〔2000〕1095 号文件明文规定予以保留的企业。石化产业是东营市的支柱产业。2005 年，地方 7 家石化企业资产 122.3 亿元，销售收入 221.8 亿元，利税 10.6 亿元。从近几年，东营县区财政收入 20% 以上来自于石化产业，有的县区财政收入的 50% 来自石化产业。目前东营的这 7 家地方炼化企业从业人员 10330 人，占地方工业的 31.2%；规模以上的 42 户石油加工及炼焦业企业，从业人员 14199人，占地方规模企业人员的 1/3 以上。从近年石化产业发展情况看，石化产业每年增加就业岗位 900 人左右，带动了当地第二、三产业的发展，提高了石油化工从业人员的收入，改善了工业领域的收入分配格局。因此，石化产业对东营的财政和就业等影响非常大，但东营市存在地方炼化企业与中央企业待遇不平等的问题。

东营市作为胜利油田主产区，拥有油田 85% 的石油地质储量，但多年来地方炼化企业拿到的计划原油指标很少，不足一次加工能力的 5%，多数原料为外购或进口燃料油，企业生产成本高，存在"产油不炼油"的局面。

近年来，东营石化产业企业实力大大增强，但其主导产品始终没有突破传统油品格局，特别今年国家调整消费税税目、税率，炼化企业效益大幅下滑。乙醇汽油作为一种新型能源产品，有广阔的市场前景，但东营市地方炼化企业没有乙醇汽油经营资格，与中石油、中石化两大集团处于不平等的竞争地位，不利于地方炼化企业调整优化产品。

五、政策建议

1. 加强和完善对个人收入的税收调节

适当提高起征点，减轻中低收入者的税赋负担。健全个人收入监测办法，推进税务部门对个人项所得信息收集系统，完善居民储蓄实名制，加快个人信用体系建设。强化个人所得税的征管，加强对高收入人群收入的跟踪与监督，严格按照税收征管法的规定，加大对偷税、漏税和抗税行为的处罚力度。适当扩大消费税征收范围，将尚未征收消费税的部分高档消费品以及奢侈性消费活动纳入征税范围。加强对城市居民收入的再次分配。

2. 加快公益事业改革，减少居民不合理支出

继续推进医疗卫生体制和药品流通体制改革，抑制医药费用过快增长，坚决制止乱收费、乱检查、乱用药等不良风气；深化教育改革，坚决纠正和制止教育乱收费，应实行标准限定、收费公开、校务公开、举报受理等制度。

3. 扩大就业渠道，加大对低收入人群的扶持力度

鼓励中小企业、个体私营经济的发展，开发城市公共卫生、城市环保、居民医疗保健以及社区、家政服务等就业岗位，增加困难群体就业机会。完善落实再就业各项政策。鼓励国有企业挖掘潜力分流安置富余人员，支持下岗职工自主创业、自谋职业，加大支持力度。

4. 规范企业分配制度

加强对垄断企业的工资收入管理和总量调控，清理内部不合理收入。

垄断经营企业凭垄断地位和特殊条件获得的收益不得用于内部分配。稳步推行工资集体协商制度，会同工会组织积极引导企业开展好集体协商确定工资工作，逐步实行集体协商确定工资办法。完善企业工效挂钩相关政策规定，合理确定挂钩工资基数和效益基数，扩大覆盖面，将符合条件的企业全部纳入工效挂钩范围。

进一步规范民营企业的劳动关系，落实职工合法权益。首先，加强对企业执行最低工资标准的监督管理，确保职工获得最低报酬的权益；其次，按照谁主管谁负责原则，进一步明确企业经营者作为解决欠薪问题第一责任人的责任。如凡拖欠工资的企业，经营者不得兑现各种奖励、不得增加工资，实行年薪制的不得兑现效益年薪等。再次，进一步充实劳动监察队伍，加强对企业工资分配和支付的监督执法力度，定期检查和抽样检查相结合，坚决制止恶意拖欠工资行为。

5. 加快农村二三产业发展，促进农村富余劳动力转移

加快农村经济发展，鼓励乡镇企业改革和调整，鼓励发展个体和私营经济，大力发展东营有资源优势的产品加工业、服务业等。进一步改善农民进城务工环境，保障农民工的合法权益。

6. 切实规范农村土地征用及补偿工作

坚决遏制乱占耕地现象。严禁低价征用农民土地和截留、挪用土地补偿费用。建立公开、透明、合理的农村土地征用补偿机制，切实解决失地农民的生计问题，维护农民对土地的合法权益。

7. 协调城乡经济发展，发挥城市对农村的带动作用

以城市繁荣带动农村发展，把更多的财力等社会资源用于农村，更好地为农村产业结构调整、劳动力转移和农民增加收入创造条件。逐步建立城乡统一的劳动就业制度、户籍管理制度、义务教育制度和税收制度等，形成有利于城乡相互促进、共同发展的机制。

附录一

东营市统筹城乡发展、缩小城乡居民
生活质量差距的成功实践[①]

位于黄河三角洲的山东省东营市是典型的资源型城市，过去城乡二元结构特征明显，城乡差距大。1983年建市以后，农民平均收入曾连续15年低于全省平均水平。近年来，东营市委、市政府以科学发展观为指导，大力实施"以城带乡、以工促农"的统筹城乡发展战略，把统筹城乡发展的重点放在农村发展上，坚持公共财政和公共资源分配向农村倾斜，创造性地提出并实践了"五统"并举的城乡一体化发展模式，在统筹城乡发展、缩小城乡居民生活质量差距方面取得了显著成效。东营市在全国地级市中率先构建起以"五保五救助"为主要内容的农村社会保障救助体系，初步建立起促进农民增收的长效机制，深入开展了以"民富、村美、风正"为标准的小康文明村建设。经过5年的探索实践，东营市农民生活质量显著提高，农村环境面貌明显改观，走出了一条城乡和谐发展、工农协调推进的新路子。

一、东营市统筹城乡发展、缩小城乡居民生活质量差距的主要做法

第一，实行"五统"并举，不断加大公共财政和公共资源分配向农村倾斜的力度。长期以来，城市基础设施及社会事业主要靠政府投入，农村则大多靠农民掏腰包；在调整利益分配格局和出台政策措施时，考虑城市多，照顾农村少。对农业和农村"取多予少"是"三农"问题形成的重要原因。为此，东营市委、市政府明确提出，必须还账于"三农"、倾情于

---

① 本报告由国家社科基金重大项目"我国地区间居民收入分配差距研究"课题组完成，由李广杰、袁红英执笔，并于2006年9月报山东省委决策参考。

"三农"，拿出更多的财力支持农业和农村发展。2001年，东营市率先在全省提出了统筹城乡、以工促农、倾斜"三农"的发展战略。在统筹城乡发展的实践中，东营市建立了"五统"并举的长效推进机制。一是统筹城乡发展规划，在制定发展计划、研究重大政策、调整利益关系时，把"三农"放在突出位置；二是统筹城乡经济发展，安排财政预算优先考虑"三农"投入需要，努力拓宽农民增收渠道；三是统筹城乡社会进步，兴办社会事业优先考虑农村群众要求；四是统筹城乡基础设施建设，规划实施重点项目优先考虑农业农村，努力改善农村生产生活条件；五是统筹城乡社会保障，把广大农民纳入社会保障救助体系，"确保人人过得去，争取人人过得好"。"五统"并举，扩大了公共财政覆盖农村的范围，调动了各方面力量支持"三农"，对"三农"的资金投入力度不断加大。近5年，东营全市投入"三农"的资金达65亿元，其中，仅东营市市级财政支持"三农"的资金就达19亿元，相当于建市以来前17年总和的3.8倍。近年来东营市市级财政每年投向"三农"的资金都占到当年市级财政支出的近30%。"五统"并举，使东营市广大农民更好地分享了改革开放和现代化建设的成果。他们在全省率先享受到"五通三免五保五救助"，即村村通柏油路、通自来水、通客车、通有线电视、中小学微机联网校校通，全部免征农业税及附加、免收农村中小学学生杂费课本费作业本费、免征集贸市场业户市场管理费，农村养老保险、最低生活保障、医疗保险、失业保险、五保老人集中供养，教育救助、残疾人救助、灾害救助、老年人救助、住房救助。同时，"五统"并举、资金向"三农"倾斜，东营市的工业与城市发展没有受到影响，而是发展更快了。人均GDP、人均财政收入、城镇居民人均可支配收入、人均储蓄存款等主要指标在山东省17个市中名列第一，地方工业主要指标近几年增长速度超过50%，外经外贸从全省倒数第一连超六个市，城市综合实力在"2005中国综合实力百强城市"中列第37位。

第二，建立"五保五救助"农村社会保障体系，实现社会保障城乡全覆盖。按照中央关于统筹城乡发展的要求，东营市把城市居民已经享受到的社会保障体系在农村建立起来，在全国地级市中率先构筑起以"五保五救助"为主要内容的农村社会保障体系，实现了社会保障城乡全覆盖使绝大多数农民与城市居民一样享受到了老有所养、病有所医、失有所助、贫有所帮、灾有所救、居有其屋的社会基本保障，从而促进了社会的和谐稳定。"五保"体系为：一是农村养老保险。在坚持入保自愿的前提下，不断扩大保险覆盖面，目前东营市农村养老保险适龄人员投保率已达到52%。二是农村最低生活保障。东营市1998年建立了农村最低生活保障制度，并在实现应保尽保的基础上，先后3次提高农村低保标准。目前执行的农村低保标准为每人每年1300元，比国家民政部门确定的温饱线高500元。三是农村医疗保险。市财政按农业人口每人每年补助10元，县区和乡镇补助5~10元，农民以家庭为单位按人均不低于10元的标准交纳医疗保险费。目前农民医疗保险参保率达到91%，参保农民达93万人。到2006年6月末，已补偿参保农民医药费9066万元，受益农民达233万人次。此外，东营市还设立了农民大额医药费救助金，有效地降低了农民因病返贫的几率。四是农民工失业保险。东营市失业保险的覆盖范围不仅包括城镇各类企业职工和城镇个体工商户，而且扩大到进城务工的农民。五是农村五保老人集中供养。东营市建立了农村五保老人集中供养制度，对全市39个乡镇敬老院进行了改造扩建。目前，对全市3623名农村五保对象实行了集中供养，集中供养率达到95%。每个农村五保对象的供养标准已提高到每年2800元，市财政并为每个农村五保对象每年发放400元零花钱。"五救助"体系为：一是教育救助。对基础教育阶段的贫困生、考入大学的贫困学生、市内大中专院校贫困学生进行救助，有效防止了学生因贫困而辍学、弃学。2002年以来，全市各级财政为基础教育阶段贫困生发放的救助金就达1125万元，救助贫困中小学生2.2万人次。从2005年9月1日开始，又免除了全市农村学校义务教育阶段在校生的杂费、课本费和作业本费，实现了真正意义上的农村义务教育。二是残疾人救助。市财政每年安排500万元设立残疾人救助金，专门用于残疾人生活、康复、就业等方面的救助，已累计救助重度残疾人9348名。自2003年起，对农村重度特困残疾人每人每月给予80元的生活救助，并为630户农村贫困残疾人家庭实施了危房改造。三是灾害救助。在加强防灾减灾体系建设的同时，建立救灾应急机制，推行"灾民救济卡"制度，确保受灾群众在24小时内得到救助。近5年全市下拨救灾资金3660万元，确保了受灾群众有饭吃、有衣穿、有房住。四是老年人救助。为全市75岁以上的老人（不含离退休人员）每人每年发放生活补贴360元，让老人们安享晚年，已有39874位老人享受了这一政策。五是住房救助。实施了城乡居民安居工程，着力解决农村无房户、危房户的住房问题。近5年投入了3421万元为农村无房户、危房户建设住房1555套。

第三，着力构建促进农民增收的长效机制。促进农民持续增收是解决"三农"问题的核心，也是统筹城乡发展的重要体现。近年来，东营市始终扭住农民增收问题不放松，多管齐下，多措并举，使农民人均纯收入连续三年保持了两位数增长，2005年全市农民人均纯收入达到4602.74元，比2004年增长14.1%。一是加强农业基础设施和农村社会化服务体系建设促增收。农业基础设施方面，重点抓了水利设施和农村信息化设施建设。投资5.8亿元对大型灌区进行了改扩建，初步形成了较为完善的农业水利体系；投资2.7亿元建设黄河南防潮堤工程，构建起200公里的标准化防潮体系；大力推进信息化建设向农村延伸，配套完善了市级农业信息网站平台、县乡信息服务站，所有乡镇实现了拨号上网，农村信息化水平明显提高。农村社会化服务体系方面，重点抓了农业科技创新和推广服务体系、动植物疫病防治体系、农产品质量安全监测体系建设。通过加强农业基础设施和农村社会化服务体系建设，提高了农业综合生产能力，为农民增收提供了有力的基础保障。二是以资源开发、农业结构调整促增收。荒碱地多是东营市的一大资源优势，近年来东营市财政拿出专项资金，组织农民采取上农下渔、暗管排碱等开发模式，开发了35.2万亩荒碱地，增加有效耕地面积22.6万亩、养殖水面4.6万亩，仅此一项，使全市农民每年人均增收 150 元以上。同时，东营市积极调整农业结构，重点培育了畜牧、水产、蔬菜、冬枣、粮棉五大优势产业，引导农民从发展优质高效农业中增加收入。三是以发展壮大农业龙头企业促增收。东营市把发展农业龙头企业集群作为带动农民增收的重要途径，采取财政资金倾斜等措施，加大对农业龙头企业的扶持力度。目前，全市规模以上农业龙头企业达到334 家，形成了畜牧、水产、蔬菜、冬枣、粮棉五大龙头企业集群，带动13 万农户进入产业链经营，户均年增收 900 余元。四是以培训农民、扩大就业促增收。针对农民文化素质低、科技技能弱的问题，东营市由市财政出资，在全市范围内实施了千村万户农民科技培训工程。仅 2004 年市财政就拿出 1400 万元专项资金，对全市 1774 个村、10 万农户、20 万农村劳动力进行了科技知识和技术技能培训，使每名参训农村劳动力都掌握了 1~2门实用技术，培训就业率达到了 76%，促进了农村劳动力向非农产业转移就业增收。

第四，在建设"农村文明信用工程"的基础上，创建"民富、村美、风正"的小康文明村。统筹城乡发展，不仅要统筹城乡物质文明建设，而且要统筹城乡精神文明建设。为推进农村全面建设小康社会进程，东营市把城乡统筹内容拓展延伸到经济、政治、文化各个领域，组织开展创建小康文明村，努力把农村建设成为"民富、村美、风正"的新社区。2002年，针对当时农民贷款难等问题，东营市文明办联合有关部门开始在全市农村推行"农村文明信用工程"，除要求信用户无不良信贷记录外，还增加了遵纪守法、依法经营、公德良好等内容。至今，全市已命名文明信用户 13 万户、文明信用村 949 个。"农村文明信用工程"建设，把农村精神文明建设与农民致富结合起来，大大降低了东营市农村信用社的不良贷款率，打破了制约农民致富贷款难这个瓶颈，实现了双赢。2003 年，东营市在建设"农村文明信用工程"的基础上，提出在全市创建小康文明村。小康文明村创建活动，将村级组织建设、思想道德建设、社会秩序、居住环境、教科文卫、农村经济 6 项指标纳入其中，进行全面考核。到 2005 年年底，东营市小康文明村已达到 178 个，占村庄总数的 10%。小康文明村的创建，不仅让东营市农村由穷变富，由脏乱变美，农村精神文明建设、民主生活水平也在不断提高。为了进一步统筹城乡协调发展，东营市已在全市部署实施"社会主义新农村建设工程"，主要内容包括加快农村经济建设、基础设施及生态环境建设、社会事业建设、城镇化建设、社会保障体系建设、民主法制和精神文明建设、基层组织建设、保障和支持机制建设等"八大建设"的   条措施，力争到 2013 年在东营实现全面小康社会。

二、东营市统筹城乡发展、缩小城乡居民生活质量差距实践的启示

东营市在根据中央的决策和部署及时转变发展思路的同时，积极探索统筹城乡发展的具体路径和方法，努力把中央有关统筹城乡发展的政策落到实处，在缩小城乡居民生活质量差距方面取得了显著成效，为统筹城乡发展、破解"三农"难题提供了一个成功典型。东营市的做法给了我们有益的启示：

第一，统筹城乡发展的关键在于切实加大对农业和农村的支持力度。东营市在统筹城乡发展的过程中，始终自觉地倾情于"三农"、还帐于"三农"，寻找各种方式途径，向"三农""输血"，向"三农"倾斜，在财政预算、重点项目和工程建设、兴办社会事业和建立社会保障体系时对农村做到"四个优先"，坚定不移地把农民作为受惠中心，把农村作为发展重点，有效地促进了城乡发展差距的不断缩小。

第二，统筹城乡发展必须始终坚持以经济发展为中心。东营市的城乡统筹发展是在经济基础比较薄弱、财政并不宽裕的情况下起步的。东营市之所以能在财力上向"三农"大规模倾斜，5 年内市、县两级财政投向"三农"的资金达到 32 亿元，大幅度增加对农村公共产品和公共服务的供给，决定性的因素是东营市始终坚持以经济发展为中心，把加快城乡经济发展、促进财政增收作为统筹城乡发展的前提。东营市从本地实际出发，

抓住国际产业向中国转移、我国南方产业向北方转移的有力机遇，提出并实施了"大开放、大招商、大发展"战略，保持了城乡经济的健康快速发展，不断提高全市综合经济实力。2005年全市地方财政收入达到38.5亿元，是2000年的2.53倍。

第三，统筹城乡发展必须从当地实际出发制定切实可行的战略和措施。东营市在提出符合中央精神的"五统"并举城乡一体化发展模式的同时，在工作方式方法上积极创新，探索出一系列行之有效的发展对策和措施，如："用老板的钱干发展的大事，用财政的钱办百姓的难事"，用财政资金扶持培育龙头企业，通过龙头企业的带动形成农民增收的长效机制，通过开展"农村文明信用工程"建设解决农民贷款难问题并推进农村精神文明建设，等等。实践证明这些做法都是切实可行、行之有效的，也是值得各地借鉴的。

附录二

应加大支持农村"五保"的力度[①]

党中央、国务院在解决三农问题上，近年来做出了一系列重大决策，有力地推动了农村形势越来越好，不断提高了农民收入。在这个大背景下，在公务员工资改革的新情况下，如何重新认识农民收入中存在的问题，如何配合公务员工资改革提出让农民共享改革利益的可操作性建议，这是我们非常想回答的一个问题。在中央有关部门和省市政府的支持下，我们在山东、山西两省就如何使农民在分配体制改革中共享改革成果，进行了深入调研。通过在会上与干部座谈，到村里与农民对话，得到大量真实信息。经反复比较研究，我们认为，解决好农村"五保"问题，加大支持农村"五保"的力度，可作为平稳推进公务员工资制度改革的重要配套措施。

---

① 本小节由李晓西教授、郑贵斌研究员等执笔完成。

调研中我们体会到，靠中央财政支持农村收入的全面提高是不客观的，但是就农村贫困中某一方面加大支助力度，是完全可能做到的。在山西省经济中心安排下，在山西省及大同市、阳泉市，我们与省市的发改委、劳动保障、民政、劳动、信访、工会等政府部门和相关机构进行了座谈，还深入到街道、社区到居委会听取基层干部和居民介绍他们对收入和生活上的情况和意见。在山东威海市，我们分两组深入到环翠区金线顶、东北村居委会，张村镇柳沟村、后双岛村村委会，与村居会干部和二十多位村民们进行面对面的交流。在东营市则到东营区红卫居委会、茶坡村委会，和河口区海宁社区、六合乡于家村村委会等处，直接与乡村干部与村民进行了座谈。我们了解到很多真实的情况，收获很大。

1. 把中西部农村"五保"列入中央财政支持范围，花钱不多，但意义重大。农村"五保"是有明确界定的，且人数不多。农村"五保"对象主要指无劳动能力、无生活来源又无法定赡养、抚养、扶养义务人的老年、残疾或者未满16周岁的村民。今年三月一日施行的国务院《农村"五保"供养条例》特别提出"中央财政对财政困难地区的农村'五保'供养，在资金上给予适当补助"。在当前公务员工资制度改革中，把中西部农村"五保"明确列入中央财政支持范围，具有重大政治意义，在配套宣传工、农、干部利益协调中，可成为一个亮点。

据我们了解，中西部省区社保资金普遍不足，无法做到应保尽保，建议部分资金缺口主要是"五保"资金由中央财政承担。试以山西为例进行分析：从对象的判断上，"五保"标准比低保标准明确；从人数上讲，山西省"五保"户为农村特殊困难群众的六分之一，为特困户救助人数的四分之一，为农村低保人数的二分之一；从金额上看，"五保"资金总额低于由省市县三级分担的农村低保金额；从范围上看，"五保"比农村医保等，更好把握；从贫困程度看，支持"五保"更为必要。另外，中央财政承担"五保"资金，也是对取消"乡统筹、村提留"的一种补偿办法。山西省现有"五保"对象10.2万人。2005年省级财政按每人每年1000元供养标准安排了专项资金 1.02 亿元。按此推算，中西部"五保"资金总额约在十几亿元左右。

中央支持中西部省区农村"五保"资金的同时，可要求省级财政原承担的农村"五保"资金转用于低保、医保等，缓解农村低保、医保资金不足、水平偏低的问题，也可缓解农业县区财政负担较大的问题。至于"五保"是分散供养还是集中供养，这可按《农村五保供养工作条例》中"农村五保供养对象可以自行选择供养形式"的要求办理。

2. 东部省区可借鉴山东省东营市农村"五保五救助"的经验。山东省东营市是位于黄河三角洲的典型的资源型城市，过去城乡二元结构特征明显，城乡差距大。1983 年建市以后，农民平均收入曾连续 15 年低于全省平均水平。近年来，东营市委、市政府以科学发展观为指导，大力实施"以城带乡、以工促农"的统筹城乡发展战略，把统筹城乡发展的重点放在农村发展上，坚持公共财政和公共资源分配向农村倾斜，创造性地提出并实践了"五统"并举的城乡一体化发展模式，在统筹城乡发展、缩小城乡居民生活质量差距方面取得了显著成效。按照中央关于统筹城乡发展的要求，东营市把城市居民已经享受到的社会保障体系在农村建立起来，在全国地级市中率先构筑起以"五保五救助"为主要内容的农村社会保障体系，实现了社会保障城乡全覆盖，绝大多数农民与城市居民一样享受到了老有所养、病有所医、失有所助、贫有所帮、灾有所救、居有其屋的社会基本保障，促进了社会的和谐稳定。

"五保"体系为：一是农村养老保险。在坚持入保自愿的前提下，不断扩大保险覆盖面，目前东营市农村养老保险适龄人员投保率已达到52%。二是农村最低生活保障。东营市 1998 年建立了农村最低生活保障制度，并在实现应保尽保的基础上，先后 3 次提高农村低保标准。目前执行的农村低保标准为每人每年 1300 元，比国家民政部门确定的温饱线高500 元。三是农村医疗保险。市财政按农业人口每人每年补助 10 元，县区和乡镇补助 5～10 元，农民以家庭为单位按人均不低于 10 元的标准交纳医疗保险费。目前农民医疗保险参保率达到91%，参保农民达93万人。到2006年6月末，已补偿参保农民医药费9066万元，受益农民达233万人次。此外，东营市还设立了农民大额医药费救助金，有效地降低了农民因病返贫的几率。四是农民工失业保险。东营市失业保险的覆盖范围不仅包括城镇各类企业职工和城镇个体工商户，而且扩大到进城务工的农民。五是农村五保老人集中供养。东营市建立了农村五保老人集中供养制度；对全市39个乡镇敬老院进行了改造扩建。目前，对全市3623名农村五保对象实行了集中供养，集中供养率达到95%。每个农村五保对象的供养标准已提高到每年2800元，市财政并为每个农村五保对象每年发放400元零花钱。

"五救助"体系为：一是教育救助。对基础教育阶段的贫困生、考入大学的贫困学生、市内大中专院校贫困学生进行救助，有效防止了学生因贫困而辍学、弃学。2002年以来，全市各级财政为基础教育阶段贫困生发放的救助金就达1125万元，救助贫困中小学生2.2万人次。从2005年9月1日开始，又免除了全市农村学校义务教育阶段在校生的杂费、课本费和作业本费，实现了真正意义上的农村义务教育。二是残疾人救助。市财政每年安排500万元设立残疾人救助金，专门用于残疾人生活、康复、就业等方面的救助，已累计救助重度残疾人9348名。自2003年起，对农村重度特困残疾人每人每月给予80元的生活救助，并为630户农村贫困残疾人家庭实施了危房改造。三是灾害救助。在加强防灾减灾体系建设的同时，建立救灾应急机制，推行"灾民救济卡"制度，确保受灾群众在24小时内得到救助。近5年全市下拨救灾资金3660万元，确保了受灾群众有饭吃、有衣穿、有房住。四是老年人救助。为全市75岁以上的老人（不含离退休人员）每人每年发放生活补贴360元，让老人们安享晚年，已有39874位老人享受了这一政策。五是住房救助。实施了城乡居民安居工程，着力解决农村无房户、危房户的住房问题，近5年投入了3421万元为农村无房户、危房户建设住房1555套。

显然，东营市近几年建立的"五保五救助"农村社会保障体系，对提高农民收入水平，统筹解决城乡社会保障体系，具有超前性和示范意义，但就财政比较困难的中西部地区而言，达到这种"五保五救助"尚需时日。

第四节　资源富集区的居民收入问题
——山西省及阳泉、大同市的调研

导　语

　　山西是我国煤炭工业最大的生产基地，其持续发展对国家及山西省经济发展有重要意义。2006 年国务院要求从煤炭工业的体制、资源、安全、环境、转产等五方面进行煤炭工业可持续发展综合试点，山西是被国务院确定为唯一的试点省份。收入分配作为煤炭工业可持续发展的重要影响因素，深入研究这一问题对落实国务院指示精神是非常必要的。

　　在山西省经济发展研究中心大力支持和直接配合下，本课题组于 2006 年 8 月 14 日在省里与相关部门座谈后，赴山西省煤炭工业城市——阳泉市和大同市——进行了为期 7 天的调研活动。通过这次调研、讨论，课题组对山西省煤炭工业可持续发展中的居民收入现状、煤炭工业区居民收入分配中存在的问题、影响因素等有了一定的认识，形成了《山西省煤炭工业可持续发展中居民收入分配机制研究》总报告，以及《阳泉市居民收入分配》和《大同市居民收入分配》两个调研报告。回京后，我们又多次讨论，数易其稿。

　　在完成本报告之际，要感谢山西省副省长牛仁亮在百忙之中抽时间与课题组见面，并提出了宝贵的指导意见；感谢山西省经济发展研究中心张保主任的支持和关心；感谢研究中心张复明副主任、山西省委政策研究室陈永奇副主任和研究中心郭延斌副处长的周密安排和陪同调研；感谢阳泉市白云市长、陈继光、樊盛武副市长以及市长助理李连兆，大同市副市长李武章、市政府副秘书长丰子贵等领导的热情接待。感谢山西省、市政府相关部门提供的思路与资料，这些部门是发展和改革委员会、财政厅（局）、劳动厅（局）、国资委、经贸委、信访局、总工会、民政厅（局）、统计局及城调队等。感谢煤炭管理局、南煤集团、燕煤公司、大阳泉煤矿、同煤集团、吴官屯煤矿煤业公司、雀儿山精煤集团、南郊区乡镇煤矿等提供了第一手的宝贵资料和信息。感谢阳煤集团平潭街道办事处大院社区居委会、大同矿区平泉街道办事处、南煤集团居民委员会以及40多位居民，没有他们反映真实情况和意见，我们的调研就很难深入。

本课题由院长李晓西教授负责，率队调研、设计并修定报告框架，审定全稿；副院长张琦副教授具体负责课题联系以及调研安排，起草了《山西省煤炭工业可持续发展中居民收入分配机制研究》报告初稿；副教授董念清博士和讲师王诺博士，参加了课题实地调研，分别完成了大同市调研报告和阳泉市调研报告的起草，王诺博士还参与了总报告的撰写修改。张坤硕士在课题调研和各报告的写作中做了大量工作，非常认真。李尔博王硕士也努力完成了调研记录、资料收集、协助调研报告起草等工作。

虽然我们尽了自己的努力，但由于调研时间短，情况复杂，加之我们政策水平有限，调研报告肯定还存在着不少问题，还需要进一步提高。

一、山西省煤炭工业可持续发展中居民收入分配机制研究

煤炭工业可持续发展关系到国民经济和能源安全大局，关系到山西省国民经济发展和居民收入水平提高。煤炭发展受到储量条件、煤炭价格、供求关系、相关行业发展以及居民收入分配等很多因素的影响。本课题组就山西煤炭工业可持续发展中居民收入分配机制问题，对山西省煤炭重镇大同市和阳泉市做了深入调研，形成了《山西煤炭工业可持续发展中居民收入分配机制研究》报告。

报告从山西煤炭工业可持续发展的重要性入手，分析了山西煤炭工业可持续发展对全国经济、全省经济以及山西居民收入水平提高的重要意义，重点解释了居民收入分配对山西煤炭工业的可持续发展的影响，通过比较国有大型煤炭企业经营管理者、地方煤矿私营矿主、煤炭职工（包括煤炭农民矿工）以及煤炭相关行业的居民收入五个层次人群的收入，对收入水平合理性得出了自己的结论，并测算出山西省"十一五"期间的煤炭行业在岗职工的合理收入水平和增长速度。报告从社会保障体系、财税制度、工资制度以及煤炭工业配套改革等方面提出了具体的政策建议。

（一）山西省煤炭工业可持续发展的重要性

山西作为我国煤炭工业的重要基地，其煤炭工业的可持续发展，不仅关系到山西地方经济和社会的可持续发展，而且关系到国家能源安全和整个社会发展对能源的需求满足程度，关系到我国资源利用和分配布局以及整体产业、区域经济的发展。

1. 山西煤炭工业可持续发展对全国能源供应的意义

能源和资源已成为影响世界经济发展的重要因素。改革开放以来，我国经历了短缺经济和剩余经济阶段，目前已进入到资源约束的新阶段，而未来的资源约束将决定着中国经济发展。尽管随着科学技术的不断进步，资源替代品不断涌现，但煤炭作为主要能源之一的地位，在相当长时间内是难以动摇的。煤炭能源在我国常规石化能源中占90%以上，是我国当前和未来相当

长时期内最可靠、最经济的主导能源。据 1997 年第三次全国煤炭资源评价项目资料，山西已查明的保有煤炭资源储量 2652.84 亿吨，占全国查明保有资源储量 10210.56 亿吨的 26%，位居全国各省（市、区）第 1 位；山西预测总资源储量达 6624.17 亿吨，仅次于新疆和内蒙，位居全国第 3 位。查明保有的煤炭资源储量中，长焰煤、不粘煤及弱粘煤为 85.61 亿吨，占 3.23%；气煤、肥煤、焦煤、瘦煤为 1694.66 亿吨，占 63.88%；贫煤、无烟煤为 872.57 亿吨，占 32.89%。山西的气煤、肥煤、焦煤、瘦煤等炼焦用煤资源得天独厚，占全国同类煤炭资源储量 2758.60 亿吨的 61.4%，无烟煤资源储量则占近三成。从产量来看，山西煤炭产量长期占全国总量的 1/4 ~ 1/3。从外销量来看，山西一直占到全国省际间煤炭净调出量的 70% 以上，从对外贸易来看，山西占出口总量的 50% 左右。因此，在一定程度上，山西煤炭资源占有量和拥有量上的优势，决定了无论分配形式、市场供应结构和价格如何变化，都将影响全国对煤炭需求满足程度，影响全国能源供应。

2002 ~ 2005 年，山西的煤炭开采和洗选业利润总额占全国整个行业总利润的比例年均为 25%，占到全国的四分之一，山西煤炭工业的可持续发展影响着全国整个行业的可持续发展。

表 2 - 32 山西省煤炭开采和洗选业利润总额状况

单位：千元 /%

年 份	2002	2003	2004	2005
全 国	8573607	13773878	30691852	55165997
山西省	1685913	3824342	7842940	13904549
占 比	20	28	26	25

注：从 2003 年起采用新行业分类标准，有些行业数据不连续。
资料来源：国家发改委、国家统计局网站。

正是由于山西煤炭资源的独特地位以及山西煤炭工业发展的特殊条件，尤其是山西一直占到全国省际间煤炭净调出量的 70% 以上，也就是说全国各省煤炭需求缺口中的 70% 来自山西，煤炭产品分别销往全国 28 个省、市、自治区。因此，山西煤炭工业发展的速度，煤炭市场的交易方式以及煤炭价格的波动都对全国能源供应产生重大影响。

从上表中可以看出，山西省的煤炭国内净外销量从 2000 年的 23536.15 万吨，提高到 2001 年的 26306.01 万吨、2002 年的 28804.97 万吨、2003 年的 31135.20 万吨，到 2004 年更是提高到 36466.17 万吨，保持了年均 17% 的增长速度。从区域分布来看，山西煤炭国内外销量中华北、华东和华南比例较高，累计占到 70% 左右，说明山西煤炭工业发展对这些省的煤炭能源供应影响最大。而这些地区本身又是我国经济发展和人口集中的主要的地区，更加证明了山西在全国能源供应中的重要地位。

表 2 – 33　2000 ~ 2004 年山西省煤炭国内净外销量情况

单位：万吨/%

年　份		2000	2001	2002	2003	2004
地　区	总　计	23536.15	26306.01	28804.97	31135.20	36466.17
东　北	小　计	953.69	899.29	940.28	985.5	948.75
	占　比	4.05	3.42	3.26	3.17	2.60
华　北	小　计	8440.21	7010.73	9752.61	10851.20	13286.18
	占　比	35.86	26.65	33.86	34.85	36.43
华　东	小　计	7055.93	7374.82	8418.42	6492.60	10884.94
	占　比	29.98	28.03	29.23	20.85	29.85
华　南	小　计	3153.73	3760.46	4107.11	4399.60	5023.27
	占　比	13.40	14.30	14.26	14.13	13.78
西　北	小　计	162.00	145.64	102.47	99.80	72.37
	占　比	0.69	0.55	0.36	0.32	0.20

资料来源：根据山西省委政研室参阅资料整理。

2. 煤炭工业可持续发展对山西省经济社会发展的意义

煤炭工业在山西省有举足轻重的地位。近年来，随着煤炭市场形势的好转，山西的煤炭行业全面快速增长，为全省经济的快速发展发挥了重要作用。其中，煤炭行业占 GDP 的比重逐年提高，从 1999 年的 13% 提高到 2004 年的 19%。

表 2 – 34 山西省煤炭行业增加值占全省工业增加值的比重

单位：亿元、%

年 份	1998	1999	2000	2001	2002	2003	2004
工业增加值总值	399.2	400.6	431.9	499.8	633.0	908.7	1380.3
煤炭行业增加值	120.3	110.3	116.23	140.6	183.2	265.5	453.8
比 重	30.1	27.5	26.9	28.1	28.9	29.2	32.9

注：这里的煤炭行业主要指煤炭开采和洗选行业。

资料来源：《山西省统计年鉴 2006 年》。

表 2 – 34 中，山西省煤炭行业增加值在全省工业增加值的平均年比重在 1998～2004 年为 29%，足见煤炭行业在山西整体经济中的重要性。此外，作为山西省的主要支柱产业，煤炭行业也吸纳了大量的劳动力。2005 年，山西省煤炭行业职工占全省在岗职工总数的 18.45%，工资总额占到全省工资总额的 26.15%。

2000 年以来，山西省产业结构调整虽然取得了明显的成效，但作为我国煤炭工业最大省份之一，煤炭工业在山西产业结构尤其是工业结构中仍然起着举足轻重的作用。山西煤炭工业发展迅速，效益增加，必将加快整个山西的经济发展速度和提高居民收入水平。20 多年来，煤炭工业对山西经济发展的贡献率达 35% 左右，煤炭工业总产值占工农业总产值的 70% 以上，煤炭实现的增加值占山西工业创造增加值约 30%，占全部工业增加值的 50% 以上，全省煤炭工业利税占工业利税总额的 40%。山西经济增长的主导性因素是煤炭工业的发展，正是 2000 年开始的煤炭工业超常规的发展推动了山西经济的持续高速增长，使其在全国的经济排名快速提升。而整个居民收入增长的一个很大因素就是煤炭工业形势转好，这与 2000 年前煤炭市场疲软、煤炭行业不景气形成鲜明的对照。

（二）居民收入分配对煤炭工业可持续发展的影响

煤炭工业的可持续发展与居民收入分配有着密切的关系，因为煤炭工业的发展既离不开煤炭行业职工的努力，也离不开相关行业人员的参与。而收入分配的合理与否会直接影响这些群体的积极性，影响煤炭行业是否能够可持续发展以及社会的稳定发展。同时，合理提高居民收入水平也是煤炭工业可持续发展的重要目标之一，需要居民收入合理增长作为支持。

1. 山西煤炭行业居民收入水平背景情况

（1）居民收入快速增长

1990 年以来，山西城镇居民人均收入持续稳定增长且增速不断加快，但仍然低于全国平均水平。2005 年山西城镇人均支配收入是 8914 元，比 1990 年增长 5.9 倍，年均递增 13.7%，在全国的排名也由 1994 年、1999 年、2000 年的全国末位上升到 2001 年的 28 位、2002 年的 24 位、2003 年的 22 位、2004 年的 18 位和 2005 年的 17 位。

表 2-35　1990~2005 年山西省城镇居民人均可支配收入变化

单位：元

年份	1990	1991	1992	1993	1994	1995	1996	1997
收入	1291	1410	1623	1958	2566	3306	3703	3990
年份	1998	1999	2000	2001	2002	2003	2004	2005
收入	4099	4343	4724	5391	6243	7005	7903	8914

资料来源：根据山西省统计局提供的数据整理。

从下图 2-10 中能够更加直观地看到山西城镇居民近 15 年的收入持续快速增长的态势。

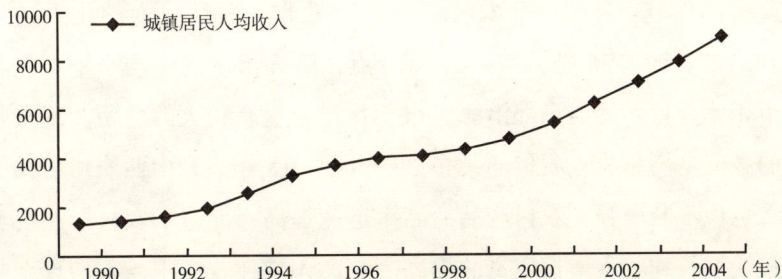

图 2-10　1990~2005 年山西省城镇居民人均可支配收入变化图

（2）居民收入渠道拓宽，收入结构优化

城乡居民收入渠道不断拓宽，收入结构进一步优化，但保持持续增长的稳定性相对较弱，增长质量不高。城镇居民家庭收入呈现出多元化、多渠道增长态势，收入构成日趋合理，但与全国水平相比仍存在一定的差距。在城镇居民家庭收入全面稳健增长的同时，收入来源构成发生了可喜的变化。工薪收入虽仍是城镇居民家庭收入的来源主体，但工薪以外的经营性净收入、财产性收入和转移性收入已成为城镇居民家庭收入增长的新亮点。调查资料显示，2005 年城镇居民工薪收入占家庭总收入的比重为74.5%，经营性净收入、财产性收入和转移性收入占家庭总收入的比重分别为 13.7%、1.4% 和 20.4%。与 1990 年相比，工薪收入的比重下降了5.8 个百分点，而经营净收入、财产性收入和转移性收入的比重分别上升了 3.2 个、2.5 个和 0.1 个百分点。2005 年全国工薪收入的比重为 70.6%，比山西低了 3.9 个百分点。而经营净收入、财产性收入和转移收入的比重则分别比山西高出了 1.2、0.2 和 2.5 个百分点，全国的结构更优于山西。

农村居民收入结构不断优化，工资性收入比重及现金收入比重不断大，已接近或超过了全国水平，但与先进省份相比，仍有不小的差距。农民工资性收入比重的高低，是衡量农户收入增长质量的一个主要指标。它的数值越高，说明农村居民对农业的依赖程度越低，农民增收的稳定性越强。15 年间，山西农民工资性收入持续增长，"走出去"成为了农户增收的重要途径。2005 年，山西农村居民工资性收入占纯收入的比重达到了40.7%，比 1990 年提高了 14.3 个百分点，略高出全国平均水平。但与先进省市相比，特别是与东部沿海省市相比，它仍有较大的差距。现金收入比重的高低是衡量收入质量的又一重要指标。15 年来，山西农村居民的市场经济意识不断增强，农村产品商品率迅速提高，促进了农村居民现金收入的较快增长和收入增长质量的提高。农民人均纯收入中，人均现金收入由 1990 年的 398.93 元提高到 2005 年的 2397.6 元，增长了 6 倍，9 年年均增长 12.7%，比纯收入年均增长速度快 1.7 个百分点。占纯收入的比重也由 66.1% 提高到 82.9%，但仍略低于全国平均水平。

（3）居民收入水平仍低于全国平均水平

虽然煤炭市场复苏使得山西省居民收入近年来保持了快速增长，有了较高水平，但与全国平均水平相比较，山西仍有很大差距。在 1980～2005 年的 26 年时间里，山西的居民收入水平均低于全国平均水平。

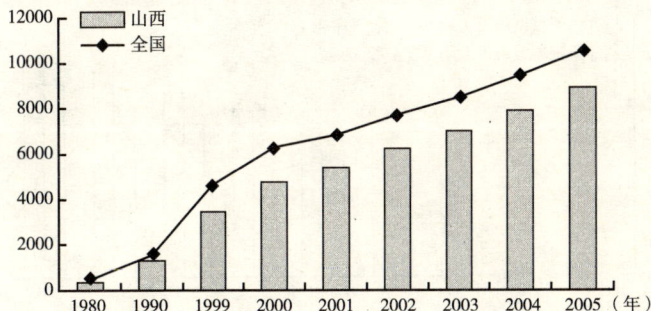

图 2－11　山西省城镇居民人均可支配收入与全国平均水平比较表

以城镇居民人均可支配收入为例，2005 年，山西省占全国平均水平的比例从 1980 年的 78.8% 逐年提高，到 2005 年提高到了 85%，山西与全国收入相对差距在缩小。特别是 2002 年以后，山西省城镇居民收入增长速度快于全国平均水平，占全国平均水平的比重每年都在递增，从 2002 年的 80.2%、2003 年的 82.7%、2004 年的 83.9% 一直提高到 2005 年的 85%。

表 2－36　山西省主要人均经济指标与全国平均水平的对比

单位：%

年　份	1980	1990	1999	2000	2001	2002	2003	2004	2005
人均 GDP	96.1	93.5	72.2	72.7	72.4	76.5	81.7	86.9	88.1
城镇居民可支配收入	78.8	82.6	74.2	75.2	78.6	80.9	82.7	83.9	85.0
农民人均纯收入	81.7	88.0	80.2	84.6	82.7	86.8	87.7	88.2	88.8

资料来源：根据山西省统计局提供资料整理。

相对差距逐年缩小的同时，绝对差距却是逐年扩大。1980 年山西与全国平均水平差距仅仅是 102 元，1990 年变为 219 元，但是到 2005 年则已经扩大到 1579 元。显然，绝对差距扩大了 7 倍多。这说明虽然山西省城乡居民收入的增速不断加快，收入结构不断优化，但是收入水平及增长质量仍然处于较低水平。下图是山西城镇居民可支配收入与全国增幅对比，能够说明山西的居民收入的合理增长。

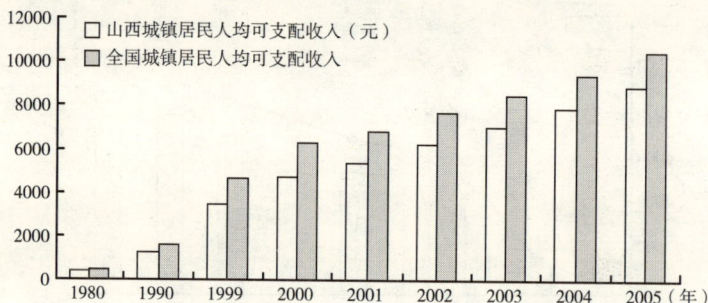

图 2-12　山西省城镇居民人均可支配收入与全国平均水平的比较

2. 煤炭行业各类居民收入水平比较分析

本报告将涉及煤炭行业的居民划分为四类：国有煤炭企业经营者，个体煤炭矿主，煤炭职工（包括煤矿农民工），煤炭相关行业（主要是电力和铁路运输）从业者。这四类人群的收入水平不仅是构成了煤炭行业乃至全省居民收入总水平，而且彼此之间相互影响，对整个煤炭行业的可持续发展产生影响。其中，国有煤炭企业经营管理者的年薪（包括基本工资、各项奖金、福利、补贴、住房津贴及其他津贴），煤矿职工的工资（包括津贴、生活福利补助等收入），私营煤矿主收入以及煤炭相关行业收入是本课题主要考察的煤炭行业收入及其差距的依据。

（1）国有上市公司经营管理者收入状况

全国规模以上煤炭企业 6200 户，补贴后实现利润预计约 640 亿元，同比增长 19%。其中，大型煤炭企业利润约 580 亿元，同比增长 13%，占全国规模以上煤炭企业利润总额的 90.6%。由于国有煤炭企业经营管理者的收入，目前只有煤炭行业的上市公司对其董事、监事和高级管理人员的报酬给予详细披露，本报告从煤炭上市公司高管人员的年薪中考察经营管理者的收入状况。

表 2 - 37　煤炭行业上市公司高级管理人员的 2005 年度报酬

单位：元

	董事长	总经理	高管 1 人均
山　西			
西山煤电	215339	207596	152806
国阳新能	321620	285040	169358
兰花科创	507240	431690	343130
平　均	348066	308109	221765
全　国			
甘肃靖远煤电	63725	63725	44912
四川圣达	18000	72000	64155
河北金牛能源	20000	345600	210418
上海能源	—	335000	145000
安徽恒源煤电	180300	180500	140675
平　均	70506	199365	121032

注：1. 高级管理人员人均年度报酬计算中，没有加入独立董事的报酬情况。
　　2. 有些董事长主要在上市公司的控股公司领取报酬，故有些董事长报酬披露数据很低。
资料来源：上市公司资讯网。

表 2 - 37 根据 2005 年年报统计了山西以及全国主要煤炭采选类上市公司高管人员的年薪情况。山西省 3 家披露了高管人员报酬的公司，其董事长平均年薪为 34.8 万元，总经理平均年薪 30.8 万元，所有董事、监事等高管人员的平均年薪为 22.2 万元。这三家公司的净资产收益率都在 20%以上，因此能够保持大致的水平，也能够进行平均计算。全国其他地区的煤炭采选类上市公司。本报告选取了有数据的 5 家公司，董事长平均年薪为 7.05 万元，总经理平均年薪为 19.9 万元，所有董事、监事等高管人员的平均年薪为 12.1 万元。如果将净资产收益率只有 8.49%的四川圣达剔除，则董事长平均年薪为 18 万元，总经理平均年薪为 18 万元，所有董事、监事等高管人员的平均年薪为 14 万元。

从动态增长情况看，可以发现山西省煤炭上市公司高管人均年薪在2005年比2004年增长7%，由此看出随着近两年企业经营持续快速发展，管理人员的工资也保持了适当地增长。

表2-38　山西煤炭行业上市公司高级管理人员的2004~2005年度薪酬

单位：元

	2004 年			2005 年		
	董事长	总经理	高管人均	董事长	总经理	高管人均
西山煤电	175931	—	107318	215339	207596	152806
国阳新能	125000	125000	104667	321620	285040	169358
兰花科创	600000	480000	410000	507240	431690	343130
平　　均	300310	302500	207328	348066	308109	221765

注：兰花科创的董事长、总经理2004年薪酬是根据最高前三位人员合计平均出来的。
资料来源：上市公司资讯网。

从上表2-38能够看出，国有上市公司经营管理者的年度收入及其增长还是基本与企业经营业绩挂钩，经营状况好管理者的报酬就相应增加。由于上市的股份公司都是经过剥离后优质资产，经营业绩一般较同行业平均状况要好，因此本报告考察的煤炭上市公司高级管理人员年酬情况，只能大概反映出经营者的收入状况及其变化情况，不代表整个煤炭行业或者整个山西省煤炭行业的情况。

（2）地方煤矿私营矿主收入状况

由于缺少这些部门的统计资料，我们只能从各种材料进行估计。据报道：以山西吕梁县邻近私营煤矿为例，雇佣农民工工作，每吨煤的合计成本不到50元。这包括人工费、承包费、设备折旧费以及各种税费，而按照市价每吨煤在200~300元/吨计算，利润率非常高。2005年12月，井下采煤农民工白天每小时40元，夜间60元，不包括上下井途中所花费的时间。按照每日井下工作5小时计算，月收入不少于6000元[1]。根据上述描

---

[1]　摘自《矿难阴影下的矿工权益》，《中国新闻周刊》2006年1月2日。

述，私营小煤矿成本仅占销售价格的25%，剩余的都形成企业的利润且其大部分可能体现为私营矿主的收入。按照年产3万吨的小型地方煤矿估计，每吨煤市价按250元计算，剔除50元成本后，其年收入或者利润可达600万元，是上述农民工收入的上百倍。

截至2006年11月，山西省国有重点煤炭企业吨煤售价为315元，制造成本为164元，制造成本占销售价格的52%。私营煤矿的50元的成本仅占国有重点煤炭企业成本的30%，从这种对比中也能估计出私营煤矿主与其他各类煤炭相关行业人群收入的差距。尽管煤炭市场复苏，但迅速致富的只是极少数人，山西3300万人中很多生活水平还很低。太行山、吕梁山、晋西北、边老山区的贫困状态还远没有解决。这种在煤炭工业区收入差距巨大的现象，主要是私营煤矿主收入过高造成的。不仅是山西，包括内蒙和贵州等资源产区都是如此。

（3）煤炭行业中职工收入状况

煤炭市场从2000年开始复苏，特别是2004年以后，煤炭价格上涨带动煤炭企业利润的大幅增加，使得整个其成为了收入增长最快的行业。山西省煤炭工业职工的平均工资由2000年的7430元增加到2005年的22536元，年均增长24.8%，工资水平比全省平均工资水平高6891元，增幅比全省平均收入增幅多7.1个百分点。本次调查的山西国资委监管的6个煤炭企业的职工平均收入在2004年为17960.73元，2005年提高到了23195.54元，增长了29.15%。截至2006年11月，山西省国有重点煤炭企业吨煤制造成本为163.92元，售价315.16元，在岗职工人均收入为2598元，1~11月累计为27375元，同比增加4461元，增幅为19.47%；

2004年全国原煤产量达到了19.56亿吨，居世界第一位，其中国有重点煤矿、国有地方煤矿、各类小煤矿分别产煤9.19亿吨、2.95亿吨和7.42亿吨。这三类煤矿企业的原煤产量同时达到了历史最高水平。但是其煤矿职工收入快速增长的同时，煤炭行业内部各企业的职工工资水平差距越来越大，煤炭企业内部职工工资差距也在加大，出现了少数高薪企业和高薪职工，也出现了低薪企业和困难职工群体，特别是地方煤矿工资水平仍然偏低。山西国有重点煤矿在岗人均收入仅为12233元，地方煤矿在岗人均收入仅为7021元。

例如，本次调查中发现阳泉市"九五"末期，煤炭职工平均收入为5800元，还高于阳泉市的5700元平均水平；但到了"十五"末，煤炭职工平均收入虽然提高到了16300元，比"九五"末期增长181%。但是，它不仅低于阳泉市平均18300万元水平，而且还低于阳泉市220%的增速，且年均增长速度也低于同期阳泉市平均水平。

表2－39　山西省国资委监管的企业收入情况

~单位：元/%

	2004 年	2005 年	增长速度
总　　计	17960.73	23195.54	29.15
焦煤集团	18011.35	23537.79	30.68
煤气公司	16997.47	21781.33	28.14
同煤集团	15390.82	19603.42	27.37
阳煤集团	17456.54	23655.67	35.51
潞安矿业	26960.76	28821.38	6.9
晋煤集团	20312.94	27127.68	33.55

资料来源：根据山西省统计局提供资料整理。

如果将此收入与山西国资委监管的6个煤炭企业23195.54元的年收入比较，它仅占到70%左右。可见二者间的差距是很大的。另一方面，企业内部的管理者与生产者之间差距变大。虽然煤炭工业职工的平均水平在提高，但是高收入层在工资结构中所占比例不断提高，从而在一定程度掩盖了不同层次间收入差距。例如，同煤集团虽然2005年人均年收入2万元，但将近1.1万职工年均收入只有9000元，还有矿区待业人员4万人。在职职工中有困难户3279户，达10337人，其中特困户1548户，达4798人。在课题组调查的煤炭企业中，最高收入的管理层与最低收入的生产者，相差在9倍以上，甚至更高。目前这种现象就已经很普遍，职工反映强烈，意见很大。

（4）煤炭关联行业职工收入状况

在我国能源行业中，煤炭工业的计划性最强，垄断性最弱，从而导致了收入水平也最低。国务院国资委 2006 年 8 月 30 公布了国有重点企业生产经营情况，2006 年 1～7 月，国有重点企业实现利润 4967.5 亿元，同比增长 15.2%。其中，电力、石油石化及电信行业占据了利润的前三位，额度达 3109.9 亿元，占国有重点企业实现总利润的 62.6%。电力、建材、冶金和化工依次是国内耗煤最大的 4 个行业，其中电力行业煤炭消费量占全国消费总量的绝大部分，而且比例还在不断增加，未来主要增量是为了满足沿海发达地区的发电用煤。相对于这些能源型企业来说，我国的煤炭工业却由于计划性较强、垄断性较弱，收入水平远远的低于电力、铁路、冶金等关联较紧的行业。

1997～2000 年，平均每吨煤炭价格累计下跌 40 元左右，山西煤炭外欠债款最高时达 112.5 亿元。1999 年，仅山西国有重点煤炭企业就亏损 5.46 亿元，而在煤炭形势好转的 2002 年，煤矿职工收入水平在全国 49 个行业中列倒数第二，人均收入不到电力等相关行业职工平均收入的一半，人均住房面积低于城镇人均居住面积。2003 年，山西国有重点煤炭企业在岗职工人均收入为 15130 元，同期电力行业职工近年人均收入约 3 万元左右。交通运输行业特别是铁路和公路运输与山西煤炭行业也存在密切关系。

表 2-40　2001～2004 年煤炭及相关行业职工工资

单位：元/年

	2001 年	2002 年	2003 年	2004 年	行业平均
山西煤炭行业	8824	10499	12871	17200	12349
以下相关行业平均	14597	16528	17775	19807	17177
电力	15207	17237	19796	21543	18446
交通运输	13987	15818	15753	18071	15907
煤炭占相关行业收入比重	60%	64%	72%	87%	72%

注：由于数据原因，煤炭行业职工工资选用山西省数据；相关行业数据选用同期全国数据进行比较。

资料来源：根据《中国劳动统计年鉴》《山西统计年鉴》整理。

上表 2-40 列出了山西煤炭行业职工工资和全国煤炭相关行业职工工资2001~2004 年数据，能够直观看出山西煤炭行业历年职工工资水平低于电力和交通运输大相关行业的平均水平，只有其平均水平的 72%。虽然每年呈不断递增态势，2004 年山西煤炭行业收入最高的一年，也只有电力和交通当年平均收入的 87%，由此也可看出煤炭行业与其相关行业的收入差距。

3. 居民收入水平合理性分析与比较

收入合理不等于收入均等，收入合理更多地接近于收入公平的概念。由于权利、行业垄断甚至是非法行为等非市场因素而引起的收入差距，就不属于合理的收入分配状况。在收入差距结果的一定限度内，要依据收入水平形成过程或者收入差距形成过程是否合理来判断煤炭行业居民收入的合理水平。

（1）国有煤炭企业经营管理者年薪合理的高水平

从考察的煤炭类上市公司高级管理人员年薪的数据可以看出，高管人员的平均收入与企业的效益基本挂钩，从选取的每股收益、每股净资产和每股收益率能够看出，这些反映企业效益的指标如果处于低水平，则管理者的报酬就相应较少。

表 2-41　2005 年煤炭行业上市公司高级管理人员的薪酬与企业经营效益比较

	高管人均薪酬（元）	净利润（万元）	每股收益（元）	每股净资产（元）	净资产收益率（%）
山西西山煤电	152806	76348	0.80	3.80	21.14
山西国阳新能	169358	47221	1.21	5.52	21.90
山西兰花科创	343130	43806	1.15	4.40	26.21
甘肃靖远煤电	44912	3481	0.18	0.54	34.44
四川圣达	64155	980	0.16	1.90	8.49
河北金牛能源	210418	32555	0.68	3.79	17.97
上海能源	145000	33784	1.01	5.20	19.41
安徽恒源煤电	140675	20254	1.08	5.27	22.44

资料来源：上市公司资讯网。

从上表中看出，净利润、每股收益、每股净资产以及净资产收益率四项指标基本处于最低的四川圣达和甘肃靖远煤电，其高管人员的人均年薪也是最低，分别为44912元和64155元，月均分别为3742元和5346元。与山西省煤炭行业平均工资水平22536元对比，这两家上市公司高管人员的平均年薪分别是山西煤炭行业平均工资的1.99倍和2.85倍。而企业效益比较好的煤炭类上市公司，例如山西西山煤电、国阳新能，高管人均年薪为152806元和169358元，月均12733元和14113元，是山西省煤炭行业平均工资的6.78倍和7.51倍。基本上管理层年薪收入与企业经济效益挂钩。只要经营者的年薪收入与企业经济效益、职工基本工资挂钩并保持适当的比例，这种收入差距是合理的，会产生激励经营者和企业职工生产积极性的作用。

从动态增长情况看，2005年山西三家煤炭类上市公司净利润都有不同程度的增加，平均增幅为37%，而高管人均工资除兰花科创有所降低外，西山煤电高管年薪增长了42%，国阳新能增加了62%；这说明高管年薪变化与企业效益变化基本保持同步。

表2-42　山西省煤炭行业上市公司高管人员2004～2005年度薪酬与企业经营效益比较

	2004 年			2005 年		
	高管人均 （元）	净利润 （万元）	净资产 收益率(%)	高管人均 （元）	净利润 （万元）	净资产 收益率(%)
西山煤电	107318	63244	16.47	152806	76348	21.14
国阳新能	104667	34790	15.61	169358	47221	21.9
兰花科创	410000	28186	21.93	343130	43806	26.21

资料来源：上市公司资讯网。

2005年山西省在岗职工平均工资同比增长20.9%，其中煤炭工业职工的平均工资近5年内年均增长24.8%，这与高管平均增长42%比例相当。如果考虑兰花科创下降了16%的抵减部分，则三家公司高管年薪实际增加了29%，与全省在岗职工以及煤炭职工增长幅度相当，属于合理的增长幅度。

（2）地方煤矿部分私营矿主收入存在暴利

私营煤矿矿主在收入分配过程中的暴利现象，导致社会贫富差距加大，社会"仇富"心理严重，社会矛盾加剧。私营矿主的暴利是以牺牲矿工利益、牺牲企业投入尤其是牺牲安全生产投入和技术更新改造投入得到的，是不合理的收入分配制度造成的，更为严重的是很多私营煤矿主的暴利收入还来自非法开采等途径。它不仅仅表现在工资收入分配上，而且还表现为生命代价的付出。

近几年来伴随着安全投入减少，矿难增多。我国煤炭生产百万吨死亡率虽然从2000年开始有所下降，但平均年百万吨死亡率仍为5.11，远远高于世界平均水平和发达国家水平。

表2-43　中国煤炭生产百万吨死亡率

年　　份	2000	2001	2002	2003	2004	2005
煤炭生产百万吨死亡率（人）	6.10	5.07	4.64	4.17	3.08	2.81

资料来源：根据国家安全生产监督管理局统计资料整理。

从上表可见，2000~2002年，煤炭市场复苏，国家监管还没有跟上，属于煤矿暴利时期。这直接表现为各个煤矿为了追求利润，超额生产，忽视安全投入和管理，使得这一时期的矿难数目激增。美国2004年产煤近10亿吨，但只有27人煤炭安全事故中死亡，且其连续3年煤炭安全事故死亡人数每年都低于30人，每百万吨煤死亡人数低于0.03人。[①] 而我国煤炭安全事故死亡人数是美国的200多倍，是印度的13倍，是世界平均死亡人数的3倍。

根据国家安全生产监督管理总局2003年调查，全国国有煤矿原有

① 《中国矿主的黑色暴利》，《金融经济》2005年第11期。

2330个，生产能力100548万吨，安全欠账达505亿元，每吨煤炭生产能力欠账50元。如"十一五"期间基本完成补欠和考虑以前年度煤炭安全成本不实的因素，单位安全生产成本将比2005年末上升15元/吨左右。为了尽可能降低成本，追求高额利益，煤矿超负荷生产，导致安全隐患加大。矿难增多的主要原因是煤炭暴利，其直接表现就是分配严重不公，其中以私营地方煤矿收入差距巨大，矿主收入过大最为严重和不合理。根据本报告调查初步推算，矿主与职工的收入差距高到上百倍甚至几百倍，远远高于国有煤矿7~8倍的水平，极其不合理。

（3）煤矿职工收入水平仍然偏低，近几年属于恢复性增长

"十五"期间，山西省煤炭开采和洗选业的工业增加值稳步提高，从2000年的116.3亿元增长到2005年的674.7亿元，年均增长幅度达到了43.2%。尤其是从2003年开始，增长幅度迅速提高，其中2003年为45%，2004达到了惊人的71%，2005年达到了48.7%。煤炭行业的工业增加值与销售额和利润率存在着密切的关系，工业增加值的高速增长也必然带来销售额和利润率的高速增长，这也会在煤炭行业的工资收入变化上有所体现。

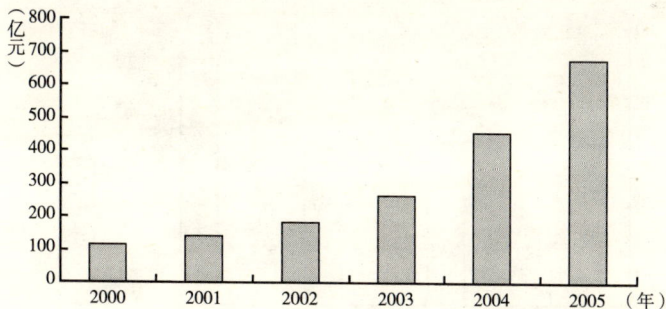

图2-13　山西省煤炭开采和洗选业工业增加值

虽然2005年山西省城镇单位在岗职工平均工资15645元，比上年增加了2702元，在全国排名第18位，比上年前移了3位。山西省在岗职工平均工资同比增长20.9%，高出全国平均水平（14.9%）6个百分点，在全

国排名仅次于湖北省，增幅排名第二位。截至 2006 年 6 月底，山西省城镇单位在岗职工平均工资 7475 元，比上年同期增长 20.5%，增速居全国第一位。"十五"期间，山西省在岗职工平均工资由 2000 年的 6918 元增加到 2005 年的 15645 元，在全国的排名也由 2000 年的第 31 位上升到 2005 年的第 18 位，年均增长 17.7%，是建国以来职工收入增长最快的时期。其中，山西省煤炭工业职工的平均工资由 2000 年的 7430 元，增加到 2005 年的 22536 元，年均增长 24.8%，工资水平比全省平均工资水平高 6891 元，增幅比全省平均收入增幅多 7.1 个百分点。但近年来的增长属于恢复性增长，煤炭职工总体收入水平仍然偏低，特别是井下矿工以及农民矿工收入等待遇还有待改善。

据统计，山西省国资委监管的 6 户煤炭企业职工工资收入 2004 年度人均工资为 17960.73 元，2005 年度人均工资为 23195.54 元，比上年增长了 29.15%。尽管这个增长的幅度相当大，但是还是要远低于 2005 年煤炭行业工业增加值 48.7% 的增长率。应该说，煤炭企业职工工资收入的增长并没有脱离整个行业的增长，是恢复性的合理增长。

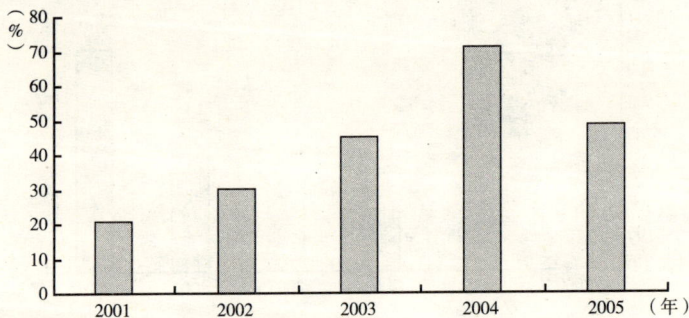

图 2-14　山西省煤炭开采和洗选业工业增加值的增长率

考虑煤矿井下工人的工作性质、工作劳动强度和危险程度，煤炭行业工资水平本身就应该在高位。中等偏上的合理标准只是近期目标，长远来看它应该更高于社会平均水平，处于收入较高的行业。另外，虽然煤炭职工从煤价上涨总获得了收入提高的实惠，但是煤炭行业的停产整顿对部分工人的打击却是巨大的。2005年国内12999个煤矿停产整顿，经整顿不合格而停产的煤矿至少4000个，而山西占到这个数据的一半。这些转产、下岗的煤炭职工不仅仅面临收入数量的减少，而且还要面对由于自身素质和条件导致再就业的巨大困难。

（4）煤矿农民工受到低收入的不合理对待

我国的农村进城务工人员广泛分布在国民经济各个行业，其中加工制造业、建筑业、采掘业及环卫、家政、餐饮等服务业中已占从业人员半数以上，煤炭行业中大量使用农民矿工是其突出特点。2001年全国农民工占采掘工人总人数的49%，特别是回采工作面直接挖煤的农民工占到60%～90%。本次调查中的发现国营大型二类煤矿企业——大阳泉煤矿，有职工3223人，其中农民工745人，占职工总人数的23%；如果是个体民营煤矿企业，农民工的使用比例更高。

煤炭行业农民工工资偏低，劳动时间长，安全条件差，缺乏社会保障，职业病和工伤事故多，在培训就业、子女上学、生活居住等方面也存在诸多困难。这些状况造成煤炭行业中农民工收入与其他煤炭职工收入形成显著差距。基于不合理的户籍制度、用工制度和社会流动机制等社会制度安排造成了煤炭行业的农民矿工收入处于收入的最底层。同时，其社会保险无法地区间转移，非城市户口子女教育成本加大，非城市户口家属就业困难以及没有社会统筹的农村老人赡养等问题，又使得农民矿工需要依靠其收入来负担的支出。一方面收入相对少，另一方面负担沉重，造成煤炭行业中农民矿工实际收入更低的现状。截止2006年底，全国煤炭行业94个国有重点煤矿集团全部农民矿工参加了社会保险。

（5）煤炭行业部分利润被转移到了关联行业

电力行业是对煤炭依赖性最大的行业，但是长期以来无论从电力行业价格，还是从工人工资、福利、行业发展状况等因素看，两个行业间差距非常大。

表 2-44　煤炭相关行业及基础能源行业历年利润总额比去年同期增长

单位：%

年　份	2002	2003	2004	2005
石油加工、炼焦及核燃料加工业	-368.97	174.59	116.08	183.09
电力、热力的生产和供应业	1.62	23.36	11.66	-82.23
石油和天然气开采业	-7.51	35.45	43.92	-59.44
黑色金属矿采选业	16.82	177.19	275.01	-73.97
有色金属矿采选业	6.54	66.35	118.94	-50.58
煤炭开采和洗选业	97.31	61.97	113.05	-55.91

资料来源：2002~2005 年《中国劳动统计年鉴》。

从整个行业比较看，1996~2003 年，电力行业利润率平均高煤炭行业 1.23%。2004 年开始，由于煤炭价格上涨，2005 年煤炭行业利润率首次高于电力行业 3.88%。从销售收入利润率看，1996~2003 年，电力行业平均高煤炭行业 9.85%，2004 年开始煤炭行业首次大于电力行业 4.95%。2004 年开始，单纯从经济指标看，煤炭行业似乎好于电力。

但是要考虑收入水平的话，煤炭工人工资低福利收入水平低，还是与电力行业的高工资、高福利存在很大差距。作为关系密切的关联行业，存在这种不合理的收入差距的主要原因，一方面是电力煤炭价格没有真正按照市场机制由供需双方协商确定，制度安排使得煤炭行业收入偏低；另一方面电力企业高工资、高福利是行业垄断造成的，并不完全和企业的经济效益挂钩。当前，煤电双轨制价格体系，实际上就影响着煤炭工业的效益和职工收入水平。

表 2-45　2001~2004 年煤炭与电力行业职工工资

单位：元/年

	2001	2002	2003	2004	行业平均
山西煤炭行业	8824	10499	12871	17200	12349
电力行业	15207	17237	19796	21543	18446
煤炭占电力行业	58%	61%	65%	80%	67%

注：由于数据原因，煤炭行业职工工资选用山西省数据；电力行业数据选用同期全国数据进行比较。

资料来源：根据《中国劳动统计年鉴》《山西统计年鉴》整理。

从上两表对比中看出，2001 年以来煤炭行业利润增长率远远高于电力行业的利润增长率，但是行业利润的增长并没有带来职工工资与电力行业的差距，煤炭职工工资年均只有电力行业的 67%。这一方面说明煤炭行业收入是恢复性增长，总体水平还是偏低；另一方面说明电力行业的高收入不是来自于利润的增长，而是行业垄断以及传统的高收入。

铁路运价不合理，使得煤炭收入部分转移到了煤炭运输部门，增加了煤炭企业负担。从上世纪 90 年代以来，大秦线、京原线、京秦线、丰沙大线四线铁路运费实行吨公里 13.13 分的特线特价运费，比全国平均国铁运费 9.02 分高出 4.11 分。大秦四线是山西省北部晋煤外运的主通道，由于执行高价运费，仅据近三年（2002~2004 年）统计，同煤集团经大秦线累计外运煤炭 7020 万吨，多支出运费 18.81 亿元，每吨煤多支出 26.80 元。这种煤炭定价、供给、运输和需求上的非市场机制，造成煤炭行业与其相关电力、运输部门的收入存在较大的不合理差距。

（三）煤炭行业居民收入提高的合理程度分析

收入水平合理与否不仅影响职工的稳定，而且还影响职工素质和煤炭产业科技水平提高。不合理的煤炭工业居民收入水平和不完善的收入分配机制是煤炭工业可持续发展的主要障碍。煤炭行业可持续发展需要居民收入合理增长作为支持。收入差距加大有合理和不合理原因，合理的收入差距有助于纠正平均主义，提高经济效率。收入差距保持在合理的程度上，其实质是公平和效率的兼顾问题。正当劳动所得是合理收入差距，而灰色收入、非法收入、隐形收入，由行政垄断、资源垄断以及行业垄断形成的市场准入的垄断收入则是不合理的收入差距。

1. 决定居民收入分配水平的因素

（1）煤炭行业及整体经济的持续发展

据统计，2005 年山西省生产总值达到 4179.52 亿元，按可比价格计算，比上年增长了 12.5%。全省人均生产总值 12495 元。"十五"期间全省国民生产总值年均增长 13.1%。生产总值总量在全国的排名由 2000 年的第 21 位前移至第 16 位，人均生产总值排位由 2000 年的第 20 位前移至第 15 位。

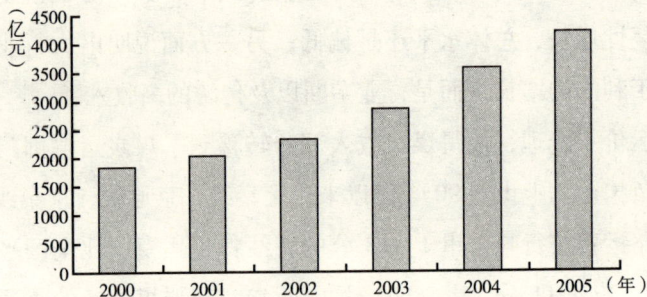

图 2 – 15 山西省地区生产总值变化情况

"十五"期间，山西省贯彻落实了中央治理整顿、规范市场经济秩序和关闭小煤矿等一系列政策措施，使煤炭企业产销两旺，煤炭企业职工工资收入大幅提高。全省职工平均工资由 2000 年的 7430 元增加到 2005 年的 22536 元，年均增长 24.8%，工资水平及其增幅比全省高出 6891 元和 7.1 个百分点。山西省是煤炭大省，占全省在岗职工总数的 18.45%，占工资总额的 26.15%。煤炭采选职工工资的高速增长，对山西省职工工资水平的较快增长起到了重要的拉动作用。

（2）煤炭市场及其煤炭价格

煤炭价格上涨是近几年煤炭行业居民收入快速增长的主要原因，但是单纯依靠煤炭价格上涨所带来的收入提高是缺乏持久性和稳定性的。2005 年开始煤炭市场开始呈现产能过剩、价格变动大的局面。从 2003 年底国内煤炭价格进入新一轮上涨周期开始，大量资本相继进入煤炭行业，过度投资使得煤炭市场出现供大于求的局面，库存加大。这直接表现在 2005 年 6 月开始山西大同地区煤炭出口价格下降，吨煤下降 10 ~ 20 元，从 7 月开始煤炭价格开始一路下滑，降幅达到 10%。这种供大于求的状况难以在短期内改变。

2006 年，原中央财政煤炭企业商品煤平均售价 302 元/吨，同比每吨减少4元，降低了1.3%。1～11月份，全国规模以上工业企业实现利润16532亿元，比去年同期增长30.7%。全国规模以上煤炭企业补贴后实现利润总额588.95亿元，同比增加97.55亿元，增长19.85%，利润增幅比全国规模以上工业低11个百分点，低于电力行业增幅18个百分点。分月累计看，今年以来全行业利润逐步回升，但是利润总额的增加，主要是煤炭销量的增加，而不是企业盈利能力的提高。从利润率看，今年以来它一直低于上年同期。

（3）煤炭资源禀赋条件和生产特点决定煤炭行业居民收入水平

煤炭开采的地下煤炭资源，其资源的赋存条件存在很大的差异，这在很大程度上决定了企业经济效益和职工工资水平，决定了煤炭行业整个居民的收入水平。储量多少限制了矿井的服务年限；煤种优劣决定了销售价格和市场；煤层深浅影响了开采成本的高低；运输距离的长短决定了企业成本的大小等。如果在资源禀赋条件差的企业里，即使付出几倍的有效劳动，因企业的经济效益不好，也得不到相应的劳动报酬；如果是关闭、破产、停产和转产的煤矿，更是直接严重影响了所在职工及其周边居民的收入。

另外，煤炭生产是地下作业，随着工作场所的变动、井下巷道的延深，井下运输、机电、通风、提升等各个生产环节所发生的费用就会相应增加，特别是高硫、高瓦斯、涌水量大的矿井费用就更高，整个矿井生产成本呈递增趋势。因此，煤炭企业由于受煤炭资源赋存条件等因素的限制和煤矿生产的特殊性，在很大程度上导致了生产费用高、盈利水平低和职工工资水平低。

（4）煤炭企业的成本决定企业利润和职工收入

煤炭企业成本决定了企业利润及其增长，进而直接决定企业职工的收入水平。近几年来，煤炭企业成本始终保持较快增长，给企业利润的持续增加和职工收入的不断增长带来了压力。据统计，截止到2006年11月，原中央财政煤炭企业原选煤成本为196.0元，较2003年的120.82元增加了75.18元，增长62.2%。而一些已经出台或正在酝酿的政策，在一定程度上都会增加煤炭企业成本和费用，比如：资源税将由吨煤0.3～1.2元/吨提高到2.50～4.00元/吨，煤炭资源价款平均吨煤6元，资源补偿费征收标准由销售收入的1%提高到3%～6%，治理采煤沉陷区和改造棚户区，征收未利用采煤沉陷土地使用税、排污费。特别是由于国家对煤炭安全的重视，安全成本要增加，基本达到20元/吨左右。从长远看，这些成本的增加很有必要，但短期来看会影响企业利润的增加。另外，煤炭企业增值税负担过重，高于全国平均水平一倍以上，而且每年还要支付200多亿元的铁路建设基金。

这些成本的增加都降低了煤炭企业的盈利能力。从全国规模以上煤炭企业盈利能力分析，截至到2006年10月，统计的全国5025家规模以上煤炭生产企业平均吨煤利润30.32元。其中，占规模以上煤炭生产企业总数76%的企业（3803家），吨煤利润在平均数以下；占全国规模以上煤炭生产企业总数36%的企业（1795家）吨煤利润只有6.07元，还有644家企业亏损，平均吨煤亏损14.14元。

（5）早期环境资源破坏影响煤炭行业现在的收入

鉴于山西长期开采煤炭造成的生态环境历史欠帐近4000亿元，资源型城市转型欠帐数千亿元，安全历史欠帐190亿元，除通过拍卖煤炭资源采矿权等办法筹集一些资金外，还应通过山西省自身财力增加和中央财政专项转移支付予以解决。建议在不影响国家既有财力的情况下，按照收支平衡的原则，调整中央对山西的财政体制安排，从2005年起每年财政净上缴中央部分，不再上缴中央财政，或由中央财政体制性转移支付返还山西。同时，依托大型引水工程、土地塌陷治理等重点项目，给予财政专项转移支付。

根据有关专家测算，矿区外部性生态环境和水资源保护、废弃物和采煤沉陷区的环境治理费用必须在2005年实际生产成本的基础上再增加单位生产成本12.5元/吨左右。

从太原穿城而过的汾河，如今也名列全国污染最为严重的142条城市河段，70%以上的污染源是工业污染，其中的70%来自太钢、太化和西山。就水资源而言，山西每挖一吨煤损耗2.5吨水，由此造成的水资源破坏面积已达20352平方公里，山西水资源由建国初期的130多亿吨减少到现在的97亿吨。全省因采煤排水引起矿区水位下降，导致泉水断流，致使近600万人饮水困难。

2. "十一五"期间山西煤炭企业职工合理的收入水平测算

虽然近年来山西煤炭工业居民收入保持了快速增长，特别是煤炭职工收入大幅度提高，但是这种收入属于恢复性增长，还有待于建立一个完善的收入分配机制和合理的收入水平。

（1）标准一：达到全国规模以上煤炭企业平均工资水平

报告对大中型煤炭企业以统计的规模以上煤炭企业①为样本。规模以上企业是煤炭行业对企业统计的一种口径，主要指全部国有煤炭企业和年收入超过500万元的非国有煤炭企业。具体情况如下表：

表2-46　煤炭工业规模以上企业1~5月份主要经济指标

单位：亿元/万人

年　份	2005	2004	2003
产品销售收入	2051	1297	872
利润总额	200	103	43
全部从业人员数	413	379	377

资料来源：根据中国煤炭工业网统计资料整理。

由于企业数目是历年发生变动的，因此它不具有横向可比性。2004年规模以上煤炭企业在岗职工平均工资16812元/年，比2000年规模以上煤炭企业在岗职工平均工资8384元/年增加了8428元，年均增长19%。

按照年均19%的增长速度和2004年为基期的在岗职工平均工资16812/元年推算，则整个煤炭企业的在岗职工平均工资为：

---

① 规模以上工业企业是指全部国有企业（在工商局的登记注册类型为"110"的企业）和当年产品销售收入500万元以上（含）的非国有工业企业；规模以下工业企业是指当年产品销售收入500万元以下的非国有工业企业（在工商局的登记注册类不为"110"的企业）。

表 2-47　山西省煤炭行业在岗职工平均工资标准一测算表

年　　份	2006	2007	2008	2009	2010
煤炭职工工资(元/年)	23807	28331	33714	40119	47742
月均(元/月)	1984	2361	2809	3343	3979

资料来源：根据中国煤炭工业网统计资料测算整理。

全国国有和规模以上非国有控股煤炭企业在 2000 年补贴后盈利 0.5 亿元，在 2004 年补贴后盈利 306.92 亿元。

煤炭产业劳动效率低下，全国国有和规模以上非国有煤炭企业年产煤 15 亿吨，从业人员就有 388.19 万人，每人年产煤仅为 391 吨。

（2）标准二：不低于相关基础行业的平均工资水平

选取与煤炭行业相关的五个行业——电力、有色金属、黑色金属、交通运输和石油，测算"十一五"期间山西煤炭行业在岗职工合理的平均工资，以不低于相关 5 个行业的平均工资水平和平均增长速度进行测算。

从 2001~2004 年行业职工平均报酬最高的依次为石油行业 22189 元/年，电力 18446 元/年，交通运输 15907 元/年，黑色金属 11700 元/年以及有色金属 10074 元/年。

表 2-48　2001~2004 年煤炭相关行业职工平均劳动报酬

单位：元/年

	2001	2002	2003	2004	行业平均
石　　油	18695	20663	23082	26316	22189
电　　力	15207	17237	19796	21543	18446
交通运输	13987	15818	15753	18071	15907
黑色金属	9226	10763	12208	14602	11700
有色金属	8185	9307	10394	12410	10074
年度平均	13060	14758	16247	18588	15663

注：为了统一和数据的全面起见，上表中均采用平均劳动报酬进行统计。行业名称具体指代如下：石油（石油和天然气开采业），电力（电力、热力的生产和供应业），有色金属（有色金属矿采选业），黑色金属（黑色金属采选业），交通运输（交通运输、仓储和邮电业）。

资料来源：根据《中国劳动统计年鉴》整理。

上表中，按照平均数标准看各个行业总年度平均水平为15663元/年，且从2001年的13060元/年开始每年都有所增加。如果按照中位数标准，则5个行业的平均年劳动报酬应该以交通运输行业的15907元/年作为基准。

表2–49　2001～2004年煤炭相关行业职工平均劳动报酬增长

单位：%

	2002	2003	2004	平均
电　　力	13	15	9	12
有色金属	14	12	19	15
黑色金属	17	13	20	17
交通运输	13	0	15	9
石　　油	11	12	14	12
平　　均	14	10	15	13

资料来源：根据《中国劳动统计年鉴》整理。

从上表中近年来相关5行业年平均劳动报酬增长率来看，如果按照算术平均计算，则平均增长率为13%。如果按照中位数标准，则平均增长率为15%。

表2–50　山西省煤炭行业在岗职工平均工资标准二测算表

年　　份		2006	2007	2008	2009	2010
算　术平均法	煤炭职工工资（元/年）	16667	18834	21282	24049	27175
	月均（元/月）	1389	1569	1773	2004	2265
中　位数法	煤炭职工工资（元/年）	21037	24193	27821	31995	36794
	月均（元/月）	1753	2016	2318	2666	3066

资料来源：根据《中国劳动统计年鉴》测算整理。

从上表中近年来相关5行业年平均劳动报酬增长率来看，"十一五"期间山西省煤炭职工工资总额算术平均结果是：从2006年的16667元/年逐年递增到2010年的27175元/年，月均从2006年的1389元递增到2010

年的2265元。中位数法的结果为从2006年的21307元/年逐年递增到2010年的36794元/年，月均从2006年的1753元递增到2010年的3066元。

（3）标准三：煤炭职工工资水平达到职工平均水平的2倍

在国际上主要产煤国家在岗矿职工工资都是全国在岗职工工资的数倍①，这样才能充分体现苦、脏、累、险的煤矿职工特点。2004年我国煤炭产业工人在岗职工工资为16812元/年，与全国在岗职工平均工资16024元/人年基本持平。如果根据国际上煤矿职工工资是全国平均水平数倍的设想，在"十一五"期间，煤矿井下职工工资水平达到全国在岗职工工资平均水平的2倍，其他非井下职工工资水平达到全国平均水平的1.5倍。

2005年山西省城镇单位在岗职工平均工资15645元。"十五"期间，山西省在岗职工平均工资由2000年的6918元增加到2005年的15645元，在全国的排名也有2000年的第31位上升到2005年的第18位，年均增长17.7%，是建国以来职工收入增长最快的时期。

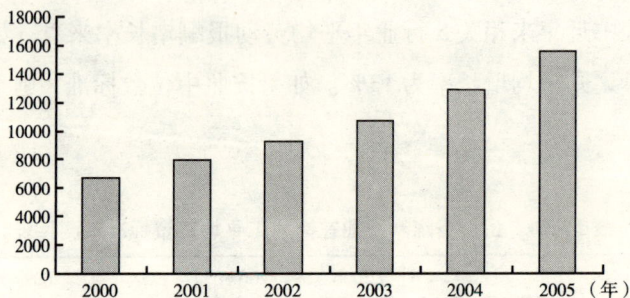

图2-16 山西省在岗职工平均工资

"十五"期间，山西省经济快速平稳发展，煤炭行业形势大为好转，企业产销两旺，使得山西省在岗职工平均工资收入迅速增长，年均增长达到了17.7%。在推算山西省"十一五"期间在岗职工平均工资收入时，出

---

① 关于煤炭职工工资国际标准的依据摘自煤炭经济研究会《煤炭职工劳动报酬现状及对策》，载《中国煤炭》2003年第9期。

于客观和稳妥，课题组选择全国 2005 年在岗职工平均工资的增长率 14.9% 来进行拟合推算，得到了如下结果：

表 2 – 51 "十一五"期间山西省在岗职工平均工资测算表

年 份	2006	2007	2008	2009	2010
在岗职工平均工资(元)	17976.11	20654.54	23732.07	27268.15	31331.1
月均(元/月)	1498	1721	1978	2272	2611

资料来源：根据近年《山西省统计年鉴》数据整理计算。

考虑国际标准，如果煤炭行业职工收入达到全省城镇单位在岗职工平均工资的 1.5 倍，井下职工达到 2 倍的标准推算，则"十一五"期间山西煤炭行业在岗职工工资的推算结果如下表：

表 2 – 52 "十一五"期间山西省煤炭行业在岗职工平均工资标准三推算结果

年 份	2006	2007	2008	2009	2010
煤炭职工工资(元/年)	26964	30982	35598	40902	46997
月均(元/月)	2247	2582	2967	3409	3916
井下煤炭职工工资(元/年)	35952	41309	47464	54536	62662
月均(元/月)	2996	3442	3955	4545	5222

资料来源：根据近年《山西省统计年鉴》数据整理计算。

按照全国 2005 年在岗职工平均工资的增长率 14.9% 和在岗职工平均工资 1.5 倍和 2 倍进行推算，"十一五"期间山西省煤炭职工月均工资平均为 3024 元，井下职工的月均工资为 4032 元。

（4）三种标准综合考虑

综合上述标准，课题组大致推算出了各自标准下的合理收入，现作如下统一比较：

综合三种标准的测算结果，其中标准二选取算术平均法结果，得到："十一五"期间山西省煤炭行业在岗职工合理的平均工资大致从 2006 年均 22479 元/年、月均 1873 元/月，以年均 16% 的速度持续增长，至 2010 年达到年均 40638 元/年、月均 3387 元/月的收入水平。

175

表2-53　三种标准下山西省煤炭行业在岗职工合理平均工资推算结果汇总1

单位：元/年

年　份	2006	2007	2008	2009	2010
标准一	23807	28331	33714	40119	47742
标准二（算术平均法）	16667	18834	21282	24049	27175
标准三	26964	30982	35598	40902	46997
年均（元/年）	22479	26049	30198	35023	40638
月均（元/月）	1873	2171	2517	2919	3387

资料来源：根据前面三个标准测算结果综合而成。

表2-54　三种标准下山西省煤炭行业在岗职工合理平均工资推算结果汇总2

单位：元/年

年　份	2006	2007	2008	2009	2010
标准一	23807	28331	33714	40119	47742
标准二（中位数法）	21037	24193	27821	31995	36794
标准三	26964	30982	35598	40902	46997
年均（元/年）	23936	27835	32378	37672	43844
月均（元/月）	1995	2320	2698	3139	3654

资料来源：根据前面三个标准测算结果综合而成。

综合三种标准的测算结果，其中标准二选取中位数法结果，得到："十一五"期间，山西省煤炭行业在岗职工合理的平均工资大致从2006年均23936元/年、月均1995元/月，以年均16%的速度持续增长，至2010年达到年均43844元/年、月均3654元/月的收入水平。

（四）建立有助于煤炭工业可持续发展的合理居民收入机制的建议

构建和谐社会，必须注重社会公平，正确反映和兼顾各方面群众的利益，妥善协调各方面的关系。在收入总水平不断提高的基础上，努力缩小收入差距，才是构建和谐社会的基础和保证。虽然2003年以来煤炭价格大幅上涨，使得煤炭职工收入快速增长，特别是2005年煤炭综合售价比2004年上涨了65%，煤炭企业销售收入比2004年上涨61%。在这种良好的煤炭市场形势下，2005年煤炭行业职工平均工资达到了历史最高水平。

但是单纯依靠价格提高来带动销售收入的增加，从而增加工人工资的做法，从长期来看缺乏足够的条件支持。特别是地方煤炭工业受到投入不足、布局混乱、规模不大、科技含量较低等因素的限制，可持续发展能力急待增强。

山西省从 2006 年开始了煤炭行业"三大战役"，依法关闭非法采煤矿点，淘汰关闭生产方式落后、安全隐患较大、年产 9 万吨以下的小煤矿，提高煤炭工业集中度，对大型矿井进行改造扩建等；严格实施煤炭产能零增长和焦炭负增长政策，淘汰煤炭、焦化等传统工业中的落后产能；在煤炭、焦化行业推行节能措施，发展循环经济，保证了煤炭工业的可持续发展。同时在积极推行矿产资源的有偿使用，认真组织"两权"价款收入，促进矿产资源规模开发和集约利用等方面取得了成效。特别在收入分配方面，2006 年在调整公务员和事业单位人员工资的同时，提高了企业离退休人员和退休职工的养老金，提高了职工最低工资标准和煤炭企业职工井下职工补助标准。

保证煤炭工业长期持续发展，才是煤炭工人以及煤炭工业区居民收入稳定增长的长期根本保证。在目前煤炭市场转好、利润增长较快的大好形势下，国家应当对这些为改革承担了巨大成本、付出较大代价的煤炭职工和工业区居民，设法通过税收财政等优惠政策给予适当的补偿。目前煤炭行业工资增长属于恢复性、补欠性的，煤炭企业应该抓住这次机遇，尽快将职工工资提高到合理的水平，并进一步完善收入分配制度。

1. 完善体现煤炭行业特点的社会保障体系

（1）及时划拨煤炭工业区的低保资金，加大低保对象的救助力度

自 1997 年 11 月国务院发布《关于在全国建立城市居民最低生活保障制度的通知》以来，对解决城市低收入居民的生活保障，起到了很明显效果，受到广大群众的热烈拥护。但是目前城市低保标准偏低，部分低保资金不能按时发放问题还是比较突出。本次调查发现，山西省城市低保标准最高为 200 元/月，最低为 115 元/月，全省月平均补差水平仅为 70 元，这

与实际城市生活水平还有一定差距。低保金仅能维持基本生活，一旦出现例如大病医疗、子女上学等情况，低保人群将无能为力，这在我们所有地方的调研中都有所反映。城市低保对象是生活在社会最低层的弱势群体，绝大多数没有可以赖以生存的专业技术或由于年龄偏大而无法找到工作。对他们而言，低保金就是养命钱，但在有些地方，低保金不能按时发放。如在阳泉市的调研中发现，到八月中旬低保金只发放到六月份，这给低保户的生活带来了很大的困难。

对低保工作来说，资金短缺问题是长期的困难。偏低的低保标准仅能维持最基本的生活要求，无法使他们摆脱贫困。在保证及时、足额发放低保救助金的同时，政府还要努力协调各部门，齐心协力救助弱势群体，为他们提供免费接受教育和培训的机会，使有劳动能力的低保对象能够重新就业，通过劳动增加家庭收入，提高生活水平。这才是解决脱离贫困的根本办法。

（2）利用做实养老保险个人帐户试点的契机，完善煤矿职工的社会保障制度

社会保障体系是调节收入差距的重要手段。截至2006年6月底，山西省企业养老保险参保人数达290万人，比去年全年增长2%，参保率达84%；到9月底，全省参加工伤保险人数达170万人，比去年全年新增20万人，其中，已参保农民工达51万人，占全部参保人数29.8%；到目前，参加失业保险人数达288.5万人。2006年中央批准山西为做实基本养老保险个人帐户试点的省份，省政府可利用这次试点为契机，积极推进基本养老金计发改革，增强社会保障体系的保护能力，扩大保障覆盖面。2006年企业职工基本养老保险个人账户规模调整工作全部到位，完成了个人账户规模由11%到8%的调整，个人缴费的比例同步提高到8%。个人账户基金完全由职工个人缴费形成，为实施计发办法改革和逐步做实个人账户奠定了基础。

坚持社会统筹和个人帐户相结合，完善煤炭行业职工基本养老保险和

基本医疗保险，同时建立健全失业保险制度和城市居民最低生活保障制度。还要确保国有煤炭企业特别是中小煤矿下岗职工基本生活费，保证离退休人员基本养老金按时足额发放，使所有符合条件的煤炭企业职工和煤炭工业区居民都能得到最低生活保障。继续抓好养老、失业、医疗、工伤、生育等各项社会保险的扩面征缴。将尽可能多的从业人员纳入到社会保险制度中来，并筹集好社保基金，还要特别重视煤矿企业大量使用的农民矿工的社会保障问题。

（3）从技术上解决社会保险的地区间自由转移问题，保证农民矿工的切身利益

社会保险的意义就在于用年轻时的收入交纳保险，在年老的时候享受一定的生活保障。我国目前社会保险没有打破地区间界限，导致高流动性农民工的社会保险关系和待遇出现时间接续以及地区转移等问题，损害了农民工在流动就业中的权益。如果企业为农民矿工按照工资总额交纳保险，不仅工人自身没有享受到社会保险的益处，而且企业也白白给他们交纳了保险费。同时这给农民工个人和其所在企业增加了支出，减少了其实际收入。对高比例使用农民工的煤矿企业来说，这个问题尤其迫切。因此急待从技术上解决社会保险的地区间自由转移问题，让农民工真正享受到社会保障的益处。

2. 加强财税政策对煤炭行业的支持力度

（1）适当降低山西税收上缴比例，增加对山西财政转移支付力度

山西是我国煤炭资源和煤炭工业发展主要基地，自建国以来，为国家经济建设和改革开放做出了巨大贡献。煤炭资源储量占全国的26%，位全国之首，产量长期占全国总量的1/4～1/3。山西一直占到全国省际间煤炭净调出量的70%以上。但由于煤炭工业是关系到国计民生的最基础产业，因此，国家一直将煤炭作为宏观经济计划的重要部分，支持着全国改革开放快速推进，这样山西就在价格、财政税收等方面做出了很大的牺牲和代价。目前，山西是中西部地区唯一的财政上缴省，税收上交比例仍然高达

60%～65%，中央税中中央拿走的多，分配的少，导致了省内建设资金匮乏，财力不足。如阳泉市 2005 年财政收入 37 亿，但是地方可用财力不足，上缴比例太大，而现在基本上还是吃饭财政。而大同市同样存在着财政保障能力差，人均财力低。2005 年只有 13.47 亿可以自主支配财力，当年预算支出 36.9 亿。地方财力保障能力只有 36.45%。在这种财力状况下，社会保障、低收入群体等难以得到保障。而阳泉市、大同市这样的煤炭工业区，产业结构对煤炭及相关行业依赖度高达 75%。此外，这些城市的历史包袱重，财政供养人口多，如大同就是 1∶24.6，其中市级财政 36645 人，除低于太原以外，高于其他市 1 倍以上。城市基础设施欠账多，教育发展也受到影响。

（2）适当调整煤矿职工个人收入所得税的起征范围，考虑将井下保健津贴列入免征项目

2006 年后，我国开始提高了个人所得税起征点，由原先的 800 元提高到了 1600 元。这一制度适应了新发展需要，是符合实际的。但是，从考虑特殊行业的实际出发，劳动保障部、国家发展改革委、财政部《关于调整井下艰苦岗位津贴每矿有关工作的通知》（劳社部发［2006］24 号）制定了井下津贴、夜班津贴和班中餐补贴标准和现行的井下保健津贴等（井下采掘工每月大约 955 元，井下辅助工每月大约 730 元），体现了国家对煤炭这样的特殊性行业关照。但是，这些特殊津贴目前也同样纳入个人收入所得税征收范围。这样做是合理的，无可厚非，但考虑到煤炭工业职工尤其是井下职工的特殊性，将国家劳动保障部、国家发展改革委、财政部规定的特殊性津贴项目列入免征收个人所得税中，这也是新时期以人为本、科学发展观的具体体现。当然，免征的对象主要限于煤炭工业的煤矿井下作业职工。非井下煤矿作业职工则不在此范围之列。建议继续实行煤矿职工井下各种津贴扣除后的工资收入计征个人所得税政策。

（3）改生产型增值税为消费型，减轻企业税赋

增值税在税收征收办法的设计上，没有反映煤炭作为资源性行业的特

点。资源性行业高于加工行业税收负担水平。根据国家统计局公布的统计资料显示，同全国国有及国有控股企业税负水平相比，国有重点煤炭企业税收负担最重。煤矿生产环境特殊、复杂，受自然条件约束非常大。生产煤炭需要做大量的前期准备工作，需要开拓、延深、掘进巷道、布置采煤工作面。布置一个工作面通常需要做好支护、通风、通电、通讯、运输、排水和瓦斯监测等一系列工程准备工作。因此，煤矿维持简单再生产费用支出很大。但现有增值税法规定煤矿提取的折旧、维简费和井巷费等用于生产准备费用支出不能作为增值税进项税进行抵扣，从而使煤炭企业增值税税负大幅度增加。此外，对煤矿使用专用基金购置的固定资产价值中的增值税存在重复增收的问题。例如，税改后煤炭企业实缴增值税平均占销售收入的 7% ~ 10%，比税改前增加了 3% ~ 6%。即使有中央的增值税定额返还政策，山西省国有重点煤炭企业 2002 年与 1993 年相比，纳税总额提高了 20.7 亿元，进、销项税相抵后的税率为 9.05%，比 1993 年 3% 的产品税提高了 6.05 个百分点，平均每吨煤多缴 4.33 元。

在增值税征收办法尚未调整的情况下，建议参照石油企业做法，允许煤炭企业购建生产用固定资产、矿井水平延深、开拓等井巷工程支出按照 17% 的比例作为增值税进项税允许抵扣，以促进煤矿增加投入，保证安全生产，提高煤矿整体水平，同时缩小国有重点煤矿和乡镇煤矿之间的成本差距，有利于公平竞争。

3. 制定体现煤炭行业特殊性的工资制度

（1）关注收入结构的合理性，增加煤矿工人的基础工资、津贴和后续教育的投资

通过分析煤矿工人的工资结构发现，虽然煤矿工人总收入水平近年来得到了巨大的增长，但其工资构成上存在的最大问题是：基础工资并没有太大提高，主要是岗位工资的变化导致的收入增加。基础工资过低会直接影响职工将来退休后养老金的多少，这给煤矿职工将来的收入带来了隐患。因此在看到增加收入总量的同时，还要注意收入结构的合理，不能一

味认为现在基础工资低能减少交纳社会保险,而忽视给职工未来生活造成不便的可能性。因此,相应地提高工人的基础工资,提高社会保险金的交纳比重,是保证煤矿工人将来稳定收入的重要手段。这不仅要通过政府政策等指导手段来强制提高基础工资,而且要从改变企业领导人以及职工自己的观念入手,不能将社会保险费看作企业办社会的负担,曲解了社会保险的意义。

建立井下工人最低工资制度和提高津补贴标准,煤矿井下工人常年战斗在生产第一线,工作时间长(一般 11 个小时)劳动强度大,面对着水、火、瓦斯等灾害事故随时可能发生的威胁,承受着噪音、高温、粉尘、阴暗潮湿的恶劣环境的侵害,造成心理负面影响很大,理应得到特殊的补偿。建议按当地政府公布的最低工资标准的 1.5 倍,确定井下工人的最低工资标准;同时,入井津贴、夜班费、班中餐等由现在占工资总额 10% 提高到 30%。

此外,还要加大职工的后续教育投资,切实提高职工整体素质。对煤矿企业来讲,一方面应完善煤炭开采成本核算制度,全面反映煤矿开采的成本费用;另一方面,应该保持并进一步提高工资、福利费用在开采成本中的比例,使煤矿职工的工资、福利待遇得到合理提高,真正体现艰苦行业的劳动价值,吸取更多人才到煤矿施展才华,进而提高职工队伍的整体素质。

(2)从政策上弥补企业退休人员养老金,缩小与机关事业单位的差距

国家政策原因形成的企业退休人员与机关事业单位退休人员待遇差距问题,还是要通过政策制定加以解决,中央、省、市各级政府应从政策角度进行养老金的调整。山西 2005 年 7 月、2006 年 7 月两次提高企业退休人员基本养老金,在大幅度调整基本养老金的同时确保了按时足额发放。调整中特别对具有高级技术职称的和部分建国前和建国初期参加工作的企业退休人员适当予以倾斜照顾。

今后两者之间养老金增幅上不能再有所区别,否则会形成更大的距

离，至少努力做到今后企业退休人员养老金的涨幅与机关事业单位人员基本保持适当一致。同时，还要特别关注绝对量的公平，考虑如何真正缩小两者之间的差距。例如可以增加养老金的标准和数额，所需费用由养老保险统筹基金列支；规定养老金保障线，不足部分给予补助，所需资金可由中央、省、市财政分担。历史形成的不平等问题，一下子可能无法解决，但只要能够保证逐年缩小差距就是好的。

（3）年薪制定过程要透明公开，将职务性消费作为抵扣项目加以考虑

年薪制是近几年我国现代企业制度改革中进行分配制度改革的一种新探索，这项改革方向是正确的。但课题组在调查中发现，群众认为年薪制人为地拉大职工与管理层的收入，加大了企业内部矛盾。特别是很多地方的企业年薪制不与企业效益挂钩，使得年薪制成为成为一种新型收入分配不平等的新制度根源，成为当前又一个社会矛盾的焦点。年薪制的推出是为了鼓励经营者的积极性，但是在目前低收入的情况下，职工无法理解经营者与劳动者收入之间过大的差距。

建议国家在推广年薪制改革过程中要与本企业的效益相结合，与整个职工的工资变化相联系，从年薪制的制定依据、执行程序等方面加强透明和监督。特别是年薪制的制定依据一定要适当公开。同时将职工工资的制定相应对比，让职工理解并拥护年薪制的执行，这才不会违背年薪政策的推行初衷。另外，要尝试将可以量化的职务性消费作为年薪制的抵扣项目，才能使得年薪制更加合理可行。年薪制的试行应该增加职工和工会的决策和参与程度，大力推行职工工资协商制度、集体协商机制，工资不能简单的由老板来确定，政府应出台相关政策来规范工资制定标准。建议将职工工资水平及其上涨幅度作为制定企业领导者年薪的重要指标之一，不能再发生通过拖欠职工工资来换取企业效益的情况。

4. 继续深化促进煤炭工业发展的配套改革

（1）适当调整动力煤价格，逐步使动力煤价格市场化

要素市场化是我国建立市场经济体制的基础，而价格的市场化决定是

最基本要求。我国煤炭工业可持续发展的关键之一就是要解决价格市场化问题。煤炭工业可持续发展，其目的就是建立长效机制。考虑到国家对电力发展的全局性规划，国家对公益与电力的动力煤（对电煤价格）价格实行指导价。这说是指导价，实际上带有计划性和强制性。当前，在电力部门效益提高，电力系统职工收入大大高于全社会收入水平时，仍然执行这一政策，显然对煤炭工业来说很不公平。正是由于电煤价格被管制，导致了整个煤价被压低。煤炭成本构成中资源、环境、安全、转型成本都没有计算进去，环境欠帐，资源欠账。如果完整的煤炭成本核算机制无法形成，煤炭工业的可持续发展也就难以为继。比如位于大同市的同煤集团就面临着这样的问题。同煤集团主要是生产动力煤，产量在 1 亿吨，如果按照现在国家的指导价格，加上环境、资源保护等各项成本计算在内，其利润空间就很小很小，有时甚至亏损。可以说，对于主要生产动力煤的同煤集团来说，目前的价格，使企业效益、产业链发展、技术和人才投入都受到了限制。综上所述，国家适当地调整动力煤价格是必要的。而且，按照目前的电力发展，逐步地建立煤价的市场化定价机制的时机和条件已经基本成熟。

（2）改革土地征用制度，提高失地补偿标准

解决失地农民的就业和生活及社会保障，是目前我国面临的新问题之一。为此，各地方政府在改革农村土地补偿制度时，均采取了提高了失地农民补偿标准，有些还采取了给农民购买社会保险或者纳入到城市社会保障体系。这种现象在煤炭矿区也更为突出。根据调查，2005 年山西阳泉市农转非共 9000 人。其中的 3800 人由于无法就业，无收入来源，而成为城市低保对象，成为"三失"人员，即失业、失地和失保人员。煤炭工业区本来就存在着低收入家庭、困难户、特困户多的现象，失地农民的增加对城市低保户多的煤炭矿区则更是雪上加霜。因此，建议国家应该从土地制度层面上进行改革，对土地出让金的分配上，要增加对农民补偿的部分，地方政府再将土地出让金作为财政收入前必须先支付农民的补偿金。这样，可在一定程度上提高失地农民的补偿标准。具体办法如下：建立国家

和地方土地发展基金，土地发展基金的来源主要是土地出让金收入。土地出让金收入分配比例，按照国家和地方4:6确定，地方土地发展基金收入应全额纳入地方预算。土地出让金的分配，主要包括征地农民补偿、农业开发、廉租房建设等，但首先应满足征地农民补偿。土地出让金必须足额安排支付征地补偿安置费用、拆迁补偿费用，补助被征地农民社会保障所需资金的不足。结余资金应逐步提高用于农业土地开发和农村基础设施建设的比重，以及廉租住房建设和完善国有土地使用功能的配套设施建设。国家土地发展基金，则主要用于环境保护和国土资源开发建设。

（3）整合现有煤炭能力，积极拓展资源开发空间

要在淘汰落后生产能力的同时，根据区域分布、煤田资源、煤炭品种、销售市场统一或相近的特点，联合重组国有重点煤矿和国有地方煤矿，整合小而散的煤炭资源和过多的小煤矿，对煤矿安全、销售等要素强化管理，加快煤炭企业集团化进程。不断提升产业集中度和核心竞争力，夯实促进职工收入增长的基础。

另外，充分抓住山西在煤炭间接液化领域的技术、人才和资源优势，积极开展煤变油技术的研究与前期开发准备，力争国家在山西建设示范厂，使这一具有战略意义的高新技术尽快实现产业化，带动全省经济的快速发展。

（4）从政策上支持企业彻底剥离办社会的职能，减轻企业经营负担

煤炭企业，特别是大型重点国有煤炭企业承担了教育、医疗、社会公共事务等大量的本该政府和社会承担的职能，为社会分担了大量就业压力和社会福利职责。然而承担社会职能的巨大成本加重了企业经营负担，增加了运营成本，降低了企业利润，影响了煤炭行业职工收入水平。

但是，目前国家和省属政策规定，煤炭企业只能将中小学校和公安两类移交当地政府管理，大量涉及人员多、费用大的资产当地政府不愿意接收，移交进度非常缓慢。国家可以通过政策上支持企业彻底剥离办社会的职能，支持企业进行股份制改造，真正成为严格意义上的现代企业。对接

收这些社会职能资产的当地政府，也要有所支持鼓励。当地政府要看到其解决失业，承担公共产品提供以及保证公众社会福利的积极作用，而不应仅从经济效益角度来考虑接受的资产，从而更加正确地行使政府职能。

5. 其他政策建议

（1）考虑煤矿井下工作特殊性，可试行井下职工提前退休的特殊政策

相对于其他行业来说，煤炭行业是一个高危险的特殊性行业。煤炭职工井下生产，不仅安全保障程度相对较低，安全风险大，而且职业病如尘肺病较多。据反映，仅山西大同的同煤集团患尘肺病职工人数就达1万多人。正是基于煤矿职工井下作业时间长，工作环境差，条件艰苦，劳动强度大，体力严重透支，服务年限较长，寿命相对缩短等因素，煤炭企业希望对煤矿井下职工采取特殊的退休政策，即对采掘岗位连续工作25年、井下辅助岗位连续工作30年的职工，可以退休，并享受养老保险待遇。对即将关闭破产的煤矿企业井下职工，在上述工作年限上再提前5年。

煤矿井下工人特别是回采、掘进工人，长期在苦、脏、累、险的恶劣环境中工作，劳动强度大，体力透支多，在采掘一线最多干10～15年。建议比照《国务院关于整顿和规范市场经济秩序的决定》中，对关闭破产企业人员的安置办法，对煤矿井下工人再提前五年退休。绝大多数企业普遍使用农民工，特别是在回采工作面，直接挖煤的农民工达到80%～90%。但是，企业在招用农民工时，按照国家有关规定，签订的都是短期合同。即使续签合同，也只能到8年期满为止，从而造成农民工流动性大，临时工作的思想严重。建议对农民轮换工的用工期限延长至10年。期满后，企业留用的业务骨干由3%提高到15%，以巩固采掘一线的骨干力量。

我们认为这一建议是可以实现的。据一项研究结果显示，由于煤炭工业生产条件相对较差、劳动强度大，煤矿井下职工的平均寿命只有65岁，比目前全国平均寿命71岁要少6年。如果55岁退休，享受国家养老保险支付的时间也就是10年时间。按照目前井下采掘职工退休金平均1700元，国家多支出10.9万元左右。煤炭企业曾算了一笔帐，一般职工按每天正常

工作 8 小时计算，23 岁参加工作，60 周岁退休，工作年限 37 年，累计工时为 74308 小时；按照工作时间相等的原则，以井下采掘职工每天工作 12 小时计算，工作年限 25 年，累计工时就达到 75312 小时，已经超过一般正常员工 900 多小时。对于井下辅助职工，若以每天工作 10 小时计算，工作年限 30 年，累计工时就为 75312 小时。根据以上累计工时对比情况，这项建议是有一定道理的。根据多年实践经验，按照这一标准，符合条件的职工一般也要到 47 ~ 48 岁，而且人数不是很多。即使是这样，国家负担的养老金大概也就多 7 ~ 8 年时间。这 7 ~ 8 年时间的资金支付，可以采取国家和企业共同负担或者中央、地方和企业各方面各负担 1/3。

（2）发展非煤产业，拓宽就业渠道，解决煤炭工业区的再就业问题

发展非煤产业和煤炭工业区的第三产业是保证煤炭工业城市可持续发展的必然选择。非煤产业发展得早，发展得好，煤炭产业本身发现新功能和保持煤炭职工稳定收入才有可能。就业同样是保证煤炭职工及其家属获得生活条件和发展条件的必要前提，是保证煤炭工业再平稳发展 50 年的重要保障。据对大同矿区政府调查反映，"同煤集团已经有 14 ~ 15 年没有招工，煤下井的固定工作也不招，主要安置退伍军人。同煤集团技工学校也总是停招。很多煤矿区的企业破产倒闭，失业者无法就业。同煤集团承担的退伍军人指标太多。想下井、想当兵也困难"。这样就导致了大量的低收入群体、低保户、困难户和特困户。集体企业煤矿、服务公司、小单位、三产企业收入更低，低收入群体的比例更高，负担家庭正常生活都面临困难。

煤矿工业区的再就业压力尤其巨大，因此需要政府加大力度，尽可能对关闭、停产、合并和转产煤矿的下岗失业职工提供再就业机会，可通过直接购买或创造就业岗位，进行免费技能培训，提供创业贷款和税收优惠，对吸纳下岗失业人员的单位给予信贷和税收优惠。例如，本次调查中发现，下岗的中青年人员中，对技能培训的需求非常强烈，比如非常希望学习驾驶技术。但是修车技术的费用对他们来说还是相对较高，而社会对此还是有较高需求。

第二章 城市居民收入状况的调查研究

187

附录一
山西煤炭工人收入偏低分析及建议①

煤炭工业可持续发展关系到国民经济和能源安全大局。国家社会科学基金重大项目"我国地区间居民收入分配差距研究"课题组，就山西煤炭工业可持续发展中居民收入分配问题，前往大同市和阳泉市做了深入调研，形成了《山西煤炭工业可持续发展中居民收入分配机制研究》报告。现就煤炭工人收入问题摘要汇报如下，供决策参考。

一、山西煤炭职工收入水平相对偏低

人们有一种错觉，认为煤炭行业有暴利，收入高，因此，煤炭工人收入就高。我们比较了国有大型煤炭企业经营管理者、地方煤矿私营矿主、煤炭职工（包括煤炭农民矿工）以及煤炭相关行业的居民收入，发现煤矿职工的工资（包括津贴、生活福利补助等收入）是相对偏低的。

1. 煤炭行业存在低薪企业和困难职工群体。

据我们调查，煤炭行业企业内部职工工资差距很大。如同煤集团，虽然 2005 年人均年收入 2 万元，但有近 1.1 万职工年均收入只有 9000 元，矿区还有待业人员 4 万人。在职职工中有困难户 3279 户，达 10337 人，其中特困户 1548 户，达 4798 人。就行业内看，地方煤矿工资水平更为偏低。2005 年国有重点煤矿在岗人均收入为 12233 元，地方煤矿仅为 7021 元。在我们调查的煤炭企业中，最高收入的管理层与最低收入的生产者，相差在 9 倍以上甚至更高。目前这种现象已经很普遍，职工反映强烈。

2. 煤炭行业的农民矿工收入处最底层。

煤炭行业中大量使用农民矿工。据我们调查国营大型二类煤矿企业——大阳泉煤矿，有职工 3223 人，其中农民工 745 人，占职工总人数的

---

① 本建议由李晓西教授和张琦教授等执笔，并于 2008 年 6 月报中央决策部门。

23%。如果是个体民营煤矿企业，农民工的使用比例更高。

煤炭行业农民工工资偏低，加上多种付费，使得名义收入低，实际收入更低。煤炭行业中农民工交纳的养老保险、失业保险等，一旦其离开所在企业，会因因制度规定和技术问题无法跨地区转移。

3. 煤炭工业区低保对象人数多，救助资金及时发放有困难

2006年，山西全省城市低保对象38.9万户共86.1万人，其中在职职工5.8万人，下岗职工8.7万人，离岗职工16.4万人，占整个低保对象的36%，而在煤炭工业区，低收入和困难人口更多。目前，山西低保金由金融部门代发。银行实行有偿服务，每户每年需卡费10元，管理费12元，再加上低保部门的工作经费10元共计32元。按40万户计算，这需要花约1280万元。这部分运行费用是由市县两级财政部门分担。但县级财政大都没有列入预算，因此不能确保正常低保金及时发放。

4. 煤炭行业收入相对偏低

电力行业是对煤炭依赖性最大的行业，但是长期以来，煤、电行业工人工资、福利差距非常大。2001~2004年煤炭与电力行业职工平均工资相比，仅为其67%。煤炭产、运收入也存在不合理问题。从上世纪90年代以来，大秦线、京原线、京秦线、丰沙大线四线铁路运费实行吨公里13.13分的特线特价运费，比全国平均国铁运费9.02分高出4.11分，增加了煤炭生产企业负担。考虑煤矿工作劳动强度和危险程度，其工资水平应偏高而不是偏低。

二、煤炭工业职工实际收入水平偏低原因分析

煤炭工业职工实际收入水平偏低是客观和主观原因。

1. 煤炭资源禀赋条件和生产特点限制了职工收入水平的提高

煤炭资源禀赋条件在很大程度上决定了企业经济效益和职工收入水平。储量的多少限制了矿井的服务年限；煤种优劣程度决定了在市场上是否适销对路；煤层内在的灰分、硫分的高低，制约着售价的提高；煤层埋

藏深度的大小，影响开采方式和开采成本的高低。煤炭生产是地下作业，井下巷道的延深、延长和工作面的搬家倒面，井下运输、机电、通风等各个生产环节所发生的费用就会相应增加。特别是高硫、高瓦斯、涌水量大的矿井费用就更高。生产成本高了，职工收入水平就低了。调查中发现，煤炭企业普遍存在着以包代管问题，定员定额和工时单价等基础性的管理工作削弱了，工资不稳定性加强了。

2. 煤炭企业历史欠帐严重，影响职工收入提高

在 1997~2000 年经营艰难时期，山西煤炭行业形成了大量欠帐。截至 2005 年末，累计拖欠城镇职工工资 29 亿元，其中国有企业欠债 23.35 亿元，至今还有不少企业没有补完欠帐。此外，国有煤矿企业离退休人员较多，因而在职职工收入提高就很难了，地方煤矿欠账也就更严重了。

3. 国有煤炭企业办社会的负担较重

调查发现目前山西国有省属重点煤炭企业，还承担着社会公益和部分政府职能。根据 2005 年对山西省属重点 5 户煤炭企业办社会调查，办社会资产为 55 亿元，占企业资产总额的 3.86%；办社会的补助为 40.5 亿元/年，占当年吨煤成本的 25.8 元。以同煤集团为例，它设有法院、武装、消防、学校等机构，仅医院就有 63 家。

4. 煤炭行业职工家庭负担重，造成实际收入水平偏低

煤炭行业职工配偶往往文化程度不高，就业机会少。煤炭基地第三产业发展较落后，妇女就业机会少，矿工的收入要养活全家老小，收支压力高于双职工家庭。看病方面的支出很大，如山西同煤集团患尘肺病职工人数就达 1 万多人。

5. 煤矿工人的文化程度偏低、年龄偏大，再就业的难度大

采掘是重体力劳动，这一特点决定了煤炭工人文化程度普遍偏低。以阳泉市国有大型二类煤矿的大阳泉煤矿为例，该企业年产 120 万吨煤炭。现有职工 3223 人，其中大学本科及以上仅占总数的 1.6%，初中以下的占 75%，平均文化程度很低。因资源枯竭，预计到 2020 年山西省有将近

30%的矿井要闭坑，煤矿职工再就业很困难。

三、煤炭矿区井下职工试行提前退休特殊政策的建议

提高煤炭职工收入是一个综合性的问题，解决的难度较大，这里仅提出一个可操作的政策建议，即可否在煤炭矿区允许井下职工试行提前退休政策，理由如下：

第一，由于煤炭工业生产条件相对较差，劳动强度大，体力透支严重，煤矿井下职工的平均寿命只有65岁，比目前全国平均寿命71岁要少6年。调查中，绝大多数煤炭企业迫切希望国家对煤矿井下职工采取特殊的退休政策。我们认为，提前退休是合理的要求。

第二，试行提前退休的政策标准可考虑：对采掘岗位连续工作25年、井下辅助岗位连续工作30年的职工，可以退休，享受养老保险待遇。

第三，试行提前退休的资金支付。如果55岁退休，按照煤矿井下职工的平均寿命和现行退休金平均1700元计算，一位职工养老保险支付在10.9万元左右。实际上，能真正享受这一规定的人数不是很多，如果采取中央、地方和企业共同负担，是可以比较容易做到的。

附录二
"十一五"期间山西省合理的城镇
居民人均可支配收入测算①

城镇居民人均可支配收入15年跨越了7个千元大关，特别是"十五"时期，增速明显加快。2005年，山西城镇居民人均可支配收入达到8913.9元，比1990年的1290.9元增长了5.9倍，年均递增13.7%。

山西城镇居民人均可支配收入在全国的排位也大幅前移。它由1994

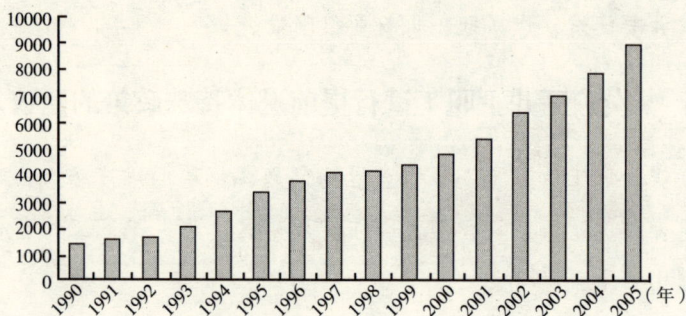

图 2 – 17　山西城镇居民人均可支配收入变化情况

年、1999 年、2000 年的全国末位上升至 2001 年的第 28 位、2002 年的第 24 位、2003 年的第 22 位、2004 年的第 18 位、2005 年的第 17 位。

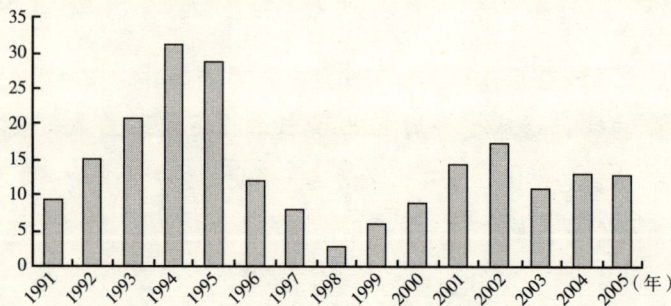

图 2 – 18　山西城镇居民人均可支配收入增长率

　　课题组根据山西省 1990 ~ 2005 年 15 年间城镇居民可支配收入的平均增长率 13.7% 进行拟合推算，得到了山西省"十一五"期间城镇居民可支配收入情况，结果如表 2 – 55：

表 2 – 55　"十一五"期间山西省城镇居民人均可支配收入测算表

年　　份	2006	2007	2008	2009	2010
城镇居民人均支配收入(元/年)	10135	11523	13102	14897	16938
月均(元/月)	845	960	1092	1241	1412

　　资料来源：根据近年《山西省统计年鉴》数据整理计算。

经过简单测算，"十一五"期间山西城镇居民人均可支配收入到 2010 年达到 16938 元/年，每月 1412 元/年。这种幅度的增长符合山西整体经济发展实际情况，使得全省人民收入水平提高保持在合理的水平和增长幅度。

二、阳泉市居民收入分配调研报告①

课题组对阳泉市居民收入分配的调研是在 2006 年 8 月 14 ~ 16 日，共三天时间，先后与阳泉市的五位市领导及阳泉市发改委、市财政局、劳动局、国资委、经委、信访局、总工会、民政局和统计局城调队等 9 个政府管理部门和市煤炭管理局、南煤集团、燕煤公司、大阳泉煤矿等煤炭企业，以及阳煤集团平潭街道办事处大院社区居委会居民、南煤集团居民进行了座谈。

本调研报告是在各单位提供的书面材料、座谈记录基础上撰写的，分为收入分配状况、收入分配中存在的问题特别是煤炭行业收入分配出现问题及其原因、相应的政策建议等五部分。

（一）阳泉市居民收入分配的现状及特点

山西省阳泉市面积 4570 多平方公里，包括两县三区；人口 127 万，其中 62 万城镇人口，占 49%，城市人口比例较高。阳泉是全国重要的能源重化基地和老工业基地，是我国最大的无烟煤、铝矾土和硫铁矿的生产基地之一，已探明的地质储量分别为 104 亿吨、2.27 亿吨和 2.5 亿吨，是典型的资源性城市。煤炭、耐火材料、化工产品是阳泉市主要经济支柱。

从阳泉煤炭工业发展历史来看，20 世纪从 90 年代后期开始，由于阳泉市经济结构不合理、产品技术含量低、附加值小等行业特点，造成了其

---

① 本次调研得到了山西省经济发展研究中心、山西省省委政策研究室、阳泉市政府及阳泉市发展和改革委员会、财政局、劳动局、国资委、经委、信访局、总工会、民政局、煤炭管理局、统计局和阳煤集团等单位的大力支持和协助，在此表示衷心感谢！

整体经济发展后劲不足。1985 年，阳泉市居民人均收入位于山西省第 4 名，1990 年位于第 2 名，1995 年位于第 4 名，而从 1997 年开始，由于煤炭行业整体萧条，阳泉市的人均可支配收入降至全省倒数前列。2002 年后由于市场变化，经济形势好转，特别是煤炭和耐火两大产业的复苏，阳泉市居民收入状况好转，到 2004 年居民人均收入又提高到了全省第 4 位。2005 年继续延续了前几年的良好态势，财政收入达到 37 亿，居民收入水平也达到了历史最好水平，职工工资收入水平相应增长较快。

1. "十五"期间阳泉市城市居民收入水平持续快速上升

1985 ~ 2004 年，阳泉市城市居民人均可支配收入从 609 元，增加到 7998 元，平均年增长 388 元。2005 年阳泉市城镇居民可支配收入 8992 元，比去年同期增长 12.4%；农村居民纯收入 3748 元，比去年同期增长 9%（见表 2 – 56）。

表 2 – 56　1986 ~ 2005 年阳泉市城市居民人均可支配收入变化情况

单位：元 /%

年　份	开始年份的人均可支配收入	结束年份的人均可支配收入	年均增加值	年均增长率
1986 ~ 1990	609	1527	183.5	30.1
1991 ~ 1995	1526	3503	395	25.9
1996 ~ 2000	3503	4294	158	4.5
2001 ~ 2005	4294	8992	940	21.9

资料来源：本次调研有关单位提供的书面资料。

从上表 2 – 56 看出，从"七五"时期开始，城市居民人均可支配收入一直保持绝对量的增加，"七五"期间年增长率为 30.1%。在煤炭市场低迷的"九五"期间，阳泉市城市居民人均可支配收入只有 4.5% 的增幅。随着煤炭市场的复苏，"十五"期间又重新保持了较快增幅，达到 21.9%，平均年增加 940 元（见图 2 – 19）。

从图 2 – 19 中明显看到人均可支配收入绝对量的长期增长轨迹，特别

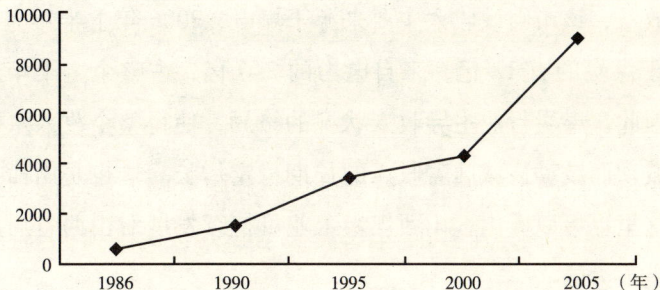

图 2 – 19　1986～2005 年阳泉市人均可支配收入变化

是 2000 年到 2005 年的增长曲线斜度增大得相当明显。

2. 城市居民家庭收入多元化，但工资收入仍占绝对比重

城市居民收入来源一般为工资收入、经营性收入、财产性收入和转移性收入四种，过去通常几乎全部由工资收入组成。随着整个国家经济结构调整和国有企业不断深化的股份制改造，城市居民的收入结构发生了变化，具有显著煤炭工业特征的阳泉市也不例外。从 1985 年～2004 年，在阳泉市城市居民家庭总收入中，来自工资收入的比重从 91.8% 下降到 70.6%；而同时来自经营收入的比重从 0.3% 上升到 7.2%。相应的财产性收入和转移性收入也都有了显著的增长。虽然居民家庭收入开始多元化发展，但是对阳泉市这种老工业基地来说，工资收入仍然是收入水平提高的主要来源。阳泉职工居民收入水平持续快速上升的一个重要表现就是阳泉市职工工资水平整体得到了快速提高，2005 年职工平均工资为 15000 元，比过去提高了 10 倍，其中在岗职工平均工资为 18323 元，高于全省平均 15645 元的水平，且 2005 年在岗职工平均工资水平比 2001 年翻了一番。

3. 居民收入变化呈现与煤炭工业波动的高度一致性特点

煤炭是阳泉的主导型产业，因此，煤炭工业的发展快慢、煤炭工业效益高低就决定了居民收入增长的快慢，煤炭工业的波动性变化导致了居民收入具有明显的波动性特点。阳泉市的财政收入严重依赖煤炭及其相关产业的市场效益，该市财政收入主要来源于煤电，2006 年上半年完成 23 亿，其中来自于煤炭的有 12 亿，来自电力的 2.6 亿，占整个上半年总收入的 63.5%。因此，煤炭行业主导收入状况的格局，使得整个收入水平都随着行业周期波动而波动，威胁着收入的长期稳定增长。这也是山西省普遍性特点。从这里也可以看出，山西煤炭工业可持续发展对山西省居民收入分配的影响是很大的。

（二）阳泉市居民收入分配中存在的主要问题

在整体收入近年来保持快速增长的同时，阳泉市收入分配状况中同样也存在很多问题，包括收入差距不断加大，困难企业不断增加，贫困特困职工范围扩大，低保收入居民不断增多等。

1. 不同群体的收入差距不断扩大

反映和衡量收入差距水平最常用的就是基尼系数。根据阳泉市统计局对城市居民的基尼系数计算，1985 年城市居民的基尼系数为 0.14，1995 年为 0.15，10 年间基本没有变化；而 2004 年基尼系数上升为 0.31，是 1985 年的 2.07 倍。1995 年以后上升速度加快，1985～1995 年期间每年增速为 0.7%，而 1995 年～2004 年则平均以每年 7% 的速度上升。这反映了阳泉市居民收入差距呈现出不断拉大的趋势，特别是最近 10 年来收入差距加大的状况不断恶化。

反映和衡量居民收入差距水平大小的另外一种方法就是对不同群体收入差距变化。我们通过对阳泉市收入家庭 5 个等级中最高人均收入家庭和最低收入家庭收入变化差距来观察 1985 年和 2004 年的差距情况。根据阳泉市统计局城调大队的抽样调查资料显示，虽然阳泉市低收入家庭的收入状况有所改善，但是，相对于低收入家庭来说，高收入家庭的收入增幅更快，且二者之间差距明显扩大。资料显示，1985～2004 年期间，阳泉市高收入家庭的收入以年均 17.5% 的速度增长，而低收入家庭仅以 12% 的速度增长（见表 2 - 57）。

表 2 -57　阳泉市收入状况不同的家庭人均可支配收入的抽样调查结果

年份	最高收入组家庭人均可支配收入（元）	最高收入组的收入占居民总收入的比例(%)	最低收入组家庭人均可支配收入（元）	最低收入组的收入占居民总收入的比例(%)	最高收入组与最低收入组的差距（元）
1985	958	16	339	7.2	619
2004	20408	22	2921	4.3	17487

资料来源：阳泉市城调队张海梅的《从城市住户调查看低收入家庭生存状况》。

1985 年高收入家庭的人均可支配收入 958 元，是低收入家庭人均可支配收入 339 元的 2.8 倍，最高收入组家庭高出最低收入组家庭 619 元；但到 2004 年，这个数据达到了 7 倍，差距达到了 17487 元，收入差距扩大的程度和速度由此可见一斑。

另外，通过调查还发现，阳泉市居民低收入组家庭人均可支配收入占全市平均水平的比例，从 1985 年的 56% 降至 2004 年的 37%，占居民总收入的比例也从 7.2% 降低至 4.3%，相对于全市平均水平和总体居民收入水平分别下降了 19 个百分点和 3 个百分点左右。这说明了低收入组家庭的收入绝对值占比下降。高收入组家庭占居民总收入的比例则从 1985 年 16% 上升为 22%，增加了 6 个百分点，说明高收入组家庭的收入绝对值占比提高。低收入组家庭不仅与高收入家庭的差距扩大，而且相对其他收入类型家庭的差距也同样有所扩大，反映出低收入家庭令人担忧的现状。

以上只是对不同群体居民收入水平差距不断扩大是一个总体分析。通过调查，目前不同群体居民收入水平差距不断扩大较突出地主要表现在以下几个方面。

（1）企业与机关事业退休人员之间收入差距较大

企业退休人员待遇偏低问题，是社会对收入差距问题反映比较强烈的内容之一，特别是与机关事业的退休人员待遇相比，二者的差距很大。但是，这方面阳泉市没有提供专门的资料，本报告通过山西省劳动保障厅提供的山西省数据，能基本反映全省各地市包括阳泉市在内的这一共性问题。截至 2005 年底，山西全省退休人员月均退休金 638 元，而同期机关事业单位退休人员月均退休金 1300 元，是企业人员的 2 倍多。如果考虑医疗、住房等福利因素，这种差距更大。特别是那些参加工作早、退休早的企业退休人员的待遇更低。无论是企业还是机关事业单位的退休人员，同样都是在家养老，两者之间具有很高的可比性，因此，如此巨大的收入差距是当前社会矛盾的焦点之一，也是群众集体上访反映的主要问题。同时，企业退休人员退休金增长幅度还低于企业在岗职工的工资增长幅度。企业退休人员养老金与在岗职工平均工资的比例，从 1998 年的 90% 下降到 2005 年的 50%，而同期企业在岗职工工资增长了 180%，而退休人员退休金只增加了 55%。所以，无论与机关事业单位的退休人员，还是企业在岗职工工资相比，企业退休人员工资收入水平都是相对较低，更不用说与机关事业单位的在岗人员相比较了。

（2）不同行业的收入差距过大，且呈扩大之势

从阳泉市城镇从业人员（在岗职工）的收入状况看，收入平均最高的为金融业，以下依次为通讯、计算机服务和软件、电力、煤炭、供水、保险、烟草、教育以及公共管理部门。平均工资最低的行业为制造业，其次为住宿和餐饮业，再次为批发和零售业。2006 年阳泉市分行业统计的最高工资是最低工资的 3.17 倍，而这个数据在 2001 年是 2.28，在 2002 年是 2.48。从 2001 年开始，收入最高行业与最低行业的工资差距，平均每年扩大 15 个百分点，直观地反映出行业间收入差距加大所造成的收入分配不平等的严峻现实。

垄断行业收入水平偏高是居民不满情绪和社会矛盾的焦点。根据阳泉市总工会掌握的情况，市里电力、金融、保险、烟草、通讯等行业与绝大多数企业职工的工资差距太大，特别是对那些停产、破产企业的职工收入来说，更是天壤之别，形成了结果上的职工之间收入分配不公、分配悬殊较大。

（3）煤炭企业内部管理层与职工之间以及职工之间收入差距大

目前，阳泉市地方煤矿的分配机制主要体现在年薪制、吨煤包干制和

效益工资制三种不同分配形式。例如，燕龛煤炭有限责任公司是国有控股的中型煤矿，净资产1.4亿，基本收入分配情况如下（见表2-58）。

表2-58　阳泉市燕龛煤炭有限责任公司收入分配的基本情况

单位：元

	2004 年		2005 年		2006 年
	年工资	月平均工资	年工资	月平均工资	月平均工资(1～6月份)
一线	19896	1658	26412	2201	3119
增幅(%)			33%		42%
二线	12804	1067	16776	1398	1745
增幅(%)			31%		25%
后勤机关	8640	720	10632	886	1144
增幅(%)			23%		29%
总合平均	13780	1148	17940	1495	2003
增幅(%)			30%		34%

资料来源：山西省阳泉市燕龛煤炭有限责任公司提供的《山西煤炭工业可持续发展中居民收入分配机制研究汇报材料》（2006年8月15日）。

2004～2006年整体职工的月均工资大概每年增长30%左右，特别是一线井下职工的工资涨幅最快，2005年比2004年增长33%，2006年比2005年增长了42%，远快于二线和机关后勤人员的工资涨幅。燕龛煤矿代表了国营大中型煤矿近两年的发展情况，煤炭工人的收入水平不断提高，特别是井下煤矿工人的工资涨幅更是涨幅巨大。

从如图2-20可以更加直观地看到近3年来职工收入的增长变化情况，特别是井下一线矿工的收入增幅尤其显著。

2002年开始煤炭市场开始复苏，此后煤炭价格一路上扬，至2005年煤炭行业效益达到了历史最好水平。例如阳泉市的南煤集团，是国有控股的大型煤矿，资产总额13亿元，2005年实现销售收入10亿元，其2005年的收入结构的大致情况如表2-59所示。

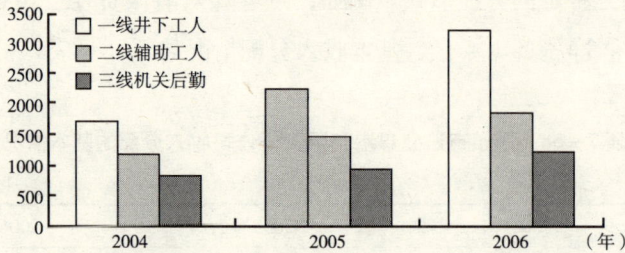

图 2－20　阳泉市燕龛煤矿不同工种工资比较图

表 2－59　阳泉市南煤集团 2005 年职工收入统计分析表

单位：元

	工人年均收入	占平均工资的比重		干部年均收入	占平均工资的比重
井下采掘一线	27297	93%	井下一线队组领导	65512	224%
井下辅助二线	20617	70%	辅助队组领导	41223	141%
地面生产辅助	15744	54%	生产管理部门正职	38000	130%
生产职能处室	19013	65%	生产管理部门副职	30000	102%
机关后勤人员	13940	48%	后勤管理处室正职	34000	116%
			后勤管理处室副职	26800	91%
工人平均工资	19339		干部平均工资	39256	
总体平均工资	29298				

资料来源：南煤集团薪酬管理汇报材料（2006 年 8 月 14 日）。

　　从南煤集团 2005 年的薪酬数据可以看到，煤炭行业职工收入在 2005 年达到了历史最高水平，平均工资 29298 元，已经达到了月均 2441 元；其中井下一线工人为 27297 元，月均 2275 元。另外从工人与干部的工资水平看，二者基本保持在合理的水平内，不同岗位干部的平均工资是相应岗位工人平均工资的 2 倍。

　　(4) 地方煤矿职工收入水平较低

　　阳泉市煤炭企业按照隶属关系也同样分为中央直属、省属特大型煤矿企业以及市属以下（含市属）的地方煤矿企业。按照全市整个煤炭行业统计，其从业人员的工资收入已经高于全市平均水平。从 2006 年二季度城镇从业人员劳动报酬增幅情况看，采矿业（主要是煤炭业）发放劳动报酬 10.68 亿元，同比增长 36.22%，增幅居各行业之首。但是应该看到，煤炭行业收入水平的增加是由于 2002 年后煤炭市场回暖，带有经济周期波动性质的不稳定的以及非常态的收入增幅行为，且过大的增幅也与过去过于偏低的基础水平有直接关系。这两点构成了煤炭行业近期收入增长较快的现状。

本次调研的煤炭企业主要是市属以下的地方煤炭企业，据阳泉市煤炭管理局统计，2000 年末，全市职工平均年工资为 5700 元，其中地方煤矿职工①为 5800 元；2004 年末，全市职工平均年工资为 18300 元，其中地方煤矿职工为 16300 元。从 2000 年～2004 年，阳泉市在职职工平均年增长 36.7%，而煤炭职工收入年增长为 30.2%，比全市平均水平低 6.5 个百分点，说明地方煤矿职工的工资增长水平低于全市工资的平均增幅。虽然全市整体煤炭行业职工收入高于全市平均水平，但还是略低于全市职工平均工资水平。

2. 全市低收入居民数量增多，贫困职工家庭比例高

阳泉市总人口 127 万人，有 62 万城镇人口和 65 万农业人口，其中不能或难以维持最低生活水平的低收入和特困人口共 6.23 万，占总人口 4.9%。截至 2006 年 6 月，阳泉市城市低保人口占城市总人口的 6.5%，城市低保对象共 17015 户共 40354 人，低保标准为平均每人每月 71 元；农村低保对象共 9828 户共 18424 人，低保标准为平均每人每月 63 元。低收入居民数量增多的一个直接影响就是导致低保救助的资金来源困难。城市的低保资金是由中央、省、市配套，农村低保资金是由县级财政负担，但县级财政一直比较困难。因此，农村低保资金比较匮乏，标准偏低，造成了城市与农村的低保资金较大的差别。尽管医疗保障方面实行了医疗救助，但是受资金局限较大。大病救助虽然已经展开，但普通病无法救助，且大病的最高报销额度为 6000 元，只能部分地解决困难。

而在煤炭工业区，贫困职工家庭比例高。截至 2006 年 8 月，阳泉市所

---

① 地方煤矿属于地方政府管理的煤矿，区别于中央、省所属的大型煤矿集团。这些地方煤矿一般为中小型规模，技术化程度偏低，收入一般也低于大型煤矿集团。

属企业共有职工 26 万余人，其中贫困职工 2.6 万人，占职工总人数的 10%，而特困职工 0.85 万人，占职工总人数的 3.3%；未达到最低工资标准的职工人数为 6.8 万人，占总人数的 26.2%。特别是那些生产不正常、开工不足、处于停产半停产状态的企业职工，既不能领取工资，又无法申请基本生活费，造成其生活的极端贫困。

各种经济类型企业和各类隶属关系企业的分类统计中，能够看出贫困和特困职工基本上的构成情况，具体数据见表 2-60 和表 2-61。

表 2-60　阳泉市按照经济类型分类企业的贫困、特困职工情况列表

按照经济类型分类	贫困职工人数（万人）	占贫困职工总数的比例（%）	特困职工人数（万人）	占特困职工总数的比例（%）
国有及国有控股企业	1.34	51.5	0.48	56.5
集体企业	1.1	42.3	0.3	35.3
其他企业	0.16	6.2	0.07	8.2
合　计	2.6	100	0.85	100

资料来源：阳泉市总工会提供的《阳泉市困难职工群体情况汇报》（2006 年 8 月）。

根据上表可以看出，贫困职工主要集中在国有和集体企业中，当然不排除由于目前工会能力所及问题，很多私营个体企业没有办法进行充分统计的原因。仅从目前所掌握的资料来看，国有及国有控股企业比例最高，占一半以上。如果将集体企业统计在一起，其贫困职工占总贫困职工总数的 93.8%，特困职工占 91.8%。

表 2-61　按照隶属关系分类企业的贫困、特困职工情况列表

按照经济类型分类	贫困职工人数（万人）	占贫困职工总数的比例（%）	特困职工人数（万人）	占特困职工总数的比例（%）
市营企业	1.19	45.8	0.3	35.3
县（区）营企业	0.95	36.5	0.39	45.9
省营企业、乡镇企业及其他企业	0.46	17.7	0.16	18.8
合　计	2.6	100	0.85	100

资料来源：阳泉市总工会提供的《阳泉市困难职工群体情况汇报》（2006 年 8 月）。

从上表可以看出，贫困和特困职工主要集中在市营以及县（区）营企业，其加起来的比例分别达到82.3%和81.2%，而其他隶属关系的企业，包括省属企业、乡镇企业以及其他企业所占比重很小，其贫困职工占总贫困职工的17.7%，而特困职工占18.8%，都不到五分之一。

3. 失地农民转城市户口后成低保对象的现象相当普遍

阳泉市在进行城市化的过程中，农民进入城市成为了非农业人口，但是这些农转非人口在失去土地以后面临着失业，具有劳动能力的人只能依靠打零工生活。很多人失去土地成为城市人口后，就直接转为了低保对象。随着非农业人口的增加，城镇低保对象也在逐年增加。截至2006年6月，阳泉市城市低保人口占城市总人口的6.5%。以阳泉市郊荫营镇为例，农转非对象为4861人，其中享受城市低保的对象达到了1903人，占39%；全市2005年农转非共9000人次，而其中的3800人成为了低保对象，比例达到了42%，其家庭经济状况可想而知。农民失去土地后，又无法解决就业问题，生活收入没有来源，同时也给城镇低保工作带来了巨大的压力。

（三）影响和决定阳泉市居民收入分配的因素分析

通过对阳泉市居民收入分配问题及其影响因素调研和分析后，课题组认为影响和决定阳泉市居民收入分配的因素很多，但主要原因可归纳如下几个方面。

1. 失业是居民收入水平过低的主因

阳泉市是以煤炭等传统产业为主导的老工业城市。随着改革开放和国有企业改革的不断深入推进，由于产业结构的优化和升级，产生了大量下岗失业人员，估计目前大约有不少于5万人左右。这部分人无论年龄、知识结构和基本技能都很难适应现代市场经济对劳动力的要求，就业问题相当严重，收入总体水平就比较低，如果单纯依靠每月200~300元的最低生活保障金，只能维持简单的生存。特别要提起的是前几年，由于整个煤炭工业发展不景气、效益较差，很多经营困难的企业都存在着拖欠职工工资现象。据不完全统计，整个阳泉市仅拖欠职工的工资就累计达到1.5亿元。与此同时，由于阳泉市以煤炭等老工业为主导的城市经济结构，城市本身创造的就业机会就很少。在本次对低保家庭的实地调查中，很多家庭反映，目前很多矿工家庭子女无法就业，女性配偶长期在家待业。可以说，在调查居民收入水平因素中，大多数人认为，无法正常就业是造成家庭收入水平偏低的最主要原因。

2. 地方财力有限，二次分配弥补能力不足

第一次分配是影响居民收入的首要因素，但不是全部，首次分配的结果还可以通过二次分配来进行调节，从而达到公平与均衡。但是，二次分配的决定因素是以政府的财政能力为基础的。假如地方主管的企业多是小企业且效益不好，那么，地方财政收入就很有限，调整收入分配的能力就很有限。而从调查来看，实力雄厚的国有企业在阳泉的比例小，而属于阳泉市管理的就更少了。根据阳泉市国资委提供情况，阳泉市的国资委控股企业已经没有煤炭、电力等效益较好的企业，所辖大户只有铝业、纺织、制造业的48户，小户有80多户。2006年这些由于国资委管理的企业仍然亏损。

阳泉市每年的财政收入中的61%上缴省、中央财政，只有不到30%的收入由地方财政支配。财政主要是"吃饭财政"，50%的财政收入用来保证地方公务员工资，很多地方补贴无法到位，特别是县区财政的补贴不到位。因此，希望政府通过财政收入的二次分配来保证公平的做法，由于在阳泉缺乏资金支持，难以达到理想的预期。

在调查中也发现了一个非常普遍且相当突出的问题就是退休费和医疗费问题。特别是那些效益不好的企业的退休人员，他们的退休费和医疗费企业早已无力承担。目前，退休费和医药费问题成为了矛盾集中的焦点，阳泉市政府已经解决了1000多企业离休人员，但这仅仅是解决了部分矛盾。对于大量的退休人员来说，单纯依靠有限的地方财政的力量，通过二次分配来解决低收入居民问题的难度很大。

3. 历史欠帐严重、无法保证居民收入长期持续增长

由于煤炭市场长期低迷，地方煤炭工业本身基础就薄弱，前20年的亏空太大，特别是1997~2000年期间经营艰难的时候，形成了大量的历史欠帐。企业难以进行技术改造和设备更新换代，无法发展壮大，影响了职工收入的长期稳定增长。由于历史原因，很多国有煤矿企业离退休人员较多，包袱沉重，影响了在职职工以及整体收入的提高。

2002年以后，我国煤炭市场复苏，从而带动了煤炭及其相关产业市场好转，作为煤炭产业为主导的阳泉市，整体收入水平有了很大提高。

进入2006年后，煤炭市场出现了新的变化：其一，除了动力煤的价格走势较好以外，其他品种煤价出现下降迹象。但是，随着煤炭入选率的提高及其深加工推广，煤炭的供给始终将会保持快速持续增长。其二，钢材市场情况不好，将会波及和影响到煤炭的需求。因此，在未来的相当长时期内，煤炭价格想继续上涨，存在着相当大的阻力，这对职工收入的持续增长也构成潜在的威胁。

本来，期望在煤炭行业好转的时候，"以丰补欠"发展生产，提高企业的市场竞争力，以备在市场状况发生变化的时候能够抵御风险，保证职工收入的稳定，保护工人的生活不受到市场变化的威胁；但是由于历史欠帐问题，现在只能是"以丰还欠"。有人说，现在煤炭职工收入的快速增长仅仅是过去长期过低工资水平的一种补偿，这是有一定道理的。长期稳定的保障成为非常紧迫的严峻问题。如果将煤矿企业5年内积累的折旧都用于发展企业规模，用作安全投入，那么即使在目前市场形势最好的时候，企业恐怕也很难形成"丰"的局面。这也从另一个侧面说明了，企业乃至政府收入分配必须树立长期观念，要建立煤炭工业持续发展和收入分配持续稳定增长的配套机制，必须克服实际工作中存在的短期行为，即一旦有钱就多发，而不考虑长期持续收入如何提高等错误倾向。

4. 政策落实力度不够，造成企业退休人员待遇过低

国家政策是造成企业退休人员与机关事业单位人员待遇差距过大的主

要原因。从 1985 年开始,企业和机关事业单位实行了不同的工资分配以及社会保险制度,两类退休人员计算和发放基本养老金的办法不一致。特别是从 1993 年以后,国家机关多次增加退休金,增加频率高,数额大,而同期企业退休金增加额相对较少。1985 年前,山西省企业与机关事业单位退休金基本一致,为月人均 83 元;1985 年后,由于计发办法和增加标准的政策不一样,使得待遇差距越来越大,形成目前机关事业单位退休金是企业退休人员退休金 2 倍的状况。

从 1992 年起,国家开始转换企业经营机制,赋予企业分配自主权,企业职工工资随效益提高可以自行增加,而企业退休人员养老金的增加则要根据国家政策统一调整,且历次调整水平较低。例如 1998 ~ 2005 年,山西省企业职工工资月人均增加 869 元,而同期企业退休人员仅增加 238 元,两者相差 631 元。

5. 煤矿工人文化程度偏低、年龄偏大,再就业难度较大

煤炭采掘行业的特点决定了工人的文化程度普遍偏低,一旦所在矿区达到了开采年限被关闭或者其他原因失去工作,再就业的难度非常大。特别对那些年龄偏大的工人来说,再就业的可能性更是微乎其微。

以本次调查中的大阳泉煤矿为例,该企业为年产 120 万吨的国有大型二类煤矿。现有职工 3223 人,其中大学本科及以上有 51 人,占总数的 1.6%;大专学历 237 人,占总数 7.4%;高中(中专,中技)学历 517 人,占 16%;初中以下学历 2418 人,占 75%。专业技术方面,高级职称 4 人,中级职称 87 人,初级职称 282 人,全部具有职称的人占职工总数的 12%。

从图 2 – 21 中大阳泉煤矿 3223 名职工的文化程度统计比较中,我们能够更加直观地看到煤炭行业从业人员文化程度普遍偏低的事实。

从年龄结构来看,如阳泉市上社煤矿,是一个年产 70 万吨的中等规模的煤矿企业,现有职工 1439 人,其中正式职工 639 人,临时工 800 人。具体年龄情况见表 2 – 62:

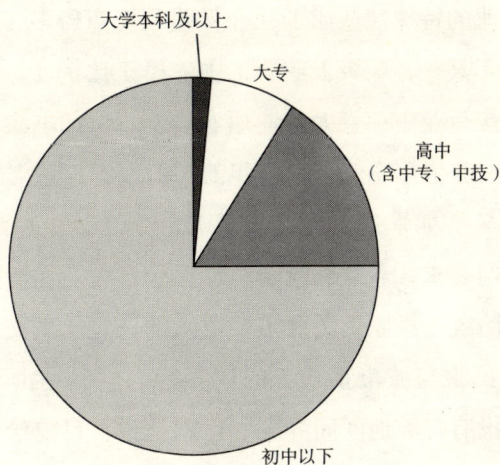

图 2 – 21　阳泉市大阳泉煤炭有限公司职工文化程度情况

表 2 – 62　阳泉市上社煤炭有限责任公司职工年龄情况

	35 岁以下	36 ~ 45 岁	46 岁以上
正式职工	330	189	120
占比%	52	30	18
临时工	160	560	80
占比%	20	70	10

资料来源:《阳泉市上社煤炭有限责任公司收入分配汇报材料》(2006 年 8 月 15 日)。

从上表看，职工年龄在 36 岁以上的人数比例高，特别是临时工的比例达到 80% ，而 35 岁以下的临时工仅占五分之一。对一些衰老矿井和准备关闭的矿井来说，其年龄偏大的职工比例更加高，该群体很难再转到其他行业中就业。预计到 2020 年，山西省地方国有煤矿将近 30% 的矿井将因资源枯竭而闭坑，煤矿职工转产再就业压力十分巨大，加之煤矿工人本身文化程度偏低、年龄偏大等特点，这种再就业任务更加艰巨。

6. 社会保险制度遇到的障碍多、困难大

完善的社会保险制度是职工福利安全的重要保证，也是居民家庭收入水平的重要组成部分之一。尽管我国近几年的社会保险事业发展速度很快，但是煤炭工业的特殊性造成了社会保险制度障碍多、困难大。这主要表现在两个方面。其一，煤炭工业职工中农民工比例高，社会保险交纳存在一定障碍。煤炭行业中一直大量使用农民工，例如本次调查中的国营大型二类煤矿企业——大阳泉煤矿，有职工3223人，其中农民工745人，占职工总人数的23%。如果是个体民营煤矿企业，农民工的使用比例更高。按照现在劳动部门要求，养老保险、医疗保险、失业保险、工伤保险、生育保险等5大保险统一给职工按照工资收入的一定比例交纳，上级管理的规定要求实现农民工与城市正式工的同等待遇。但是由于农民工经常流动，而社会保险没有打破地区间界限。也就是说，目前给农民工交纳的养老保险、失业保险等，一旦其离开所在企业，会出现结算上的技术问题且无法跨地区转移。其二，煤矿工人基础工资提高幅度小，社会保险金交纳比例低。虽然煤矿工人收入总量近年来不断提高，但通过分析一些煤炭企业职工工资结构发现，收入的提高主要是岗位工资增加造成的，而基础工资提高幅度很小。这种情况直接导致的结果是企业为职工交纳的社会保险金比例偏低，将来会影响职工领取的养老金数量。这种用牺牲将来收益来换取短期利益的做法，长远上损害了职工的切身利益。究其原因主要在于企业，认为多交纳养老保险金是企业负担加重的表现和原因。例如在本次调研中，有些企业代表认为企业为职工交纳社会保险费、福利费是企业办社会的表现，加大了企业承担社会职能的负担。在这种观念的支配下，企业设法不提高基础工资以此逃避保险金的交纳。

（四）提高煤炭工业区居民收入的几点建议

结合上文中阳泉市居民收入分配的状况、特点、存在问题以及原因，特别是煤炭行业职工收入水平偏低的现实，通过与居民的交流和座谈提出以下我们认为具有较高操作性、有实效的政策建议。

1. 努力创造就业机会，提高劳动者综合素质与技能

从政府的角度，一方面要加大中央财政转移支付力度，增加专项政策性补助，扶持煤炭职工再就业。例如对远离城镇、职工再就业困难的资源枯竭的煤矿企业，若该地生态环境恶劣，没有接替产业，应给予相关的异地安置政策。要提高对资源性枯竭破产关闭矿井的职工经济补偿金，现在人均不足2万元的标准过低。另一方面，政府要尽可能创造就业机会，提高劳动者的工作技能，要从税收、信贷等政策上支持安置煤矿转岗人员及其子女就业的企业。政府应该有直接的经费用于对职工及其子女的免费技能培训。对那些年龄偏大的弱势失业职工，政府财政应该拨付经费来为他们寻找工作机会等。另外鉴于井下矿工劳动强度大、工作时间长、工作条件差等情况，允许井下矿工提前退休，享受养老保险待遇。

2. 尽快从政策上弥补企业退休人员工资的差距

目前存在的企业退休职工工资过低问题，是一个全社会的普遍性问题，也是收入问题中比较突出的问题。通过调查，我们认为，国家政策是形成目前企业退休人员与机关事业单位退休人员待遇差距问题的根源。因此，解决这个问题的根本途径还是要通过政策调整来加以解决，建议中央、省、市各级政府应从政策角度尽快地进行养老金政策的调整。我们建议企业与机关事业单位两者之间在养老金增幅上不能再有所区别，否则会形成更大的差距。今后，要努力做到企业退休人员养老金的涨幅至少与机关事业单位人员基本保持适当一致。同时，还要特别关注绝对量的公平，考虑如何真正缩小两者之间的差距。例如可以增加养老金的标准和数额，所需费用由养老保险统筹基金列支；规定养老金保障线，不足部分给予补助，所需资金可由中央、省、市财政分担。历史形成的不平等问题，一下子可能无法解决，但只要能够保证逐年缩小差距就是好的。

3. 企业推行年薪制需透明和公开

年薪制的推出是为了鼓励经营者的积极性，但是目前低收入职工无法理解经营者与劳动者之间过大的收入差距，这就需要从年薪制的制定依据、执行程序等方面加强透明度和监督力度。特别是年薪制的制定依据一定要适当公开。同时将职工工资的制定相应对比，让职工理解并拥护年薪制的执行，这才不会违背年薪政策的推行初衷。另外要尝试将可以量化的职务性消费作为年薪制的抵扣项目，才能使得年薪制更加合理可行。建议将职工工资水平及其上涨幅度作为制定企业领导者年薪的重要指标之一，不能再发生通过拖欠职工工资来换取企业效益的情况。

4. 寻求解决社会保险的地区间自由转移新方法和新途径

社会保险的意义就在于年轻时的收入交纳保险，而在年老的时候享受一定的生活保障，但我国目前保险没有打破地区间界限，这就导致高流动性的农民工的社会保险出现时间接续以及地区转移等问题。给农民工按照工资总额交纳保险，不仅工人自身没有享受到社会保险的益处，而且企业也白白给他们交纳了保险费。同时给农民工个人和其所在企业增加了支出，减少了其实际收入，因此急待从技术上解决社会保险的地区间自由转移问题，让农民工真正享受到社会保障的利益。

5. 给予农村低保，特别是五保户更多的支持

无论是以城镇居民还是农村人口为对象的低保工作，资金短缺问题是始终和长期的困难。但是，相对于由中央、省、市三级财政配套转移支付的城市低保资金来说，仅依靠县级财政自己负担的农村低保资金更加难以保证。在低保资金长期紧缺的情况下，农村低保工作应该给予更多的关注和政策上的支持。

从本次调研的阳泉市实际情况中了解到，目前，农村低保标准为每人每月34元，低于城镇每人每月71元的标准。当然应该考虑到农村人口还有土地这种生活来源，但是只相当于城镇48%的水平，也一定程度上反映了低保人口救助方面的城乡差别。农村中的五保户人群更是低保对象中最弱势群体，他们既没有经济来源，又没有固定供养人，是最需要国家和社会关注的人群。而且五保户本身条件容易确定，不存在争议，人数较少。例如，阳泉市的五保对象只有7515人，如果按照全国集中供养率36%标准为2520人，每人供养标准2400元计算，阳泉市农村五保户集中供养则需要605万元。而分散供养人口则为4480人，供养标准 1200 元，需要资金 538 万元，两项一共需要 1143 万元。因此无论集中供养还是分散供养，资金需求相对较少，是政府近期比较可行的救助措施。

6. 充分发挥工会作用，推行工资集体协商机制

建议企业与职工共同决定工资，不能单纯由经营者决定。利用工会的力量，与雇工企业订立集体合同，共同协商确定工人工资。目前工会和工人都是弱势方，政府应该加大力度制约企业，赋予工会足够的力量来组织工人行使其正当权利。加强工资分配方面的立法工作，例如可以考虑通过"工资法"、"集体合同法"等法案，利用法律来规范企业行为，同时也赋予工会和职工维护利益的有利依据，而不是仅仅通过呼吁和反映这种微弱的声音来表达工人的诉求。只有建立健全法律、法规，完善劳动工资、收入分配的增长机制和调控约束机制，利用法律、法规以及制度来规范和约束各种类型的企业，在追求经济效益的同时还要重视劳动者工资等收入的增长，从而确实保障随着社会经济的发展和企业经济效益的增长，劳动者的工资收入也得到同步增加。

7. 调整工资收入结构，增加煤矿工人的基础工资

本次调查通过分析煤矿工人的工资结构发现，虽然煤矿工人总收入水平近年来得到了巨大的增长，但其工资构成上存在的最大问题是，基础工资并没有太大提高，主要是岗位工资的变化导致的收入增加。基础工资过低会直接影响职工将来退休后养老金的多少，这给煤矿职工将来的收入带来了隐患。因此，在看到增加收入总量的同时，还要注意收入结构的合理，不能一味认为现在基础工资低会少交纳社会保险，而忽视将来给职工带来生活困难的可能。所以，相应地提高工人的基础工资，提高社会保险金的交纳比重，是保证煤矿工人将来稳定收入的重要手段。这不仅要通过政府政策等指导手段来强制提高基础工资，而且要从改变企业领导人以及职工自己的观念，不能将社会保险费看作企业办社会的负担，曲解了社会保险的意义。

三、大同市居民收入分配调研报告①

2006 年 8 月 16～19 日到山西省大同市就居民收入分配差距问题进行调研。调研组与大同市各政府部门、企业代表进行了讨论，并深入到大同市矿区与居民进行座谈，以了解基层群众的真实收入状况。经过几天细致深入的调研，最后形成了大同市居民收入分配调研报告。

（一）大同市居民收入基本情况

大同市地处晋西北，是我国最大的煤炭生产基地，是驰名中外的"煤都"，同时也是国家首批公布的 24 个历史文化名城之一。全市国土总面积 14112.56 平方公里，全市总人口 284.8 万人，农业人口占 60% 左右。2004 年全市共完成生产总值 302.62 亿元，比上年增长 14.10%，其中，第一产业增加值 19.40 亿元，增长 11.10%；第二产业增加值 179.95 亿元，增长 15.30%；第三产业增加值 103.27 亿元，增长 12.80%。2004 年全市人均生产总值达到 9807 元，比上年增加 1592 元，增长 19.38%。

大同市居民收入的基本情况，我们主要从大同市城乡居民收入总体情况、大同市职工收入状况和大同市低收入群体基本情况三个方面来说明。

1. 大同市城乡居民收入总体情况

近三年来，大同市城乡居民平均收入不断增加，而且呈现加速增长的态势。2003 年至 2005 年，大同市城镇居民人均可支配收入分别为 6770 元、7306 元、8525 元，这是从大同市城镇居民中随机抽取 260 户家庭得出的收入情况。从增幅看，2005 年增幅为 16%；从排名来看，大同市城镇居民人均可支配收入在全省排第 8 名，低于全省的平均水平。

---

① 本次调研得到了山西省经济发展研究中心、山西省省委政策研究室、大同市政府及大同市发展和改革委员会、财政局、劳动局、国资委、经委、信访局、总工会、民政局、煤炭管理局、统计局和同煤集团等单位的大力支持和协助，在此表示衷心感谢！

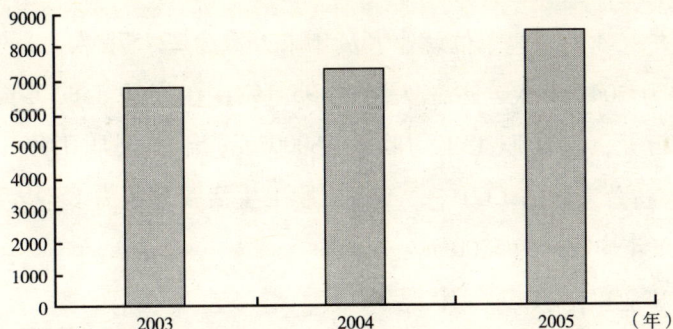

图 2-22　大同市城镇居民人均可支配收入

农村方面，2003～2005 年大同市农民人均纯收入分别为 1975 元、2241 元、2464 元，年均增幅在 9% 左右，农村人均纯收入在山西省排在第8、9 位，低于全省平均水平。

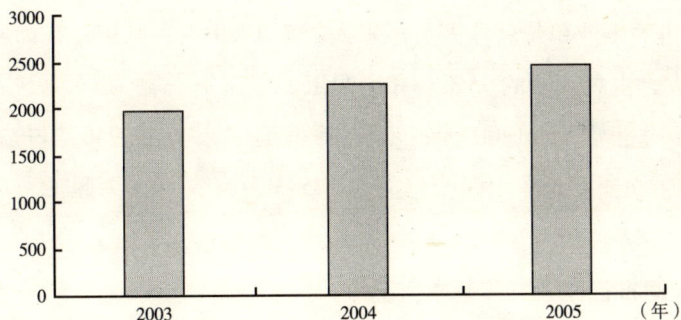

图 2-23　大同市农村人均纯收入

2. 大同市职工收入状况

2005 年，劳动与社会保障部对全国 45 个城市进行了劳动保障基本情况的调查，大同市也位列其中。以 2004 年的情况来看，这次调查涉及大同市的国家机关、事业单位及煤炭、电力、铁路、公路等行业的单位，并抽样调查了 78 家单位，其中企业 34 家、事业单位 37 家、机关单位 7 家。现将调查情况列举如下。

（1）企业单位职工收入状况

据调查，34 家企业单位就业人员年末人数为 224578 人，其中，在岗职工人数为 204143 人，占总人数的 95.1%，在岗职工的工资总额为 369195.9 万元，在岗职工年均收入 18000 元；不在岗职工年末人数为 28237 人，占总人数的 13.1%，不在岗职工生活费总额为 15219.35 万元，不在岗职工年均收入为 5300 元。

（2）事业单位职工收入状况

37 家事业单位就业人员年末人数为 14325 人，其中在岗职工人数为 13839 人，占总人数的 96.6%，在岗职工的年工资总额为 49098.8 万元，在岗职工年均工资为 35400 元；不在岗职工年末人数为 81 人，占总人数的 0.5%，不在岗职工年生活费总额为 8.4 万元，不在岗职工年均收入为 1000 元。

（3）机关单位职工收入状况

7 家机关事业单位就业人员年末人数为 1709 人，其中，在岗职工人数为 1625 人，占总人数的 95%，在岗职工的年工资总额为 3456.9 万元，在岗职工平均工资为 21200 元；不在岗职工年末人数 946，占总人数的 55.3%，不在岗职工年生活费总额为 145.3 万元，不在岗职工平均工资为 1500 元。

3. 大同市低收入群体基本情况

近年来，随着大同市产业结构调整步伐的加快，城市下岗人员不断增多，城镇低保对象相应增加。同时，大同市还有十余万因病、因灾致贫的农村特困救助对象。目前，大同市共有城市低保对象 72117 户，总计 176583 人，农村低保对象 38725 户，总计 67816 人，两项合计 111842 户，共 244399 人，占全市总人口的 8%。

（1）城市低保对象的收入情况

1997 年 11 月，根据国务院《关于在全国建立城市居民最低生活保障制度的通知》精神，大同市政府颁布了《大同市城市居民最低生活保障暂行办法》及其《实施细则》。1998年1月大同市的低保工作正式启动，低保标准为120元/月，低保对象是城、矿两区的"三无对象"。1999年9月，根据国务院、山西省政府关于提高城镇居民最低生活保障线水平的要求，全市有11个县区都建立了最低生活保障制度，且保障标准普遍提高30%，城区、矿区、南郊区、大同县的保障标准为156元/月，其他县区稍低这个水平。2003年9月和2004年7月，大同市先后两次提高保障标准，目前，城区、矿区、南郊区、开发区、大同县的保障标准为181元/月，新荣区、灵丘县155元/月，左云县145元/月，广灵县142元/月，天镇县126元/月，浑源县115.5元/月，阳高县115元/月。

（2）农村特困人群和农村低保对象收入情况。针对农村存在的生活特困群体，大同市于2004年在全市9个农业县区全部建立了农村特困救助制度，并根据当地的实际情况制定了相关的制度和办法，明确了救助对象、救助标准、资金筹集管理及审批发放程序。2004年到2005年，全市共落实农村特困救助资金1169万元，其中，省财政370万元，市财政500万元，县区预算299万元。2005年底，享受救助的困难群众达到了67816人，人均救助金额62.4元。2005年年末，左云县和新荣区还建立了农村最低生活保障制度。

（3）五保供养情况

截止到2005年底，大同市符合五保供养条件的共有15536人，占全市农业人口总数的0.93%。2004年底，全市纳入财政转移支付的五保对象为6038人，2005年又将7372人纳入财政转移支付范围，保障率达到了86.3%。2005年，大同市五保对象的人均年供养标准达到了1043元。

（二）大同市居民收入分配中存在的问题

根据调研所反映的情况，大同市居民收入分配整体差距还是比较大的，同时存在一些比较突出的具体问题，主要体现在以下方面。

1. 城镇居民收入差距显著增大

大同市统计局提供的资料显示，将调查的城市居民家庭按照相对收入不等距九组分组，依次可以分为最低 10%、更低 5%、低收入 10%、较低 20%、中间 20%、较高 20%、高收入 10%、最高 10% 和更高 5%，具体数据见表 2 - 63。

表 2 - 63　2006 年 1 月~7 月大同市城镇居民按相对收入不等距九组分组

单位：元

分　　组	更低 5%	最低 10%	低 10%	较低 20%	中间 20%	较高 20%	高 10%	最高 10%	更高 5%	平均
人均可支配收入	1323	1721	2725	3716	4718	6802	9173	13109	15488	5484
工薪收入	1179	1492	2536	3186	4126	6704	7580	12205	15174	4970
经营净收入	0	0	147	0	307	0	0	179	0	93.37
财产性收入	0	0	0	8.7	5.8	16.2	158.4	62.98	30	25.78
转移性收入	271	373	315	973	776	1072	2353	2659	2972	1080

资料来源：大同市统计局。

第一，高收入与低收入群体之间差距惊人。从表中可以看出，10% 的最高收入群体人均可支配收入为 13109 元，10% 的最低收入家庭仅为 1721 元，前者为后者的 8 倍。而 5% 的更高收入家庭则达到了 15448 元，是 5% 的更低家庭收入 1323 元的 12 倍，收入的悬殊程度由此可见一斑。

第二，收入结构严重失衡。大同市城镇居民人均可支配收入可分为工薪收入、经营性收入、财产收入和转移性收入四个部分。其中，工薪收入和转移性收入占绝对比重，而经营性收入和财产收入则微不足道。从表 1 我们可以看到，2006 年 1~7 月，大同市城市居民工薪收入为 4970 元，转移性收入为 1080 元，而经营性收入和财产性收入仅为 93.37 和 25.78 元。这主要是因为大同市作为重工业城市，工资收入在城镇居民的总收入中占有绝对比重，同时也反映了大同城镇居民收入所存在的问题，即收入渠道相对单一，收入结构严重失衡。

2. 企业职工收入偏低

根据大同市国资委提供的材料《2005 年度大同市国有企业总体财务状况分析》，其监管的序列企业有 131 户，职工人数为 48251，在岗职工人均工资为9308元/人。其中最高26508元/人（职工人数为228人），最低为1235元/人（职工人数为597人），还有23户企业一分钱也没有。职工收入的平均水平在全市平均水平之下，企业职工收入水平明显偏低。这主要和大同的产业结构有很大的关系。首先，大同是能源经济性城市，主要靠煤炭，其他行业大部分属于一般竞争性行业。其次，由于大同市的企业多为中小企业，资产规模有限，因此效益并不好，这直接影响到企业职工的收入。

大同市企业职工收入偏低是个共性的问题，即使煤炭企业也不例外，如在同煤集团中，2005年人均年收入也只有9000元。这个收入水平比起一些相关行业来要低很多。现在普遍流传山西挖煤暴富的神话，但这只是极少数的小煤矿矿主获取巨额利润，绝大多数的国有大煤矿的职工收入还是很低的。

3. 不同行业、不同单位之间收入差距较大

不同行业、不同企业间居民收入差距较大，这是一个普遍性的问题，大同也未能例外，具体表现在：第一，垄断行业和竞争性行业之间的收入差距。大同市多个部门反映，电力、通信、等垄断性企业的收入相当高，尤其是电力和通讯行业利用的是国家的资源，但最终收入的大部分却流入企业内部，造成这些行业收入畸高。第二，企业、事业单位和机关单位的收入差距较大。如前面的数据显示，企业职工的年平均收入为18000元，而事业单位则是35400元，接近前者的两倍；机关单位则为21200元，收入要比企业职工高20%左右。

4. 低收入群体收入保障不容乐观

大同市政府各部门对于保障低收入群体生活问题非常重视，为此投入了巨大的人力、财力和物力，并取得了显著的成效，但是由于各方面因素的限制，仍然存在几个方面的问题，具体如下：

第一，城市低保标准偏低。目前，大同城市低保标准最高为181元/月，最低为115元/月，全市月平均补差水平较低，这与实际城市生活水平

还有一定差距。低保金仅能维持基本生活，一旦出现意外情况，低保人群将无能为力。

第二，城市低保运行费用不足。这是一个普遍存在的问题。目前，大同市的低保金由金融部门代发，但是银行实行有偿服务，会收取一定的运行费用。据测算，每户每年需交卡费 10 元、管理费 12 元，再加上低保部门的工作经费 10 元，共计花去 32 元。这部分运行费用应该由市、县两级财政部门分担，才能保障这项工作的正常运转，但在实际情况中县级财政大都没有列入预算。即使列入，资金数额也很少，不能保证其正常运转。

第三，农村低保机制体制尚不完善。农村低保工作刚刚起步，在资金投入、工作经费、配套措施方面没有政策保障。特别是中央转移支付资金尚未投入，工作开展难度较大，与广大农村特困群众的期望值有较大差距。

第四，农村低保资金不足，水平偏低。目前，农村低保资金大部分由农业县区财政负担，财政压力较大。另外，农村低保每月仅为 50 多元，人均补差 30 多元，水平偏低，仅能满足一些特困居民。

第五，五保集中供养率偏低。主要原因是农村费改税前，敬老院由乡镇负责，资金来源由乡统筹，由村提留解决；费改税后，取消了“乡统筹，村提留”。现在五保户由各级财政供养，乡镇无力负担养老院的建设和管理，致使养老院的建设和维修严重滑坡。而且敬老院普遍存在基础设施差、经费紧张、管理落后、人员待遇低的问题，对于敬老院的改扩建工作也缺少预算投入。

（三）大同市政府在改善居民收入分配方面的工作

大同市政府在改善居民收入分配方面做了大量卓有成效的工作。2004年 3 月，大同市人大十二届四次会议作出《关于对城乡特困家庭实施救助的决定》，大同市政府出台了《大同市对城乡特困家庭实施救助工作方案》，对城乡特困家庭的基本生活、医疗、教育、再就业等提出了具体的救助措施。

1. 城市居民

（1）建立医疗救助制度

大同市建立的医疗救助方式有三种：一是定点医院优惠减免。2003年8月确立了三家医院为低保对象就诊定点医院，为低保对象发放"医疗服务卡"，低保对象在定点医院持卡可享受最高25%的减免和优惠。二是开展大病医疗救助。2004年9月，市政府出台了《大同市城市低保对象大病医疗救助试行办法》及其《补充规定》，对未参加医疗保险或一参加医疗保险，但未足额缴纳保险金的身患恶性肿瘤、尿毒症等34类大病、重病的低保对象，按所支付医疗费用比例予以救助。同时，对无经济能力住院治疗的大病患者每年发给1000元的医疗优惠券，可在定点医院进行门诊治疗或购买药品。三是建立省城市医疗救助试点。到2006年上半年，大同市有5个县区被省民政厅确定为全省城市医疗救助试点地区，省财政下拨专项资金275万元，城市医疗救助的范围不断扩大。

（2）建立教育救助制度

2004年9月，市政府出台了《大同市低保对象特困家庭子女教育救助试行办法》。根据该《办法》，对特困家庭子女，除按地保政策予以保障外，在义务教育和高中阶段按学期发给30～600元的助学补助，对考入大学的一次性发给1000元的助学金。2005年，全市共发放特困家庭子女教育救助金58.7万元，救助人数达2544人。

（3）提供再就业援助

2003年9月，大同市民政局与市劳动保障部门联合出台了《关于进一步促进城市低保对象再就业工作的意见》，由市劳动保障部门为低保对象免费提供职业介绍、职业指导、就业训练、社区就业岗位开发服务等一系列再就业援助；低保对象凭《再就业优惠证》从事个体经营的，免收部分行政事业性收费。

（4）启动廉租住房工程

2005年初，大同市全面启动了低收入家庭廉租住房工程。对享受低保待遇半年以上，且家庭人均住房建筑面积不足 8 平方米的住房困难家庭，给予发放租赁住房补贴、租金核减或以低廉租金配租住房的优惠。

2. 农村居民

(1) 将农村特困群众全部纳入农村低保范围

2004 年，全市 9 个农业县区全部建立了农村特困救助制度。在此基础上，2006 年，市政府出台了《大同市农村居民最低生活保障办法（试行）》（同政发［2006］49 号），为各县区开展农村低保工作提出了指导性意见。市政府将"建立农村低保制度，将 6.78 万农村特困群众全部纳入保障范围"列为 2006 年政府为民办的实事之一。

(2) 农村五保供养对象实现应保尽保

2005 年底大同市符合五保供养条件的共有 15536 人。2004 年和 2005 年两年，将 13410 名五保供养对象纳入财政转移支付范围，将其余 2126 名应保未保的五保供养对象全部纳入了农村低保范围。2006 年，市政府决定力争在年底前将这些应保未保的五保对象纳入供养范围。

(3) 开展农村医疗救助工作

大同市在 9 个农业县区全部开展了农村医疗救助工作，农村医疗救助覆盖率达到了 100%。从 2004 年到 2006 年，省财政下拨大同市农村医疗救助资金 605 万元。截止 2006 年上半年，已有 24280 人得到救助，其中救助大病患者 2888 人，资助特困对象参加农村合作医疗 21392 人，农村特困家庭"看病难、看病贵"的现象得到了明显缓解。

（四）改善居民收入分配状况的建议

在改善居民收入分配上，我们认为主要有两个方面：一是增加居民的收入，二是减少居民的支出。在减少居民的支出方面，大同市政府已经做了大量的工作。课题组认为，在减少居民的支出的同时，更为重要的是增加他们的收入，而要增加居民收入，首当其冲的是发展当地经济发展。为此，特提出以下建议。

1. 发展矿区新型替代产业

发展矿区接替产业项目，改变单一产业结构。资源型城市产业结构单一，就业压力本来就大，加上煤矿企业的不断关闭，造成大量矿工失业。以同煤集团为例，目前集团公司本部的 15 个主力矿井中，有 6 个已因资源枯竭关闭破产，减少产量 1000 万吨，其余矿井服务年限多则 20 年，少则 3～5 年。如没有新的接替能力，2010 年前，60% 的矿井将陆续面临资源枯竭，70 万职工家属的生存问题需要解决。因此，加大对煤炭深加工和综合利用的力度，大力建设坑口电站，充分开发和合理利用煤矸石、瓦斯等，发展煤化产业，延伸产业链，提高附加价值。鼓励将燃料变原料，动力煤用途向冶金、化工等多用途转变。煤炭行业结构的调整，一方面可解决煤炭资源行将枯竭或已枯竭矿井的职工的就业问题，另一方面可吸纳未就业的员工。

2. 强化国家在煤矿企业及职工方面的社会福利政策力度

（1）煤矿企业承担的社会服务功能逐渐移交给政府进行统一管理

煤矿企业办社会负担沉重。还是以同煤集团为例，有医院 63 家，从业人员 5421 人，每年所需经费 1.9 亿元。此外，还有供水、供电、供气、供暖、武装、消防等机关单位。2004 年末，同煤集团共有服务人员 36291 人，占全部在岗职工总人数 152183 的 23.85%。因此，应将企业承担的生活性和社会性服务人员整体移交地方政府管理，缺口费用由地方财政或中央财政负担。

（2）调整政策性关闭破产的煤矿职工经济补偿金和安置费标准

将《中共中央办公厅、国务院办公厅关于进一步做好资源枯竭矿山关闭破产工作的通知》（中办发〔2000〕11 号）中"关于在职职工两种安置办法中任选一种"修改为两种合一执行。即职工与企业解除劳动关系后，首先按本人每满一年工龄发给 1 个月本人工资标准的经济补偿金，再一次性发给相当于企业上年度职工平均工资 5 倍的安置费（企业上年度平均工资低于企业所在地平均工资的按企业所在地平均工资计发），两项合计不足 10 万元的按 10 万元发给。养老保险费由个人按规定缴纳，累计缴够 15 年后可以办理退休手续，享受养老保险待遇。

（3）制定煤矿井下职工提前退休的特殊政策

鉴于煤矿职工工作环境差、井下作业时间长、劳动强度大、体力透支严重、服务年限较短、寿命相对缩短等原因，为稳定煤矿职工队伍，促进煤炭行业可持续和稳定健康发展，建议国家制定煤矿井下职工特殊的退休政策。按职工每天正常工作 8 小时计算，职工 18 周岁参加工作，55 周岁退休，工作年限 37 年，累计工时为 74308 小时。按上述情况测算：井下采掘职工每天工作 12 小时计算，工作年限 25 年，累计工时为 75312 小时；井下辅助职工每天工作 10 小时计算，工作年限 30 年，累计工时为 75312 小时。根据以上累计工时对比情况，我们建议：对采掘岗位连续工作 25 年、井下辅助岗位连续工作 30 年的职工，可以退休，享受养老保险待遇。对即将关闭破产的煤矿企业井下职工，在上述工作年限上再提前 5 年。

（4）调整煤矿职工个人收入所得税的起征标准

尽管煤矿职工劳动付出大、贡献多，但由于人员多、效率低、包袱重等老大难问题，企业自身难以解决，所以煤矿职工收入在各行业中排名较低。为此，应提高煤矿职工个人收入所得税的起征标准。对收入中的井下艰苦岗位津贴（井下津贴、夜班津贴、班中餐补贴）和井下保健津贴等属于特殊作业环境下的补偿性津贴，按照劳动保障部、国家发展改革委、财政部《关于调整井下艰苦岗位津贴每矿有关工作的通知》（劳社部发 [2006] 24 号）规定的井下津贴、夜班津贴和班中餐补贴标准和现行的井下保健津贴测算，井下采掘工每月大约 955 元，井下辅助工每月大约 730 元，不应列入个人收入所得税的纳税基数。

3. 加大农村低保和五保供养政府投资规模

（1）中央、省财政加大对农村低保资金的专项投入

建议中央、省加大对农村低保资金的专项投入，特别是对中西部欠发达地区、自然灾害发生频繁、救助对象较多的地区提供资金政策倾斜。同时，应保证低保及时发放。

（2）要进一步完善农村五保供养制度

根据国务院《农村五保供养工作条例》，要真正实现应保尽保。另外，应该合理确定五保供养标准，按照不低于当地农村平均生活水平的要求，科学测算当地农村五保供养标准。

4. 强化再就业工程

（1）加强再就业的培训工作

对于失业人员，不是没有工作岗位，而是他们无法胜任岗位的工作。因此，政府在再就业的培训工作上，应加强以下几方面的工作：一是加强培训内容的实用性和技能性，使培训对象通过培训掌握一定的技巧或技能。二是在培训费用上，应给予一定优惠或减免，不能按商业培训收费。我们在与居民的座谈中，有居民反映，她的儿子想学驾驶技术，可培训费用就需要3000多元，根本无法承受。三是在就业市场上，不能仅局限于本地的就业市场，还可面向周边城市拓展。

（2）失业人员观念的转变至关重要

在调研过程中，发现许多劳动者素质低，就业观念落后，不愿意吃苦，就业期望值过高。例如，课题组在与矿区居民座谈中，一居民说，她家3口人，丈夫在同煤集团工作，月收入600元左右。她自己没有工作，儿子高中毕业在家待业。她儿子先是在一家饭店做门卫，但因受不了苦，干了7个月就不干了，后又到石料厂背沙子，因太苦太累没干多久也就辞职了。

（3）组织劳务输出

在调研过程中，课题组发现许多劳动者将就业局限于大同市范围内，并且寄希望于现有煤矿企业的招工。实际上，完全可以打破地域限制，将目光投向更广阔的市场。

第五节　东部城市的经济开发和居民收入问题

——江苏南通的调研

导　语

中央党校王瑞璞教授组织了一个"南通现象"调研组，以更全面地了解南通市近年来的经济社会发展情况，李晓西教授被邀请参加课题调研。在调研中，我们发现南通市不仅经济快速增长，而且在解决收入分配和提高人民生活水平方面取得了很大进展。因此，我们在向课题组提交调研报告《一个刷新增长方式的城市——记南通快中求好的小康之路》的同时，还就南通市有关收入分配方面的情况作了较深入的调研，完成了《南通居民收入分配调研报告》，并作为国家社科基金重大课题 A 类项目"我国地区间居民收入分配差距研究"的子课题。

在这里，要特别感谢中央党校王瑞璞教授的支持和信任，感谢中国市场经济研究会副秘书长徐志强同志的大力协助。课题组成员还有中共中央政策研究室经济局副局长白津夫教授，以及中央党校的李慧老师、本院的林永生博士等。大家团结一心，和睦工作，达到了预期的调研目的。我还想特别指出，林永生博士在陪同我参加调研中，完成了两份报告的起草工作，很努力，很辛苦，调研成果的质量也得到了大家的肯定。

江苏省南通市近年来在增加城乡居民收入尤其是在提高基本公共物品服务均等化，解决住房、医疗、教育等民生问题上取得了令人瞩目的成绩。调研小组先后考察了德民花苑社区、经济技术开发区、南通博物苑、振华港机、风力发电厂、中远川绮船厂、富士通、滨海工业园、启东市天汾镇如意村公共服务中心、社会矛盾和纠纷调解中心等十多个基层单位，与南通市委市政府领导、党政有关部门、有关县（市、区）负责人以及基层单位、村（居）干部、居民等100多人进行了广泛而深入的交流。现将南通市的居民收入分配调研情况汇报如下。

一、南通市居民近年来的收入和消费状况

随着经济的持续高速发展，南通市城乡居民的收入迅速增加，相应的消费支出和生活水平也得以不断提高，经济改革与增长带有较为明显的普惠特征。2002～2006年南通市城乡居民的收支情况如下表所示。

表 2－64　2002～2006年南通市城乡居民的收支情况

单位：元

年　份	城镇居民人均可支配收入	农村居民人均纯收入	城镇居民人均消费支出	农村居民人均消费支出
2002	8640	4134	—	—
2003	9598	4393	—	—
2004	10937	4929	—	—
2005	12384	5501	8573	3858
2006	14058	6106	9332	4313

资料来源：历年南通市国民经济和社会发展统计公报。

2003年，南通市首次实现生产总值超千亿、财政收入超百亿的"双超"目标。从表1中可以看出，当年城镇居民人均可支配收入为9598元，增长了11.1%，农村居民人均纯收入为4393元，增长了6.3%。此后的三年里，城乡居民的人均收入均以2位数的速度增长，2004、2005、2006年，南通市城镇居民的人均收入分别达到了10937元、12384元、14058元，分别增长了14.0%、13.2%、13.5%；农村居民的人均收入分别达到了4929元、5501元、6106元，分别增长了12.2%、11.6%、11%。与此

相对应，城乡居民的消费支出水平也不断提高。以 2006 年为例，城镇人均消费支出为 9332 元，比上年增长 8.8%；农村居民人均消费支出为 4313 元，比上年增长了 11.8%。

为了剔除价格波动的影响，真实反映南通市城乡居民收入的增长趋势，在此对 2002～2006 年城乡居民人均收入数据做了以 2002 数据为 100 的定基处理，如图 2-24 所示。

图 2-24 中，横坐标为年份，纵坐标为指数，可以明显看出过去的 5 年里，南通市城乡居民的收入水平呈稳定增长态势，近乎以直线型的趋势在增长，没有所谓的锯齿或者波浪形态，农村居民的收入增长速度略低于城镇居民。

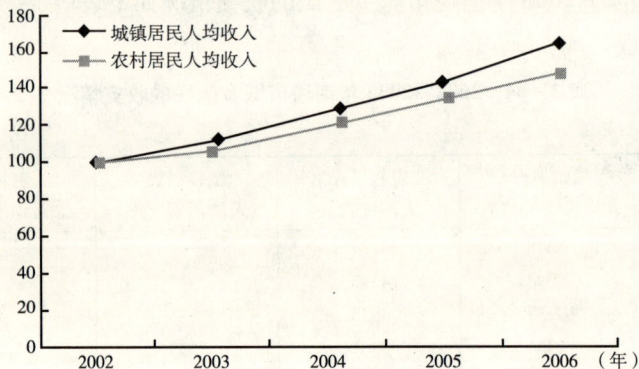

图 2-24　2002～2006 年南通市城乡居民收入增长趋势

相应，南通市城乡居民的生活水平逐渐提高，突出表现在衣着、住房、交通和通讯类消费支出迅速增长，家用电脑和汽车这两大类耐用消费品的百户居民拥有量逐年提高，人均住房建筑面积也不断增加。2006 年，城镇居民的衣着、住房、交通和通讯类三项消费支出额分别为 925 元、881 元、1015 元，比 2005 年分别增长 19.9%、13.7%、17.8%，远远高于食品类（增长 4.6%）、医疗保健类（增长 3.7%）、教育文化娱乐服务类（增长 0.4%）的增长幅度。2006 年，南通市区平均每百户居民拥有 45.5

台家用电脑和 3 部汽车，比 2005 年分别增长了 12.3%、20%。农村百户居民耐用消费品数量增长最快的两项分别为家用电脑和空调，平均每百户农村居民拥有 7.66 台家用电脑和 23.20 台空调，比 2005 年分别增长 61.4% 和 24.1%；2006 年，南通市区居民人均住房建筑面积 29.43 平方米，比 2005 年增长 1.0%，农村居民人均住房面积 50.09 平方米，比 2005 年增长 0.94%。

（二）南通市城乡居民增收的主要原因

1. 政府高度重视，加强政策引导和宏观调控，实施"富民战略"

为了增加居民的有形收入和财产，让每个人都成为改革发展成果的受益者，南通市委、市政府特别注重兼顾好富民进程中先富群体与后富群体的利益、发展进程中能力强的群体与能力弱的群体的利益、改革进程中获益多的群体与获益少的群体的利益，实施了千方百计增加居民收入，让百姓切实富起来的"富民优先"战略。

2. 民营经济迅猛发展，创造了大量就业岗位，切实促进城镇居民增收

截至 2005 年底，南通市个体工商户数居全省首位，私营企业数和私营企业注册资本位居全省第三，提前完成争创江苏省民营经济第一大市第一步的既定目标。2007 年 1～5 月份，南通市新发展个体工商户 5.61 万户、私营企业 1.3 万家，分别增长 58.2%、102.7%。新增私营企业注册资本 242.9 亿元，增长 189.5%。引进市外民资项目 1783 个，总投资 130.8 亿元，增长 245.8%。

如今，民营企业已经成为南通吸纳就业的主要渠道。2006 年市人事局所属人才市场统计显示，2006 年累计有 8500 余家（次）非公企业单位设摊招聘，提供岗位达到 8.5 万人次，达到总岗位数的 80% 以上；截至 2006 年底，全市民营企业人才总数已经超过全市人才总数的一半。与此同时，城市创建"充分就业社区"也大大促进了就业各项工作。"十五"期间，南通市累计新增就业岗位 70 万个，安置 23.3 万名城镇下岗失业人员就业。全市城镇登记失业率控制在 3.5% 以内，一直低于全省和全国平均水平。

民营经济的迅速发展，创造了大量就业岗位，切实增加了城镇居民的收入水平。2005年，南通市城镇居民人均可支配收入达到12384元，是"九五"期末的1.6倍。2006年，城镇居民人均可支配收入在2005年的基础上增长了13.5%，达到14058元。

3. 发展项目农业，高效农业规模化，是促进农民增收的主要原因

近年来，南通市在新农村建设过程中，大力发展项目农业，使有限耕地的产出水平和效益不断提高。按照工业化的思路谋划农业，积极探索出了"一条主线（招商引资）"为主要内容的项目农业发展新路子，即把农业当作项目来看，当作企业来办，当作致富产业来干，用现代工业装备农业，用工业化的管理方法优化农业管理，用产业工人的从业要求提升农民素质并实现农业组织方式的重大变革。目前，全市种植业亩产3000元以上面积占总耕地面积的30%以上，其中亩产出5000元以上的面积占10%，部分农业项目亩产达1万元以上，处于全省领先水平，预计到"十一五"期末全市亩均产出再增加1000元以上。

2006年，南通开始启动高效农业规模化"133行动计划"，亩净收益2000元以上农田占比为24.5%，比2005年提高5个百分点，占比在全省处于领先水平。农业综合开发和农机装备水平不断提高。农业标准化工作、农产品质量建设取得新成效。项目农业完成投资51.5亿元，增长31.7%；农业利用外资实际到帐2.1亿美元，列全省第一。各类农民经纪人发展到14万人，农村劳动力转移新增8.04万人。此外，还大力实施"农民收入倍增工程"，使农民人均纯收入进入近10年来增长最快的时期。2005年农村居民人均纯收入达到5501元，是"九五"期末的1.5倍；2006年，农村居民人均纯收入在2005年的基础上增长了11%，达到6106元。2007年第一季度，新增转移农村劳动力26519人，完成全年计划的48.2%。全市农民现金收入人均4011元，增长18.0%，继续保持2004年以来的两位数增长。

4. 以发展建筑业的块状经济为主，促进农村剩余劳动力转移，切实提高农民收入

南通市的建筑业以其特色的块状经济，闻名全国。南通建筑已经形成一种品牌，被国内外业主认可。为此，南通市大力发展建筑业，推进农村劳动力转移。2005 年南通实现转移农村劳动力人数突破 200 万，居全省首位，带动农民人均增收 490 元，推动农民创业，不少农民走出国门做老板，挣"洋"钱。

此外，近年来南通市政府始终坚持农民增收与减负相结合，严格落实控减农民负担的各种政策，让农民休养生息，比全国提前一年实现全免农业税，全市农民负担由税费改革前的 8.3 亿元下降到 2.39 亿元。

（三）南通市从公共服务领域着手缩小居民收入差距的主要途径

居民收入分配和财产分布的差距，不单单是指总量，净收入或纯收入更为重要；不单单是有形收入，还包括无形收入。譬如，即使居民间的收入水平相同，但是由于不同个体与家庭的支出负担差别很大，居民纯收入的分配差距也会拉大。从这个意义上而言，解决民生问题，注重为居民提供基本的公共服务，实现收支有序平衡，对于缩小居民的收入分配差距意义重大。近年来，南通市就是从公共服务领域着手，努力提高公共服务水平致力于缩小居民收入差距。

1. 农村建构的"南通模式"初级卫生体系、城镇开展的创建"无红包医院"等活动，比较好地解决了"看病难、看病贵"的问题

南通市在农村创造性地构建了被称为"南通模式"的农村初级卫生体系，以卫生所为基础，联合当地医院建成 100 多个农村社区卫生服务中心，以行政村为单元，新建或改建 1800 多个社区卫生服务站，充分发挥了农村卫生工作的网底功能，从而较好地解决了老百姓"看病难、看病贵"的问题。2004 年，南通市开发区开始实行新型农村合作医疗，并决定不要农民个人缴费，所需费用由区、镇财政承担。2006 年，全市有 90% 的农民参加了新型农村合作医疗，仅开发区就筹集资金 401.95 万元，参保人数达

10.0287 万人, 覆盖率达 100%。全区累计 2359 人次报销 239 万余元。

此外, 南通市先后深入开展创建"无红包医院"创建活动, 进一步扩大企业职工基本养老保险和基本医疗保险的参保面, 有序推进城镇居民基本医疗保险工作。南通市自 1996 年开始进行城镇职工医疗保障制度改革试点, 经过 10 多年的努力, 已经建立覆盖所有城镇职工的基本医疗社会保险制度。2006 年全市参保人数突破 100 万人, 市区超过 40 万人, 原国有、集体困难企业的退休工人基本上都纳入职工医保范围。

2. 加大地方财政中的教育支出, 严惩违规收费行为, 比较好地解决了"上学难"的问题

南通市在"十五"期间投入 160 多亿元用于教育事业, 其中各级财政教育经费投入达 86 亿元, 占全社会教育经费总投入的 53.75%。他们改造、新建、撤并了 1000 多所中小学, 在全省率先完成了农村初级中学教学试验仪器设备、图书资料、体育和艺术器材"四项配套工程"建设任务, 全市有 101 个乡镇达到教育现代化乡镇创建标准。为了让所有的孩子都上得起学, 南通市从 2006 年秋季新学年开始, 全市范围内所有义务教育阶段学生 (含三个区和县城所在地及民办学校、进城务工农民工子女) 全部享受免收学杂费教育。在对义务教育阶段所有学生实行免受学杂费的同时, 继续对贫困家庭学生实行"一免一补"。2006 年共为 71294 名贫困学生免费提供了教科书, 为 20004 名贫困学生免费提供了簿本, 为 11142 名寄宿生补助生活费 190.66 万元。

此外, 近年来南通市开辟了教育"绿色通道", 确保无一学生因家庭困难而失学。针对违规收费行为, 南通实行了教育收费信访专访制度, 全面推行收费问责制, 实行重点监控制度和直查快处制度。2006 年, 南通市严肃查处了 15 所学校的乱收费问题, 清退违规收费近 1000 万元, 追究 20 人的纪律责任, 在全市教育系统产生了强烈的警示、震慑作用。

3. "六管齐下", 比较好地解决了"住房难"的问题

为了解决住房难的问题, 南通市"六管齐下"地构筑住房保障体系:

一是对低收入家庭中的孤寡老人、重病家庭、丧失劳动能力的残疾人、优抚对象等特定住房困难家庭，采取廉租住房实物安置结合租金减免方式保障。二是对低收入家庭中确实无购房能力的住房困难家庭，采取廉租住房租金补贴方式保障。三是对低收入家庭中有一定购房能力的住房困难家庭，采取保障性商品住房方式保障，通过限房价、限套型、限对象、限转让的办法，向处于廉租住房保障对象和经济适用房政策性补贴对象之间的"夹心层"出售。四是对有购房能力的中低收入住房困难家庭，采取经济适用政策性补贴方式提供保障支持。五是对外来务工人员、新就业大学生及其他特殊住房困难群体，采取提供公共租屋等多种方式给予帮助。六是对拆迁户安置继续加大低价位商品房的供应量，逐步实现由"人等房"为"房等人"。

附录

一个刷新增长方式的城市

——记南通快中求好的小康之路

《国家"十一五"规划纲要》明确提出要以科学发展观统领经济社会发展全局，要求必须加快转变经济增长方式；要把节约资源作为基本国策，发展循环经济，保护生态环境，加快建设资源节约型、环境友好型社会，促进经济发展与人口、资源、环境相协调；要推进国民经济和社会信息化，切实走新型工业化道路，坚持节约发展、清洁发展、安全发展，实现可持续发展。《纲要》同时要求必须加强和谐社会建设，要按照以人为本的要求，从解决关系人民群众切身利益的现实问题入手，更加注重经济社会协调发展，千方百计扩大就业，加快发展社会事业，促进人的全面发展；要更加注重社会公平，使全体人民共享改革发展成果；要更加注重民主法制建设，正确处理改革发展稳定的关系，保持社会安定团结。2006 年10 月，党的十六届六中全会通过了《中共中央关于构建社会主义和谐社会若干重大问题的决定》，再次强调构建和谐社会，必须坚持科学发展，必须坚持以人为本。由上述可见要实现科学发展，就要强调节能、强调环保；要以人为本，就要强调民生以及改革与发展成果的普惠，强调统筹兼顾和协调有序。

近年来，南通市委、市政府坚持从自身实际出发，刷新了经济增长（发展）方式，走出了一条污染少、效益高、速度快、统筹协调有序的经济发展道路，也是一条"快中求好的小康之路"。2006年，南通市万元生产总值综合耗能为1.31吨标准煤，低于全国和全省平均水平，在全国47个环保重点城市"环境综合整治定量考核"中排名跃居第五，名列"全国污染控制较好城市"第一。与此同时，南通市继2003年全市实现生产总值超千亿、财政收入超百亿的"双超"目标后，2004年实现地区生产总值1226.06亿元，按可比价计算增长15.6%，多年来首次高出全省平均水平。2007年上半年实现生产总值711.63亿元，增长15.9%，高出全省平均水平1.4个百分点，增幅首次跃居全省和长三角各城市第一，又一次实现了历史性跨越。

不妨把南通这种"快中求好的小康之路"概括为"南通现象"。深入研究和探讨"南通现象"，对推进全省乃至全国各地贯彻落实科学发展观、构建和谐社会、建设全面小康有着重要的理论意义和现实意义。循此，本课题组赴南通进行了实地调研，考察了德民苑社区、经济技术开发区、南通博物苑、振华港机、风力发电厂、中远川绮船厂、富士通、滨海工业园、启东市天汾镇如意村公共服务中心、社会矛盾和纠纷大调解中心等十多个基层单位，与南通市委市政府领导、党政有关部门、有关县（市、区）负责人以及基层单位、村（居）干部、居民等100多人进行了广泛交流。通过深入调研，课题组认为南通市刷新经济增长（发展）方式主要体现在如下五个方面。

（一）减少投入、提高效益的节约式大发展

南通在经济高速、稳定增长过程中，始终注重节约资源、降低成本，以低投入换高产出，提高经济效益，促进经济的大发展。南通市委、市政府坚持把转变经济增长方式作为全面落实科学发展观的中心环节，坚决贯彻中央宏观调控政策措施，以有效投入促进结构优化、产业升级，以布局集中推动产业集聚、资源集约，以节能降耗促进资源节约。

南通经济的节约式大发展主要表现在两个方面，节能降耗和集约使用资源。

首先，南通经济的大发展是建立在节能降耗的基础上。2006 年南通市万元生产总值能耗为 0.95 吨标准煤，低于全国、全省平均水平，GDP 综合能耗控减水平列全省第二，连续 14 年保持耕地占补动态平衡。为了全面落实国家、省关于节能减排的一系列重要部署，南通市不仅强调项目节能、产业节能、结构节能，而且注重体制机制创新，具体表现为：一是强化领导，责任落实到位。建立健全全市节能减排工作领导协调机制，落实节能减排工作责任制，加大考核力度，出台节能评价考核办法，首次明确各县（市）区能耗下降指标。二是突出重点，措施落实到位。组织实施了节能降耗和发展循环经济"双百工程"行动计划，同时突出抓好工业、交通、建筑三大领域和冶金、电力、化工、建材、纺织等重点工业耗能行业的节能工作。三是优化结构，治理落实到位。加快企业技术改造，发挥试点企业的示范引领作用，开展节能和循环经济领域关键技术和共性技术的研发推广工作，实施十大重点节能工程，推进了百家企业节能行动。

其次，南通经济的大发展是建立在创新招数、集约节约利用资源的基础上。一是用好岸线资源。严格岸线管理制度，先后出台促进"深水深用、浅水浅用"的三个管理性文件，确保用好每一寸岸线。先后建立了江海岸线开发利用联审会议制度、涉岸项目的准入退出机制，明确规定凡使用沿江、沿海深水岸线的工业项目岸线投资强度不得低于 120 万元/米。二是用好土地资源。进一步完善集约节约用地政策，坚持用量化指标控制促进集约用地，严格把好单位面积土地最低投资强度、容积率关口。进一步推进标准厂房建设，全市累计供应标准厂房用地 147 公顷，有效地化解了中小企业用地矛盾。进一步盘活各类存量用地，研究制定相关措施，提高土地供应率。去年以来全市共盘活各类存量土地14835亩，开发未利用地7140亩。进一步搞好耕地占补平衡，千方百计挖掘后备资源潜力，去年以来共实施占补平衡项目296个，新增耕地3.1万亩。三是用好水资源。省政府将南通市列为节水型社会建设试点城市，该市高度重视，全面做好水资源利用规划，积极开展节水型城市建设，推进工业节水，累计完成工业节水技改项目157项，年节水8069万立方米，工业用水重复利用率已提高到60%以上。大力推进农业节水，已建设防渗渠7746.29公里，节水面积245万公顷；推进城市生活节水，城市供水管网更新改造明显加快。

（二）保护环境的清洁式大发展

很多地区和国家在经济增长过程中，往往经历先发展后治污的阵痛。然而，南通市始终将经济发展与加强环境保护紧密结合在一起，走出了一条清洁式的发展道路。

2006年，南通市主要污染物化学需氧量（COD）和二氧化硫（SO_2）的排放总量分别削减3%和6%；市区新增绿地280公顷，绿化覆盖率41.8%；濠河综合整治与历史风貌保护工程获得中国人居环境范例奖；市区新增日供水能力20万吨、日污水处理能力7.5万吨，获"全国水环境治理优秀范例城市"称号；持续推进"五城同创"，建立综合整治城市违法建设长效管理机制，市区百日环境整治771个项目全部按时完成，建成"国家环境保护模范城市"，在"五城同创"中率先突破，并被联合国开发计划署和环境规划署、国家环保总局授予"保护臭氧层示范市"称号等。

南通市建立健全节能减排工作领导协调机制，落实节能减排工作责任制，加大考核力度，出台节能评价考核办法，首次明确各县（市）区能耗下降和污染减排指标。2007年，将着力推进城市污水处理厂建设，今年全市计划污水处理厂建成规模达到46万吨/日，比2006年增加7万吨以上，全年可削减COD共8620吨以上；着力推动实施电力行业脱硫工程，全年可削减SO_2排放量16200吨。着力强化违法排污企业整治，对重点环境问题实施挂牌督查，对国控、省控重点源和观音山及通吕运河、通启运河沿线的重点企业的排污基本实现在线监控；坚持工业企业废水达标排放，严格执行省化工行业、纺织染整工业水污染物排放标准。严格执行国家、省有关技术标准和规范，坚持化工项目投资额必须大于1亿元，禁止新上高污染、高能耗项目。进一步强化化工企业专项整治，关闭一批污染严重的化工和印染企业。

农村环境建设也越来越被各级所重视，特别是近年来，围绕新农村建设，以实施农村新老"五件实事"和"百村示范、千村整治"工程为抓手，农村的生产生活环境不断得到整治和改善。此外，以污水和垃圾处理为重点的农村环卫体系建设已摆上议事日程，课题组就新农村建设问题对南通启东进行实地调研时，在当地农村竟然没有发现任何垃圾。这给课题组全体成员留下了非常深刻的印象。

几年来，南通市委、市政府站在科学发展的高度，把生态建设摆到全局工作的优先位置来抓，较好地实现了经济、社会和环境三大效益的结合。三年来，全市GDP总量增长了70.1%，而COD和SO_2的单位GDP排放强度分别下降了38%和26%；工业经济总量增长了75%，而工业一般污染物排放总量下降了15.8%；地表水功能区、饮用水源水质达标率连年保持100%，名列全国第一，长江近岸带水质由四类上升到二类，近海水质保持国家二类标准；全市空气环境质量持续位居全省第二；固体废气物综合利用率达98%以上。公众对该市环境质量满意率由2001年的78%提高到2005年的93%，环保投诉量和信访量为全省最低。在全国47个环保重点城市环境综合整治定量考核排名中，南通市由2000年的倒数第5位跃升到现在的正数第5位，并名列"全国污染控制较好城市"榜首。

（三）以人为本、小康导向的富民式大发展

实施富民优先战略的基础上，关注民生、强调改革与发展成果的普惠，坚持以人为本，旨在建设全面小康社会，是南通经济大发展的重要特征。

　　首先，实施了千方百计增加居民收入，让百姓切实富起来的"富民优先"战略。"穷生斗、富生安"，发展始终是百姓最根本的利益所在，也始终是政府调节利益关系的物质基础。"老百姓看我们党执政的能力和成效如何，衡量的第一把标尺就是能否让群众先富起来、快富起来"。这几年，南通市始终高扬发展的旗帜，用发展凝聚民心，靠发展惠及百姓，在工作中抓住一个个干部与百姓的共振点、一个个富民与强市的结合点、一个个发展与和谐的对接点。在城镇，大力实施就业和再就业工程，"十五"期间累计新增就业岗位70万个，安置23.3万名城镇下岗失业人员就业。全市城镇登记失业率控制在3.5%以内，一直低于全省和全国平均水平。此外，为了充分发挥民营经济在吸纳剩余劳动力、增强经济活力的作用，在2003年7月下旬召开的市委九届四次全会上，决策层郑重确定把民营经济当作主流经济来抓，响亮提出了打造"江苏的温州"，争创全省民营经济第一大市的目标，为此全市上下形成了新一轮的创业浪潮，民营经济迅速发展。

　　2007年1~5月份，南通市新发展个体工商户5.61万户、私营企业1.3万家，分别增长58.2%、102.7%。新增私营企业注册资本242.9亿元，增长189.5%。引进市外民资项目1783个，总投资130.8亿元，增长245.8%。2005年，南通市城镇居民人均可支配收入达到12384元，是"九五"期末的1.6倍。2006年，城镇居民人均可支配收入在2005年的基础上增长了13.5%，达到14058元；在农村，2006年南通市开始启动高效农业规模化"133行动计划"，亩净收益2000元以上农田占比为24.5%，比2005年提高5个百分点，占比在全省处于领先水平。农业综合开发和农机装备水平不断提高。农业标准化工作、农产品质量建设取得新成效。项目农业完成投资51.5亿元，增长31.7%；农业利用外资实际到帐2.1亿美元，列全省第一。各类农民经纪人发展到14万人，农村劳动力转移新增8.04万人。此外，还大力实施"农民收入倍增工程"，使农民人均纯收入进入近10年来增长最快的时期，2005年农村居民人均纯收入达到5501

元，是"九五"期末的1.5倍。2006年，农村居民人均纯收入在2005年的基础上增长了11%，达到6106元。2007年第一季度，新增转移农村劳动力26519人，完成全年计划的48.2%。全市农民现金收入人均4011元，增长18.0%，继续保持2004年以来的两位数增长。

其次，实施了关注民生，解决百姓看病贵、上学难、住房难问题的"以民为本"战略。为了解决看病贵的问题，南通市先后深入开展、实施了创建"无红包医院"活动，进一步扩大企业职工基本养老保险和基本医疗保险的参保面，有序推进城镇居民基本医疗保险工作。2004年，南通市开发区开始实行新型农村合作医疗，并决定不要农民个人缴费，所需费用由区、镇财政承担。2006年，开发区共筹集资金401.948万元，参保10.0287万人，覆盖率达100%。2006年，全区累计2359人次报销239万余元。南通市自1996年开始进行城镇职工医疗保障制度改革试点，经过10多年的努力，已经建立覆盖所有城镇职工的基本医疗社会保险制度，2006年全市参保人数突破100万人，市区超过40万人，原国有、集体困难企业的退休工人基本上都纳入职工医保范围。同时，经过近几年的探索推进，南通市已初步形成新型农村合作医疗保险的制度框架，2006年全市有90%的农民参加了新型农村合作医疗。南通市公布的《关于建设社会和谐新南通的实施意见》明确提出，下一阶段要重点推进市区城镇非职工居民医疗保险全覆盖工作。

为了解决上学难的问题，南通市开辟了教育"绿色通道"，确保无一学生因家庭困难而失学。针对违规收费行为，南通实行了教育收费信访专访制度，全面推行收费问责制，实行重点监控制度和直查快处制度。2006年，南通市严肃查处了15所学校的乱收费问题，清退违规收费近1000万元，追究20人的纪律责任。同时，进一步加大教育经费投入，"十五"期间，南通教育经费总投入达160亿元，其中各级财政教育经费投入达86亿元，占全社会教育经费总投入的53.75%。从2006年秋季新学年开始，南通市全市范围内所有义务教育阶段学生（含三个区和县城所在地及民办学校、进城务工农民工子女）全部享受免收学杂费教育。对义务教育阶段所有学生实行免受学杂费的同时，继续对贫困家庭学生实行"一免一补"，2006年共为71294名贫困学生免费提供了教科书、为20004名贫困学生免费提供了簿本，为对11142名寄宿生补助生活费190.66万元。

为了解决住房难的问题，南通市"六管齐下"地构筑住房保障体系：一是对低收入家庭中的孤寡老人、重病家庭、丧失劳动能力的残疾人、优抚对象等特定住房困难家庭，采取廉租住房实物安置结合租金减免方式保障。二是对低收入家庭中确实无购房能力的住房困难家庭，采取廉租住房租金补贴方式保障。三是对低收入家庭中有一定购房能力的住房困难家庭，采取保障性商品住房方式保障，通过限房价、限套型、限对象、限转让的办法，向处于廉租住房保障对象和经济适应房政策性补贴对象之间的"夹心层"出售。四是对有购房能力的中低收入住房困难家庭，采取经济适用政策性补贴方式提供保障支持。五是对外来务工人员、新就业大学生及其他特殊住房困难群体，采取提供公共租屋等多种方式给予帮助。六是对拆迁户安置继续加大低价位商品房的供应量，逐步实现由"人等房"为"房等人"。

（四）统筹兼顾、协调有序的和谐式大发展

随着我国多年的改革与发展，经济持续高速发展，与之相伴的是地区、行业和收入差距不断步扩大，利益群体日益多元化，而且不同利益群体之间的矛盾和冲突也逐渐凸显。从这个角度而言，一个国家、一个地区在其经济发展过程中，必须要统筹兼顾，协调好各方面利益，确保社会的和谐与稳定。南通市在自身崛起过程中，始终确保统筹兼顾、协调有序，实现了和谐式的大发展。

首先，坚持执政为民，实现党群干群关系的和谐。南通市坚持把最广大人民的根本利益作为制定政策、开展工作的出发点和落脚点，十分注重正确反映和兼顾不同社会阶层的利益，协调不同利益群体的关系。在缩短城乡收入差距上，坚持一手抓农民增收，一手抓好农民减负，推进农村税

费改革，全市500多万农业人口彻底告别"皇粮国税"，各级政府同时还增加了粮食、农机等各种政策性补贴。在关心群众生活上，努力守住让每个南通居民有饭吃、有衣穿、有房住的"三有"底线。在全国领先实现城镇劳动保障三大保险全覆盖，率先健全城市低保、农村低保、专业渔民低保体系，连续多年社会保障支出占财政总支出的30%以上，高于国务院规定的15%～20%的要求。在依法维护人民群众合法权益上，切实防止和纠正在企业改制、征地、拆迁工作中侵占群众利益的行为。市区全面实行征地补偿和被征地农民基本生活保障，农民集体用地征用补偿款全部发放到位，并普遍提高了补偿标准。

其次，建立社会矛盾纠纷大调解机制，化解协调社会矛盾。随着经济的快速发展，社会结构复杂化，成员之间会因财富分布不均、抢占公共资源等问题而引发诸多矛盾与冲突。如何在当事人之间资源调解的基础上，充分整合公、检、法三大体系资源，最终达到提高办事效率、化解社会矛盾、塑造和谐社会的目的，是多年来南通市委、市政府一直致力于解决的问题。2003年4月，南通市在全国所有地级市当中率先构建了党委政府统一领导、政法综治牵头协调、司法部门业务指导、调处中心具体管理、职能部门共同参与、社会各方整体联动的社会矛盾纠纷大调解机制。截至目前，全市共建立9个县（市）区调处中心、138个乡镇（街道）调处中心、2255个村（居）调处站（调委会）、4.5万多个调处小组、近20万名调解信息员。三年多来，各级调解组织共受理各类社会矛盾纠纷10万余件，调处成功率达96.9%。全市单月平均有2/3左右的乡镇实现了无群众性事件、无民转刑恶性案件、无越级上访。全市信访总量几年来也明显下降，2005年内赴京上访和赴省集访批数同比下降了17.6%和13.9%，得到了国家和省信访部门的高度肯定。中央电视台、人民日报、新华社等国内重要媒体对南通大调解经验先后进行了数十次深度报道。2004年12月，原中共中央政治局常委、中央政法委书记罗干来南通市考察后认为，南通建立的大调解机制，为落实党的十六届四中全会精神、构建和谐社会提供了非常有益的经验。

（五）培育实力、累积后劲的可持续式大发展

培育实力、累积后劲，着眼于促进经济结构的优化和升级，坚持走可持续的发展道路是南通大发展的又一特色。

首先是大力推进三次产业结构的全面优化升级。南通市深入实施工业兴市第一方略，进一步做强工业。按照科学发展的理念进一步完善制造业发展规划，通过政策引导、资源整合、技术升级，促进船舶修造、电力电源、精细化工、纺织服装、机械电子、轻工食品等优势产业做大做强，努力构筑支撑制造业强市的支柱产业体系；调整结构，开辟新市场，全面提升建筑业的核心竞争力；围绕农业增效、农民增收、壮大农业，把发展服务业摆在重要的战略地位，加快培育特色和优势，重点发展了生产性服务业。截至2007年第一季度，南通市新兴产业发展速度快于传统产业，船舶修造及配套工业的迅猛发展一定程度上改变了南通轻重工业比例失调的局面，农业占经济的比重已经低于10%，达到西方工业化中后期的标准。全市九大工业行业实现增加值224.26亿元，同比增长35.8%，高出全市工业增加值平均增幅11.7个百分点。新兴产业发展速度快于传统产业。一季度，全市船舶造修及配套业增加值同比增长57.3%，列九大工业行业之首。截至2006年底，产业结构发生较大变化，三次产业结构为9.6:56.0:34.4，二、三产业占比首次超过90%。

其次是不断促进需求结构优化与地区结构的协调。近年来，南通市拉动经济增长的三架马车并驾齐驱，消费、投资和进出口均快速增长。2007年1~5月份，全市完成全社会固定资产投资额497.73亿元，同比增长19.4%，其中规模以上投资406.51亿元，增长31.9%，高于全社会投入增幅12.5个百分点。消费需求增长加快。1~5月，全市实现社会消费品零售总额317.62亿元，增长17%，增幅由去年全省最低跃居全省第二位。对外贸易稳步增长。1~5月，实现进出口总额45.69亿美元，增长21.9%，其中进口增长30.4%；南三市在高平台上保持较快增长，大多数

总量指标继续保持全市领先。北三县（市）发展速度不断加快，工业增加值、全社会固定资产投资、财政收入、一般预算收入等主要指标增幅在全市领先。

最后是大力推进资源节约型、环境友好型社会建设。近年来，南通市委、市政府按照减量化、再利用、资源化的原则，从企业、园区、社会三层次推进，加快形成了低投入、低消耗、低排放、高效率的经济增长方式。

正是由此，南通大发展呈现出稳定增长态势，经济增长与发展的可持续性不断增强。2002～2006年南通市的多项经济指标情况如表2-65所示。

表2-65 2002～2006年南通市的经济指标状况

指　　标	单位	2002	2003	2004	2005	2006
GDP	（亿元）	890.08	1006.65	1226.06	1472.08	1758.34
财政收入	（亿元）	87.4	116.99	138.72	171.19	217.56
社会消费品零售额	（亿元）	297.2	331.3	384.3	536.4	622
进　　口	（亿美元）	13.7	18.8	24.4	27.3	28.5
出　　口	（亿美元）	18.4	32.9	43.5	57.9	72.1
固定资产投资	（亿元）	309.9	448.4	605.2	815.3	1049
实际利用外资	（亿美元）	2.38	7.31	11.04	15.32	25.75
城镇居民人均收入	（元）	8640	9598	10937	12384	14058
农村居民人均收入	（元）	4134	4393	4929	5501	6106
各类机构年末存款	（亿元）	1087.4	1333	1574.4	1848	2163.4

资料来源：历年南通市国民经济和社会发展统计公报。

仅以GDP、财政收入、社会消费品零售总额、进出口总额、固定资产投资这五大指标来看，它们连续4年均以两位数以上速度在增长，GDP从2002年的890.08亿元增长到2006年的1758.34亿元，接近翻了一番；财政收入在4年的时间里增长了近2.5倍，从2002年的87.4亿元增加到2006年的217.56亿元；社会消费品零售总额从2002年的297.2亿元增加到 2006 年的 622 亿元，翻了一番。

在此，将表 1 中这五大指标做以 2002 年数值为 100 的定基处理可知，过去 5 年，南通市各类指标均呈稳定增长态势，近乎以直线型的趋势在增长，没有所谓的锯齿或者波浪形态。与此同时，还可以看出：首先，南通近年来的经济发展具有很强的投资驱动型的特征，固定资产投资增幅迅猛。其次，外向型经济也是近年来南通迅速发展的重要推动力。2002~2006 年，进出口总额和固定资产投资这两大驱动力均呈现出了强劲的增长势头。

本章主要参考资料

1. 国家统计局人口和就业统计司：《中国人口统计年鉴 2006》，中国统计出版社 2006 年版。

2. 国家统计局人口和就业统计司：《2007 中国人口和就业统计年鉴》，中国统计出版社 2007 年版。

3. 国家统计局城市社会经济调查司：《2006 中国城市统计年鉴》，中国统计出版社 2007 年版。

4. 中国劳动和社会保障年鉴编委会：《2006 中国劳动和社会保障年鉴》，中国劳动社会保障出版社 2007 年版。

5. 全国老龄工作委员会：《中国城乡老年人口状况追踪调查》，http://www. china. com. cn/。

6. 北京市发展和改革委员会：《北京市及各区县国民经济和社会发展"十一五"规划纲要》，中国人口出版社 2006 年版。

7. 北京市统计局、国家统计局北京调查总队：《北京统计年鉴 2007》，中国统计出版社 2007 年版。

8. 北京市 1% 人口抽样调查领导小组办公室、北京市统计局：《2005 年北京市 1% 人口抽样调查资料》，中国统计出版社 2007 年版。

9. 北京市人口普查办公室：《世纪之交的中国人口（北京卷）》，中国统计出版社 2005 年版。

10. 北京市民政局：《2005 北京市民政统计年鉴》，2005 年。

11. 北京市民政局：《北京市低收入老人基本情况及保障措施》。

12. 北京市民政局：《关于"老年人社会福利"有关问题的建议》。

13. 北京市人口和计划生育委员会、北京市人口学会：《人口与发展》，清华大学出版社 2006 年版。

14. 北京市老龄问题研究中心：《北京市人口老龄化与社会经济发展》，2007 年。

15. 北京市老龄委：《北京市 2006 年老年人口信息和老龄事业发展状况报告》，2007 年。

16. 北京市劳动和社会保障局：《关于北京市 2008 年调整企业退休人员基本养老金的通知》，http：//www. bjld. gov. cn/。

17. 金大鹏：《全面开创首都卫生事业发展的新局面》（在 2007 年北京市卫生工作暨中医工作会议上的工作报告）。

18. 舍曼·富兰德等：《卫生经济学》，中国人民大学出版社 2004 年版。

19. 赵忠：《健康、医疗服务于传染病的经济学分析》，北京大学出版社 2007 年版。

20. 陆杰华：《我国老龄产业研究评述及展望》，《北京大学学报（哲学社会科学版）》2002 年第 1 期。

21. 王晓燕等：《北京老年知识分子卫生保健问题的伦理分析》，《中国医学伦理学》2002 年第 3 期。

22. 石广：《投资于健康的理念与策略》，《卫生经济研究》2003 年第 1 期。

23. 王树新：《北京市人口老龄化与积极老龄化》，《人口与经济》2003 年第 4 期。

24. 辛英等：《北京市城区老年人口医疗费用支付能力研究》，《中国卫生经济》2005 年第 10 期。

25. 钱鑫：《中国城市老年人就业意愿影响因素分析》，《人口学刊》2006 年第 5 期。

26. 王永炎：《中医药在构建社会医疗保障体系中的作用》，《中国药物经济学》2007 年第 3 期。

27. 北京市劳动和社会保障局医疗保险处：《关于解决本市城镇无医疗保障老年人医疗待遇问题的调研报告》，《北京调研》2007 年第 7 期。

28. 格扎维埃·范登·布朗德、周愚编译：《欧洲老龄化问题对策述评——迈向积极的老年人口就业政策》，《经济社会体制比较》2007 年第 1 期。

29. 刘帮成：《银发员工走俏日本的管理启示》，《中国人力资源开发》2007 年第 4 期。

30. 王仲：《国外关于应对人口老龄化的观点及措施简介》，《西北人口》2007 年第 5 期。

31. 威海市发改委：《关于威海市居民收入问题有关情况的汇报》。

32. 威海市统计局：《居民收入显著提高，差距明显拉大》。

33. 威海市民政局：《"居民收入问题"座谈会发言提纲》。

34. 威海市经贸委：《市直工业企业劳动工资管理情况浅析》。

35. 威海市国资委：《关于市属企业职工工资分配状况的调查报告》。

36. 威海市劳动局：《职工工资收入分配的座谈提纲》。

37. 威海市船厂：《威海船厂关于职工工资分配情况的报告》。

38. 金猴集团：《职工收入及相关问题分析》。

39. 山花集团：《威海市山花地毯集团有限公司企业收入的基本情况》。

40. 三角集团：《关于企业薪酬体系调查情况的汇报提纲》。

41. 北洋集团：《威海北洋电器集团股份有限公司薪酬情况报告》。

42. 蓝星玻璃：《威海蓝星玻璃股份有限公司收入分配概况》。

43. 东营市统计局：《东营市城市居民收入现状》。

44. 东营市统计局：《东营市 2003～2005 年农民收入情况》。

45. 东营市民政局：《关于全市社会救助体系建设情况汇报》。

46. 东营市经贸委：《东营市石化工业基本情况》。

47. 东营市财政局：《发挥财政职能促进经济社会和谐发展》。

48. 东营市劳动局：《东营市企业职工收入情况分析》。

49. 东营市民政局：《东营社会救助文件汇编》。

50. 东营市统计局：《东营经济提要 2005》。

51. 东营区人民政府：《东营区城乡居民收入基本情况》。

52. 东营区辛店街道茶坡村：《辛店街道茶坡村建设情况简介》。

53. 东营区辛店街道红卫居委会：《辛店街道红卫居委会简介》。

54. 东营区辛店街道红卫居委会：《红卫居委会 2006 年上半年工作总结》。

55. 河口区人民政府：《关于全区居民收入情况的汇报》。

56. 河口区海宁社区：《海宁社区城镇居民收入分配情况》。

57. 垦利石化集团：《座谈会提纲》。

58. 万得福集团：《企业职工劳动报酬分配情况汇报材料》。

59. 大海集团：《收入分配汇报材料》。

60. 金岭集团：《在居民收入分配座谈会上的发言》。

61. 利华益集团：《利华益集团汇报材料》。

62. 俊富无纺布集团：《在居民收入分配问题座谈会上的讲话》。

63. 《山西省统计年鉴》（2004～2006），中国统计出版社。

64. 《中国劳动统计年鉴》（2004～2006），中国统计出版社。

65. 张宝顺，《加入 WTO 后山西的发展思考》，红旗出版社 2003 年版。

66. 于幼军：《山西：煤炭经济发展模式必须转换》，《中国经济时报》2006 年 3 月 7 日。

67. 牛仁亮：《关于重建我国社会保障制度的几个问题》，《人民日报》1995 年 3 月 15 日。

68. 吴道容：《煤炭经济‘十五’回顾与‘十一五’展望》，中国煤炭工业网。

69. 国家信息中心、中国经济信息网：《中国行业发展报告：煤炭业》，中国经济出版社 2005 年版。

70. 山西省委政策研究室：《山西省统计局关于"十五"时期全省经济结构调整情况的统计公报》。

71. 山西省委政策研究室：《2005 年山西省国民经济和社会发展统计公报》。

72. 山西省委政策研究室：《山西省煤炭工业可持续发展政策报告》。

73. 山西省劳动保障厅：《国务院关于工资改革的文件》。

74. 山西省劳动保障厅：《关于我省企业退休人员退休待遇有关情况的汇报》。

75. 山西省劳动保障厅：《关于山西省城市居民最低生活保障情况的汇报》。

76. 山西省劳动保障厅：《企业养老保险退休人员平均养老金及企业在岗职工平均

工资情况表》。

77. 山西省民政厅：《山西省民政厅文件》。
78. 山西省统计局：《1990年以来山西城乡居民收支变化情况分析》。
79. 山西省统计局：《山西省各项主要经济指标历史变化情况》。
80. 山西省发改委：《山西省近年来城镇职工收入分配情况报告》。
81. 山西省发改委：《城市居民收入比较》。
82. 山西省国资委：《山西省国资委监管企业职工工资情况》。
83. 阳泉市劳动保障局：《阳泉市城镇失业人员收入分配现状》。
84. 阳泉市劳动保障局：《农村低保、城市低保情况发言提纲》。
85. 阳泉市信访局：《关于我市近年来信访工作的情况汇报》。
86. 阳泉市安监煤炭局：《山西煤炭工业可持续发展中居民收入分配机制研究座谈汇报材料》。
87. 阳泉市发改委：《阳泉市经济社会发展基本情况》。
88. 阳泉市总工会：《阳泉市困难职工群体情况汇报》。
89. 阳泉市统计局城调队：《对阳泉市居民收入增长途径的探究分析》。
90. 阳泉市统计局城调队：《从城市住户调查看低收入家庭生存状况》。
91. 南煤集团：《南煤集团薪酬管理汇报材料》。
92. 阳泉燕煤集团：《山西煤炭工业可持续发展中居民收入分配机制研究汇报材料》。
93. 大阳泉煤炭公司：《大阳泉煤炭有限责任公司收入分配情况》。
94. 上社煤炭公司：《阳泉市上社煤炭有限责任公司收入分配汇报材料》。
95. 大同市劳动保障局：《规划工作要点》。
96. 大同市民政局：《大同市对城镇低收入居民和农村贫困人口实施救助情况汇报》。
97. 大同市信访局：《大同市信访局文件》。
98. 大同市财政局：《关于煤炭城市可持续发展财政方面调研情况的报告》。
99. 大同市煤炭工业局：《大同市煤炭工业发展现状、问题及成因》。
100. 大同市国资委：《大同市国资委监管企业收入分配情况的汇报》。
101. 大同市统计局城调队：《物价上涨对低收入家庭的影响不容忽视》。
102. 大同市统计局城调队：《2006年1月至7月按相对收入不等距九组分组》。
103. 同煤集团：《同煤集团汇报材料》。

第三章

农民收入状况的调查研究

第一节　沿海地区城郊失地农民的收入问题
——珠三角地区的调研

导　语

　　失地农民的生活和就业状况是各级政府关心的重要民生问题，也是构建社会主义和谐社会、建设社会主义新农村正面临的重大课题之一。国家社会科学基金重大项目"我国地区间居民收入分配差距研究"课题组为深入了解失地农民收支、就业、培训、社会保障状况及失地农民对征地补偿的评价，特别选择了珠江三角洲地区进行调研，并邀请中央财经大学经济学院（当时在中山大学）王海港副教授组织了"城市郊区失地农民收入分配研究"子课题组。参加子课题组的主要有李琴、戴天仕（中山大学岭南学院）、罗凤金、程慧（国家统计局广东调查大队）等。本报告正文由王海港、李琴执笔，个案调查由戴天仕执笔，中山大学岭南学院研究生李盼、徐咸玉为报告提供了部分文字材料，广州几所高校的同学们参加了预调查。这里要特别感谢国家统计局广东调查大队、珠江三角洲5个区（市）统计部门的大力支持和配合。

本报告期望通过研究失地对农民生活水平的影响、就业培训对农民非农就业的影响，以及政府对失地农民的各项补偿、保障政策的有效性，为促进失地农民就业、保障失地农民的生活及权益提出有针对性建议。这份研究报告正是此项调查的一个初步总结。

报告正文共四个部分，第一部分是此项调查的概述；第二部分是失地农民的收入、消费和征地补偿，以描述性统计为主；第三部分是失地农民的就业、培训以及培训的效果，以实证分析为主；第四部分描述失地农民的社会保障与他们对自己身份的认同；第五部分总结征地涉及的主要问题以及我们的对策和建议。

（一）调查概述

本次调查在广州市番禺区、白云区、增城市①和佛山市三水区、中山市（以下简称五（区）市）的农村和郊区，共调查了50个行政村的1002户农村家庭。与现有的同类调查不同，我们调查了3个不同的层次，即农户、农户所在的行政村和区（市），以利于更全面地了解情况，并使资料之间相互对比和印证。第一层次农户样本以失地农户为主，也包含部分未失地农户。第二层次样本是调查农户所在行政村的社会和经济发展状况。农户和行政村调查采取调查员直接入户访问的方式，调查问卷由调查员在现场根据被访者的回答直接填报，入户调查由各地农调队负责。第三层次是区（市）调研。课题组成员赴其中的4个区（市）与统计、国土、劳动和社会保障等政府部门的同志进行了座谈和讨论。

本次调查中"失地农户"是指其承包的农田部分或全部被征用，目前仍居住在农村且户口类型为农业户的家庭。在本报告中，"失地农户"也

---

① 番禺区、白云区、增城市属广州市，三水区属佛山市，中山是另一省辖市。

被称为"被征地户"。

农户调查的基本内容包括:第一,农户家庭人口结构,重点获得家庭主要劳动力及其配偶的人力资源特征和从事农业或非农就业的状况。第二,对于失地农民及其配偶,获得他们失地后找到工作的途径、时间、职业分布和工作的稳定性、工作强度等信息。第三,研究培训是如何影响农民的非农就业,进而影响非农收入是这次调查的重点。调查将采集农户是否参加培训、培训内容、持续时间、次数、获得培训的补贴、成效和未参加培训的原因。第四,农户土地所在的位置、农户失地前后收入和收入来源的变化、被征地的补偿方式、补偿款、被征地后村镇组织所给予的帮助和农民被征地的意愿。第五,农户的生活满意度和社会保障制度的建立状况。

课题组在各行政村主要调查农户所在村的人口、社会和经济发展状况,以及被征地比例、农户培训、村干部对征地问题的认识和建议。问卷详见附录一。

区(市)对调研的基本内容包括:第一,本区(市)征地和失地农民的总体情况,包括被征农业用地、农民居住用地的面积和用途,征地给当地带来的经济效益和社会效益、失地农民的规模和比例。第二,补偿情况,包括补偿方式、补偿资金的分配和运作、不同补偿方式的社会影响和存在的主要问题。第三,失地农民的生活、社会保障和就业情况。第四,各地有关征地及失地农民的各项政策,包括国家、省、市政府制定的政策的落实情况及实施过程中遇到的主要问题。

调查采用分层多阶段随机抽样的抽样方法。具体步骤如下:

(1)确定村样本。每个市(区)从被征地面积大于20%的村样本框中随机抽取10个村。在选取村样本时,适当考虑村所在地形、被征地类型、经济发展水平、人口规模等因素,选择有一定代表性、有一定差异的村作为样本。在抽中的村中,调查一名村干部(村长、村支书或村会计),从而了解该村的经济和社会状况。

(2)确定调查户。按照随机等距抽样原则,在行政村中抽选调查户。

在每个村调查 12 户被征地户（征地面积占原有耕地面积 30% 以上）和 8 户未被征地户。根据行政村的总户数和需要调查的户数确定抽样的间距，即以总户数除以被调查户数的商作为间距。如总户数为 1000 户，需要调查数为 10，则抽样的间距为 100，即每间隔 100 户选一户作为调查对象。如被抽取到的调查村，被征地户不足 12 户或未被征地户不足 8 户的，则从其相邻的村里抽取补充。这样可保证各个村内的被征地户和未被征地户是随机抽取的。

（3）确定被访者。在抽中的调查户中，选择 1 名年龄在 18 ~ 55 周岁的家庭主要劳动力作为被访者。如果家庭主要劳动力有两人或两人以上，以家长为访问对象。如果随机抽取的样本中有仅由老年人（55 岁以上）组成的家庭，则顺延一户替代。

最后收回有效村级问卷 50 份；住户问卷 1002 份，其中被征地户 624 户，占种样本的 62.3%，未被征地户 378 户，占 37.7%。这一比例与调查的设计差距很小。

（二）失地农民的收入、消费和征地补偿

1. 村级数据概述

本次调查在广州市白云区、番禺区、增城市、佛山市三水区和中山市的 50 个村展开。这 50 个村总户数为 49782 户，人数共 172083 人，其中 18 ~ 65 岁的占 65.14%，从事农业劳动的占 23.39%。失地农户户数为 26825 户，失地人数达到了 101372 人，占总户数和人数的比例分别为 53.9% 和 58.9%。

村庄以平原为主，有 26% 为丘陵地带，道路全为水泥路。此外，高达 96% 的村庄开通了互联网。2006 年，村集体企业数共计 2100 家，村集体平均为 42 家。此外，76% 的村集体有分红，村民年人均收入达 1421 元。

征地前，村庄拥有的土地面积（包括耕地、山地、园地、养殖地）共 221501 亩，现有土地面积仅 119002 亩，大约 54% 的土地被征用。第一次征地时间主要集中于 2000 年以前，并且超过一半的村庄被征地 4 次及以

上，前三次征地主要被用作工业园或工厂的建立。

征地几乎全部采取了货币补偿的安置形式，货币补偿以平均分配给生产队或全村村民为主，全部补偿分配给被征地农户的仅占17%。在调查中，我们发现约有27.7%的村庄没有按时拿到征地款，有些村被欠款长达五年以上。同时还有11%的村庄没有按额拿到征地款，拖欠补偿款的单位包括工商企业、公用事业单位和政府部门。

对于征地款的主要用途，接近一半的村集体用于包括道路、电力、学校等的基础设施建设的资金比例超过了30%，投资农业、工商业的资金比例为20%。此外，村集体用于补贴村民的教育、培训和医疗的资金比例集中于5%~10%，而高达68.6%的村集体没有为村民支付养老基金或购买养老保险。

征地后，对于本村生活困难的失地农民，村里提供了就业培训、工作介绍和资金帮助等服务。高达67%的村长认为当前征地存在问题或矛盾，其中有39.6%的村庄发生了因征地不满而上访的事件，其主要原因包括补偿额太少和补偿款被拖欠。

2. 失地农民的数量

接受调查的1002农村住户，其中被征地户有624户，占总调查户的62.3%，未被征地户378户，占37.7%。624户中详细回答了被征农田比例的有560户，被征农田的详细比例见下表。

表3-1　农户农田被征比例

农田被征比例	户数（户）	占总户数的比例（%）
75%以上	284	50.7
51%~75%	129	23.0
26%~50%	127	22.7
25%以下	20	3.6

超过半数的失地农户失去了75%以上的土地，这其中全部农田被征的有137户。这些家庭是名副其实的"失地农户"。一半以上农田被征的超

过 3/4。从失地农户总体看，失地比重较大的占多数。

3. 征用土地的主要用途

被征用土地的用途集中在工业区或工厂的建设和道路、堤坝的修建上，两者分别占总用途的 57.6% 和 16.6%。

4. 失地农户的收入和消费

问卷中调查的收入包括了家庭人均纯收入、人均非农收入、人均征地补偿款和农业经营收入。失地户和未失地户的收入对比如下（见表 3 - 2）。

表 3 - 2　失地户和未失地户平均的家庭人均收入比较

单位：元

类　别	平均纯收入	平均非农收入	征地补偿款	农业经营收入
失地户	9385	7636	362	1084
	(10005)	(8508)	(1210)	(4477)
未失地户	9930	6339	30	3707
	(27789)	(14145)	(442)	(15284)

注：括号内的数字是标准差。

失地户平均的家庭人均纯收入低于未失地户，主要原因是农业经营收入比未失地户地了 2600 多元，但非农收入增幅不大，仅增加 1300 元，因为不管土地是否被征，在珠三角地区农户在本地或外出从事非农就业已经非常普遍。另外，未失地户也获得部分征地补偿款，是因为现时珠三角农村大多实行村级或生产社经济股份制。不管哪家土地被征，按规定由村级或生产社支配的那部分征地补偿款均按股份分配给村民。

虽然就家庭人均纯收入而言，失地户与未失地户相差不大，但就失地户与未失地户内部而言，失地户收入分配较未失地户更加均等。除征地补偿款外，未失地户各收入来源的标准差均远大于失地户。

表 3 – 3　失地户和未失地户的基尼系数比较

单位：%

类　别	纯收入	非农收入
失 地 户	36.76	40.93
未失地户	41.67	50.43
全体农户	38.69	44.62

从基尼系数看，失地户内部的家庭人均纯收入和非农收入分配较未失地户均等①。从全省比较看，珠三角农户收入分配不平等的状况高于全省农村平均水平，2005 年全省农村居民纯收入的基尼系数是 32.89%。

从表中可以发现，失地农户的征地补偿款仅占年纯收入不到 4%。注意，在我们的调查中，如遇到征地补偿款是一次性发放的，按 30 年平均计算，这与国家关于农村 30 年的土地承包期一致。按广东省现行政策土地补偿款按土地年产出的 10 ~ 15 年计，农户普遍认为补偿款过低。即使按 15 年计，土地补偿款占的比例也不超过 7%。加上剩余土地的农业经营收入，在家庭纯收入中所占的比例也不会超过 20%，大大低于未失地户超过约占 37% 的比例。另外，还需要指出的是，这里的征地款并没有进行过通货膨胀调整，也没有计算利息，因此计算偏低。不过，根据村级问卷，大部分的土地是 2001 年以后被征，而且货币补偿以平均分配给生产队或全村村民为主，全部分配给被征地农民的家庭仅占 16.67%，由此可见征地款的低估不会太严重。

表 3 – 4　农户平均生活来源

单位：%

农户类别	农业经营收入	工资性收入	出租物业	村集体分红和补贴	征地补偿款	其　他
失地农户	12.73	64.02	4.92	9.48	2.86	4.69
未失地农户	29.95	53.67	2.63	7.19	0.28	6.18
全体农户	19.19	60.12	4.06	8.62	1.90	5.24

---

①　未失地农户内部收入标准差较大和基尼系数较大也可能是由于样本较失地农户少引起的。

平均而言，失地户和未失地户的生活来源构成有显著不同。失地户对农业经营的依赖大大低于未失地户，仅一成稍多；而对工资性收入的依赖，比未失地户高一成，达到64%；出租物业也高于未失地户。征地补偿款仅占失地户生活来源不到3%，这与征地款占家庭纯收入的比例相仿。

5. 征地补偿方式和农户满意度

征地几乎全部采取了货币补偿的安置形式，住房安置仅占0.3%，此外还有按股份分红等补偿形式（见图3-1）。值得注意的是还有部分被征地户反映没有如何补偿，虽然比例不到1%。根据我们预调查中遇到的情况，我们推测这部分农户可能不同意土地被征，拒绝在征地协议书上签字，也拒绝领取各项征地补偿款，不大可能是征地一方不给予任何补偿。

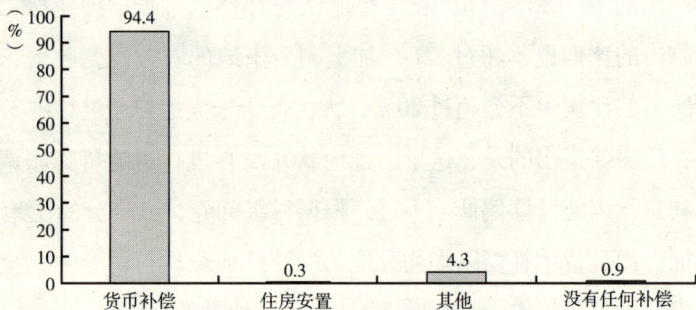

图3-1 征地补偿方式

除了直接对村民进行货币补偿外，珠三角区（市）普遍为被征村里办理"提留地"，比例为征地面积的10%~15%，用于村里发展集体经济。"提留地"是国土局为村里办理的土地用途转变，使一定比例的农业用地合法转变为非农业用地，被征地的村里可以借此来发展物业、工业和商贸。这是很多村集体分红的重要来源，是对村民的间接补偿，但多数村民在提到补偿时多没有提到这一点。

表 3－5　失地户对货币补偿的满意度

	非常满意	比较满意	一 般	比较不满意	非常不满意
数 量	47	112	142	138	158
比例(%)	8	19	24	23	26

由上表知，对货币补偿比较不满意和非常不满意的占了近一半，非常不满意的比例大大高于非常满意的。尽管不满意的比例很高，但却只有289户回答了不满意原因。不满意的原因集中在"补偿标准太低"上（215户），也有少量回答是由于"不足以供应长期生活"和"不征求农民意见"。

农户对货币补偿的满意程度与他们对国家和省的征地法规和政策的了解有关。下表是农户对政策和法规的"知道程度"和"满意度"的交互表。知晓程度分为 1～3 等，分别表示为知道、不完全知道和完全不知道；满意程度范围 1～5 等，分别为 1："非常满意"；2："比较满意"；3："一般"；4："比较不满意"；5："非常不满意"。

从表6中看，知道有关政策和法规的农户，满意程度值为2.95，接近"一般"。完全不知道的农户不满意程度最高，其值为3.58，接近"比较不满意"。不幸的是，农户对政策和法规的知道程度均值为2.4，介于不完全知道与不知道之间。农户对政策和法规的知道程度低，不是农户的过错。可见，在征地时向农民宣传国家、省有关征地补偿的政策和保证农户的知情权对于顺利征地、保持安定相当重要。

表 3－6　农户的"知晓程度"和"满意度"与"作为"的交互表

知晓程度	满意程度			作　为		
	均 值	标准差	频 数	均 值	标准差	频 数
知 道	2.95	1.25	74	1.87	1.29	71
不完全知道	3.33	1.27	203	2.35	1.41	199
完全不知道	3.58	1.26	309	2.8	1.59	306
总 计	3.41	1.28	586	2.53	1.52	576

住房安置和宅基地置换观察数较少。52户的回答中，比较不满意和非常不满意的占44%，稍低于对货币补贴方式的不满意程度。62户房屋或宅基地被征的农户中，有4家住户遭遇过强行拆迁。下表显示了616家农户对遭遇到不公正对待时的作为。

表3-7　农户作为表

作　为	频　数	比例(%)	累积比例(%)
1	182	29.55	29.55
2	264	42.86	72.40
3	8	1.30	73.70
4	15	2.44	76.14
5	147	23.86	100
总　计	616	100	

　　表中，作为1："等待，相信党和政府会公正处理"；作为2："先去询问村镇干部，解决不了才上访"；作为3："求助于媒体"；作为4："只会上访"，作为5："自认倒霉，没什么办法"。大多数农户是相当克制的，只有极少数住户会采取作为3和作为4。只有近30%的农户当遭遇认为不公正待遇时采取相信党和政府的公正处理，另有20%多的自认倒霉，显示农户对基层党组织和政府会维护公正的信心不是很强。多于40%的村民表示上访前都会先询问村镇干部，因此村镇干部的解释和安抚工作是疏通民意、减少上访事件的关键。

　　农户遭遇自认为不公正对待时的作为也与农户对法规和政策的知晓程度有显著关系。表3-7显示知道法规和政策的行动比不知道的更加克制。这再次说明了保证农户有关征地情况的知情权的重要性。

6. 农户被征地意愿和村镇政府的帮助

　　表3-8显示愿意与不愿意被征地的农户的比例几乎相等。愿意保留土地的比例以2~5成的最多，占了64%。

表3-8　农户被征地意愿

	频　数	比例(%)	累计比例(%)
愿　意	304	49.03	49.03
不愿意	316	50.97	100
总　计	620	100	

　　550户农户回答了被征地后政府提供的帮助。51%的失地农民得到了政府各种具体的帮助。政府的帮助集中于提供职业培训，有32%的村民回答政府提供的职业培训，19%的回答政府介绍工作和提供就业信息。不过为失地农民建立社会保障的比例很少，仅有11%。有49%的失地农户回答没有得到什么帮助。

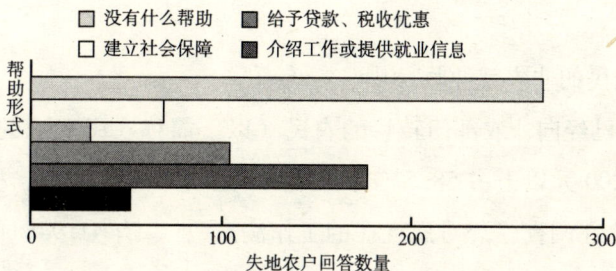

图3-2　政府的帮助项目

（三）失地农民的就业、培训以及培训的效果

　　从农户样本看，虽然在务农比例上，失地农民与未失地农民有显著差异，但他们在非农就业意愿、非农职位和收入、培训意愿等几个方面的行为和培训效果看都很相似，即使有一些区别在统计上也不具有显著性。况且，在后面我们会看到，接近80%的失地农民认为自己还是农民。同时各地方政府对失地农民的培训上也没有什么特殊项目，而是统一把他们纳入农村富余劳动力转移培训中。因此，除非特别说明，这部分分析的对象是指调查样本中的全体农民，而对失地农民和未失地农民不作区分。

1. 失地农民就业现状

(1) 失地农民向非农就业转移缓慢

农户调查中征地前务农的占 60.90%，打工或其他非农就业的 31.59%，不工作的 4%。征地后，务农比例下降至 38.91%，打工或其他非农就业上升至 38.24%，但不工作的大幅上升至 18.78%。对比征地前、后的就业状况，征地后务农的比例大大下降，但是没有工作的失地农民数量也显著上升，从 4% 上升到 18.78%；打工或其他非农就业的比例并没有大幅上升。显然，失地农村劳动力向非农产业转移的规模不大，总体上失地农民从事非农产业的比例不到 40%。区（市）调研发现一些失地农民不愿意工作，不愿意从事小生意、个体经营等，更不愿意出去离家稍远的地方做工。有些人成天打牌、赌博，有的人甚至吸上了毒品，精神生活极度贫乏。

(2) 农民的非农就业收入普遍较低

从目前已经向非农部门转移的农民（以下简称农民工）的收入来看，月工资在 1000 元以下占 58.52%，在 1500 元以下的占 80%，平均月工资为 1240 元。在调查"您对您现在的工作满意吗"，有 41.94% 的人认为满意，43.76% 的人表示"一般"，表示"不满意"的占到 14.21%。对于为什么不满意，67.72% 的认为工资太低。显然，农民工由于本身的人力资本积累不足导致的收入水平偏低是一个普遍现象。

(3) 农民工非农就业职业地位偏低、就业不稳定

农民自主创业并成为企业主的较少，仅占不到 15%。如果把企业部门负责人、办事员以及技术工人纳入较高层次的工作类别，这一比例也仅为 24.76%。近三分之二的为非技术工人和商业、服务业工人。显然，农民工整体的职业地位偏低。而且，农民工的工作不够稳定，与用人单位签订劳动合同的正式就业少之又少。从调查结果显示，81% 的农民工都换过 1 次以上的工作，28% 的人换过 2 次以上的工作。

表 3 - 9　农民工的职业种类

类　别	私营业主	企业部门负责人	办事员	技术工人	非技术工人	商业和服务人员	其　他
比例(%)	14.39	2.43	15.94	11.25	51.39	15.24	32.63

2. 哪些因素影响农民退出劳动力市场

我们统计的农民工参与劳动力市场范围排除了仍然务农的农民,主要包括目前打工或者从事非农工作和想工作但找不到工作的农民。我们把不想再工作的农民纳入退出劳动力市场的范围。

由于农民工的技能和文化素质偏低,加上身体素质和年龄等各方面的限制,一旦在一段时间内没有找到工作,会变得非常沮丧进而退出劳动力市场。同时,失地农民往往由于土地被征获得一笔不菲的征地补偿款,改善了家庭经济条件,从而降低了他们进入劳动力市场的积极性。下面,我们将从整体上判断哪些因素影响农民不愿意参加工作。

表 3 - 10　农民参与劳动力市场的影响因素分析

变　量	系　数	P　值
是否有非农经验	- 0.444	0.000
是否户主	- 0.007	0.927
性别,男性 = 1	- 0.026	0.344
年　龄	- 0.008	0.050
受教育年限	0.041	0.007
婚姻状况	0.11	0.174
身体健康程度	- 0.134	0.097
是否党员	0.13	0.331
是否干部	- 0.058	0.779
65 岁以上老人数	0.027	0.708
0 ~ 5 岁小孩个数	- 0.005	0.944
周围是否有工业园	0.530	0.000
06 年家庭人均纯收入	- 5.69e - 06	0.235
集体经济分红占家庭收入比例	0.010	0.000
常　数	- 0.320	0.282

注：1. 上表是运用 logit 模型回归的结果。

　　2. 是否有非农工作经验用失地之前是否从事过非农工作来表示,从事过非农工作,则值为 1,否则为 0。

　　3. 健康状况分为三个层次：良好、一般、较差,分别赋值为 1、2、3。

从上表 3 - 10 可知，年龄、受教育年限、非农经验以及农民所处的经济环境是影响农民劳动参与率的最主要的原因。年龄越大，农民工越容易退出劳动力市场，这与以往的研究相一致。受教育程度反映劳动者的人力资本含量，它通过提高就业的概率对劳动参与率产生正向影响。雇主一般要求应聘者具有一定的文化程度，因而在一定文化程度之上的人，容易找到工作。同时根据文凭起信息甄别作用的假说，教育程度成为挑选高能力劳动者的识别方法，因此可以减少雇佣者的信息成本，而且文化程度高的在获取信息方面具有优势。因此，受教育程度越高，农民工的劳动参与率越高。

周围建有工业园能显著提高农民工进入劳动力市场的概率。如果该地区是工业园征地，在征地的过程中村集体一般与工厂签订一定的合同，规定了工厂必须吸纳多少个本地农民进入工厂工作。年纪轻的农民可以选择在工厂工作或者外出工作，年龄较大的农民则一般愿意在工厂从事打扫卫生、门卫、打零工等工作。因此这些工作一方面能够弥补家庭收入，同时还能够兼顾照料家庭。在与失地农民访谈中我们也了解到，失地农民愿意自己的征地被工厂征掉，而不愿意被公路等公益性的项目所征。工厂征地能够给他们带来更多的就近的工作机会，年龄稍大一点的农民都不愿意出远门就业，只愿意在家附近做工。所以，政府如果能够提供给"40（岁）、50（岁）"失地农民更多就近就业的机会，则非常有意义。

我们还可以看到村集体分红和补贴占 2006 年家庭收入的比例越高，农民参与劳动力市场的概率越高。在调查中我们发现，区（市）和村集体经济发达的地区，集体经济不仅提供了一些就业机会，同时采取多种方式鼓励村民就业。例如中山市政府对于从事个体经营一年以上的失地农民一次性给予 5200 元的奖励政策；同时中山市还提供每年 2 万左右的小额信贷来支持失地农民自主创业；组织村民培训、专人负责为农民收集就业信息，成立工作点专门解决零就业家庭的就业问题等。显然，集体经济的发达有助于失地农民参与劳动力市场。

3. 哪些因素影响失地农民自愿性失业和非自愿失业

不参加工作的农民，又可以分为自愿性失业和非自愿性失业。自愿性失业是指因家庭问题、生育、学习或工作条件差、收入低等要求暂时停止工作或不愿接受这些工作而造成的失业。非自愿性失业是指愿意接受按照劳动的边际生产率支付的工资而受雇但仍找不到就业机会。可见，自愿性失业是退出劳动力市场的行为。非自愿性失业是劳动力积极参与劳动力市场的行为。

从表3-11显示了农民不愿意参加非农就业的原因主要来自于家庭照料，而想找工作又找不到工作的原因主要由于他们的年龄、经验和技能较低。以上仅仅是描述性分析，接下来分别进行实证检验，结果见表3-12。

表3-11　自愿性失业和非自愿失业的原因

不愿意参加工作 (34.67%)	家里有子女或老人需要照顾(54.43%)
	其他原因(24.05%)
	即使找也找不到，干脆不找了(10.13%)
	家庭其他成员的收入较高(6.33%)
	集体分配和出租房屋的收入不错(3.8%)
想工作又找不到工作 (64.32%)	年龄偏大(45.31%)
	没有从事非农工作的经验和技能(19.53%)
	文化水平低(18.75%)
	其他原因(7.81%)
	身体有病(7.03%)

表3-12　失地农民自愿性失业和非自愿性失业的影响因素分析

	自愿性失业			非自愿性失业		
	系　数	dp/dx	P　值	系　数	dp/dx	P　值
是否有非农经验	-0.357	-0.005	0.143	-0.28	-0.026	0.039
是否户主	-0.034	-0.0006	0.894	-0.409	-0.041	0.004
性别,男性=1	-0.804	-0.015	0.004	-0.020	-0.002	-0.864
年　龄	0.048	0.0008	0.000	0.023	0.0024	0.000
受教育年限	0.019	0.0004	0.528	-0.037	-0.0038	0.097
婚姻状况	-0.152	-0.0027	0.427	-0.060	-0.006	0.651
身体健康程度	0.469	0.0092	0.000	-0.089	-0.009	0.404

	自愿性失业			非自愿性失业		
	系　数	dp/dx	P　值	系　数	dp/dx	P　值
是否党员	−0.342	−0.0045	0.466	−0.335	−0.027	0.160
65岁以上老人数	−0.265	−0.0049	0.200	0.055	0.0056	0.590
0~5岁小孩数量	0.597	0.011	0.000	0.146	0.015	0.180
周围是否有工业园	0.094	0.0017	0.580	0.286	0.028	0.014
2006年家庭人均纯收入	5.20e−06	9.39e−08	0.046	−0.00004	−3.90e−06	0.004
集体经济分红占2006年家庭收入比例	0.007	0.00001	0.904	0.018	0.0018	0.000
常　数	−4.85		0.000	−1.966		0.000

注：在 logit 模型中，估计结果的系数衡量的是自变量变化一个单位对因变量变化的机会比（oddsratio）的影响，而运用 stata 程序计量出来的 dp/dx 则能够衡量自变量变化一个单位对因变量造成的边际影响。

首先，让我们分析自愿失业的农民。从表中可以看出，男性自愿性失业比女性自愿性失业少一些，男性年龄每增加一岁，其自愿性失业的概率比女性低1.5%。这说明男性承担着更多的社会责任和家庭责任，工作的意愿和积极性都较强一些。其次，身体健康和家庭中是否有5岁以下小孩，也影响着失地农民是否自愿性失业。身体越差，越没有能力胜任需要耐力和体力的工作，因此也很难找到合适的工作而退出劳动力市场。家中5岁以下的小孩越多，农民自愿退出劳动力市场的愿望越明显。最后，2006年家庭人均纯收入越高，自愿退出劳动力市场的概率也提高。显然，家庭收入越高，收入对闲暇的替代功能上升，劳动力不愿意参与劳动力市场。总之，从以上分析得出，影响目前珠三角失地农民自愿退出劳动力市场的主要因素都是客观方面的原因，例如年龄、健康、家庭中照顾小孩。显然，政府可以通过建立幼儿园、养老院等措施来提高农民的劳动参与率。

对于非自愿失业的农民来说，人力资本低下是最主要的原因。我们可以看到，女性由于身体素质、人力资本偏低等方面的原因在劳动力市场上处于弱势地位，竞争力不强，女性的非自愿性失业比男性高。随着年龄的增长，农民的劳动力市场竞争力下降较快，因此，非自愿失业率也上升。其次，个人的身份也积极地影响着农民的就业能力。我们可以看到，个人是户主和党员明显地比非户主和非党员的非自愿失业下降约 2.7%和 4.1%。

受教育年限和非农经验对降低农民工的非自愿性失业具有明显的作用。受教育年限每增加一年，农民非自愿性失业的可能性降低 0.38%。有非农工作经验的农民比没有非农工作经验的农民，其非自愿性失业的可能性下降 2.6%。仅从数字来看，有非农工作经验对降低非自愿失业比增加受教育年限似乎更有帮助。这说明，农民工目前所从事的非农就业岗位对他们的受教育程度还不及经验的要求高，他们的就业还处于较低层次的岗位①。随着经济进一步发展和产业结构的升级，对农民工的文化水平将提出更高的要求。

4. 村民参加职业培训的规模

为提高农村富余劳动力的文化素质和技能，帮助他们向非农产业转移，珠三角五区（市）政府花费了大量的资金、人力和物力积极对他们进行职业培训。除个别区（市）外，都建立了区（市）、镇（街道）、村（居）委三级一体化的农村富余劳动力职业培训、就业服务网络，制定有几年内的培训计划。例如中山市推行由政府购买培训成果，到目前为止已经培训了 86000 多名农村富裕劳动力，就业率达到 97%。三水市政府不仅开展初级培训，还增设了中高级培训，对参加培训者给予每人 750 元的培训经费。各地开设的职业培训的课程多种多样（见表 3－13）。

---

① 据调查显示，失地农民目前所从事的工作对文化并不高，对于已经就业的失地农民，仅有 1% 的人为企业或部门负责人，6.56% 的为企业办事人员，4.63% 的为技术工人，其余的都是一般工人。

表 3 – 13　农民参与培训的状况

类　别	参与人数	所占比例(%)	排　名
电脑操作	40	17.86	2
园林绿化、养殖	56	25.00	1
美　容	2	0.89	7
物业管理	11	4.91	4
车床、叉车、机床操作	6	2.68	6
电　工	16	7.14	3
模　具	7	3.12	5

从表 3 – 13 看，农民对园林绿化和养殖等农业技术需求最多，其次是电脑操作和电工。农民选择不同的培训种类和他们的年龄有很大的关系。据统计，本样本中，参加园林绿化和养殖培训的农民平均年龄为 45 岁，而选择电工培训的农民的平均年龄在 36 岁左右，选择电脑操作的村民平均年龄只有 33 岁。对于 45 岁以上的中年人，他们上有小，下有老，不能远离家庭，且不习惯于固定的工厂模式，因此对他们开展园林绿化和养殖方面的培训往往较为适用。例如，中山多次成功组织本地失地农民去省内其他地方或者外省承包土地，从事养殖、绿化等工作，既解决了年龄大的失地农民的就业问题，又获得了较好的经济回报。对于年龄较小的失地农民，政府应该提供更多技能性强的培训，以形成他们的一技之长。

但政府的热情、计划和数字与农户问卷的结果不相称。问卷中，仅239 位村民参加过培训，仅占所调查劳动力比例的 11%，有 89% 的人没有参加任何培训。即使在男性劳动力中也仅占 24% 的比例。[①] 那么村民为什么参与职业培训的意愿如此低下呢？是因为培训的效果不好吗？职业培训有助于提高工资水平和成功实现非农就业吗？

————————

① 由于本次调查的个人样本为家庭主要劳动力及其配偶，平均年龄约为 46 岁，他们参加职业培训的积极性不如年轻一些的村民。因此，村民实际参与培训的比例似乎应该高于从本样本中得到的比例。然而，村级问卷反映有 70% 以上的村只有不到 10% 的劳动力人口参加就业培训。因此，住户和村级问卷都反映了村民参与培训的比例是相当低的。

5. 职业培训对工资和就业的影响

表3-14反映了村民对职业培训的评价。在180名接受过培训的村民中，有近70%回答在培训结束一年后实现了就业。有超过一半的人回答在培训结束一年后提高了工资收入。另外，对于"培训是否对本人或家人找工作是否有帮助"，249人中有超过60%的村民选"有帮助"。

表3-14　村民对政府开展的职业培训的评价

	是否找到工作		工资是否提高			是否有帮助		
	频数	比例(%)		频数	比例(%)		频数	比例(%)
找　到	125	69.4	提　高	114	50.2	有帮助	160	0.643
没找到	55	30.6	没提高	111	49.8	没帮助	61	0.245
						不知道	26	0.104
回答人数	180		回答人数	225		回答人数	249	

在此，有必要着重分析职业培训对提升村民非农就业工资收入的作用。从描述性分析可以知道，58.62%以下的农民工的工资都在1000元以下，80%的失地农民的工资在1500元以下，获得高工资的人少之又少。哪些因素影响了农民工获得一份较高报酬的工资？这值得我们探讨。从调查问卷来看，男性农民工比女性有着明显的工资优势，前者的平均工资为1388元，而后者的平均工资仅1062元。其他统计指标可见下表。

表3-15　关于农民工工资的统计指标

	教育水平低于6年	教育程度大于6且小于9	受教育程度高于9年	未参加培训	参加培训	年龄大于30	年龄大于30且小于40	年龄大于40且小于50	年龄大于50	以前有非农经验	以前没有非农经验
平均工资(元)	1026	1210	1337	1159	1664	1231	1255	1319	1095	1430	1122

从上表我们可以发现，培训对农民工工资的提升效果是最大的。未参加培训的农民工的平均工资只有1159元，而参加了培训的达到了1664元，每月相差505元。培训能够迅速地让失地农民掌握一技之长，提高他们的就业观念和文化素质，这对于他们积极地投身于竞争性的劳动力市场并适应新工作带来的要求和挑战是非常有用的。所以说，培训作为当前政府推动农村剩余劳动力转移和城镇化进程的有力工具，应该更加有效地加以利用。

以上仅仅是统计性的描述，培训对于农民工资的影响需要我们进一步运用计量方法加以测量。[1] 有关结果见下表。

表 3 – 16　农民工工资分布的影响因素分析

工　资	系　数	标准误	T　值	P > |t|
性　别	59.508	22.968	2.59	0.010
受教育年限	45.202	14.870	3.04	0.002
年　龄	86.245	25.683	3.36	0.001
年龄的平方	-.997	.308	-3.23	0.001
健康状况	44.665	100.247	0.45	0.656
换过几次工作	21.061	23.619	0.89	0.373
非农工作经验	286.193	76.574	3.74	0.000
是否参加培训	369.823	89.360	4.14	0.000
周围是否有工业园	-60.896	75.957	-0.8	0.423
婚姻状况	-65.993	70.520	-0.94	0.350
5 岁以下小孩个数	-14.616	82.384	-0.18	0.859
常　数	-1082.08	597.170	-1.81	0.070

由此可见，影响农民工工资的因素主要包括反映失地农民的人力资本状况的因素，主要有受教育年限、年龄、非农经验、培训等。其中，失地农民的受教育年限每增长一年，失地农民就业的工资将提高45元。农民工的工资随着年龄的上升而上涨，但是到一定年龄后他们的工资开始下降。

---

① 运用处理效应模型（treatmenteffect）分析职业培训对农民非农就业和工资收入的影响，将另文专述。

显然在一定的年龄范围内，年龄越大越可体现出一定的工作经验和阅历，但是一旦超过一定的年龄如50岁以后，年龄所体现出来的人力资本折旧速度相当大。年龄每增长一岁，知识落后的可能性和身体等各方面的限制也越大。培训对农民工工资的提升作用显著，参加培训的比未参加培训的工资高出369元。显然目前政府组织的培训项目能够起到立竿见影的效果。我们可以想象：目前政府并没有专门针对失地农民展开的培训；如果政府能专门针对失地农民开展培训，那么培训可能起到更大的效果，将可能在更大程度上促进失地农民的工资水平。

6. 为什么村民参与培训意愿低？

虽然政府并未专门开展针对失地农民的培训工作，但是当地政府都把失地农民全部纳入农村富余劳动力转移的培训，并积极地开展了培训工作。总体而言，失地农民与未失地农民一样，参与培训的热情并不高。调查样本中，仅有12.7%的村民参加了培训。村民参加培训不仅受到自身因素的影响，同时还受到培训供给主体即政府方面的影响。以下是村民不参加培训的原因。

表3－17　村民不参加培训的原因

排　名	原　　因	人　数	比例（％）
1	不需要培训	469	28.42
2	不知道有培训	324	19.64
3	培训的时间不合适	286	17.88
4	培训的内容不合适	295	17.33
5	学习有困难	185	11.21
6	培训成本太高	22	1.33
7	其　他	66	4.12

从上表可知，有28.42%的村民认为不需要参加培训，有71.58%的村民还是有参加培训的意愿，只是受到自身因素以及其他客观原因的限制。例如，19.64%的村民不知道有培训，17.88%和17.33%的人认为培训时

间不合适和培训内容不适合，这三项加起来比例达到 54.85%。显然，政
府可以通过调整培训的时间和培训内容、加大培训的宣传力度来调动村民
的培训积极性。对于 28.42%（469 人）的认为不需要培训的村民，我们
也应进一步分析是哪些原因影响了他们不需要培训，究竟是他们本身已经
就业而不需要培训呢，还是因为家庭因素的影响而不需要培训？我们可以
进一步进行统计分析，结果见下表。

表 3-18 不需要培训的村民的就业状态

就业状态	人数	百分比	累计百分比
务农	76	38.38	38.38
打工或其他农职业	69	34.85	73.23
无工作	53	26.77	100

可以看到，不需要培训的 469 人中有 198 人对他们的就业状态进行了
回答，其中已经转移到非农就业的农民占 34.85%，无工作的占 26.77%，
务农的占 38.38%。政府应该对本身未就业但又缺乏培训和就业意愿的村
民加以关注。

7. 哪些因素影响了培训参与的积极性

已有的研究表明个人人力资本、家庭经济状况以及所在社区的经济社会
情况都影响村民是否参与培训。我们可以比较已参加培训和未参加培训的村民
的个人特征和家庭特征来分析哪些因素影响了他们参加培训（见表 3-19）。

表 3-19 参与培训的村民和不参与培训的村民比较

	参加培训的村民	未参加培训的村民
平均年龄	39.44	44.81
平均受教育年限	9.66	7.76
家庭平均人均年收入	11410.96	8944.58
家附近是否有工业是园	1.29	1.30
出租收入占 06 年家庭收入的比例	5.17	4.75
集体分红和补贴占 06 年家庭收入的比例	8.88	9.74
失去土地的平均比例	0.24	0.28

参加培训的村民的平均年龄比未参加培训的村民的平均年龄低约5岁，同时他们的受教育年限相应高出约2年。参加培训的村民的家庭人均年收入高出未参加培训的村民的家庭人均年收入。除以上三个因素外，参加培训的村民和未参加培训的村民之间在失去土地的比例、出租收入占家庭收入比例等方面差异不大。以上仅仅是调查的描述分析，我们可以进一步运用 logit 模型有效地度量哪些因素影响村民参加培训的意愿。

表 3-20　村民参与培训的意愿分析

是否参与培训	系　数	标准差	P > |t|	Dp/dx
年　龄	-0.021	0.006	0.001	-0.0036
性　别	0.398	0.110	0.000	0.068
受教育程度	0.103	0.023	0.000	0.017
婚　姻	0.030	0.246	0.90	0.0051
附近是否有工业园	0.042	0.121	0.729	0.0071
家中五岁以下小孩个数	0.185	0.117	0.115	0.032
家庭规模	-0.006	0.043	0.886	-0.001
06 年家庭人均纯收入	$9.09e-06$	$4.24e-06$	0.032	$1.57e-06$
出租房屋收入占 06 家庭收入比例	0.007	0.0046	0.101	0.00132
村集体分红占 06 年家庭收入比例	-0.002	0.0043	0.64	-0.0003
征地比例	-0.401	0.225	0.074	-0.0693
常　数	-1.45	0.498	0.004	

注：在 logit 模型中，估计结果的系数衡量的是自变量变化一个单位对因变量变化的机会比的影响，dp/dx 则能够衡量自变量变化一个单位对因变量（参加培训）造成的边际影响。

由此可见，年龄越大的村民，参与培训的愿望越低。村民年龄每增长一岁，其参与培训的概率降低约 0.36%。年龄越大的农民，不仅文化程度偏低，身体素质较差，同时可能要承担照顾家庭的责任，他们自身参与就业的愿望就较低，因此参与培训的意愿也不大。我们可以看到，受教育年限越高的农民，其参与培训的意愿更为强烈。2006 年家庭人均纯收入越高的家庭，其参与培训的概率越高。这些都印证了前面的描述性分析的统计结果。

最后，村民参加培训的意愿并不随家庭失去土地的比例升高而提高。失地农民在失去土地以后，往往获得一笔数额较大的款项，有时候甚至使并不富裕的家庭能在短期内改变贫穷状态。加上"小富即安"的心理，他们并不急于进入劳动力市场，参与培训的意愿也不强烈。在调查中我们发现，并非是家庭富裕的人不参加培训，相反是那些失去土地较多的人倾向于不参加培训。

总之，在珠三角地区，政府虽然花费了较多的人力、物力和财力对农民（包括失地农民）开展培训，但是农民参与培训的比例并不高。政府应该进一步加大宣传力度，调整培训的时间，根据失地农民不同的年龄层次、文化水平和技能、家庭背景等制定不同的培训方案，让失地农民有更多的选择余地。同时，如果经济条件许可的情况下，建议政府专门开展对失地农民的培训工作，防止失地农民因暂时收入较高退出劳动力市场，而导致长期陷入家庭贫困的情况发生。

（四）失地农民的社会保障问题与身份认同

1. 失地农民对生活总体评价与养老保障的迫切需要

在调查中我们发现，失地农民对土地的感情深厚，特别是年龄较大的一代人，长期地耕作在土地上，不愿意离开土地。对这部分人来说，土地不仅成为维生的保障，而且成为一种生活方式。然而，对于本身就是以外出打工为主的年龄较轻的一代人来说，他们却希望土地被征用。土地被征用后，失地农民的生活方式发生何种变化呢？调查数据显示，14.88%的人认为生活变得更好了，12.9%的人认为生活变得更差了，49.61%的人认为现在变好了，但以后很难说。18.02%的人认为没有什么影响。显然，由于失地农民本身存在着多方面的差异，所以失去土地对他们的影响程度各异，但总体来说，对未来的生活成为他们最担忧的事情。

2. 失地农民参与社会养老保险偏低

从珠三角地区来看，失地农民的社会保障仍然停留在以前的农村五保户保障、家庭最低生活保障、特殊困难家庭资助和新型农村合作医疗等制度方面，缺乏针对于失地农民特点的、在全省范围内统一的失地农民社会保障制度。从调查问卷来看，失地农民参加社会养老保险的仅有23.97%，未参加失地农民养老保险的有76.03%。从调查的五个地区来看，仅有中山和三水两个地方将失地农民纳入养老保险的范围，而大部分地区暂没有实行失地农民的养老保险问题。目前广州地区正在开展将失地农民纳入农转居基本养老保险的试点工作，已在南沙试点。

在调查过程中，失地农民对养老问题普遍担忧。58.18%的失地农民对养老问题非常担忧，还有23.61%的失地农民没有考虑过养老问题，仅有17.7%的失地农民对养老问题不担忧。"对养老问题担忧"的主要原因在于失去了土地，怕年纪大了后没有工作和收入。在问及通过何种方式解决养老问题，回答从高往低排列，依次为：自己积蓄（42.28%）、养老保险（25.47%）、子女赡养（18.97%）、没办法（6.23%）、出租房屋收入（3.52%）。显然失地农民对自身的养老问题除了依靠自己积累和子女供养外，对政府推行的农村养老保险还是万分期待的。

3. 失地农民社会养老保险与集体经济发展程度有息息相关

目前能够为失地农民提供养老保险的地方，都是集体经济相对发达的地区。中山市目前已经在全市推行农村养老保险，市财政每年一次性投入1000万元用于农村养老保险，目前有37万人参保，占18岁以上农民的60%，其中16万人参加农村养老保险，10万人参加城市养老保险（主要是在工厂里参加保险）。集体经济发达的地方村集体每人每月为村民缴纳40元，个人每月缴纳40元，60岁以后可以领取每月500元的生活费。经济实力相对差一点的村集体村里和个人每月各出24元，60岁以下领取300元的生活费。这种相对灵活富有弹性的养老保险模式受到了当地农民的欢迎，失地农民对未来生活充满信心。目前广州白云区推行的将失地农民纳入农转居基本养老保险的试点，也可以采用相对灵活的缴费模式，由低层次再到高层次逐步推进，避免限于资金困境。三水集体经济发展较好的地方也将人均耕地达不到0.533亩土地的失地农民纳入农村养老保险，每月可以领取 240 元，目前全市有 3600 人参加，已经享受的农民达到 1400 多人。

4. 失地农民对自我的身份认同与社会保障模式从低到高展开的可能性

失地后农民对自己身份的认同差异较大。有 78.30% 的失地农民认为自己还是农民；认为自己既不是农民也不是市民占到 10.85%；认为自己既是农民又是市民占 7.35%；认为自己是市民的仅占 2.84%。从以上数字的分析中，我们可以得出以下几点思考：首先，大部分农民依然认为自己还是农民。虽然他们失去了土地（或部分土地），但户口依然没有转化为城市户口，因此，长期的"土地情结"和根深蒂固的"户口意识"让他们大多数认为自己还是农民。其次，对于认为自己既不是农民，也不是市民的失地农民来说，失去土地给他们带来了沉重的心里负担，让他们感觉自己处于农村和城市的边缘。显然，失去土地但没有享受到与城市居民相同的养老保障和医疗保障是他们产生这种心理的主要原因。最后，数据上来看认为自己是市民的失地农民都是购买了养老保险的，家庭收入较高，处于集体经济发达的地区。

农民失去了土地并不要紧，但是如果相应地为他们购买养老保障和医疗保障，改变他们的农业户口，会增加他们对自我的认同感，且慢慢增强自身的信心和社会地位，有利于城市化进程的顺利推进。其次，鉴于较多失地农民认为自己还是农民，那么如果政府在财力允许的范围内，逐步地、从低层次到高层次的解决失地农民的养老问题和医疗问题，慢慢地向城市居民的福利待遇靠拢，对于农民来说也是一个可以接受的过程。

（五）征地涉及的主要问题及政策建议

在我们调研的区（市）有一些成功的经验，值得其他省内外城市借鉴，主要有：第一，确保补偿款发放到农户手中。为防止村、社两级挪用土地补偿款，增城市为被征地农户每家办银行卡，由镇政府直接将补偿款划到农户的户头里。佛山市在村级财务管理上更有创新之举，由第三方会计公司管理村级财务。第二，为被征地村集体办理提留地，供村集体发展非农产业，增强农村集体经济发展的后劲。第三，政府重视职业培训，尽管村民参加不踊跃，但就培训本身而言，培训效果良好。第四，有些区（市）在征地过程中已开始实施以"土地换社保"的新模式。

仅从农户调查样本看，珠江三角洲地区因征地而引起的问题和纠纷并不是很突出和严重，大多数农民当自认为自己的正当利益受到损害时的反应也比较克制。但从村级问卷看，有接近40%的村至少发生过一起因征地而上访的事件，在回答了上访原因的19个村中，有一半以上的村是因为村民认为征地补偿太少。在区（市）调研时我们也专门询问了征地过程中的突出矛盾和问题。结合住户问卷、村问卷和区（市）调研，我们认为当前珠三角征地过程中有下列问题值得关注，并且结合这些问题，我们提出了一些建议。

1. 征地规模和失地农户信息不全

征地和失地农民的补偿、培训牵涉到国土、劳动与社会保障和农业等多个部门。从我们调研和现有的资料看，政府部门仅知道有土地被征的行政村的数量和行政村的多少人口、劳动力，并无一个部门确切掌握本地区自某一年（如1999年国家新的土地管理法颁布）以来被征土地和剩余土地的总量、按土地被征比例分类的失地农户总户数和涉及的人口、劳动力及其就业状态。

国土部门虽然对每个项目征地情况了如指掌，也统计每年征地的总量，但对于有一定时间期限如几年来本地区到底征了多少农田、多少农民住房用地并无汇总，如果加上年代久远和行政区划改变，则更不易回答。农业部门有现有农业用地的数量信息，本来似乎有条件掌握几年来本地区农用地征用的比例和失地农户的数量的人口。但我们调研发现，农业部门只统计本区域内的农村居民、农村劳动力和农村劳动力从事二、三产业的数量，对于失地农户并没有专门的统计。至于劳动和社会保障部门，因为并没有专门开展针对失地农民的培训且只有部分失地农民参加社会保险，因而也没有失地农民的确切数量。至今，全省到底有多少失地农户和人口，谁也不清楚，因为各地也都不清楚。

在调研中，各部门都认为失地农户是个重要的问题，是应该给予特殊政策的一个群体。各地政府依据本地情况也出台了一些扶持失地农民的政策。但如果政府部门能清楚了解近几年来到底征了多少地，有多少失地农户和涉及人口的话，无疑将促进失地农户就业和保障方面的有关政策出台，使得政策的制定更有计划性和针对性。

2. 征地补偿标准不一，农户要求大多合法

目前多数区（市）征地补偿是执行 1999 年开始实施的《中华人民共和国土地管理法》第 47 条关于按照被征用土地的原用途给予补偿的相应规定。第 47 条规定征用耕地的土地补偿费为该耕地被征用前 3 年平均年产值的 6 至 10 倍，征用耕地的安置补助费标准为前 3 年平均年产值的 4 至 6 倍，后者最高不得超过被征用前 3 年平均年产值的 15 倍。土地补偿费和安置补助费的总和不得超过土地被征用前三年平均年产值的 30 倍。也就是说按国家规定，土地补偿费和安置补助费标准两项合计最低为征用前三年平均年产值的 10 倍，最高可达 30 倍。

2006 年广东省颁布《广东省实施征地补偿保护标准》，将全省土地化分为 10 类，规定了征用每类土地的补偿标准。在调研中我们发现多数区（市）的征地补偿是在国家法律和广东省规定的范围之内。虽然各区（市）土地的分类标准有差异，补偿费和安置补助费的补偿标准不一，但大都集中在每亩 5 万元左右（其中增城每亩 5 ~ 6 万元，中山 4 ~ 5 万元，三水 3 ~ 4 万元）。尽管这符合国家和省的法规和政策，不过计算补偿的标准值得进一步的探讨。在我们的住户问卷中，131 户仍保有一些土地的失地农户平均每亩农业经营纯收入为约 4000 元。在我们预调查走访的农户中，征地前家庭主要劳力以务农为主的农户，每亩农业经营的纯收入也达到 4000 元，种蔬菜、甘蔗、蕉、橙子、番茄等经济作物的收入更高，以种粮为主或家里只有老人务农的则收入较低。如果按平均每亩年产值（收入）4000 元计，现行每亩补偿 5 万元，只相当于土地 12 年半的收入。在工业经济发达的珠三角地区，《广东省实施征地补偿保护标准》规定征用农村集体土地的征地补偿竟然接近国家规定的最低标准，实在值得商榷。

农民不满低标准的征地补偿，要求与政府谈判。如某（区）市要建设一个汽车客运站，国土部门原定的补偿标准为每亩5万元，但被征地的农民要求补偿10万元，最后经过与农民谈判，政府作出了让步。其实要求补偿10万元，也只相当于25年的年产值，还是在国家规定的范围内。因此，农民的要求完全合法。

农民与政府谈判，政府的让步使得谈判和上访有利可图。同时，上访和谈判后使得补偿标准不一，又引起其他村民上访。主要原因还是原定的补偿标准过低，村民知道政府有很大的让步空间。调查的5区（市）48个村庄中有19个村发生过一次以上的村民上访事件。在回答了上访原因的19个村中，认为"补偿太少"的有10份；在回答了上访结果的24个村，其中回答"（问题）解决了"的有13份，占了一半以上，回答"部分解决"有6份，只有5份回答"没解决"。因征地导致村民上访的村占了近40%，这个比例是比较高的，既显示了珠三角农民是生活在宽松的政治环境中，也反映了征地过程中的矛盾尤其是补偿标准低的问题。上访后问题能解决的高比例既显示了各级政府对人民负责的态度，但是，这类问题和矛盾的解决非要等到村民上访吗？如果在征地当初就能与村民按国家法规协商，能否避免一些类似事件的发生呢？

从国土局干部的谈话中可以发现，政府与村民之间沟通不够，村民的要求没有超出国家法律，国土局干部却认为农民不合法。而农民一方也很少注意到除了货币补偿以外还有给村里的"提留地"。从长远看，如果经营得当，村民从提留地得到的收益将胜于一次性的货币补偿。但对于提留地，政府似乎并没有强调它也是补偿之一。我们建议尽快以法规形式明确"提留地"为补偿形式之一，把它折合为一定年限的土地产出。当然，农民的要求也有不尽合法的。如宅基地被征的农民要求宅基地比以前好，而国土部门安排宅基地补偿必须符合城市规划，从而加大了补偿成本。还有些村发生过上访发起人（上访头）威胁、胁迫村民上访的违法事件。

3. 政府努力开展职业培训，培训效果好，村民反应冷落

如本报告第四部分所述，各地政府花了大量的资金、人力和物力对农村富裕劳动力进行免费的职业培训。从村级问卷看，85.7%的村庄开展了两三次以上的培训，村集体对参加培训者额外的补助和奖励平均达到了72元。而且，参加职业培训的效果显著。参加了培训的农民的工资水平以及职位远远超出未参与培训的失地农民。尽管如此，农民参与培训的意愿并不高。村级问卷反映70%以上的村只有不到10%的劳动力人口参加就业培训。从农户问卷看，仅有239人参加过培训，所占比例仅12.7%，还有87.3%的人没有参加任何培训。

失地农民为什么没有参与培训，除了培训宣传不到位、培训时间不合理、培训内容不合适等客观方面的原因外，还与失地农民的就业观念有关。一般来说，就业愿望低下的失地农民较少参加培训。而影响当前珠三角农民就业意愿的原因也存在着两大方面：客观因素和主观因素。客观因素包括家庭小孩的照料、自身的身体情况、年龄的限制，正是这些客观因素使得失地农民主动退出劳动力市场。而对于那些本身想就业却又无法就业的失地农民来说，自身的人力资本低是最主要的原因。因此，如何筛选以及甄别有就业意愿的失地农民，并为他们提供内容合适、时间合适的培训，则是政府的当务之急。当前，政府的工作可以从以下几个环节展开：

第一，加大对失地农民就业培训的宣传力度，帮助他们克服"小富即安"的思想观念，树立长远的生活目标，以防止失地农民未来生活出现贫困现象。

第二，对于由于客观因素，例如培训宣传、培训内容、培训时间导致的培训参与率低，政府应该广泛听取失地农民的意见，制定出适应大多数人的培训计划。

第三，政府应该有倾斜地、有计划地培训失地农民。首先，应该对那

些就业意愿较高的失地农民进行培训，而不是一味地追求培训人数的多少。对于35岁以上的失地农民，政府可以提供短期的培训，但对于35岁以下的失地农民，政府除了让他们参加培训以外，还应当帮助他们提高受教育程度，比如鼓励他们参加职业技术学校学习，为他们举办函授、夜大等多种形式的教学活动。从长远来说，提高失地农民的文化素质则是根本举措。

4. 推进失地农民社会保障的政策建议

珠三角地区集体经济发展较不平衡，经济条件较好的地区的集体经济可以为失地农民购买养老保险，而集体经济不发达的地区的失地农民往往很少享有养老保险。高达65%的村集体没有为全村老年人购买社会养老保险。而对于参加了社会养老保险的村庄，村集体支付的保险金平均每月仅有35元。此外，仍有36%的村庄实行的新型农村合作医疗不能覆盖到全体村民。特别是集体经济不发达且属于20世纪90年代初被征地的失地农民，政府和企业一次性给予了失地农民土地补偿金和青苗补助费，但没有为失地农民解决任何养老保险问题。多年以后，这些农民手中的钱已经花完，无法支付缴纳养老保险的费用。针对以上这些问题，广东省在2007年9月出台了《中共广东省委、广东省人民政府关于解决社会保障若干问题的意见》，这份《意见》为失地农民开展社会保障提供了重要的制度保障。

第一，反对"一刀切"，根据具体情况分析具体问题。《意见》充分考虑到经济发展水平的差异，将在城市规划区内（含县城、镇政府所在地）因征地失去二分之一以上农用地的人员纳入社会保障范畴，而位于城市规划区外经依法批准征收或征用土地后，被征地农户人均耕地面积低于所在县（市、区）农业人口人均耕地面积的三分之一的人员纳入社会保障范畴，较为合理。显然只要满足以上条件的失地农民都享受一定的社会保障，减少了失地农民对未来生活的担忧。

第二，缴费方式合理。《意见》规定，失地农民的基本养老保险费由政府、集体、个人三方负担，个人按一定比例缴纳，其余部分由集体经济缴纳和当地政府补助。其中，个人领取的征地安置补偿费、集体土地使用权流转分配收益、集体经济股权分红等应优先用于缴纳个人部分；集体承担部分从征地补偿和规定比例的集体建设用地使用权流转收益或集体资产经营收益中列支；政府补助部分从当地政府国有土地使用权出让收入中安排。这样从制度上规定了失地农民社会保障资金的来源渠道，明确了集体经济和地方政府在解决失地农民社会保障中的不可推卸的责任。

第三，《意见》体现从低往高逐步推进社会保障的原则。《意见》指出失地农民社会保障应该低起点、广覆盖、多层次进行，农村社会保险制度与城镇社会保险制度双轨运行、逐步并轨；被征地农民的基本养老保险制度实行完全积累个人账户模式，实行统账结合模式的地区，应逐步向个人账户模式过渡；按不同年龄段分别实行培训就业保障、养老保险和福利保障等多种保障方式。这些政策都是各地推行失地农民社会保障的经验总结。例如，在南沙试点实行的对于失去 3/4 以上土地的失地农民，参照"农转居"人员基本养老保险标准，但低于城镇居民基本养老保险这种"低进低出"的养老保险模式，收到了良好的效果。如果无视集体经济发展程度，全部"一刀切"，把失地农民全部纳入与城镇职工养老保险制度相同的统账结合模式，将产生巨大的支付缺口，相反不利于失地农民养老保险制度的推进。

本报告认为各地失地农民养老保障除了按照《意见》规定的内容进行执行外，还可以做好以下两个方面的工作：

一是《意见》虽然规定了失地农民社会保障资金的筹资渠道，但是没有设立广东省失地农民社会保障的最低缴费基数和待遇水平，也没有明确集体经济和政府应当缴纳的最低下限。失地农民参加社会保障，地方政府至少应该承担 40%～50% 的比例。集体出资比例可以由有关部门核实其出资能力再作具体决定，具体来说集体经济相对发达的地区，集体经济出资应占到 30%～40% 的比例，有的可以超出这个比例。作为农民个人出资部分，最高限度不应超过人均所领取的劳动力安置费。特别是对于那些没有缴费能力的未满60岁以上的个人，政府也应该列支部分资金，全额为他们购买社会保障。同时，应该在土地出让金中建立失地农民基本养老保障风险准备金，以应对未来的支付风险。

二是完善养老保障基金的监督和管理。失地农民养老保障基金必须实行收支两条线、财政专户管理，独立设帐，专款专用，建立完善的基金监督和管理机制。政府应该出台专门的文件规定失地农民养老保障基金的监督和管理办法，以免养老保障基金流失，同时应在保障养老基金安全性的前提下，促进基金收益最大化，从而实现失地农民社会保障基金的顺利保值增值。

5. 借鉴兄弟省市的一些经验

城市化、工业化席卷当今中国，尤其在中国东部已经掀起浪潮。兄弟省市在征地过程和解决失地农民问题上有一些值得借鉴的经验，其中以与广东省同处东部沿海的浙江省为典型。据统计资料显示，从1999年推行新的《土地管理法》至今，浙江省总共征用土地超过200万亩，全省失地农民在数量上已经超过190万。浙江省在解决失地农民的问题上已摸索出了一条有效的解决途径，被誉为"浙江模式"。"浙江模式"值得珠三角地区和广东省学习的经验主要有以下四点。首先，"以土地换社保"，变一次补偿为终生补偿。征地后不再向被征地村集体及农民直接支付安置补助费，而是由政府将费用划入劳动部门"社保"专户，统一用于失地农民的社会保险统筹和生活补助。有些地方还为失地农民购买商业保险。其次，政府积极开展和推行职业技能培训，让农民变成产业工人。据悉，浙江省在职业培训上也遇到了村民参与不热情的问题，但总体上参与率高于珠三角。建议珠三角市（区）有关部门就这一问题与浙江方面交换看法，讨论提高村民参与率的办法。第三，成立社区股份合作社。这不但解决了农民的后顾之忧，还让农民变成了股东，更加富裕。最后，开展土地平整置换。浙江省政府文件规定：村庄复垦、土地整理、造田造地可以折抵部分建设用

地指标，从而一方面使被征地农民可以通过置换重新获得土地，另一方面
又通过土地平整置换使土地适度集中在一些种田大户手里，有利于农村规
模化经营。

通过这些措施，浙江省在解决失地农民问题上已取得了显著的成就，
既推动了浙江的经济发展与城市化水平，又有效地维护了农村社会稳定，
切实维护了农民群众的切身利益。有关资料显示，广州市番禺区人大代表
已向当地政府递交借鉴"浙江模式"的提案，并已得到番禺区政府的
回复。

通过总结自己的经验，借鉴兄弟省市的做法，我们相信一向敢为"天
下先"的广东和珠三角地区一定会形成适合自己经济发展水平、地域和文
化特点的解决失地农民问题的新方案、新举措，以顺利实现珠江三角洲地
区率先实现现代化、建设社会主义和谐社会的宏伟目标。

附录一

失地农民为什么不愿参加职业培训①

根据国家社会科学基金重大项目"我国地区间居民收入分配差距研
究"课题要求，我们于 2007 年年底在国家统计局广东调查总队协助下，
就珠江三角洲地区失地农民生活和就业状况，进行了近两个月的调查。现
将失地农民培训情况汇报如下：

一、征地的基本情况

我们调查范围是广州市番禺区、白云区、增城市和佛山市三水区、中
山市城市郊区和农村，调查户数为 49782 户，人数共 172083 人。失地农户
户数为 26825 户，失地人数达到了 101372 人，占总户数和人数的比例为别

---

① 本报告由王海港副教授等执笔，并报国务院有关部门决策参考。

为 53.9% 和 58.9%。我们随机抽取了 50 个村的 1000 户农户，通过问卷形式，调查了村民家庭农田被征状况和主要劳动力及其配偶的就业信息和参与职业培训的状况，调查了农户所在行政村的社会和经济发展状况。同时，我们还与五区（市）的统计、国土、劳动和社会保障部门进行了座谈。

在我们的调查的范围内，大约 54% 的土地被征用。接受问卷调查的 1002 农村住户中被征地户有 624 户，占总调查户的 62.3%。其中，全部农田被征的有 137 户，是名副其实的"失地农户"；而一半以上的农田被征的户数超过 3/4。因此，可以说，在调查的农户中，失地比重较大的占多数。失地户平均的家庭人均纯收入低于未失地户，主要原因是农业经营收入比未失地户地少了，但非农收入增幅不大。

征地采取的是货币补偿的形式，先补偿到村，由村再到户。在调查中，我们发现被征地农户获全部补偿的仅占 17%，且有 27.7% 的村庄没有按时拿到征地款，其中有的欠款时间达五年以上的。高达 67% 的村长认为当前征地存在问题或矛盾，其中有 39.6% 的村庄发生了因征地不满而上访的事件，主要原因包括认为补偿额太少和补偿款被拖欠。

二、相当多的失地农民没有工作

失地农民的就业，是一个突出的问题。根据我们的调查，失地农民的就业状况并不理想。据 50 个村千户农民的随机抽样调查，我们得知：征地前务农者占农村劳动力的 60.9%，征地后此比例下降至 38.9%，下降了 22 个百分点；但他们中打工或其他非农就业仅从 31.6% 上升至 38.2%，即上升 6.6%；而不工作的比例则由 4% 大幅上升至 18.8%，几近 15%。这就是说，失地农民 22 人中，有 15 人不工作了，失地农民中没有工作的比例显著上升。

为什么不愿意工作呢？一个重要的原因是在土地被征后，往往获得一笔数额较大的土地补偿款项，农户在短期内生活不会有问题。失地农民中不少人不愿意不熟悉小生意、个体经营，又不愿意离家到稍远的地方做工，不急于进入劳动力市场，这就使失地农民出现了不工作的问题。我们看到，有些失地农民成天打牌、赌博，有的甚至吸上了毒品，精神生活极度贫乏。如果这种情况任其发展下去，对他们本人不利，也对社会不利。

三、政府对农民进行了职业培训

为提高农村富余劳动力（包括失地农民）的文化素质和技能，帮助他们向非农产业转移，珠三角五区（市）政府建立了区（市）、镇（街道）、村（居）委三级一体化的农村富余劳动力职业培训、就业服务网络，投入了大量的资金、人力和物力，积极开展对失地农民的职业培训。

从调查情况看，农民对园林绿化和养殖等农业技术需求最多，其次是电脑操作和电工。农民选择不同的培训种类和他们的年龄有很大的关系。在我们调查的对象中，参加园林绿化和养殖培训的农民平均年龄为 45 岁，而选择电工培训的平均年龄在 36 岁左右，选择电脑操作的平均年龄只有 33 岁。

接受过培训的村民中，有近70%在培训结束一年后实现了就业，有超过一半的人在培训结束一年后提高了工资收入。对于"培训是否对本人或家人找工作是否有帮助"，被调查的250人中有超过60%的村民选填"有帮助"。

四、失业农民参加职业培训的积极性并不高

尽管职业培训有作用，但村民参与培训意愿不高的现象仍比较普遍。在我们的调查中，地方政府的计划和数字与从农户问卷中得到的结果有出入。在我们的问卷中，仅239位村民参加过培训，占所调查劳动力比例的11%，有89%的人没有参加任何培训，即使在男性劳动力中这也仅占24%的比例。村级问卷反映出70%以上的村只有不到10%的劳动力人口参加就业培训。

从问卷分析看，没有参加培训的村民中有28%的村民认为不需要参加

培训，72%的村民还是有参加培训的意愿，只是受到自身因素以及其他客观原因的限制。例如，有20%的村民不知道有培训，36%的村民认为培训时间或内容不适合，这两项加起来的比例达到56%。

个人素质、家庭经济状况以及所在社区的经济社会情况都影响村民是否参与培训。比如，参加培训和未参加培训的村民，前者的平均年龄比后者低约5岁，同时受教育年限相应高出约2年，而且家庭人均年收入也相对较高。当然还有其他一些客观因素，如家庭小孩的照料、自身的身体情况、年龄的限制等，使得一些村民主动退出劳动力市场。

在调查中我们还发现，村民参加培训的意愿并不随家庭被征土地的比例升高而提高。失地农民对培训不积极的原因很多：一是非农就业收入低。从目前已经向非农部门转移的农民（或称农民工）的收入来看，月工资在1000元以下的占58.52%，月工资在1500元以下的占80%，这在广东地区是偏低的工资。二是农民工非农就业不稳定，与用人单位签订劳动合同的正式就业比例非常低。三是部分失地农民自身素质和能力偏低，难以找到自己胜任的工作。

五、提高村民参与职业培训的建议

从上述原因看，如何针对有就业意愿的失地农民，提供内容实用、时间合适的培训，是政府的当务之急。似可以从以下几个环节展开：

（1）进一步提高失地农民对进一步发展的认识，帮助他们克服"小富即安"的思想，妥善规划长远生活目标，防止既失地又失业所导致贫困。

（2）根据失地农民的意愿调整培训时间和内容，制定出满足多数失地农民需要的培训计划，提升村民参与培训的积极性。应根据失地农民不同的年龄层次、文化水平和技能、家庭背景等制定不同的培训方案，让村民有更多的选择余地。克服一味追求培训人数多少的倾向。

（3）加大培训宣传的力度，让失地农民及时了解就业培训的组织和安排。

附录二

失地农户个案①

1. 番禺区的高大哥

2007年7月初，我们来到番禺区地铁沿线的官坦村。官坦村主要种植甘蔗、香蕉等经济作物。我们找到了高大哥家。他们原本住在一栋三层小楼里，四口人，种十二亩田，女儿上班，儿子读中学，家境尚佳。2004年，地铁3号线开始建设，刚好经过他家。征地单位按规定做出赔偿，但由于对赔偿价格不满意，他们不肯搬迁，也未领取赔偿款。但2006年由于建设需要，他们仍然被强制迁出了。没有了房子，一家人就居住在田中的临时窝棚里。此时征地单位表示愿意给被征地农户多加3万块钱，高大哥一家也就接受了该款项。由于新宅基地未及时批下，他们仍然居住在窝棚里。今年初，高大哥家位于工厂附近的宅基地终于批下来了。可当他们的四层小楼刚刚盖好一层的时候，地铁3号线开通到此，窝棚又被强行拆除。于是全家只好住进未完工的新家。

高家在征地前，原先有农田十二亩，主要种植香蕉和甘蔗。每年的香蕉种植收入达2万多元，甘蔗收入3万多元，外加夫妇两人5千左右的打工收入，以及女儿的1万5千工薪收入及村里5千左右的分红，家庭总计每年收入8万元左右，其中非农收入达2万5千元。

而目前他家仅剩五亩田，一年的种田收入（扣除成本以后）3万多元。女儿工资涨到一年2万，村里分红增加到1万元（可能包括了一部分征地款），家庭合计年收入6万元，其中，非农收入为3万。由于高家新宅基地位置尚佳，楼房建成后有望增加房屋出租收入。

至于开支，如果不算盖房支出，征地前后基本未发生变化，一年大概两三万元。收入主要用于日常生活消费，家中没有老人小孩，负担较轻，

① 本部分内容由王海港副教授等执笔。

尽管目前收入少了，但尚未影响其基本生活质量。

随后，调查组问及村中分红的收入来源，高大哥做出如下解释：该村的农田分配实行股份制。即农民耕种村中土地，须缴纳租金，但本村村民的田地租金较少，外来人员土地租种金额较高。另外村中有厂房商铺出租，可获得租金收入。另外，征地款也统一划拨到村（青苗补偿归耕种的村民）。年底，再由村集体将上述收入分给各户。高大哥认为此项收入分配方式比较公平合理。

最后，当提及他对征地的感觉时，他表示了对未来收入减少的担忧。

2. 萝岗区龙某

龙某，男，现年30岁，已婚，与父母同住。父亲今年62岁，母亲58岁。自1996年至2001年，家中原有15亩土地全部被征收，补偿标准为14万/亩，共计大约210万，采取分期支付的方式。另外他家每年可收到6千元的房屋租金。

在征地后的最初三年，龙某家买了汽车（20万）、保险（4万），医疗支出2万，日常开支10万元。征地前家中年收入约5万多，农业收入占主要，约八成。征地后的2006年家庭的年收入约6万左右，其中大多数来自于村集体的分红和补贴，约占七成，房屋租金占了一成，非农收入主要是他自己的工资收入。现在家里每月支出大概是4千元，其中食品消费约占了3千元。征地后还参加了一些投资项目，主要是村中的集体经济，稳赚不赔。

访谈过程中，龙某反映农民们土地被征后找工作很难。特别是四五十岁的村民干了大半辈子农活，一下子没事干很不习惯。政府曾搞过招工安置，几乎全村人都去了，但是招工数量十分有限，最后找到工作的没有几个人。政府也提供了一些社会保障制度上的帮助，如给45岁以上的人补贴25%的社保金。

对于征地前后的生活水平的对比，龙某认为目前来说是上升了，但是长远来看，他持怀疑态度。因为村民们即将面临找不到工作的困境，政府现有的招工安置有名无实，未能从根本上解决村民困境。目前龙某一家的户口现已改成非农，但问起他自己的身份归属时，他觉得自己既是农民又是市民。

3. 白云区钟落潭镇马洞村

钟落潭镇马洞村的土地由于仲凯农学院、聋哑学校等学校扩建而被征收。时至 2007 年 7 月 18 日调查组到访时，双方对土地价格还处于协商中。据村长介绍，2006 年 12 月的征地是该村历史上第一次土地被征用。被征用的土地多为生产队集体公共用地，村里预案有土地 1 万亩，被征用 700 多亩，因而村中完全失地的农民不多。十五个生产队中只有两个生产队的部分土地被征。补偿标准为耕地每亩 5 万，山地每亩 3 万 2 千，全村应获得征地款（不包括青苗补偿）共 3000 万，已经到款约 1500 万。村中将其中的 70% 征地款投资于农业、工商业，将其中的 20% 用于发展公益事业，另外的 10% 用于补贴村民的教育和医疗。青苗补偿则完全归社员本人所有，且已参加农村合作医疗，个人交纳 20 元，上级补贴 50 元。暂时没有为全村支付养老金。

在对村民的访谈中，田地部分被征用的农户并不觉得征地对他们生活水平有多大的影响，因为原先干农活的村民依然有地可耕，不干农活的人员则继续从事非农工作。

如 55 岁的邓大叔征地前就以非农业工作为主业。征地前家中年收入不超过 1 万块，其中约 5 千是打工收入，剩下的是种田所得。征地后家中非农收入占了八成，由于还剩下五亩土地，也有一些农业收入。征去的三亩耕地以每人 2 千元作为补偿。补偿款主要用于建新房。征地前后的生活基本没有变化。

58 岁的龚大叔家有二子二女，加上儿媳、4 岁的小孙子和 78 岁的老母亲和老伴，共计 9 人。母亲、老伴和大儿媳在家操持家务和务农，大女儿读书，他和大儿子在外工作，小儿子和小女儿没有工作。两个小儿女因为没有非农工作需要的技能和经验而找不到工作。龚叔在外打工收入 2 万，与征地前差不多。目前家中的主要收入来源配比为非农占 55%，种地收入占45%，也与征地前变化不大。龚叔家原有耕地8亩，后来被征去4亩，按每亩补偿5万元计算，应得20万左右，不过按规定能拿到的是10250元，并且分期支付。去年龚叔得了一场病，医疗就费用了两万块，因此每月支出不超过一千块的他说"最怕有病"，并十分关心政府和村里关于养老、医疗和生活保险的安排。

49岁的马叔有三个儿子，两个大儿子在广州工作，小儿子待业在家。征地前夫妇二人在家务农，征地后只剩下八九分地。他就开始从事一些临时的工作。工资一般按日算，一天能拿几十块钱。他换工作的频率较高，且所从事的工作不是强度大，就是危险高。目前每月收入仅600元，因此他对所做的临时工很不满意。征地前马叔家年收入有3万多到4万，征地前后生活水平变化并不大。他表示不想参加政府组织的养老保险，主要原因是"私人部分出不起"。征地后他面临生病没钱看、住房条件太差的困难。对于征地补偿和安置的政策，他希望政府多考虑村民的日后保障和就业问题，多征求群众意见。

对于部分土地被征用的家庭来说，征地并没有给他们的生活带来很大的影响。补偿款又明显增加了家庭目前的现金收入。因此，另外一些家中土地没有被征用的农户对此甚至有些羡慕。

有些村民虽然保留"村籍"，但事实上已全家搬出马洞村，在邻近的镇或市区居住。由于户口仍在村里，作为生产社的一分子，征地款的投资获利分红他们仍有一份。

4. 白云区阿龙

阿龙自称为"不会种田的农民"。他们一家四口人，分别为母亲、夫妻俩和不到一周岁的孩子。他是电工，平时帮人拉电网，安装设备。妻子在家里照顾孩子。

他家征地前仅有3亩地，农业收入较少。后来生产队干脆统一将土地租给外地人耕种，甚至将租盖厂房，然后将收到的租金作为分红。租金是每年都收，一般还会按期上调金额，租约到期后生产队有权收回土地。因此村民仍觉得土地属于自己，并非征地。

征地前，家里土地主要是老母亲耕种，一年收入约5千元。阿龙一年收入2万。全家收入2万5千，其中非农收入2万。征地后的主要经济来源是阿龙的收入，一年约3万余元。另外，生产队分红1万。家庭收入总计4万多，全部属于非农收入。

征地前，全年的家庭开支不足1万。但现在一家人的一年开支近3万元。阿龙开支增加的主要原因是结婚、购置物品、人际交往等，与征地无关。

当问起他觉得自己是市民，还是农民时，他说，"我从来就没怎么种过田，算什么农民呢，我早就是市民了"。

5. 番禺区的何伯

2007年8月初我们来到谷围新村。谷围新村的居民多是两年前因兴建大学城而整村搬迁的小谷围岛上的村民，何伯就是其中的一位。我们到访时，何伯正坐在一家小卖部门口"炒珠子"。有些小工厂需要把小铁珠穿到钢丝上，因为请工人穿相对比较贵，他们就把这些手工活外包出去，让一些村民领材料回家做，按件算钱。村里很流行做这种手工活，访谈现场的小卖部门口就有十多位"炒珠子"的村民。

何伯一家五口人，老母亲，夫妇俩以及两个成年儿子。征地前，何伯夫妇的农业收入为3万余元。两个儿子是初中文化，在工厂打工，合计收入近4万元。一家人的全年收入7万元，其中非农收入约4万。

征地以后，何伯夫妇只能做手工活，两人一年的工资合计仅1万元。两个儿子工资加起来有4万5千。村里分红一年5千元。全家收入有6万，全部是非农收入。

收入下降了，开支倒是上升了不少。征地前全家人一年开支3万多元。现在光伙食费就达2万元，老母亲身体不好，医疗支出较多。一年开支5万元以上。他还要存钱给儿子结婚，压力很大。

征地对两个儿子来说影响不大，因为他们原先就从事非农工作。但何伯夫妇觉得挺不习惯，不但没田耕，年纪也大了，学习别的技能比较困难。另外由于参加养老保险的个人出资数额较大，何伯一家都未买保险。

6. 罗岗区的苏大叔

黄陂村因科学城建设而整体搬迁。黄陂新村的苏大叔夫妇家共有六口人，大儿子和儿媳在广州上班，小儿子在外省读大专，老两口在家里照看刚满周岁的小孙子。征地前，老两口种田，主要作物是橙子和番茄，六亩田的年收入为5万元。儿子儿媳的工资收入为5万。全家收入共计10万，其中非农收入5万。征地以后，老两口闲在家里，没有了务农收入。儿子儿媳打工收入还是5万。村里每人每月分得征地款1千元。全家一年一共收入7万2千元。对此，苏大叔不断强调，征地款的2万2千元不能算收入。因为这里的征地款不清楚发到什么时候为止。

至于开支方面，征地前，一年全家开支为4万。一家五口，有四个劳动力，所以经济条件尚佳。可是现在开支大了，二儿子读书一年要花2万，抚养小孙子一年至少要2万，其他开支估计也有4万多。这样下来一年需要用掉9万。说到养老问题，苏大叔非常茫然，感到以后只能依靠儿子们了。

至于身份认同，他并不愿意选择我们提供的选项，即市民、农民。他认为自己是下岗农民，就会耕田，却没有田了。

7. 天河区猎德村钟叔

2007年7月20日，我们走访了猎德村。对猎德村原村委现村公司的访问吃了闭门羹。由于处于全拆全迁的敏感时期，街道对此也拒绝发言。猎德村是广州市天河区街属下的行政村。村址原有面积470亩，另外还有发展经济用地约350亩。历史上，这里曾经有非常著名的水果批发市场。1993年广州市政府为开发珠江新城，征用猎德村土地。到1994年为止，猎德村土地全部被征用完毕，仅保留原村址部分土地。此后，原猎德村的居民或者留在村里居住，或者住进原村址附近新建的猎德新村。1999年，猎德街道办事处成立。2002年，猎德村撤村改制建立居委，原来的村委变成了现在的村公司。今年六月，市政府宣布对猎德村等城中村整体进行拆迁改造，拆改将在十月十五号开始。村中的古祠堂、古民居、古院落现在仍在使用，原住的居民与外来的租客比邻而居。村中的小公园多见悠闲下棋、聊天的中老年人，多是原住村民。

对于1994年征地的情形，一位姓钟的大叔为我们描述如下：当时他家的征地款主要用于盖房和投资。父母二老的生活费依靠村里的分红。他和老婆儿女也能得到分红，平均每个月2千块钱左右。现在家中有一套上下四层的房子可租，租金数额不愿透露，但他抱怨政府在没有确定拆改方案前发布了整改的消息，导致租客们提前结租或压低租金，今年的租金收入可能会比往年减少一半。

钟叔年轻时候做过司机的工作，现在已有近十年不参加工作。他主要靠分红和租金生活。他觉得1994年征地后生活水平有所提高，但是对于目前的征地他表示不满，至于本次征地的具体补偿方式及金额还在谈判中。

附录三
调查区域的经济发展水平和发展战略

此次调查的五个区（市）位于我国经济比较发达的广东省珠江三角洲。珠江三角洲是我国最早开始改革开放的地区，经过近30年的高速发展，已经成为我国经济相对发达、城市化和工业化水平较高的地区之一。依据广东省委、省政府的目标，该地区将在2020年率先实现现代化。在此我们简要地介绍地区的经济发展战略和工业化、城市化水平。

（一）珠江三角洲各地区经济发展总体状况

2006年，珠江三角洲地区国内生产总值（以下简称GDP）比上年同期增长15.3%，达21424.28亿元，约占广东省的82%，占全国的10%。人均GDP49153元，是全国的3倍多。调查所在部分区（市）的经济发展水平见表3-21。

表 3 - 21　部分区（市）人均经济发展总体状况

	广州市	增城市	番禺区	白云区	中山市	佛山市
人均 GDP(元)	63100	40053	58453		42058	50232
二、三产业比重(%)	97.6				96.5	97.4
城镇人口占常驻人口的比例(%)	82	27.9	53.3	65.4	84.2	90.9
农村人均纯收入(元)	7788				9006	8107

（二）珠江三角洲经济发展发展模式和战略

从上世纪末以来，珠江三角洲形成了独特的经济发展模式，它的显著特征是：（1）珠江三角洲是一种典型的地方政府主导型经济，地方政府有可以支配的相对独立的利益。（2）它是外向型经济，在充分利用国内资源和国内市场的基础上，更好地利用国外资源和国外市场，更多地吸引外资、引进技术。（3）它是一个内外联动、以外为主、双向接轨的市场化过程。

在珠江三角洲的经济发展模式指导下，各区域由于自身的因素也呈现出独特的经济发展特点。我们调查的 5 个市（区）中，有 3 个位于广州市。目前，广州市已经形成汽车、钢铁、造船、石化四大产业基地，工业向技术密集型、集群化和适度重型化升级转型，产业竞争力明显增强，特别是汽车产业实现了跨越式发展，产量跃居全国轿车产区第二。另外，软件产业、生物医药也正成为支柱产业，现代服务业正加速发展。

广州市白云区已经形成了塑料制品、皮革制品、通信设备制造、电气机械制造、交通运输设备制造五大支柱产业，其产值占工业总产值的比重超过40%，工业园区的聚集效应显著。番禺区实施"稳一产、优二产、促三产"的经济发展战略，集中力量建设创新、节能两个科技园和现代、新联、汽配三个工业积聚区，着力发展汽车、生物医药、船舶配套工业。增城市大力发展组团工业，推动产业集群发展，培育、引进和发展了一批科技含量高、投入强度大、带动力强、效益好的生产力骨干项目，壮大了汽车、摩托车及其零部件制造业、牛仔休闲服装业三大支柱产业。著名的广州本田汽车和五羊本田摩托车项目正是落户在增城。

中山市的发展很有特色，形成"一镇一品（牌）"的经济发展模式。几乎每个镇集中打造一项或少数几项名牌产品，产业也集中在名牌产品上，如一些镇有"中国灯饰之都"、"中国电子音响行业产业基地"和"中国五金制品产业基地"等称号。另外，专业镇的精细化工、电梯、皮具、玩具等也逐步形成了一定的产业聚集。

佛山市三水区实施"工业强区"战略，坚持以工业为龙头，以园区为载体，以招商引资为主要手段，以产业聚集为主攻方向，推动园区整合。三水工业区正开始建设中国医疗器械产业（三水）基地、国家新型显示器件产业基地、中国汽车零部件产业基地等国家产业基地。

（三）农村集体经济发展状况

1. 农村集体经济发展的模式

珠江三角洲的农村集体经济发展主要属于征地补偿收入发展型。村社将征地补偿收入作为启动资金，充分利用基础设施比较完备、市场经济比较发达、毗邻港澳台等有利条件，通过招商引资、兴建厂房商铺出租、创办乡村集体企业等多种途径，运用股份制、租赁制、承包制等多种经营形式，发展集体经济。在获得第一桶金后投入扩大再生产，以后又不断地进行滚动发展。

2. 村集体经济的管理

在珠三角地区，村集体经济主体为经济社或经济联社，大部分是股份制形式，是农民兄弟的创造。上世纪90年代初广东省政府、省农业部门先后颁布了《广东省农村社区合作组织暂行规定》、《广东省农村合作经济组织登记办法》，随后在全省范围内全面开展了对农村集体经济组织的登记、发证工作。2006年10月，广东省正式实施《广东省农村集体经济组织管理规定》，标志着农村集体经济组织拥有了"身份证明"，填补了农村集体经济组织管理制度的空白。该规定首先提出了农村集体经济组织的定义，指原人民公社、生产大队、生产队建制经过改良、改造、改组形成的合作经济组织，包括经济联合社、经济联合总社、经济合作社和股份合作经济联合总社、股份合作经济联合社、股份合作经济社等。此外，该规定还突出了成员自治、民主决策、程序管理和内外监督四大特点。

3. 集体资产管理的途径和问题

珠江三角洲地区的农村工业化、城镇化发展迅猛，在这些地区实行"镇改街"、"村改居"、"农民改市民"已是大势所趋。在实施的过程中，集体资产的处置和管理就显得至关重要了。在此简要的探讨集体资产管理的途径和存在的一些问题。

第一，把集体资产划给街道办或居委会，或把"集体股"交给居委会管理。珠江三角洲某镇 2000 年将原 8 个管理区（村）调整为 18 个居委会时，把原各管理区（村）集体经济组织的物业财产全部划归居委会所有，导致部分集体经济组织成员多次上访告状。

第二，把村组集体资产"货币化"分配给个人。一些地方提出：基础差、素质低、实力弱的村、组集体资产，应量化兑现到个人，让集体经济组织成员的村民"持币进城"。珠江三角洲某区社区股份经济联合社的资产，除保留 20% 的集体股外，其余 80% 采用拍卖变现、分现金等办法量化分配给个人。据反映，2001 年至 2003 年，该区集体资产"货币化"分配已达 18 亿元。

第三，把农村集体经济组织改制成公司。一些地方提出将原村、组集体经济组织的所有财产等额折成股份组建股份合作公司；一些地方提出，基础好、素质高、实力强的村、组集体资产，可组建新的股份合作公司或有限责任公司，让集体经济组织成员的村民持股进城。

第四，借"镇改街"、"村改居"、"村民改市民"之名把集体土地转为国有土地。一些地方在农村面貌、农民生产生活条件未发生实质性变化的情况下就实行"镇改街"、"村改居"。"村民改市民"后政府却无力确保原农民在社保、低保、养老、医疗、就业、再就业等方面享受与城镇居民同等的待遇。但凡在实行"镇改街"、"村改居"、"村民改市民"的地区，当地政府几乎都决定把农村集体土地转为国有土地，似有借机搞"预征土地"、从集体土地中"捞油水"之嫌。

第二节 库区的经济发展和移民收入问题

——重庆三峡库区的调研

导 语

2006 年底，我国大中型水库移民人口共计 2000 多万，这是居民收入分配中值得特别关注的一个特殊群体。水库移民为国家江河治理以及经济建设做出了重要贡献。虽然这一群体的生产、生活状况总体上有所改善，但与全国城乡居民整体的收入水平仍存在明显的差距。解决地区间居民收入分配差距问题，必须关注库区移民的就业、收入和生活状况。长江三峡水利工程是迄今为止世界上工程量最大、移民人数最多的水利工程。其中，重庆库区的移民规模就占到三峡库区全部淹没居住人口的 85.3%，具有很强的代表性。

国家社科基金重大课题 A 类项目"我国地区间居民收入分配差距研究"课题组决定委托重庆大学颜哲教授组织一个"重庆三峡库区移民收入状况调查研究"子项目。2007 年 7 月至 10 月，颜哲教授带领课题组成员对三峡库区内重庆市涪陵区、忠县、万州区三地城乡移民就业、收入和生活状况进行了调研。这些地方库区移民的规模较大，移民的种类较全，移民的情况较典型。

调研过程中，课题组得到了重庆大学建设管理与房地产学院任宏院长、肖湘绪书记、杨宇副院长和曹跃进主任等同志的热情帮助，得到了重庆市相关部门及其领导、同志的大力支持和指导，在此表示衷心的感谢。同时需要感谢的有：重庆市移民局及涪陵区移民局各位领导、统计局各位领导尤其是吕厚宜总统计师，中共重庆市老干部局张远林局长，中共重庆市涪陵区委宣传部蒋天伦部长、项副部长，涪陵区社科联冉主席，忠县常务副县长廖贺平同志、移民局局长吴盾同志、秦副局长、杨盛金副局长，万州区常务副区长汪夔万同志，涪陵区、忠县、万州区的移民局、政府办公室、其他相关管理机构的同志们，以及所到乡镇、街道的基层干部和移民工作人员。参加本项目调研的有李东、潘璐、王杰、王琼、鞠传静、冉秀阶、张乐东和宁延八位研究生。他们勤奋努力、认真踏实、生气勃勃、团结互助，使调研任务顺利完成。

调研组实地调查了重庆市涪陵区、万州区和忠县 3 个区、县的 6 个乡镇、4 个街道移民情况，对 240 多户移民家庭以随机抽样的方式开展问卷调查，共采集到有效问卷 188 份。此外，调研组还与区、县、镇、村、街道、小区各级领导干部及移民工作人员进行了多次座谈，最终形成了《重庆三峡库区移民收入状况研究》报告。

报告以三峡工程建设和三峡库区的经济社会发展为背景，通过对三峡库区移民的就业、收入和生活状况的分析，重点对库区移民内部收入分配差距及其原因、库区移民与库区非移民之间收入分配差距及其原因进行了研究，并在此基础上提出了增加库区移民收入、改善移民就业和生活状况的政策建议。

一、重庆库区移民就业、收入和生活状况

重庆库区移民总体的就业形势不容乐观。就业水平低、劳动力利用程度不充分等严重妨碍了库区移民的增收致富。重庆库区移民从搬迁安置以来人均收入有所增加，但增长率不高，与库区非移民、重庆市城乡居民和全国城乡居民整体的收入差距正在扩大。其中，城镇移民与全市、全国城市居民之间的收入差距尤其严重。此外，重庆库区移民的搬迁安置总体情

况良好,但移民的生活消费水平仍然较低。

1. 重庆库区移民的就业情况

课题组通过在重庆三峡库区的入户问卷调查,较详细、全面地了解到城乡移民的就业程度和分布。

(1) 重庆库区移民就业形势严峻

首先,从受访移民情况看,总体就业不容乐观。目前,重庆库区受访移民家庭的全部劳动力中,从事"大农业"(含种植业、林果业、养殖业、渔业等)生产的所占约为26.42%,务工(主要工作领域是工业、商业、饮食业、服务业、建筑业、交通运输业等)的比例约为42.22%(见表3-22)。

表3-22 重庆库区受访移民劳动力总体就业情况

就业情况	务 农	务 工	个体经营	家 务	失业、待业	其 他	合 计
人 数	112	179	27	37	44	29	424
百分比	26.42	42.22	6.37	8.73	10.38	6.84	100

资料来源:根据课题组问卷调查数据整理而成。

此外,个体经营者(主要经营领域是商业、饮食业、服务业、修理业、个体运输业等)较少,所占比例仅为6.37%;移民家庭劳动力中失业、待业者与从事家务劳动者合占19.10%,即有近1/5的移民劳动力完全闲置,就业形势比较严峻。

其次,受访农村移民劳动力就业困难。目前,重庆库区受访农村移民家庭的劳动力中,务农为主的约占42.11%,务工和个体经营者加起来只有42.51%,与务农的比例差不多(见表3-23)。

表3-23 重庆库区受访农村移民劳动力就业情况

就业情况	务 农	务 工	个体经营	家 务	失业、待业	其 他	合 计
人 数	104	86	19	5	15	22	247
百分比	42.11	34.82	7.69	2.02	6.07	8.91	100

资料来源:根据课题组问卷调查数据整理而成。

此外，劳动年龄移民中失业、待业者占6.07%，加上从事家务劳动的共占8.10%，这反映出库区农村移民转移就业仍然比较困难。

再次，受访城镇移民劳动力就业问题也较为严重。务农劳动力现在仍占受访城镇移民家庭劳动力的4.51%，可见这一部分原农村人口虽然在移民过程中户籍身份实现了"农转非"，但他们的就业方式和劳动技能仍然停留在农业领域，还没有在就业领域和收入来源上"农转非"。需要通过技能培训进一步增强他们转移就业的能力，并积极为他们拓展非农产业的就业门路。

此外，城镇移民务工者与个体经营者加起来共占57.06%，加上"其他"就业者才达到城镇移民劳动力的61.02%；失业、待业人员则占16.38%；城镇移民家庭劳动力中从事家务劳动的比例是农村移民家庭的近9倍。这是因为农村移民家庭如有耕地、林地等农业生产资料，劳动力就不论男女都可参加农业生产；城镇移民家庭就业基本上靠非农产业，而库区非农产业发展水平低导致严重的就业困难，妇女（尤其是中年妇女）就业更难。因此，城镇移民中从事家务劳动的多为劳动年龄妇女。我们估计实际上城镇移民劳动力中完全失业者应占到20%以上（见表3-24）。

表3-24　重庆库区受访城镇移民劳动力就业情况

就业情况	务 农	务 工	个体经营	家 务	失业、待业	其 他	合 计
人 数	8	93	8	32	29	7	177
百分比	4.51	52.54	4.51	18.08	16.38	3.95	100

资料来源：根据课题组问卷调查数据整理而成。

城镇移民劳动力中，到外地务工的比例远远低于农村移民家庭，这是城镇移民就业问题比农村移民更严重、更难以解决的一个重要原因。

（2）重庆库区受访移民的非农就业程度①较低

课题组在重庆库区移民家庭调研中，重点调查了受访移民家庭的非农就业程度。结果显示，库区移民家庭非农就业严重不足。

首先，看看受访移民中非农就业程度不同的四类家庭的就业情况。在重庆库区全部受访移民家庭中，只有23.08%的家庭（42户）大体上实现了非农产业就业，26.92%的家庭（49户）只做到局部非农产业就业，15.38%的家庭（28户）达到轻度非农就业水平，而零度非农就业的家庭却占34.62%（63户）（见表3-25）。

表3-25　重庆库区受访移民家庭中四类家庭非农就业情况

	户数 （户）	劳动力 （人）	人口 （人）	可劳动 月数(月)	非农就业 月数(月)	非农就业 程度(%)
大体非农就业	42	96	189	6573	4778	72.69
局部非农就业	49	128	197	9614	3136	32.62
轻度非农就业	28	72	108	5597	522	9.24
零度非农就业	64	128	220	7760	0	0
全部受访移民家庭	183	424	678	29544	8436	28.55

资料来源：根据课题组问卷调查数据整理而成。

其次，看看受访农村移民中非农就业程度不同的四类家庭就业情况。在受访的94户农村移民家庭中，有20.21%的家庭（19户）已大体上转移到非农产业就业；31.91%的家庭（30户）实现了向非农产业的局部转移就业；18.09%的家庭（17户）在非农产业仅做到轻度转移就业；有29.79%（28户）的家庭完全没有转移到非农产业就业（见表3-26）。

---

① 课题组在重庆库区移民家庭调研中，调查了受访移民家庭每个劳动力自移民以来累计在非农产业就业的时间（以多少个月为单位），然后以移民家庭为单位，计算各家庭全部劳动力合计可劳动的总月数中有多少个月实现了非农产业就业，我们把这个比率称为"非农就业程度"。我们把移民以来"非农就业程度"在50%以上（含50%）的库区移民家庭，称为"大体非农就业家庭"；把"非农就业程度"在20%（含20%）到50%的库区移民家庭，称为"局部非农就业家庭"；把"非农就业程度"在20%以下但大于零的库区移民家庭，称为"轻度非农就业家庭"；把"非农就业程度"为零的库区移民家庭，称为"零度非农就业家庭"。

表3-26　受访农村移民家庭中四类家庭的转移就业情况

	户数（户）	劳动力（人）	人口（人）	可劳动月数（月）	非农就业月数（月）	非农就业程度（%）
大体转移就业	19	46	78	3440	2498	72.62
局部转移就业	30	83	113	6808	2145	31.51
轻度转移就业	17	46	67	3921	382	9.74
零转移就业	28	72	102	4354	0	0
全部受访农村移民家庭	94	247	360	18523	5025	27.13

资料来源：根据课题组问卷调查数据整理而成。

再次，看看受访城镇移民中就业程度不同的四类家庭就业情况。在受访的89户城镇移民家庭中，有25.84%的家庭（23户）已大体就业，局部就业家庭占21.35%（19户），12.36%的家庭（11户）属轻度就业，其余40.45%（36户）的家庭为零度就业。在受访城镇移民零度就业家庭中，又有9户是无劳动力的纯退休人员家庭。鉴于城镇移民没有土地可耕种，30.95%的低就业程度很难保证城镇移民获得稳定、适当的收入和安定、小康的生活。（见表3-27）。

表3-27　受访城镇移民家庭中四类家庭的就业情况

	户数（户）	劳动力（人）	人口（人）	可劳动月数（月）	非农就业月数（月）	非农就业程度（%）
大体就业	23	50	91	3133	2280	72.77
局部就业	19	45	73	2806	991	35.32
轻度就业	11	26	39	1676	140	8.35
零度就业	36	56	115	3406	0	0
全部受访城镇移民家庭	89	177	318	11021	3411	30.95

资料来源：根据课题组问卷调查数据整理而成。

最后，看看对重庆库区移民就业问题的基本判断。在全部受访的183家重庆库区移民家庭中，已大体实现非农就业的家庭只占22.95%；受访移民劳动力总的非农就业程度只有28.55%，表明这些劳动力本应用来创造财富并服务社会的可劳动时间，大部分被白白浪费了。三峡工程移民开展以来，库区各级政府和广大移民做出了极大努力，千方百计开拓移民劳动力就业途径，但效果并不理想。一些移民家庭可能一时有劳动力就业，但由于缺乏就业优势、库区非农产业发展不够、市场形势多变等原因，很可能工作不久后又失去工作。由此可见，库区移民就业还存在着复杂、沉重的困难，仍需要较长的时间逐步解决。

2. 重庆库区移民的收入情况

课题组通过在重庆三峡库区的入户问卷调查，较全面、详细地了解到移民家庭的收入水平、收入结构、收入变动和收入差异情况。

首先，看受访移民家庭的人均收入情况。受访移民总体自移民安置以来各年的人均净收入及其增长情况。库区移民刚刚起步、数量较少的1997~2001年期间，受访移民家庭人均净收入大起大落，年增长率时正时负。2002年以来，重庆库区移民规模明显扩大，受访家庭移民的人均净收入呈现出持续增长态势，但各年的增长率仍有较大的起伏（见表3-28）。

表3-28　重庆库区受访移民家庭移民后各年人均净收入及其增长率

年　度	净收入总和(元)	累计移民(人)	人均净收入(元)	人均净收入名义年增长率(%)	人均净收入实际年增长率(%)
1997	20140	13	1549.23	—	—
1998	120880	56	2158.57	39.33	44.55
1999	239080	125	1912.64	-11.39	-10.77
2000	390080	198	1970.10	3.00	-0.3
2001	548127.6	285	1923.25	-2.38	-0.7
2002	915676.8	412	2222.52	15.56	16.02
2003	1284180.8	537	2391.40	7.60	6.96
2004	1493550.6	598	2497.58	4.44	0.71
2005	1835955.6	647	2837.64	13.62	12.72
2006	2259721.6	677	3337.85	17.63	14.87

资料来源：根据课题组问卷调查数据整理而成。

其次，再对受访移民家庭的中位数收入及其变动趋势考察。受访全部移民家庭的人均净收入、农村移民家庭的人均纯收入，以及城镇移民家庭的人均可支配收入，都受到不同受访移民家庭之间结构比例变动的较大影响。为了排除受访移民的个别家庭收入偏高或偏低的影响，更好地反映受访移民家庭收入的变动趋势，这里采用受访移民各个家庭收入数据的中位数开展分析。

第一，受访城乡移民家庭各年人均净收入中位数变动情况及其趋势预测。将受访库区移民中每一年已移民的各个家庭人均净收入按高低排列，以当年的中位数作为该年度人均净收入的代表，可以得出 1997～2006 年间受访库区移民人均净收入变化的基本情况（见表 3–29）。

表 3–29　受访移民家庭各年的人均净收入中位数

单位：元

年　　度	1997	1998	1999	2000	2001	2002	2003	2004	2005	2006
人均净收入中位数	1300	1750	1817	2000	1750	1680	1750	1763	1911	2297

资料来源：根据课题组问卷调查数据整理而成。

由上表可知，1997～2006 年间受访移民家庭人均净收入的中位数虽然有变化，但幅度不很大，最低值 1300 元相当于最高值 2290 元的 56.60%；从 1997～2000 年的 4 年间，受访移民家庭人均净收入呈上升趋势，其中1998 年、2000 年这两个年度的上升幅度比较大。2000～2002 年，受访移民家庭人均净收入呈缓慢下降趋势，但 2002 年后人均收入又呈缓慢上升趋势，在 2005 年、2006 年这两个年度增长幅度较大。

根据调研得到的 1997～2006 年这 10 年的数据，我们对未来四年调研区域移民人均净收入的中位数运用一元回归模型进行了预测，预测使用的回归方程为：

$$Y = -130329.64 + 66.01X$$

方程中，Y 表示受访区域移民人均净收入的中位数，单位为元；X 表示时间。预测结果如下：

表 3 – 30　2007～2010 年受访区域移民家庭人均净收入中位数预测表

单位：元

年　度	2007	2008	2009	2010
人均净收入中位数	2152.43	2218.44	2284.45	2350.46

第二，再看看受访农村移民家庭各年人均纯收入中位数变动情况及其趋势预测。根据调查问卷汇总表的 1998～2006 年间库区农村移民纯收入数据，将历年各家庭人均纯收入的中位数列入下表，可以看到统计期间库区受访农村移民人均纯收入各年的变化基本情况（见表 3 – 31）。

表 3 – 31　受访农村移民家庭各年的人均纯收入中位数

单位：元

年　度	1998	1999	2000	2001	2002	2003	2004	2005	2006
人均纯收入中位数	1350	1633	1667	1438	1488	1508	1508	2100	2500

资料来源：根据课题组问卷调查数据整理而成。

由上表可知，1998～2006 年间受访农村移民家庭各年人均纯收入的中位数变动范围在 1350～2500 之间，最低值相当于最高值的 54%；1998～2000 年的受访农村移民的人均纯收入中位数呈上升趋势，紧接着在 2001 年度有较大下降，自 2001 年开始到 2004 年基本保持平稳状态。而在 2004～2006 年间，人均纯收入的中位数大幅度上升。

以调研中获得的 1998～2006 年间数据为基础，对未来四年调研区域农村移民人均纯收入的中位数运用一元回归模型进行了预测，得到的预测回归方程为：

$$Y = -173402.01 + 87.46X$$

其中 Y 表示调研区域农村移民人均纯收入的中位数，单位为元；X 表

示时间。根据以上回归方程,预测结果如下:

表 3-32　2007~2010 年调研区域农村移民家庭人均纯收入中位数预测表

单位: 元

年　度	2007	2008	2009	2010
人均纯收入中位数	2130.21	2217.67	2305.13	2392.59

第三,还要看看受访城镇移民家庭各年人均可支配收入中位数变动情况及其趋势预测。根据调查问卷数据中 1997~2006 年期间各年受访库区城镇移民家庭人均可支配收入,整理出各年人均可支配收入的中位数,可以看到统计期间库区受访城镇移民人均可支配收入在各年的变化基本情况(见表 3-33)。

表 3-33　受访城镇移民家庭各年的人均可支配收入中位数

单位: 元

年　度	1997	1998	1999	2000	2001	2002	2003	2004	2005	2006
中位数	2000	2250	2294	2308	2400	2000	2000	1833	1800	2079

资料来源: 根据课题组问卷调查数据整理而成。

从上表可以看出,1997~2006 年间库区受访城镇移民家庭人均可支配收入的中位数波动范围比较小,位于 1800~2400 元之间,最低值相当于最高值的 75%。该项中位数 2001~2005 年呈下降趋势,则主要是移民后短期内工资收入和经营收入减少所致。

在以上分析的基础上,可以运用一元回归模型,预测未来四年调研区域城镇移民家庭人均可支配收入的中位数,预测的回归方程为:

$$Y = 48466.30 - 23.18X$$

其中 Y 表示调研区域城镇移民家庭人均可支配收入的中位数,单位为元; X 表示时间。预测结果如下:

表 3 - 34   2007 ~ 2010 年调研区域城镇移民家庭人均可支配收入中位数预测表

单位：元

年　度	2007	2008	2009	2010
中位数预测值	1944.04	1920.86	1897.68	1874.5

我们略为分析一下受访城镇移民和受访农村移民的人均净收入差距。

一是受访城镇移民和受访农村移民的人均净收入绝对差相对差比较。1996 ~ 2004 年间，受访城镇移民人均净收入一直高于农村移民。前三年受访城镇农村移民人均净收入也由 1996 年的 735 元扩大到 1998 年的 900 元，差距年均拉大 55 元。到 1999 年，由于受访农村移民人均净收入增幅较大，受访城镇移民人均净收入增幅较小，导致城乡受访移民间净收入绝对差有所减少。在 2000、2001 年，城乡受访移民间净收入差距增大的趋势不变，城镇移民和农村移民净收入相对差则从 2000 年的 1.38 倍扩大到 2001 年的 1.67 倍；2001 年以后，由于调查样本中城镇移民的新搬迁部分所占比重较大，导致受访城镇移民人均净收入下降幅度较大。自此，城乡受访移民间净收入差距逐渐缩小（见表 3 - 35）。

表 3 - 35   1996 ~ 2006 年人均净收入绝对差相对差比较表

单位：元/人

年　份	城镇移民	农村移民	人均绝对差	人均相对差
1996	2000.00	1265.00	735.00	1.58
1997	2000.00	1250.00	750.00	1.60
1998	2250.00	1350.00	900.00	1.67
1999	2293.85	1633.33	660.51	1.40
2000	2307.69	1666.67	641.03	1.38
2001	2400.00	1437.50	962.50	1.67
2002	2000.00	1487.50	512.50	1.34
2003	2000.00	1508.33	491.67	1.33
2004	1833.33	1508.33	325.00	1.22
2005	1800.00	2100.00	- 300.00	0.86
2006	2079.17	2500.00	- 420.83	0.83

资料来源：根据课题组问卷调查数据整理而成。

2005 年，受访农村移民人均净收入首度超过城镇，但 2005 年的 300 元差距在 2006 年又扩大到 420.83 元。从表中可以看出从 1996~1998 年差距每年扩大，1999 年有所减缓，其后两年差距又拉大。而 2002 年以后，城乡受访移民间净收入差距逐渐减小，直至农村超过城镇，且有增大趋势。

二是人均收入变异系数（威廉逊系数）比较。城乡受访移民之间人均净收入威廉逊系数由 1996 年的 0.41 减小到 2006 年的 0.14，仅是 1996 年的 1/3 左右（见表 3-36）。

表 3-36　城乡受访移民人均净收入威廉逊系数

年　份	1996	1997	1998	1999	2000	2001	2002	2003	2004	2005	2006
变异系数	0.41	0.41	0.40	0.27	0.26	0.41	0.23	0.22	0.17	0.13	0.14

资料来源：根据课题组问卷调查数据整理而成。

1996~2000 年间，差异系数不断减小，由 1996 年的 0.41 减小到 2000 年的 0.26；但此后 2000、2001 年有所反弹，由 2000 年的 0.26 增加到 2001 年的 0.41；2001~2006 年变异系数迅速下降，由 0.41 下降到 0.14，降幅达 65.8%。

我们的初步结论是：重庆库区部分受访移民家庭收入在移民后有所下降。包括受访移民家庭在内，重庆库区移民家庭在移民后的收入和人均收入，总的来说是逐步提高的，但其中有相当一部分家庭在移民后的收入低于移民以前。在重庆库区 94 户受访农村移民家庭中，占 30.85% 的 29 个家庭在移民后的 2006 年的家庭收入仍然比移民前一年（各户移民时间不同）的收入低。这些家庭移民前一年纯收入合计为 343305 元，2006 年纯收入合计只有 178615 元，下降 47.93%；其中 4 户移民前一年纯收入合计 19000 元，2006 年纯收入都变成了零（靠亲友接济、借债等，他们仍能维持一定生活开支）。在重庆库区 89 个受访城镇移民家庭中，占 47.19% 的 42 个家庭 2006 年的家庭收入比移民前一年（各户移民时间不同）的收入低。这些家庭移民前一年可支配收入合计为 737956 元，2006 年可支配收入合计仅 303160 元，下降 58.92%；其中 2 户移民前一年可支配收入 6000 元，2006 年可支配收入为零。

3. 重庆库区移民的生活消费状况

首先，听听重庆库区受访移民家庭对移民前后生活状况变动的主观评价。在课题组调查统计的重庆市库区 183 户移民中，全部移民在新址定居时间平均为 6 年左右。请被访问家庭对移民前后家庭生活水平进行比较时，94 户农村移民家庭中有 91 户明确回答了这个问题。其中 11 户认为移民后家庭生活比移民前"好得多"，46 户认为移民后家庭生活"好一些"，14 户认为移民前后家庭生活水平"差不多"，9 户认为移民后家庭生活比过去"差一些"，11 户认为移民后家庭生活比移民前"差得多"。大多数农村移民家庭已切实感到移民后生活的改善。

89 户被访问的城镇移民家庭中，有 88 户对移民前后家庭生活水平的比较作出了明确回答。其中 8 户认为移民后家庭生活比移民前"好得多"，14 户认为移民后家庭生活"好一些"，10 户认为移民前后家庭生活水平"差不多"，30 户认为移民后家庭生活比过去"差一些"，26 户认为移民后家庭生活比移民前"差得多"。

其次，对受访移民家庭生活消费支出的情况进行分析。2006 年重庆库区受访的 94 户农村移民家庭全部纯收入 1333165.6 元中，有 740274 元用于该年度日常生活消费支出，占全部纯收入的 55.53%。受访农村移民人均日常消费支出为 2056.32 元，比同年重庆库区全部农村移民的人均消费支出 1948.14 元高 5.55%。受访的 94 户农村移民家庭中，2006 年医疗费用超过 1 万元的有 5 户，最多的用了 2.5 万元。重庆库区农村医疗卫生事业落后、农民医疗费用负担重的客观事实确实应该引起足够的重视（见表 3-37）。

表 3-37　受访农村移民家庭的 2006 年日常生活消费支出

日常生活消费支出项目	金额(元)	占日常生活消费总支出比重(%)
衣食住行等生活支出[注]	414236	55.96
教　育	88820	12.00
成人培训	14000	1.89
医　疗	186398	25.18
其　他	36820	4.97
合　计	740274	100

注：此项所谓"住"指住房的日常维修费用和租住他人住房的房租，不包括自用住房的建造或购买支出。

资料来源：根据课题组问卷调查数据整理而成。

2006 年重庆库区受访的 89 户城镇移民家庭全部可支配收入 926556 元中，日常生活消费支出为 760580 元，占全部纯收入的 82.09%。医疗费用也占较大比例，达到 15.67%。教育支出在日常生活消费总支出中占 14.33%（见表 3-38）。

表 3-38　受访城镇移民家庭修正后的 2006 年日常生活消费支出

日常生活消费支出项目	金额(元)	占日常生活消费总支出比重(%)
衣食住行等生活支出[注]	505740	66.49
教　育	108980	14.33
成人培训	0	0
医　疗	119180	15.67
其　他	26680	3.51
合　计	760580	100

注：此项所谓"住"指住房的日常维修费用和租住他人住房的房租，不包括自用住房的建造或购买支出。

资料来源：根据课题组问卷调查数据整理而成。

课题组在重庆库区入户调查访问移民家庭时，不论在城镇还是农村，生活基础条件确实有了很大改善。但是很多移民家庭的新屋里还在使用旧家具，高档家用电器也很少。

二、重庆库区农村移民就业、收入和生活影响因素分析

农业用地的绝对减少、生产经营技能的缺乏在一定程度上制约了库区农村移民劳动力的就业和转移就业，更不利于自主创业。农业和非农领域的就业不足是库区农村移民收入偏低的主要原因，外出就业、国家的移民补偿、后期扶持以及其他优惠政策对移民保持一定水平的基本收入起到了积极作用。此外，物价的较快上涨、医疗与非义务教育的较高费用，以及移民前后生产、生活方式的转变，使得库区农村移民家庭搬出来后的生活消费面临较大困难。

1. 影响重庆库区农村移民就业的主要因素分析

（1）客观因素

一是农业用地的绝对减少使重庆库区农村移民难以靠农业就业谋生。三峡库区的自然地理特征是山多坡陡、沟壑纵横，很大一部分耕地的坡度达到25°，甚至更大，水土流失严重，土质较差，不适于耕种。重庆三峡库区农业人口多，人均农业用地少。

三峡大坝建成蓄水后，沿江传统耕作地带在海拔175米以下的水田和其他质量较好的耕地将全部被淹没，就地后靠后移民耕种的土地坡度相对较大，水田相对较少，耕地地力较差，农业用地的就业容纳能力因而降低。三峡工程还使重庆库区原有的交通网络、通讯网络和能源系统等被部分地切割、破坏，也需要建设新的道路、护坡、堤岸、电力设施、通讯设施等。这些方面的建设用地，主要将占用淹没线以上原来的耕地和林地。考虑到这些因素导致剩余农业用地新的减少，重庆库区农村移民在大农业领域就业的规模还可能进一步缩小。

课题组的调查研究印证了这个判断。移民前后受访农村移民人均农业用地面积发生了较大变化，这是移民前后农民收入来源变化的根本性原因。移民前受访农村移民人均土地面积为1.022亩，而移民后仅为0.4701亩，下降54.00%。其中，人均耕地面积（水田和旱地）由0.8469亩减少

到 0.3265 亩，下降 61.45%（见表 3 – 39）。

表 3 – 39　移民前后受访农村移民人均农业用地占有情况

单位：亩

土地种类	水　田	旱　地	山林果园	自留地	其他土地	合　计
移民前	0.3978	0.4491	0.0882	0.0867	0.0087	1.022
移民后	0.1127	0.2138	0.1186	0.0213	0.0037	0.4701

资料来源：根据课题组问卷调查数据整理而成。

在 94 户受访农村移民家庭中，除 1 户经营养猪场的家庭基本实现了规模经营、劳动力完全得到有效利用外，其他家庭的户均、劳均、人均农业用地数量都相当少（见表 3 – 40），他们在农业领域同样是就业程度严重不足的。

表 3 – 40　目前受访农村移民家庭占有农业用地情况

单位：亩

农用地种类	总面积	户均面积	劳均面积	人均面积
水　　田	40.57	0.4316	0.1643	0.1127
旱　　地	76.97	0.8188	0.3116	0.2138
山林果园	42.70	0.4542	0.1729	0.1186
淹没线以上原自留地	7.67	0.0816	0.0310	0.0213
其他大农业生产用地(养猪场)	1.33	0.0142	0.0054	0.0037
大农业用地合计	169.24	1.8003	0.6852	0.4701

资料来源：根据课题组问卷调查数据整理而成。

从上表可知，受访的 94 户农村移民家庭的 247 个劳动力，平均只占有 0.1643 亩水田、0.3116 亩旱地、0.1729 亩山林、0.0310 亩原自留地和 0.0054 亩其他农业用地，平均每个劳动力仅占有各种农业用地共 0.6852 亩。受访农村移民人均只有 0.4701 亩，连重庆库区农村居民人均农业用地 0.99 亩的一半都不到。这 94 户农村移民家庭中还有 27 户完全不占有农业用地，包括 7 户已全家"农转非"但仍住在农村或村镇的移民家庭。这 27

户农村无地移民完全要依靠非农产业来解决就业。即使不计算这 27 户无地移民，受访的 67 户有地可种的移民家庭平均每个劳动力也只占有农业用地 0.9592 亩，每人仅有 0.6581 亩。由于地少人多，重庆库区农村劳动力本来就有一半以上属于剩余劳动力，必须向非农产业转移，解决他们的就业出路问题更是刻不容缓。

二是重庆库区城镇工商业的不发达使库区农村移民转移就业相当困难。造成重庆库区农村移民家庭就业难更重要的原因在于，非农产业很不发达，无法容纳占重庆库区农村移民劳动力大半的剩余劳动力转移就业。

改革开放以来，重庆库区乡镇企业、私营企业逐步有所发展，但因基础设施严重落后，三峡工程上马前国家又仍未在这里大量投资，农村剩余劳动力仍然主要滞留在农业领域。三峡工程兴建后，重庆库区农村剩余劳动力原本就不多的非农产业就业机会进一步减少了。截至 2005 年，重庆库区已关闭、破产、搬迁工矿企业共 1377 家，绝大部分不再生产。重庆市和重庆库区各级地方政府积极扶持当地民营企业，大力引进境外和国内其他地区企业落户重庆库区开展生产经营活动，但这些新企业数量不多，对劳动力吸纳能力不强。重庆库区非农产业的不发达和一定程度的衰落，使库区农村移民劳动力很不容易找到新的就业门路。

三是现行户籍制度对库区农村移民劳动力进城转移就业仍有一定阻碍作用。三峡工程兴建、库区开展大规模移民以来，在库区农村移民中形成大量剩余劳动力的同时，库区城镇非农产业的萎缩却使新增劳动力需求相对减少，农村移民劳动力在当地城镇转移就业十分困难。包括库区农村移民劳动力在内的库区农村剩余劳动力积极突破城乡之间、地区之间的界限，纷纷离开家乡县、区，到重庆市主城区和国内其他城市、城镇以及外地乡镇、农村寻找就业机会，重庆市主城区、珠江三角洲和长江三角洲等地已接纳来自重庆库区农村的大量移民劳动力实现转移就业。这在很大程度上缓解了库区农村移民劳动力的就业压力。

但在现行户籍制度下，进城务工、经商的原农业人口仍被城镇户籍管理机构当作暂住人口或流动人口，只能办理暂住户口或临时户口，在居住、入学、就医、就业和社会保障等各方面都不能得到与有城镇正式户口的人平等的待遇。这种不平等状况近年来在不少方面（如义务教育等）有很大改善，但制度性障碍并未消除，农村移民劳动力到城镇就业、谋生的成本仍然比有城镇正式户口的失业者、待业者高得多，他们在城镇的转移就业缺乏制度的长期保障。

（2）主观因素

一是受教育水平较低使重庆库区农村移民难以实现转移就业。重庆库区农村移民受教育程度较低，是影响他们转移就业的一个重要因素。受访农村移民劳动力的受教育程度总体上很低，小学及更低学历（包括无学历）者共占受访农村移民全部劳动力的54.25%，加上初中学历的就达到全部劳动力的87.45%，而受过中专以上专业知识教育的人仅占全部劳动力的6.48%。这严重地阻碍了受访农村移民劳动力在非农产业的转移就业（见表3－41）。

表3－41　受访农村移民全部劳动力的受教育程度

最高学历	劳动力人数（人）	占受访农村移民全部劳动力比重（%）
文　　盲	27	10.93
扫　　盲	9	3.64
小学学历	98	39.68
初中学历	82	33.20
高中学历	13	5.26
中专学历	14	5.67
大专学历	2	0.81
大学及以上	2	0.81
合　　计	247	100

资料来源：根据课题组问卷调查数据整理而成。

二是缺乏专业技能直接限制了重庆库区农村移民的转移就业。据课题组调查统计，在受访农村移民家庭的247名劳动力中，只有64人掌握一门或一门以上的生产技能，占全部劳动力的25.91%。在94户受访农村移民家庭中，只有24家户主掌握生产技能，占全部家庭的25.53%。在受访者掌握的生产技能中，还有相当一部分属于广义农业范围内的生产技能，如饲养、捕捞、果树栽培、蚕桑等，而掌握非农产业专门技能的劳动力就更少了。这使农村移民中的很多劳动力即使面对非农产业领域就业机会也不具备就业竞争力，只能干一些不需要专门技能的非熟练体力劳动。

受访农村移民劳动力掌握专业技能差的一个重要原因是缺乏学习技能的有效途径。下表是对受访农村移民家庭获得技能途径的统计。

表3-42　受访农村移民家庭获得技能的途径

获得技能的途径	学　校	拜　师	村镇组织的培训	其他收费的培训	务工实践	家传或自学	其　他
受益户数	10	9	9	5	7	17	13

资料来源：根据课题组问卷调查数据整理而成。

从上表可知，受访农村移民劳动力获得技能的途径不多，主要是学校教育、家传技能等，通过村镇组织的和其他收费的培训获得技能的家庭较少。技能培训对受访农村移民劳动力就业的意义，可以从接受过技能培训与没有接受过技能培训的受访农村移民劳动力之间的收入差距中得到反映。在2006年，前者的人均纯收入为6952.33元，后者只有2395.12元，仅为前者的34.45%。技能培训使农村移民劳动力能掌握一些新的实用技能，有利于他们就业。可惜的是受访农村移民家庭中得到过技能培训的户数较少。

三是重庆库区农村移民劳动力的年龄结构对转移就业有一定影响。当前我国劳动力市场尤其是技术水平要求不高的普通劳动力市场，总体上呈现供过于求的状态。在这种情况下，用人单位倾向于雇用较年轻的劳动者，农村移民的年龄结构对他们的转移就业就有一定影响。下表为受访农村移民家庭户主的年龄分组，考察户主的年龄对各个家庭转移就业的影响。

表3–43　按户主年龄分组的受访农村移民2006年就业、人均收入情况

户主岁数	户数	人数	非农就业	户均非农就业	非农产业纯收入（元）	非农就业者劳均纯收入（元）	全组人均非农纯收入（元）
26～35	9	35	10	1.111	56200	5620	1662.86
36～45	24	95	28	1.167	197400	7050	2077.89
46～55	21	87	33	1.571	213850	6480.38	2458.05
56～65	25	97	27	1.08	197400	7311.11	2035.05
66～75	12	39	6	0.5	26500	4416.67	679.49
76～85	3	7	1	0.333	0	0	0
合　计	94	360	105	105	691350	6584.29	1920.42

资料来源：根据课题组问卷调查数据整理而成。

从上表可知，在户主为46～55岁的年龄组内，户均人口最多（为4.143人，其他各组户均都不到4人），户主的子女正在青壮年时期，户均非农就业人数最多，达到1.571人，因此这个年龄组的人均非农纯收入也最高，达到2458.05元。在这个年龄以下，随着户主年龄提高，户均非农就业人数就增加，人均非农纯收入也逐次增加。在这个年龄以上，随着户主年龄提高，户均非农就业人数就减少，人均非农纯收入也逐次减少。户主为66～85岁的家庭户均人口最少，每家转移就业的人数最低，从非农产业获得的纯收入也最少。库区农村移民中年龄在40以上、60以下的人大多数还有劳动能力，但却普遍被雇工者排斥在非农生产活动之外。他们除了务农外，往往靠到城镇当自由搬运工零星地取得一些收入。

四是收入和财产微薄妨碍重庆库区农村移民自主创业。课题组访问的94个重庆库区农村移民家庭2006年共获得纯收入1333165.6元，平均每户14182.6元。但这94户中，大多数家庭纯收入低于这个水平。下表为受访农村移民家庭按2006年纯收入水平统计的各组的户数。

表 3 - 44　受访农村移民家庭按 2006 年纯收入高低分组的户数统计

纯收入	低于 14182.6 元					高于 14182.6 元		
		其中 1 万元以下					其中 2 万元以上	
			其中 5 千元以下					其中 5 万元以上
				其中 <1 千元				其中 >10 万元
户　数	65	50	26	9	29	16	3	2

资料来源：根据课题组问卷调查数据整理而成。

在 94 户受访农村移民家庭中，2006 年纯收入达到和超过 14182.6 元的只有 29 户，占全部家庭的 30.85%。有 69.15% 的受访农村移民家庭纯收入低于上述平均水平。在大多数家庭的纯收入仅能勉强维持日常生活和农业生产经营日常投入的情况下，库区农村移民很难有余力自主创业。

受访农村移民家庭不仅收入流量低，而且纯资产存量也少，不足以支持他们自主创业。表 3 - 45 反映了受访农村移民家庭 2006 年的资产和负债情况。[①]

表 3 - 45　受访农村移民家庭 2006 年的资产负债情况

	资产(万元)			负债(万元)		
	住 房	生产资料	耐用消费品	生产经营贷款	子女教育贷款	其他借款
原值总计	434.7	34.07	9.79	20.1	5.3	34.77
户均原值	4.624	0.3624	0.1042	0.2138	0.0564	0.3699

注："生产资料"项只统计各种生产经营用房屋、机械和耕牛，未计入各种小农具；"耐用消费品"项只统计各种家用电器，未计入各种家具。

资料来源：根据课题组问卷调查数据整理而成。

由表 3 - 45 可知，受访农村移民家庭 2006 年户均资产（不含储蓄余额）为 5.09 万元，负债为 0.64 万元，在未考虑储蓄余额的情况下净资产

---

① 课题组在访问中未能得到移民家庭储蓄的确切信息。但许多移民家庭反映，家里的储蓄主要来自政府支付的移民补偿款，表中未列出受访农村移民家庭的金融资产。

只有 4.45 万元。由于受访农村家庭拥有的主要资产是自用住房、生产资料和耐用消费品，它们为家庭日常生活和生产所必需，不能变卖来为自主创业提供资本，多数受访农村移民家庭就难以靠现有资产实现自主创业。

虽然对重庆库区多数农村移民家庭来说，自主创业面临多重困难，但是受访农村移民家庭仍然有一部分不同程度地探索自主创业之路（见表 3 - 46）。

表 3 - 46　重庆库区受访农村移民家庭成员就业方式统计

	纯务农	有务工行为	个体经营	企业主	其　他
劳动力数量	104	86	19	0	38
占劳动力总数比例(%)	42.11	34.82	7.69	0	15.38

资料来源：根据课题组问卷调查数据整理而成。

由上表可知，虽然重庆库区受访农村移民在自主创业中面临许多困难，但仍有 19 个劳动力成功地实现了个体经营。此外，据课题组了解，还有部分受访农村移民劳动力在务农、务工外有兼业经营行为，如出租商业门面、出租住房、粮食粉碎加工、临时摊贩等，但这些活动尚未成为劳动者的主业。值得注意的是，在 94 户受访农村移民家庭的 247 个劳动力中，目前尚无一个企业主。这既说明重庆库区农村移民进一步扩大自主创业的艰难，也可能与课题组调查对象的集中度、分布面有关。

2. 影响重庆库区农村移民收入的主要因素分析

（1）首先分析导致重庆库区农村移民收入偏低的主要因素

一是农业就业和非农就业都不足是库区农村移民收入偏低的主要原因。农业经营收入是农村居民家庭收入的重要来源之一，农业经营主要载体在土地，三峡工程的建设使库区农村丧失大部分农业用地。下表反映了受访农村移民家庭合计的 2006 年纯收入构成情况。

表 3 - 47　受访农村移民家庭合计的 2006 年纯收入构成

纯收入项目	农业经营收入	受雇务工收入	股份分红	资产性收入	政府补助	个体经营收入	企业经营收入	其他收入
金额(元)	284651	517572	35000	2100	21682	74700	0	320565
比重(%)	22.66	41.20%	2.79	0.17	1.73	5.95	0	25.52

注:"其他收入"项包括养老安置费、退休养老金、基层干部工资、公办学校教师工资、已分户的子女对父母的接济、下岗后企业发的补贴等。

资料来源:根据课题组问卷调查数据整理而成。

　　由于受访农村移民家庭承包经营的大农业用地比移民前减少 54.00%,使农业经营收入大为降低。虽然它还是受访农村移民家庭的重要收入来源,但占家庭纯收入的比重只有 22.66%。对比受访的 94 个农村移民家庭中,移民前一年有 41 户的农业经营收入就是他们的全部纯收入,另有 15 户纯收入的 50% 以上的收入来源于农业经营,受访农村移民家庭收入依靠农业的程度已经大大下降了。[①] 在农业经营收入下降的情况下,受访农村移民劳动力主动或被动地向非农领域转移,使他们的家庭收入构成发生根本性变化:非农方面收入(包括受雇务工收入、个体经营收入和"其他收入"中的工资收入等,但非农方面收入中很重要的企业经营收入在受访农村移民家庭中为零)已经占家庭纯收入的一半左右,而以退休金、养老安置费、子女接济等为主的其他收入所占比重也已超过农业经营收入。

　　二是生产经营技能的缺乏是妨碍库区农村移民增加收入的重要因素。重庆库区农村移民劳动力向非农产业转移的一大障碍是缺乏非农产业的生产技能和自主创业的经营技能。接受培训与否对农村移民能否转移就业起重大作用,因此与库区农村移民家庭增收有很大关系(见表 3 - 48)。

---

　　① 由于农村受访各家移民时间前后跨度长达 9 年,农产品价格水平年年不同,因此在这里不作移民前后农业经营收入金额的比较。

表3-48　受访农村移民家庭移民后就业培训与移民前后人均年纯收入比较

移民后是否参加过就业培训		移民前三年	移民后平均	2006年
是	该类家庭人均年纯收入(元)	2756.02	4020.45	6952.33
	该类家庭劳动力数(人)	24	24	24
否	该类家庭人均年纯收入(元)	1638.75	1789.67	2395.12
	该类家庭劳动力数(人)	42	42	42
合　计	人均年纯收入(元)	2045.03	2600.86	4052.29
	劳动力合计(人)	66	66	66

资料来源：根据课题组问卷调查数据整理而成。

由表3-48可知，受访农村移民家庭中接受过培训的一组，无论是移民前三年、移民后还是2006年的人均年纯收入，都高于没有接受过培训的另一组。然而，从调查的结果来看，受访农村移民家庭中接收了培训的，只占样本家庭总数的36.36%，说明职业教育受众人群偏少。这对库区移民的转移就业和增加收入很不利。因此，进一步加强对农村移民劳动力的培训力度，是今后移民工作的一个重要努力方向。

三是就业岗位和经营环境的不稳定影响了库区农村移民收入的稳定性。库区农村移民劳动力由于学历、技能、年龄和库区产业结构等因素的限制，进入非农领域就业相当困难，即使被雇用参加非农劳动，多数也只是从事知识、技术要求不太高的行业（见表3-49）。

表3-49　受访农村移民劳动力中转移就业者的行业分布

行　业	工　业	建筑业	服务、修理业	商业	交通运输业	餐饮业	其他行业	合计
人　数	20	16	14	10	7	3	16	86
比重(%)	23.26	18.60	16.28	11.63	8.14	3.49	18.60	100

资料来源：根据课题组问卷调查数据整理而成。

由上表可知，实现了转移就业的86个受访农村移民劳动力，基本上都在传统的非农产业部门。据课题组调查时了解，这些人大多数受雇于中小企业。这种企业抵抗市场经营风险的能力较弱，使这些劳动者中不少人在移民后有过"很多次"换工作、"较多时间"找工作的经历。非农工作的时有时无，必然导致非农收入的时断时续，使有转移就业的受访农村移民家庭收入也出现时高时低的现象。

· （2）有利于重庆库区农村移民增收的主要因素

一是国家的移民补偿和后期扶持对维持和增加库区农村移民收入起一定作用。三峡库区移民的搬迁安置不仅关系三峡工程成败，更关系到上百万移民的切身利益和发展前途。国家安排库区移民专项资金用于移民补偿，截至 2005 年，重庆库区已使用移民补偿资金 372 亿元。这些资金对库区移民家庭克服搬迁安置困难、保证基本生活条件起了不可替代的重要作用。

表 3－50　受访农村移民家庭获得国家移民补偿的方式统计

补偿方式	货币补偿	房屋补偿	土地补偿	就业安置	农转非	其 他
受益户数	55	71	37	9	15	4
受益面(%)	58.51	75.53	39.36	9.57	15.96	4.26

注：货币补偿包括农作物补偿、果树补偿、自谋职业补助金、搬迁费、安置费等；其他补偿包括养老待遇和最低生活保障待遇。

资料来源：根据课题组问卷调查数据整理而成。

受访农村移民家庭获得的国家移民补偿款，最主要用途是购买或建造住房，有 73 家为此而动用补偿款，其中 66 户家庭已将移民补偿款全部投入此用途。有 6 户分别把部分补偿款投到农业、工商业、购买机动车等生产性用途，这能为家庭带来新的收入。但这样做的家庭只占受访农村移民总户数的 6.38%，而且没有一户家庭把补偿款用于金融投资。这表明，有93.62% 的受访农村移民家庭在行为经济学所谓的"心理账户"划分中，是把移民补偿款列为消费基金，而不是作为生产基金或投资基金的。

为了进一步解决库区农村移民增收致富的困难，国家又在移民补偿款之外，为库区农村移民增拨了移民后期扶持专项资金，扶持他们增加就业、发展生产。在 2006 年 7 月以前，后期扶持主要采取项目扶持方式，通过受扶持项目的建设或经营增加农村移民的就业和收入，并对库区经济发展起了一定的带动作用，但项目资金和数量有限，难以惠及库区如此之多的农村移民家庭。自 2006 年 7 月 1 日起，国家把后期扶持方式由项目扶持为主改为主要以生产生活补助形式尽可能直接地发放给移民个人。移民扶持对象的人数和身份由地方政府核定，国家把水库工程移民的扶持标准统一提高到每人每年 600 元，并统一扶持期限，对 2006 年 6 月 30 日以前搬迁的水库移民，自 2006 年 7 月 1 日起一律再扶持 20 年。

二是国家一系列优惠政策有利于库区农村移民减支增收。课题组调查了受访农村移民家庭因移民而获得国家各种帮助的户数和人数（见表 3-51）。

表 3-51　受访农村移民家庭因移民而获得国家各种帮助的户数和人数

帮助方式	培训	就业安置	住房安置	贷款与减免税	社会保障	后期扶持	技术指导	其他
受益者	30 户,35 人	9 户	71 户	18 户	31 户,35 人	45 户	6 户	6 户
受益户比重(%)	31.91	9.57	75.53	19.15	32.98	47.87	6.38	6.38

资料来源：根据课题组问卷调查数据整理而成。

从上表可知，受访农村移民家庭不仅从国家获得了各种补偿，而且通过移民后期扶持和养老安置、低保等社会保障途径获得了政府转移支付，增加了可支配收入。政府还采取一系列优惠政策，进一步帮助库区农村移民家庭增加收入。例如，社区就业使一部分移民家庭的部分劳动力有了自食其力获得劳动收入的机会。政府免费提供的各种培训和技术指导、对移民经营收益的减免税等，不仅使一部分农村移民家庭减少了这方面的货币支出或缴纳，实际上增加了他们的收入，而且提高了他们获得收入的能力。部分家庭获得国家支持下的贷款，用于建设养猪场、种植果树、个体经营等，也增大了获得生产经营收入的能力。

　　三是劳动力流动有利于库区农村移民增加收入。重庆库区农村移民劳动力主要向经济较发达地区的工业、商业、服务业，矿产资源富集地区的采矿业，土地资源富余地区的农业部门转移，并随运输业、建筑业的业务开展而在各地流动。外出务工、经商已经成为库区农村移民劳动力转移就业的主要方式。受访农村移民家庭近2/3非农就业成员的就业地或经营地在外地，其中在重庆市外的占全部非农就业人数1/3强。据了解，这些人的市外流入地主要集中在珠江三角洲与长江三角洲（见表3 - 52）。

表3 - 52　受访农村移民家庭非农就业成员的务工、经商地点分布

务工、经商地点	本地农村/乡镇	本区、县其他地点	重庆市主城区	重庆市其他区、县	重庆市外	合计
人　数	33	15	8	3	34	93
占本项总人数比重(%)	35.48	16.13	8.60	3.23	36.56	100

　　资料来源：根据课题组问卷调查数据整理而成。

　　劳动力流动使库区农村移民中的剩余劳动力利用率提高，同时也为劳动者增加了收入。根据近年来对重庆库区300户农村移民家庭抽样调查的结果，对他们的人均工资性收入中来自本乡地域内的部分和来自外出务工地的部分作了比较（见表3 - 53）。

表3 - 53　重庆库区农村移民家庭不同地域来源的人均工资性收入比较

单位：元

年份 \ 人均工资性收入	来自本乡 A	来自外地 B	A/B
2004	241.74	527.59	45.82
2005	442.20	753.28	58.70
2006	610.77	759.73	80.39

　　资料来源：根据课题组问卷调查数据整理而成。

从上表可以看到，库区农村移民家庭劳动力外出务工的工资性收入，一直占家庭工资性收入中的大部分，劳动力外出流动确实增加了库区农村移民家庭的收入。值得注意的是，从2004～2006年，外出务工工资性收入在家庭工资性收入中的比重明显下降，在本乡务工的工资性收入所占比重则迅速上升。这主要是由于沿海较发达地区劳动力流入过多，部分城市已因外来劳动力严重供过于求而限制劳动力流入，流入者也往往就业不足而实际报酬不高。据课题组了解，受访地农村已有部分移民后外出的劳动力回流。

3. 影响重庆库区农村移民生活的主要因素分析

（1）库区农村移民家庭面临的主要生活困难

课题组向受访农村移民家庭调查移民前后家庭生活水平的变化时，认为生活改善的家庭数量相当于认为生活恶化家庭的3倍，大多数农村移民家庭已切实感到移民后生活的改善。但有11户认为移民后生活比移民前"差得多"，有9户认为移民后"差一些"。"基本生活难以维持"、"物价太高"、"无储蓄"表明这些家庭的收入低得不足以满足目前条件（包括物价变动背景）下农村居民日常生活的基本需要。"子女读不起书"、"看不起病"的反映，主要来自有老人、病人和非义务教育阶段在校学生的家庭，他们的收入解决不了较大、较集中的专项开支需要。因此，收入低和价格高（物价、医疗费用、非义务教育学费）是各种生活困难的主要直接原因。"无土地"和"无工作"是其中部分家庭收入低甚至无收入的直接原因；而土地少、非农就业程度低和劳动报酬低，则是库区农村更多移民具体收入不高的主要直接原因。

（2）导致重庆库区农村移民生活困难的主要因素

课题组向受访农村移民家庭调查了他们心目中影响家庭生活水平提高的主要障碍，按影响大小依次排列为第一、第二、第三位因素。下表反映了受访农村移民家庭对影响家庭生活水平提高的主要障碍的认识。

表 3 - 54　受访农村移民家庭对影响生活水平提高的障碍的看法（按户数统计）

	按影响大小排序			户数合计	占总户数比重(%)
	第一位	第二位	第三位		
农用土地少	42	5	4	51	54.26
务农成本高	0	2	2	4	4.26
务工机会少	9	17	1	27	28.72
务工报酬低	9	12	2	23	24.47
子女教育费用高	5	5	5	15	15.96
移民补偿低	4	7	4	15	15.96
医疗费用高	9	14	7	30	31.91
其　　他	6	6	0	12	12.77

资料来源：根据课题组问卷调查数据整理而成。

从表 3 - 54 可以看到，从对受访农村移民家庭生活水平提高起妨碍作用的影响面来看，按受影响户数多少排序，依次为：农用土地少、医疗费用高、务工机会少、务工报酬低、子女教育费用（指非义务教育阶段）高、移民补偿低、务农成本高。在选"其他"项的家庭中，认为遇到"食物涨价"、"年龄大"障碍的各有 4 户，与选"务农成本高"项的家庭同样多。

（3）生产方式与生活方式对重庆库区农村移民消费的影响

课题组调查了受访农村移民家庭的由于移民而增加或降低了的消费开支项目。下表是受访农村移民家庭每年因移民而新增的开支。

表 3 - 55　受访农村移民家庭每年因移民而新增的开支

单位：元

	交通通讯费用	房租	水电气费	购买食物开支	合计
受访家庭增加总额	20288	920	27030	30660	78898
人均增加额	56.36	2.56	75.08	85.17	219.16

资料来源：根据课题组问卷调查数据整理而成。

库区农村因兴建三峡工程而大规模移民，给农村移民家庭的生产与生活带来了巨大变化。他们的生产方式由以手工操作的农业生产经营活动为主，转变为以近现代技术下的工商业生产经营活动为主；由半自给半商品经济的半封闭的生产方式，开始向具有更多市场经济成分的更开放的生产方式转变。他们的生活方式也由库区农村传统的较少依赖市场的散居生活方式向具有更多城市生活因素、更依赖市场的聚居生活方式转变。

传统生产方式与生活方式的遗留成分对重庆库区农村移民消费也有影响。在重庆库区农村移民家庭中尤其是中老年成员中，还遗留着一些传统生产方式与生活方式的影响。其中的一些影响因素是积极的，如勤劳、节俭、珍惜土地等。这使许多已经可以使用电动机械代劳的生产操作和家务劳动仍然采取手工操作方式，虽然生产方式与生活方式较为落后、艰苦，但在库区农村移民家庭劳动力利用很不充分、闲暇时间相当充裕的情况下，用劳动替代一部分货币成本或货币消费开支，是他们的理性选择。

要补充说的是，在三峡水库蓄水达到175米淹没线之前，淹没线以下的地面还有部分露出水面，有些库区农村移民见缝插针地在上面种植了粮食、蔬菜等农作物，这在一定程度上可以暂时弥补移民家庭在承包地上农产品收获量和销售收入的不足，满足家庭消费的部分需要。库区农村移民家庭较朴素的生活要求也是使多数受访农村移民家庭觉得移民后生活改善的一个因素。虽然这些因素可在一定程度上缓解库区农村移民家庭的生活困难，但其作用是有限的、暂时的，库区农村移民家庭生活困难仍然比较严重，不可忽视。

三、重庆库区城镇移民就业、收入和生活影响因素分析

非农产业发展水平低、结构不合理，以及大量原住农村的移民和农村剩余劳动力进入库区城镇，使库区城镇移民的就业受到较大阻碍。同时，移民自身的受教育程度、技能水平对就业也是重要的影响因素。就业严重不足使重庆库区城镇移民家庭人均可支配收入水平很低且增长缓慢，经营收入的减少对城镇移民家庭人均可支配收入有最大的影响，来自政府的转移性收入只在一定程度上缓解了部分城镇移民家庭收入方面的困难。重庆

库区城镇移民家庭人均生活消费支出水平低，人均消费支出增长明显落后于人均可支配收入增长。此外，家庭收入、家庭就业、身体状况和物价变动对城镇移民家庭消费有着较大的影响。

1. 影响重庆库区城镇移民就业的主要因素分析

（1）影响重庆库区城镇移民就业的主要因素

一是重庆库区城镇非农产业的结构和发展状况严重制约城镇移民就业。三峡工程的动工建设和由此引起的库区工矿企业大规模搬迁，以及随即发生的这些企业绝大部分关闭、破产，使重庆库区原本就相当紧张的非农产业吸纳就业能力又被破坏了很大一部分。重庆库区城镇移民数量的迅速增加与就业岗位的大量减少同时出现、相伴发展，使得库区城镇移民劳动力的就业困难越来越严重。

重庆库区城镇移民劳动力就业的困难还与库区非农产业各组成部分的发展状况有很大关系。重庆库区的传统特色产业主要是农产品加工业，虽然产品质量较高、市场销路较好，但大多生产规模偏小，没有形成产业链和贸工农一体化经营格局，进一步扩大生产经营规模的潜力有限，难以持续地大量吸收库区城镇移民中的劳动力就业。

重庆库区的其他工业基础比较薄弱，结构不够合理，经济效益较差。处在初级工业化发展阶段且发展状况较差的工业，要承担吸收更多库区城镇移民中劳动力参加生产的重任，困难确实较大。重庆库区第二产业中，建筑业发展规模相对较大。以万州区为例，2004 年建筑业实现增加值达209034 万元，占重庆市 2537300 万元的 8.24%，全区人均实现建筑业增加值 1231.79 元，比重庆市人均水平 808.97 元高出 52.27%。库区第二产业中建筑业的一枝独秀，主要归因于三峡工程建设引起库区空前规模的拆除、搬迁、重建和新建，轰轰烈烈的工程建设使建筑业有能力吸收大量库区劳动力就业。但是，库区建筑业使用的劳动力绝大多数是农民工，在吸收库区城镇移民劳动力就业方面贡献不突出。现在，重庆库区移民任务已完成 90% 以上，移民小区、移民村建设任务已基本完成，城镇、企业、单位和公共设施的迁建高峰期也即将过去，建筑业未来对库区城镇移民劳动力就业的直接作用不会很大。

重庆库区第三产业发展水平也较低，经济效益较差。三峡工程兴建后，库区175米淹没线以下的城镇、乡镇、码头、道路全部被拆除毁弃，商贸口岸大量丧失，商贸业发展受到一定影响。第三产业中的高新技术产业、信息产业等代表知识经济时代特征和要求的新兴产业具有很强的生命力和远大的发展前景，但三峡库区的金融、信息、技术、咨询、中介等知识服务业发展滞后，经营规模小，影响面窄，现代化程度低。以万州区为例，该区2004年高新技术及产品价值为71136万元，仅为重庆市该项指标6060801万元的1.17%，在促进库区城镇移民劳动力就业方面未发挥出应有的作用。

二是重庆库区城镇人口和劳动力的加快增长加剧了就业困难。重庆库区的城镇化率在三峡工程正式决策兴建的1992年只有10.79%，到2006年就达到20.92%，14年里提高了近一倍，发展非常迅猛。但城镇化水平仍然较低，还处于初期城镇化阶段。为了安置大量城镇移民，容纳大批搬迁的城镇、企业、单位，既需重建被淹没的道路、桥梁、港口和其他固定设施，又需在淹没线以上占地进行建设，于是在从农业人口中形成大量"占地移民"，他们通过"农转非"成为非农业人口。库区城镇自身的拓展和新的公共基础设施建设同样需要占地，失去土地的一部分农业人口也通过"农转非"人口进入库区城镇。这些因素使库区城镇人口更快地膨胀。进入重庆库区城镇就业市场的劳动力越来越多，必然加重城镇移民劳动力就业的困难。

（2）影响受访城镇移民就业的主要因素

影响受访城镇移民劳动力就业的主要因素在很多方面与影响库区全体城镇移民就业的因素类似，这里就不再重复与前面内容相似的分析，只根据课题组从受访城镇移民家庭调查到的一些情况，对前面的分析作适当补充。

第三章

农民收入状况的调查研究

325

一是城镇移民劳动力的受教育程度与就业难度负相关。课题组对重庆库区受访城镇家庭移民中有关就业数据完整的 161 个劳动力，按受教育程度分为 8 个组，比较各组的就业情况（见表 3 – 56）。

表 3 – 56　受访城镇家庭移民劳动力学历与移民以来就业情况统计

学历	人数	就业月数 A	求职月数 B	人均就业月数	人均求职月数	A/B
文盲	16	268	88	16. 75	5. 5	3. 04
扫盲	3	30	10	10	3. 33	3
小学	38	716	113	18. 84	2. 97	6. 34
初中	66	1098	259	16. 64	3. 92	4. 24
高中	25	534	42	21. 36	1. 68	12. 71
中专	7	251	39	35. 86	5. 57	6. 44
大专	4	164	30	41	7. 5	5. 47
大学	2	36	0	18	0	∞
合计	161	3097	581	19. 24	3. 61	5. 33

资料来源：根据课题组问卷调查数据整理而成。

上表反映了受访城镇家庭移民劳动力的学历与移民后就业难度的关系，就业难度可以用移民以来人均就业时间（月数）与人均求职时间（月数）之比表示，就业/求职时间比越小，表明就业越困难。在表中，文化程度为高中及高中以上的 4 个组，该"时间比"都大于所有劳动力的平均比值；而初中及初中以下的 4 个组中有 3 个组的"时间比"小于平均值。学历越高的组，平均就业时间就越长。学历低的 4 个组则全部低于平均就业时间。

二是掌握适用技能有利于受访城镇移民劳动力就业。受访城镇移民家庭共有劳动力 177 人，其中 53 人掌握专业技能，占 29.94%。在 89 个受访家庭的户主中，有 35 位在移民前掌握专业技能，占 39.33%。移民后，177 个劳动力中有 56 人无业（56 人中 11 人仍从事农业，但多是利用淹没线以下残留土地暂时种植），占 31.64%。而掌握技能的 53 人中只有 8 人无业，占 15.09%。

由此可见，掌握专业技能比较有利于受访城镇移民劳动力就业。在掌握技能的劳动力中未能就业的 8 个人中，有 4 个是因为所掌握技能（竹编、蚕桑、锻铁）目前在当地城镇无应用需要而失业的。因此，劳动技能如果确已过时，就不利于就业。劳动者需要不断更新技术。只有提高能力，才有更好的就业前景。

三是重庆库区城镇部分移民劳动力自身的某些弱点对他们就业不利。课题组调研发现，一部分受访城镇移民的思想中存在一些妨碍他们就业的错误观念。前面提到的有些在移民前就持城镇户口的移民不愿从事建筑业体力劳动的现象，就是这种错误观念的表现。城镇移民中那些过分挑剔的无业劳动力就这样把相当一部分就业机会让给了农民、农村移民和"农转非"的城镇移民。另一种妨碍受访城镇移民中城镇原有居民就业的错误观念是过分恋乡，他们希望仅仅依靠政府提供的移民补偿和对低收入家庭的最低生活保障来维持简单的生活消费。

2. 影响重庆库区受访城镇移民收入的主要因素分析

首先，分析学历和与学历相关的就业难度对库区城镇受访移民劳动力收入的影响。一般来说，受教育程度较高的劳动力，就业往往相对较容易。学历高低和受它影响的就业难度都会影响到库区城镇受访移民劳动力的收入高低（见表 3 - 57）。

表 3 - 57　受访城镇移民劳动力按学历分组统计的 2006 年可支配收入情况

学　历	人　数	就业/求职时间比	可支配收入合计(元)	人均可支配收入(元)
文　盲	16	3.04	9180	573.75
扫　盲	3	3	3420	1140.00
小　学	38	6.34	116160	3056.84
初　中	66	4.24	290285	2883.11
高　中	25	12.71	78400	3136.00
中　专	7	6.44	38100	5442.86
大　专	4	5.47	18232	4558.00
大　学	2	8	42000	21000.00
合　计	161	5.33	595777	3700.48

资料来源：根据课题组问卷调查数据整理而成。

如上表所示，各组的学历水平与人均可支配收入水平基本呈正相关关系。只有"初中组"与"大专组"的人均可支配收入比学历低一层次的人均可支配收入略少一些。

其次，看看受访库区城镇移民家庭可支配收入来源结构变化的影响。三峡工程移民使库区城镇移民家庭可支配收入来源结构发生了较大变化。下表反映了受访库区城镇移民家庭这方面的变化。

表 3 – 58　受访库区城镇移民家庭可支配收入来源结构变化情况

单位：%

	工薪收入	经营净收入	政府单位转移性收入	资产性收入	其他收入
移民前	42.52	33.94	7.61	1.85	14.08
移民后	54.77	10.06	20.41	8.96	5.80
增减百分点	+ 12.25	- 23.88	+ 12.80	+ 7.11	- 8.28

注："经营净收入"与"其他收入"项，在课题组搜集原始数据时对其口径理解不够一致。有的调查者把移民前原农村家庭来源于农业生产经营的收入计为经营收入类，有的则将此来源收入计为其他收入类。课题组结束调查整理数据时发现此问题，已将能辨识的来源于农业生产经营的收入归类到经营收入中。但可能有少数疑似农业收入的数据因"淹地移民"家庭无明确记载、具体收入来源无法回忆而难以辨识，仍留在"其他收入"项中。"其他收入"还包括已分家的子女和其他亲友的资助等"个人转移性收入"，未与"政府、单位转移性收入"合并。

资料来源：根据课题组问卷调查数据整理而成。

从表 3 – 58 可以看到，受访库区城镇移民家庭可支配收入中，来源于工薪收入的部分所占比重上升了 12.25 个百分点，而来源于经营净收入的部分所占比重下降 23.88 个百分点。来源于资产性收入的部分在移民前后不仅所占比重变化，内容也有很大改变。移民前资产性收入所占比重较低，主要是出租住房、门面的租金收入；移民后租金收入萎缩，但国家对因拆迁移民造成的房屋等资产灭失支付的补偿，使来源于资产性收入的部分所占比重上升。来源于政府单位转移性收入的部分所占比重上升最大，表明受访库区城镇移民家庭对政府和单位救助的依赖程度加深。

最后，还要听听库区城镇受访移民家庭对导致家庭可支配收入变动主要因素的认识。课题组请库区城镇接受调查的各户移民对他们认为导致其家庭收入变动的主要因素，按心目中影响程度的大小选择并依次排列出三项。受访者不仅从调查问卷中选出三个对家庭收入影响最大的因素，而且用符号表示其影响的性质，即它使家庭可支配收入增加还是减少。下表是受访城镇移民家庭对导致家庭收入变动主要因素排序的统计户数。

表3-59 受访城镇移民家庭对影响家庭可支配收入变动主要因素作排序的户数

影 响 因 素	使家庭收入增加的因素			使家庭收入减少的因素		
	第一位	第二位	第三位	第一位	第二位	第三位
就业人数	2	3	2	8	4	4
工资水平	4	6	0	3	6	1
经营收入	2	2	1	30	6	1
政府补偿和补助	9	5	4	0	2	0
其他资产收入	0	0	0	0	3	0
身体状况	0	0	0	3	8	3
社会保障制度	4	1	2	0	0	0
新住地位置	0	0	0	3	1	0
失去承包地	0	0	0	2	0	0
子女分家	0	0	0	1	0	2
原企业破产	0	0	0	1	0	0

注：受访城镇移民家庭中，回答有关问题时不仅对各因素按影响大小作出排序，而且注明了影响作用方向的为76户。

资料来源：根据课题组问卷调查数据整理而成。

如表3-59所示，经营收入的变动被42户（占作出完整明确回答的76户的55.26%）看作影响家庭可支配收入的前三位重要因素之一，表明受访城镇移民家庭中重视它对家庭可支配收入影响的家庭数量最多。其中37户认为它使家庭可支配收入减少，37户中的30户还把它当作最大的消极因素，给予它积极评价的有 5 户，其中只有 2 户视它为最大的积极因素。

就业人数被 23 个受访城镇移民家庭列为影响家庭可支配收入的第二个重要因素。其中 16 户视它为消极因素，7 户持相反意见；视它为第一位消极因素的有 8 户，视它为首要积极因素的只有 2 户。

政府补偿和补助以及工资水平，都被 20 个受访城镇移民家庭列为影响家庭可支配收入的前三位重要因素之一。政府补偿和补助被 18 户人视为积极因素，其中 9 户视它为首要积极因素；认为工资水平变动起积极作用和起消极作用的都是 10 户，其中 3 户视它为首要积极因素，2 户视它为头号消极因素。

社会保障制度被 7 户人视为前三位重要的积极因素，其中 4 户认为它最重要，没有家庭将它视为前三位重要的消极因素。

选择其他每一项为前三位重要影响因素的家庭都不大于 4 户。

3. 影响重庆库区受访城镇移民生活的主要因素分析

（1）受访移民家庭对移民前后生活状况变化主要影响因素的认识

在受访城镇移民家庭对移民前后家庭生活水平进行比较时，认为移民后生活比过去"差得多"的 26 户家庭中，有 19 户面临"基本生活难以维持"的生活困难，16 户面临"看不起病"的生活困难，13 户面临"无工作"的困难，以上三种困难都影响到这些家庭的一半或一半以上。6 户面临"子女读不起书"的困难，1 户面临"住房差"的困难，另有 2 户认为困难还在于"物价高"等其他方面。每家平均面临的生活困难也在两种以上。

课题组请各户受访城镇移民对影响其移民前后生活水平差异的因素，按心目中影响程度的大小排出最重要的三项，并说明其影响是好的还是坏的。下表是受访城镇移民家庭对导致家庭生活水平变动主要因素排序的户数统计。

表3-60 受访城镇移民家庭对影响移民前后生活水平差异主要因素作排序的户数

影响因素	使生活水平提高的因素			使生活水平降低的因素		
	第一位	第二位	第三位	第一位	第二位	第三位
国家政策	5	3	1	4	2	2
家庭就业	3	1	2	10	9	3
家庭收入	7	9	1	30	9	4
家庭生活支出	0	3	6	10	10	5
家庭经营支出	0	0	0	0	3	0
生活方式变化	4	2	1	0	1	0
邻里关系变化	0	0	0	0	1	0
交通条件	0	0	2	2	4	7
身体状况	0	0	0	1	1	0
住房条件	2	0	0	0	0	0

注：受访的89户城镇移民家庭在回答有关问题时不仅对各因素按影响大小作出排序，而且都说明了影响作用方向。

资料来源：根据课题组问卷调查数据整理而成。

如表3-60所示，家庭收入的变动被60户（占全部受访者的67.41%）看作影响家庭生活水平的前三位重要的因素。其中，43户认为它使生活水平降低，这43户中的30户把它当作最大的消极因素；而给予它积极评价的有17户，其中7户视它为最大的积极因素。这表明感到收入增加使生活水平提高的家庭少于觉得收入下降影响了生活的家庭。

家庭生活支出被34户（38.20%）看作是影响家庭生活水平的第二大因素。其中，25户认为它使生活水平降低，这25户中有10户将其当作最大的消极因素；而只有9户给予它积极评价，但没有一户将其视为起最重要作用的因素。

就业人数被28个受访城镇移民家庭列为影响家庭生活水平的前三位重要因素，户数第三多。其中，22户视它为消极因素，6户持相反意见；将它视为第一位消极因素的有10户，视它为首要积极因素的只有3户。

交通条件被15户视为影响家庭生活水平的前三位重要因素，户数第五多。其中其中13户视它为消极因素，只有2户视其为积极因素。

生活方式的变化被 7 户人视为前三位重要的积极因素，其中 5 户认为它最重要，只有 1 户家庭将它视为前三位重要的消极因素。

选择其他每一项为前三位重要影响因素的家庭都不大于 4 户。

现在再进一步分析每一项重要影响因素在这 89 户受访城镇移民家庭心目中影响作用的大小，得到以下四个表：

首先，对被各个受访城镇移民家庭认为发挥了积极影响的因素，按其在他们心目中积极作用的大小排序。

表 3 - 61   有利于受访城镇移民家庭提高生活水平的影响因素排序

积极因素	家庭收入	国家政策	生活方式变化	家庭就业	家庭生活支出	交通条件
积极影响值	8.0952	5.0000	3.4286	2.5238	1.8095	1.2381

资料来源：根据课题组问卷调查数据整理而成。

经对课题组调查数据的整理计算，有利于受访城镇移民家庭生活水平提高的因素只有表 3 - 61 列出的这六种因素。对受到它们积极影响的受访城镇移民家庭整体而言，积极影响值最大的是家庭收入的提高，有占受访者户数 19.10% 的 17 户家庭感到移民后家庭收入提高，使生活状况改善。第二重要的因素是国家政策，它使 9 户受访者的生活得以改善或缓解了其生活困难，其中 4 户认为国家政策在改善移民生活方面最重要。积极影响值第三大的因素是生活方式变化，由原来的住所迁入移民小区后，居住条件的改善对这些家庭生活水平的提高有较大的意义。认为这个因素最重要的 4 户中有 3 户是占地移民，农村生活方式向城市生活方式转变更受他们欢迎。积极影响值居第四位的是家庭就业，它使家庭收入增加，使家庭成员更多地接触社会、服务社会，生活因而有意义。积极影响值紧居其后的是家庭生活支出变化，主要是支出结构的变动使选这个因素的家庭觉得生活状况改善了。第六个因素是交通条件的改善。对选这一项的家庭而言，在移民小区出门购物、子女上学，都比过去近了，路也好走了。令人遗憾的是，这六项积极因素的影响值都比较小。

其次，对各个否定性评价的影响因素按在受访家庭心目中消极作用大小排序（因项数较多，影响值小于0.5的因素不列入）。

表3-62　不利于受访城镇移民家庭提高生活水平的影响因素排序

消极因素	家庭收入	家庭生活支出	家庭就业	交通条件	国家政策	身体状况	家庭经营支出
消极影响值	24.0952	11.4762	9.5714	3.9524	3.2757	1.2857	0.9048

资料来源：根据课题组问卷调查数据整理而成。

在部分受访城镇移民心目中，影响最严重的因素就是家庭收入的变动。按本报告使用的赋值方法计算，此一项的影响值比第二大消极影响值的两倍还要多，消极影响相当大。收入低、收入增加慢、收入长期不变甚至减少，是这些家庭生活困难的最重要原因。家庭生活支出高且难以承受，是受访者心目中的第二大消极因素。物价上涨使25户人感到生活困难，其中10户视之为首要消极因素，有两家把它当作生活状况受到的唯一重要威胁。第三大消极因素是家庭就业。失业不仅影响收入，而且影响家人情绪，还可能对家庭稳定构成威胁。交通条件为第四大消极因素，移民小区大多偏离城镇中心，在移民前居住在城镇最繁华的临江一带的原住城镇移民看来，交通不便和因交通引起的路费增加，是对其生活的一大困扰。国家政策在被一部分城镇移民家庭认为对自己的生活状况有好处的同时，另一些家庭对它在生活方面的影响仍不够满意，主要是觉得国家政策在移民生活方面救助不够、保障不全面、受益不平等。这使它在消极影响值排列中位居第五。身体状况被列为第六个重要的不利因素。一部分城镇移民身体状况不佳，既影响家庭收入，又增加家庭支出负担，还影响患病者、体弱者享受生活。

最后，分别按净影响绝对值大小，对有积极净影响的因素和有消极净影响的因素排序（净影响绝对值小于0.5的不列入）。

表3-63 影响受访城镇移民家庭生活水平净积极影响因素按净影响值排序

净积极因素	生活方式变化	国家政策
净积极影响值	3.1429	1.7243

资料来源：根据课题组问卷调查数据整理而成。

在各因素正负影响相抵后，表3-63里只剩两种净积极因素，即生活方式的变化和国家政策仍然有一定的净积极影响值。总的来说，它们对受访城镇移民家庭的生活水平还是有积极贡献的。

表3-64 影响受访城镇移民家庭家庭生活水平净消极影响因素按净影响值排序

净消极因素	家庭收入	家庭生活支出	家庭就业	交通条件	身体状况	家庭经营支出
净消极影响值	16.0000	9.6667	7.0476	2.7143	1.2857	0.9048

资料来源：根据课题组问卷调查数据整理而成

上表列出了净消极影响值较大的六个净消极因素。其中净消极影响值最大的"家庭收入"项的消极影响被积极影响抵消后仍有16.000。这说明它的变化情况对绝大多数库区城镇移民家庭提高生活水平而言是极其不利的，政府必须设法为库区城镇移民进一步改善经营环境，提供更多的创业条件和就业途径来增加库区城镇移民的家庭收入。身体状况的消极影响值没有任何积极影响值来抵消，排列上升一位。国家政策的积极影响大于部分家庭的消极感受，不在净消极因素之列，而属净积极因素。其他消极因素由于积极因素的抵消作用相对较小，作为净消极因素的排列先后顺序，与它们在消极因素排列中的一样。

（2）受访移民家庭对移民后家庭与当地居民生活差距主要影响因素的认识

重庆库区城镇移民家庭2004年人均生活消费开支4142.65元，相当于同年重庆库区城镇全部居民家庭人均生活消费开支6386元的65.05%。2006年他们的人均生活消费开支分别为4566.66元和7447元，城镇移民家庭的生活水平进一步下降到只有城镇居民家庭的 61.32%。他们之间在生活消费水平方面原来就已较大的差距进一步扩大了。

课题组请库区城镇接受调查的各户移民对他们认为移民后导致其家庭与当地城镇居民家庭在生活水平方面差距（以下简称"生活差距"）的主要因素，按心目中影响程度的大小选择并依次排列出三项。受访者不仅从调查问卷中选出三个最重要因素，而且用符号表示其影响的方向，即它使家庭生活差距改善还是恶化。下表为受访城镇移民家庭对影响其生活差距变动主要因素排序的统计户数。

表 3 - 65　受访城镇移民家庭对影响其生活差距变动的主要因素作排序的户数

影 响 因 素	使生活差距改善的因素			使生活差距恶化的因素		
	第一位	第二位	第三位	第一位	第二位	第三位
家庭就业	0	1	0	2	1	0
家庭收入	1	0	0	17	4	0
家庭生活支出	0	1	0	0	2	1
家庭经营支出	0	0	0	0	0	2
邻里关系变化	1	0	0	0	0	0
身体条件	0	0	0	2	4	0
无退休待遇	0	0	0	1	0	0
购房受歧视	0	0	0	1	0	0
新屋位置差	0	0	0	1	0	0
其　　他	0	0	0	0	1	0

注：受访城镇移民家庭中，回答有关问题时不仅对各因素按影响大小作出排序，而且注明了影响作用方向的为 25 户。

资料来源：根据课题组问卷调查数据整理而成。

如上表所示，家庭收入的变动被 22 户（占作出完整明确回答的 25 户的 88%）列为影响其生活差距变动的前三位重要因素。选择它为前三位重要影响因素的户数最多，是选择其他各项的户数中位列第二的"身体条件"（被 6 户选择）的 3.67 倍，可见其影响是举足轻重的。21 户认为家庭收入变动使生活差距恶化，其中 17 户把它当作最大消极因素，给予它积极评价的只有 1 户，视其为最大的积极因素。

身体条件被 6 个受访城镇移民家庭列为影响生活差距变动的前三位重要因素之一，他们全都视它为消极因素，其中 2 户视它为首要消极因素。

家庭就业和家庭生活支出分别被 4 个受访城镇移民家庭列为影响生活差距变动的前三位重要因素之一。家庭就业被 3 户人视为消极因素，其中 2 户视它为首要消极因素；认为家庭生活支出因素起消极作用的有 3 户，其中 2 户视它为第二位消极因素，1 户视它为第三位消极因素。

家庭经营支出被 2 个受访城镇移民家庭列为影响生活差距变动的前三位重要因素。

无退休待遇被 1 户人视为唯一重要影响因素，起消极作用。购房受歧视、新屋位置差分别被 1 户人视为首要消极因素。

邻里关系变化被 1 户人视为唯一重要影响因素，起积极作用。

现在进一步分析每一项重要影响因素在这 25 户受访城镇移民家庭心目中影响作用的大小。根据计算结果列出四个表：

表 3-66、3-67 分别将各个得到正面评价和负面评价的重要影响因素，按其在这些受访家庭心目中正面作用或负面作用大小排序（因消极因素较多，消极影响值小于 0.5 的因素未列入）。

表 3-66　有利于受访城镇移民家庭生活差距变动的因素按评价影响排序

积极因素	邻里关系变化	家庭收入	家庭就业	家庭生活支出
积极影响值	1.0000	0.6667	0.3333	0.3333

资料来源：根据课题组问卷调查数据整理而成。

经对课题组的整理计算，有利于受访城镇移民家庭生活差距变动的因素只有表 3-66 列出的这 4 种因素。对受到它们积极影响的这一部分受访城镇移民家庭整体而言，积极影响值最大的是"邻里关系变化"，受访城镇移民家庭集中居住在移民小区，有类似的经历和处境，相互理解，相互同情，可开展一些邻里互助，这种变化是有利于受访者的。但该因素积极影响值仅为1，仅1户选择它（它是这户人心目中的唯一重要影响因素），影响面很小。积极影响值列第二位的因素是家庭收入，有1户受访者因家庭收入提高而感到与城镇非居民家庭相比自己的状况相对改善；家庭就业的增加与家庭生活支出的减少分别使1户受访者收益，并列积极影响值第三位。积极因素仅此四项。

表3－67　不利于受访城镇移民家庭生活差距变动的因素按评价影响排序

消极因素	家庭收入	身体条件	家庭就业	无退休待遇	家庭生活支出	购房受歧视	新屋位置差
消极影响值	15.3333	2.5714	1.5714	1.0000	0.7619	0.6667	0.6667

资料来源：根据课题组问卷调查数据整理而成。

表3－67列出了7种影响受访城镇移民家庭生活差距变动的消极因素，在受其消极影响而导致家庭生活差距状况恶化的这一部分受访城镇移民心目中，影响最严重的因素是"家庭收入"的变动。按本报告使用的赋值方法计算，仅此一项的影响值就比其他所有消极因素影响值之和还大。多种因素导致了受访城镇移民家庭人均可支配收入的低下，使受访城镇移民家庭的生活差距状况严重恶化。

影响受访城镇移民家庭生活差异状况第二重要的不利因素是部分城镇移民身体状况较差。它不仅影响了这些家庭的人均可支配收入，而且带来了较重的医疗费用负担和日常生活中的种种不便，使这部分受访城镇移民家庭更感到自己实际生活水平和质量不如当地城镇居民家庭。

在25户受访者心目中，家庭就业是影响生活差异状况的第三大不利因素。较严重的失业不仅使失业者所在的城镇移民家庭收入低，而且使他们在与当地城镇居民家庭相比时感到不如人意。由于有1户受访者将"无退休待遇"作为唯一重要影响因素，认为它起消极作用，而25户受访者的选择又向"家庭收入"高度集中，使"无退休待遇"成了第四大不利因素。这个因素不仅使有关家庭的老人目前没有收入，生活比较困难，而且对其生活有长期的不利影响，使其与当地城镇居民家庭相比状况恶化。

表3－68、表3－69分别按净影响绝对值大小对有积极净影响的因素和有消极净影响的因素排序。在表48里只剩一种净积极因素，就是邻里关系的变化。

表3－68　受访城镇移民家庭生活差距变动的净积极影响因素按净影响值排序

净积极因素	邻里关系变化
净积极影响值	1. 0000

资料来源：根据课题组问卷调查数据整理而成。

表3－69　受访城镇移民家庭生活差距变动的净消极影响因素按净影响值排序

净消极因素	家庭收入	身体条件	家庭就业	无退休待遇	购房受歧视	新屋位置差	家庭生活支出
净消极影响值	14. 6667	2. 5714	1. 2381	1. 0000	0. 6667	0. 6667	0. 4286

资料来源：根据课题组问卷调查数据整理而成。

上表3－69列出了净消极影响值较大的7个净消极因素。其中"家庭收入"项的消极影响只被它的积极影响抵消了很小一部分，净消极影响值仍然最大，高达14.6667，相当于这25户为家庭生活差距方面重要影响因素各项评价绝对值总和（每户为1，一共25）的58.7%，具有压倒一切的重大消极影响。它的状况和变化情况对绝大多数库区城镇移民家庭非常不利。原先影响值在消极因素中排在第三位的"家庭就业"，虽然消极影响被它在有的家庭的积极影响抵消了一点，但仍然有相当强的消极影响，在净消极影响因素中仍然排在第三位。原先影响值在消极因素中排在第五位的"家庭生活支出"，由于得到的消极评价被家庭生活支出情况改善了的家庭对这一项的积极评价抵消了一部分，使它降到第七位。其他的消极影响因素都是净消极影响因素。

净消极影响值列于第一、第三位的家庭收入、家庭就业，是造成城镇移民家庭与城镇居民家庭之间生活状况巨大差距的最重要因素。政府应该通过积极促进库区经济发展，扩大移民就业，支持移民自主创业、自立经营，来切实增加移民家庭可支配收入，缩小他们与城镇居民家庭之间的收入差异。对于净消极影响值列于第二、第四位的身体条件、无退休待遇，政府要积极发展完善我国的社会保障制度，使它能够逐步覆盖全国所有居民而没有任何歧视，使城镇移民家庭与城镇居民家庭之间的实际生活待遇和生活保障方面的差距也将缩小。购房受歧视、新屋位置差成为第五、第六位的净消极影响因素，说明进一步做好各级政府的工作、提高政府工作的质量非常重要。

（3）调研组的初步看法：库区城镇移民小区的集中移居方式一定程度上不利于就业

三峡工程移民移出后的居住方式有集中居住与分散居住两种。在重庆库区城镇，移民大多数采取集中居住方式，建设移民小区，为移民批量建造方便、适用、朴实、可靠、结构合理、配套完整、造价低廉的住房。这种集中移居方式有利于库区移民较快地适应新的居住环境，过上较安定的正常生活，有利于移民自主管理小区并开展互助，也方便政府对移民的管理和服务。但是集中移居方式也使移民一定程度上与城镇原有居民隔离开来，不利于移民尤其是来自农村的移民较快、较顺利地融入城镇主流社会。

集中移居在一定程度上增加了城镇移民就业的困难。2006 年，受访城镇移民家庭的人均可支配收入只有 2922.89 元，相当于同年重庆库区城镇非移民家庭人均可支配收入 10882.35 元的 26.86%。受微薄收入的限制，2006 同年受访城镇移民家庭人均生活消费支出仅为 2399.31 元，相当于当年重庆库区全部城镇居民家庭人均生活消费支出 7447 元的 32.23%，这使得低收入者聚集的移民小区成为城镇的"消费洼地"。这些移民小区里建有农贸市场、商店、餐馆等各种商业、服务设施或门面，多数作为拆除移民家庭在淹没线以下原有商业、服务设施或门面的实物补偿。获得这种补偿的家庭有的利用店铺重新开展商业、服务活动，有的出租给其他移民作经营之用。课题组在几个移民小区看到这类市场、店铺大多门可罗雀，无人问津。只有卖早点的小吃店在早上生意较好，但产品档次低，靠低价吸引顾客，所得的蝇头小利其实并非利润，不过是辛苦劳动的报酬。许多门店、铺面的承租人已退出经营，无人接手。移民小区里有的农贸市场开办后商品少、人气弱，许多移民宁愿走远路到淹没线以上老居民区的市场买食品，菜贩、肉贩无生意，只好退出市场，整个农贸市场现在空无一人。有较高消费能力的城镇居民通常不到移民集中的地方购物、消费，一来是因为有的移民小区地处偏僻，交通不便；二来这里商业、服务档次低，店铺少，可挑选余地小，不少商品已过时；三来部分人与移民交往少，互不了解，往往不信任移民提供的商品与服务。外来旅游者也不会光顾这种地方。部分城镇移民依托移民小区的商业、服务设施恢复旧业、创业和就业的努力基本失败了。

四、改善重庆库区移民就业、收入和生活状况的建议

解决重庆库区移民就业、收入和生活方面的问题，需要统筹考虑、系统处理。因此，下面的探讨基本上把重庆库区城、乡移民放到一起来考虑，并提出有关对策建议。

1. 关于重庆库区移民就业、收入和生活问题的基本认识

首先，解决重庆库区移民就业、收入和生活问题任重道远，但又刻不容缓。课题组在重庆库区城镇、农村的调查研究，以及离开库区后的数据整理、情况分析和问题研究，使小组成员深感解决重庆库区移民就业、收入和生活问题的重要性。截至 2006 年，重庆库区移民已经达到 102.4 万人的巨大规模，其中 90 万是在重庆库区内安置的，重庆库区还要完成最后一期即第四期移民 11.5 万人的任务。就是到了第四期移民按期搬迁完毕之时，重庆库区的移民工作也远没有结束。中央对长江三峡工程移民的要求是"搬得出、稳得住、逐步能致富"。重庆库区完成移民搬迁，仅仅是做

到"搬得出";重庆库区移民在就业、收入和生活方面还存在许多困难，隐含着不少复杂矛盾。如果得不到妥善解决，那么就很难长期"稳得住"，甚至可能威胁到库区社会的长治久安；至于"逐步能致富"，则需要更长时期的努力。

重庆库区移民工作付出了辛勤努力，取得了重大成绩，但是总的形势仍然非常严峻。长江三峡水利枢纽工程动工至今已到第 14 个年头，三峡移民工程启动远在 15 年前，我们访问的重庆库区移民中最早搬迁的家庭舍弃旧家也有 11 年多了。移民家庭面临的有些问题需要花较长的时间，但有些问题相当紧急严重，已经迫在眉睫，需要尽快处理，希望有关管理部门早作决策，早出新措施，快一些早一些帮助重庆库区移民更好地解决他们急迫的就业、收入和生活问题。

另一方面，在长江三峡工程建设的投资高峰期即将过去，主要依靠国家投资拉动的库区经济增长有可能放缓的情况下，为了保持、加快、引导、改善重庆库区经济的增长与发展，也需要及时提出新的思路、采取新的措施。

其次，大力发展经济，全面深化改革，是解决重庆库区移民就业、收入和生活问题的根本出路。移民家庭劳动力就业（包括独立经营）率低、非农就业程度低是重庆库区移民家庭收入低而且增长慢的主要原因，收入偏低、增长缓慢导致重庆库区移民家庭生活水平低、改善慢。要解决移民就业困难，重庆库区经济就必须有较高的增长速度。重庆库区居民人均可支配收入和人均生活消费能力较小，面向出口的产业也很薄弱，目前的经济增长主要靠政府投资和民间投资拉动，尤其依赖三峡水利枢纽工程建设和由此引起的大规模迁建工程的拉动。但是，三峡水利枢纽主体工程建设将在 2008～2009 年结束，拉动经济增长的这个主要动力一旦减弱，重庆库区经济增长将遇到更大困难。因此，在继续借三峡工程建设之力拉动经济增长的同时，重庆库区必须积极培育和提高包括库区移民在内的库区居民的消费能力，加大对库区以外区域的商品输出和劳务输出，才有可能继续保持较高、较稳定、可持续的经济增长。

重庆库区经济又好又快的发展，可以为库区移民就业、增收、致富提供良好条件。全面深化改革，则使这种条件能够真正充分地造福于库区移民。要逐步改革原有的维持城乡隔离的户籍管理制度，克服重庆库区农村移民向城镇非农产业转移的最大制度障碍。要进一步发展重庆库区个体经济、私营经济和外商投资经济等非公有制经济，调动一切积极因素，广开就业门路、增收门路和致富门路。尤其要积极提倡、引导、支持、帮助重庆库区移民自主创业，自立经营，并为他们创业、经营提供强有力的保障和周到的服务。要完善社会保障制度，并扩大它的覆盖范围，让重庆库区移民在就业、收入、生活方面减少后顾之忧，并切实解决库区移民中失业者、老人、低收入家庭、无劳动力家庭等的特殊困难。要完善和创新政府对库区移民的扶持和救助方式，除了已有的城市最低生活保障开支、移民后期项目扶持、对"双淹移民"在 20 年内稳定提供生活补助费、政府为移民举办免费的知识技能培训等作法以外，还可考虑采用政府为银行向移民发放的贷款提供贴息，对移民自主创业、自立经营在一定期限内减免税费，通过以工代赈等方式全方位地向库区移民提供必要的帮助。

2. 城乡统筹，系统解决重庆库区移民就业、收入、生活问题

（1）统筹城乡发展改革，全面发展重庆库区经济

第一是发展"优质、高产、高效、绿色、生态"的现代化大农业。重庆库区农村移民在人均承包经营土地面积减少大半的情况下，如果继续传统的小农经济生产方式，是无法增收、致富的。要积极引导农村移民参加农业产业化经营，大力推行"公司（龙头企业）＋基地＋农户（业主大户）＋中介机构（协会）"的利益共同体模式，促进种植基地化、养殖小区化、生产标准化、经营产业化、投资多元化和项目工业化，调动农村移民从事大农业生产经营活动的积极性，切实增加他们的农业经营收入。

重庆库区农村移民的农业生产活动，也不能走自给自足的自然经济老路。在社会主义市场经济条件下，应该充分利用库区拥有的种植业、林果

业、养殖业、渔业资源，指导库区农村移民调整产品结构，根据市场需求，积极发展特色农业，生产经营优质、高产、高效、绿色、生态的优势农产品。

2001年以来，国务院三峡办会同农业部、国家发改委、国家旅游局等部委，联合提出在三峡库区发展柑桔产业、草食畜牧业、渔业和旅游业四大优势产业的建议。在国家财政支持和国内外科技专家指导下，已于2004年在万州、宜昌、忠县三地建成3万亩无病毒优质柑桔示范基地，在奉节、涪陵、开县、石柱四地分别建成养羊、养猪、养兔的示范项目。① 在此基础上，政府还应该加强对库区农村移民的市场信息服务，组织好对他们的技术培训、技术指导和经营管理咨询，帮助他们获得可持续的金融支持和保险保障。

第二要调整优化产业结构，积极发展库区非农产业。在重庆库区农村移民人均农业用地大大减少的情况下，就业、增收、致富的主要出路只能是向非农领域转移就业。而重庆库区城镇移民，包括其中来自农村的淹地移民和占地移民，更必须在各个非农产业部门中寻找就业、增收、致富的出路。库区非农产业的发展水平低、结构不合理，把相当一部分库区移民劳动力排斥在就业人口之外，影响了他们的收入和生活。必须调整优化产业结构，积极发展库区非农产业，为更多的库区移民劳动力和其他剩余劳动力拓宽就业、增收、致富的门路。

重庆库区的商业、服务业发展历史悠久，有良好的传统和声誉。几十年来它们有所衰落。但是它们联系着各个产业、各个区域的经济活动，与库区人民生活丰富程度、便利程度息息相关，大多资源消耗少、环境影响

---

① 课题组参观了作为示范基地之一的忠县涂井乡面积1068亩的美国优质柑橘种植园，以及作为示范项目之一的涪陵区清溪镇平原村一社梁光福养猪场，这两处的生产经营活动都是由库区移民在政府支持、指导下开展的。由于技术先进，管理科学，生产形势很好，效益不错。梁光福一家因此还成为94个受访农村移民家庭中纯收入最高的一户。受访农村移民中万州区大周镇五土村二社刘少忠一家，也曾在2003年贷款建成养猪场，但办了两年就因饲料涨价、部分猪病死而亏损停办，至今还欠两万元贷款无力偿还。

小，而且有较高的劳动密集程度和较强的就业吸纳能力，应该得到很好的恢复和发展，以吸收更多的库区移民劳动力就业。库区商业应该与现代物流业、信息产业结合，与市场体系的发展互相促进，方便顾客，诚信经营，重振历史传统和良好声誉。库区服务业要扩大服务范围，尤其要发展那些人民群众需要的、适合库区移民劳动力就业的修理、环卫、保洁、家政、库区打捞、水面漂浮物清除等项目，组建和发展社区服务企业，提高服务业的服务质量和档次。

重庆库区的工业和手工业要加快技术改造和结构重组，实现节能降耗减排的绿色生产和可持续发展。库区应该多发展一些可利用库区移民劳动力资源和其他优势资源的农副产品加工业、特色手工业、旅游产品生产等，创立并维护库区的名牌产品、名牌企业，实现规模生产，获得规模效益。还可以让库区移民劳动力经过工业企业培训掌握产品售前售后服务的技能，深入到消费者中去提供服务，以进一步扩大库区工业品的销路和经济效益。

重庆库区建筑业在吸收库区移民劳动力尤其是农村移民劳动力就业方面发挥了很大作用。长江三峡水利工程和库区迁建工程基本完工后，库区建筑业有萎缩可能。但是库区经济社会的发展需要更多更完善的基础设施，库区应该把建设重点适度地向基础设施建设转移，并在政府投资带动下吸引社会各方面资本投入库区基础设施建设，为未来的发展提供强大的保证。库区的基础设施建设包括道路桥梁建设、港口水道建设、电力通讯系统建设、天然气管道系统建设、给排水系统建设、防灾减灾系统建设等，特别要加强用于预防和减少库区地质灾害的护坡工程、锚固工程、防渗工程等的建设，提高工程质量和效益。为了解决重庆库区移民中的贫困家庭就业、收入和改善生活的需要，还可以在政府出资的建设、修缮、整治、清理等工程中，实行"以工代赈"，吸收贫困移民家庭劳动力或半劳动力（但不允许使用童工）、非熟练劳动力参加，以相对较高的报酬让他们干一些力所能及的活，部分地蕴赈济于劳动"报酬"之中。

重庆库区旅游资源极其丰富、独特，使旅游业有可能成为三峡库区的重点发产业和优势产业。发掘和保护旅游资源，培养旅游人才，发展特色旅游文化，提高旅游服务质量，保持和增强旅游优势，是发展重庆库区旅游业的必由之路。为了更多地为库区移民劳动力开拓就业、增收、致富之路，应该保护和改善库区环境生态状况，积极发现更多自然美景和人文特色旅游点，加大旅游宣传力度，规范旅游秩序，吸引游客深入库区亲近自然生态，探寻民风民俗，把长江三峡黄金旅游线路变为黄金旅游地带，让游客自愿地增加在三峡库区流连的时间、旅游的项目和消费的开支。这样，包括库区移民在内的库区广大人民群众通过直接或间接地为旅游服务，就可以有更好的就业、收入、生活出路，还能够通过与游客的接触和交流进一步扩大眼界，充实和提高自己的知识、能力。

发展库区高科技产业、信息产业，不仅能为库区移民中的高级人才（目前他们人数不多，但潜力很大）在库区找到用武之地，为库区广大移民提供就业信息、市场信息和科技信息，减少他们就业和经营的盲目性，而且能够带动库区经济全面发展，为库区移民创造更广阔、更美好的就业、收入和生活前景。

第三是提高重庆库区移民劳动力的流动性，有序地扩大库区劳务输出。由于重庆库区供农村移民耕种经营的土地严重减少，农村和城镇非农产业目前发展水平还较低，就业机会和收入都较少，无力满足库区移民就业、增收、致富的需要，必须提高重庆库区移民劳动力的流动性，让更多的移民劳动力到当地城镇，到本区、县以外的天地中实现转移就业。

一方面，建议重庆市和库区各级政府进一步清理对农民进城务工的不合理限制政策，防止和制止对务工农村劳动力的乱收费，取消各种对农村劳动力就业的歧视性规定，让来自农村的劳动者（包括农村移民中的劳动者）与城镇原有劳动者平等就业，同工同酬。库区城镇应该为务工农村劳动力提供正常的生活劳动条件，城镇政府尤其应该制订规划和政策，为农村移民劳动力和其他农村劳动力提供廉租住房，并在有能力时进一步为进城务工、经营的农村移民家庭和其他农村家庭提供生活设施较齐备的廉租住房。

另一方面，重庆市和库区各级政府应该有序地扩大库区劳务输出。可以更多地由政府出面，与国内主要劳务输入地政府签订劳务交流协议，输入地政府负责调查当地劳务需求的数量、种类、时间和技能要求，并监督和约束用工单位遵守《劳动法》、《劳动合同法》以及当地的最低工资规定，保障库区劳务人员享有与当地劳务人员平等的劳动者合法权益。输出地政府负责按输入地需要组织库区劳务队伍，核实劳务人员身份和工种、技能资格，教育和引导劳务人员遵守《劳动法》、《劳动合同法》、输入地地方性法规和劳动纪律，尊重输入地的风俗习惯。此外，在政府引导和支持下，还可以采取中介介绍、职校推荐、驻外企业带动、劳务能人带领、驻外机构联络等多种方式，开展有组织的劳动力输出。这样，可以使库区劳务输出由过去以有较高盲目性和风险性的分散、零星、自发方式为主，逐步转变到有较好目的性和安全性的集中、批量、有序方式为主的轨道上来。这将有利于提高库区劳务输出的成功率和实际效益，不断拓展市外、海外劳务输出市场，逐渐打造起"三峡劳务"的品牌。

课题组认为，在重庆库区内的某种特殊情况下，还有必要在严格控制规模和范围的前提下实行非自愿的强制性移民。这里指的是为那些搬迁后新的住房建于有严重地质灾害隐患构造上的移民家庭，以及至今仍然拒绝搬离海拔175米淹没线以下住房的个别"钉子户"家庭安排搬迁。这些家庭的搬迁关系到他们的生命安全，"再次移民"不能拖延，早搬迁就早脱险。但是这种特殊情况下的移民仍然要尊重被搬迁人的意见，照顾被搬迁人的利益，为他们在安全便利的地方设计好、建造好新的居所。新房的建设费和搬迁安置费应该由政府承担。

（2）积极支持引导非公有制经济发展，大力扶持重庆库区移民自主创业，自立经营

一要积极支持引导非公有制经济和外地企业在重庆库区的发展。

解决重庆库区移民的就业、收入和生活问题，首先要解决就业问题。而增加就业必须多管齐下，广辟路径。积极支持引导非公有制经济和外地企业在重庆库区发展，让他们在库区劳动力市场上竞争，为库区移民劳动力提供更多的就业岗位。

重庆库区应该对可供引进的各类投资项目开展可行性分析，选择其中无环境生态危害、无生产和使用危险、有较大就业容纳潜力和较好市场前景的，尤其是其中对库区其他产业、企业可以起较强带动作用的产业、业务、资本、技术作为引进对象，把好项目引入重庆库区。重庆库区要积极组织移民劳动力培训，使他们能够适应外来企业、工程、业务的要求而得到雇用，并逐渐提高认识和技能，成为发展库区经济的生力军。

库区各级政府要贯彻落实国务院关于发展非公有制经济的意见和重庆市的配套政策措施，在库区大力发展非公有制经济，鼓励非公有制企业并购、租赁、承包国有和集体企业。帮助非公有制企业解决创业、技术创新、融资和法律保护等问题。支持库区非公有制企业申请国家中小企业发展基金，落实各金融机构的中小企业信贷扶持计划。加快建设中小企业创业基地。各级政府要协调和规范非公有制企业中的劳资关系，使企业主与包括库区移民劳动力在内的受雇劳动者在库区非公有制经济的发展中实现合作共赢。库区移民之间合伙兴办企业、联合建立股份合作企业或其他合法形式的经济组织，也是自我雇用、相互帮助、共同增收、共同致富的一条路子。

二要大力扶持重庆库区移民自主创业，自立经营。

重庆库区城镇移民中，蕴藏着极大的自主创业、自立经营的积极性和潜力。他们强烈地希望通过自主创业、自立经营增加家庭的可支配收入，改善家庭的生活状况。自主创业、自立经营同样也是重庆库区农村移民的意向和希望。

重庆库区各级政府应该为重庆库区城、乡移民自主创业、自谋职业、自立经营提供更适宜的条件。政府对在移民小区、移民村开展经营活动遇到困难的移民家庭要给予帮助，包括在法律许可范围内继续减免税费。政府要以政策性优惠待遇为鼓励，以保障移民经营户合法权益为条件，指导商业服务业领域大中型连锁企业吸收移民经营户加入连锁经营，请移民经营户自愿兼业提供特定公益服务而由政府支付适当高于服务成本的报酬（如在店面张贴公益广告、开展公益性社会调查、负责"门前三包"保洁等）。政府可以在一定时期内适当减免税费，或提供适当的门面房租补贴或摊位费补贴，帮助移民经营户进入城镇商业区或非移民的居民小区开展经营活动，以在更大的市场上获得足以自立的可支配收入。政府可以适时发布市场信息、技术信息和经济形势分析报告，指导城乡移民掌握创业、经营机会和发展方向，并提醒和指导他们警惕市场风险，及时采取正确的风险应对措施。政府还可以联系和吸引外出务工移民中的成功者返乡创业、兴办企业，吸纳更多移民就业。

资金能力薄弱和抗风险能力薄弱，使许多自主创业者、自立经营者失败或陷入困境。家庭财产和可支配收入（或纯收入）低下的库区移民在这方面处于更不利的地位。重庆市和库区各级政府应该在金融领域给库区移民提供支持。建议政府倡导各商业银行在库区移民中开展无抵押、无质押的小额创业贷款、小额生产经营贷款等业务，增强移民的资金能力，同时以若干户移民共同互相担保方式减少贷款银行的风险。建议由中央财政或重庆市财政设立一笔重庆库区移民自主创业扶持基金，用于为这些小额创业贷款、小额生产经营贷款提供贴息，使贷款银行能够赢利而借款的移民用得起、还得起。还可探索为库区移民自主创业、自立经营提供商业保险的形式和做法，保险费在必要时可由政府与移民创业者、移民经营户共同负担。

三要加强对重庆库区移民劳动力的教育培训，提高其综合素质。

政府带头，社会参与，共同搞好库区移民劳动力的教育和培训。重庆库区移民创业难、经营难，主观方面的原因是缺乏生产技能和经营技能。移民受雇就业也受到知识、技能的很大限制。通过对移民的教育和培训，可以改善他们创业、经营的自身条件，或提高他们就业的适应能力。

重庆库区移民子女的义务教育必须办好，不能让任何一个有正常智力的移民子女因贫困、因父母外出家中无人、因随父母外出流动等原因而失学、辍学。在义务教育以后阶段，应该把技术教育、职业教育放在与高中教育同等重要的地位，并提高其教育质量和市场适应性。政府教育主管部门应该加强对这些学校的收费监督管理和教学资质管理，制止各种名目的教育乱收费行为，揭露和打击各种假冒教育之名敛财骗钱的行为。

重庆库区各级政府已经开办一系列生产技术、劳动技能方面的培训班，免费向库区移民劳动力提供知识和技能。这样的培训已经收到一定成效，应该继续办下去。政府还应该加强对库区移民劳动力有关市场经济知识、经营管理技能和方法的培训，培养他们的创业能力、经营能力。

对库区移民的教育、培训，不应照搬正规学校的教育方式，而应该适合移民原有的知识文化程度，适合他们就业、创业、经营的实际需要。可以在课堂上讲解，也可以在田间地头上演示，可以在车间商店里练习，还可以向有关的专家、学者咨询、请教。对库区移民尤其是其中年纪较轻、文化水平较高的青壮年劳动力，要教会他们掌握电脑基本操作技能。在库区各级政府的组织指导下，开设网上学校、网上培训班，让库区移民劳动力任何时间在任何有网络的地点，都能够学到知识，获得信息。

库区各级政府提供的教育、培训，毕竟范围、时间有限，不可能满足一切库区移民劳动力的各种学习需要。应该发展社会力量办学，有偿地向移民劳动力教授知识技能。政府应加强对他们的指导、监督、管理和服务。

（3）建设"服务型政府"，为重庆库区移民提供更好的服务

一要改善政府在重庆库区移民就业、收入、生活方面的服务。改善

政府为帮助库区移民劳动力就业提供的服务。重庆库区百万移民的就业、收入和生活问题，不仅是一个重大的经济问题，而且是一个重要的社会问题，关系到社会的公正、平等、团结、和谐与稳定。应该通过"服务型政府"的建设，进一步协调政府与库区人民群众、库区移民之间的关系，在移民的就业、收入、生活诸方面提供更好的、更受移民们欢迎的服务。

重庆市和库区各级政府要在服务中实施管理，在管理中体现服务，前面论述的政府在组织库区经济社会运行、发展和解决移民就业、收入生活问题中应该发挥的各方面管理作用，以及实施管理的各种方式、措施，都需要各级政府及其全体工作人员的真诚服务，这样管理才能有效。

重庆库区农村移民家庭和劳动力非农转移就业受到旧的户籍制度阻碍。课题组认为，可以考虑从库区农村移民开始，开展户籍制度改革试点。水利工程建设形成的淹地移民是可以准确识别、测算的，其中原农业人口进入城镇的规模是有限的，可能转移的具体成员也是特定的，授予他们城乡通用的户籍身份的受益面和影响面就是可预测、可控制的。国家可以在水利工程移民中（可先选择移民规模不大的个别中小型水利工程搞试点）试行城乡通用的新型户籍制度。为了引导、调节这部分淹地移民的流向，国家可根据工程建成后剩余可利用土地的情况和移民目标城镇的情况，测算移民留在农村和进入城镇的适宜比例区间，并根据这两种选择的实际成本和机会成本，确定对留在农村和进入城镇的移民不同的补助标准（对其拆除原住房、中止或削减农业生产等的损失和搬迁费用的补偿标准则应一视同仁），由获得这种城乡通用户籍身份的移民自主选择把新的户籍登记到农村还是城镇。国家则把每户这种移民的补助金在一定时期内（可先定为 5 年）按月转到其在户籍登记地，按预先经测算确定的补助金在户籍登记地社会保障机构与移民家庭之间分配的比例，分别转入社会保障机构和移民家庭的银行帐户。社会保障机构所收到的移民家庭名下的补助金只能用于代缴移民家庭成员的社会保障费，这使因接受移民而增加社会保障负担的农村或城镇能够把负担转移给国家承担。国家则既可通过补助金补偿移民家庭因移民引起的的就业、收入不便，又可能通过补助金数额、补助期限、分配比例等的调整来引导调节移民家庭的走向。为了预防个别移民家庭利用城乡之间补助金差异套取国家补助金的行为，可对新的通用户籍在一地登记入户、领取相应补助金后又转到另一地重新登记的移民家庭，适当减发该家庭领用的补助金，并将减发部分奖励给揭露套取补助金行为的前一登记地社会保障机构。

二要改善政府为增加库区移民劳动力收入提供的服务。重庆库区移民家庭纯收入或可支配收入较低且增长较慢，除了就业不足（包括失业和就业不稳定、不经常）、家庭经营不成功、就业所在的部门或企业经济效益不高等原因外，常常是由于移民劳动力报酬被雇主压低或长期保持现状而拒绝提高的结果。移民小区内部购买力不旺，移民家庭在移民聚居地经营困难，往往也与移民劳动力报酬低、买不起有关。

重庆市和库区各级政府应该为移民劳动者增加收入服务。除了通过各种教育、培训使他们具备获得更高劳动报酬或经营收入的能力外，政府还要教育移民劳动力的雇主放弃靠压低工资来增加利润的短视做法，引导他们学会通过奖励先进劳动者提高劳动生产率来增加利润，学会通过节能降耗、提高产品质量、改善经营管理来增加利润，学会通过与劳动者分享利润来吸引人才、增强凝聚力、化解劳资矛盾，实现劳资双赢。政府要切实负起责任，不允许企业在重庆市政府规定的该行业最低工资标准以下支付劳动报酬，并应督促企业为所雇劳动者（包括来自库区移民的劳动者）按时足额缴纳应缴的社会保险费。政府应该指导企业建立职工工资正常增长的制度，并监督企业真正执行。政府要及时制止并在必要时制裁雇主拖欠或非法克扣雇员工资的行为，还应该帮助企业建立能够有效预防拖欠工资的机制（例如实行工资基金的专户存款、职工的工资专项账户和银行的到期自动转付工资制度)。

三要改善政府为改善库区移民生活状况提供的服务。重庆市和库区各级政府千方百计促进移民劳动力就业、提高移民家庭收入,都有利于改善移民的生活状况。此外,在改善移民生活状况方面政府还可以提供以下服务:

完善社会保障制度,并逐步使其覆盖包括整个重庆库区城乡地区在内的全重庆市,建议目前将它优先覆盖到重庆库区全体移民家庭,以保证库区移民家庭这个社会弱势群体的生活状况至少不低于当地政府规定的最低生活保障水平。提高社会医疗保险制度中大病治疗开支由社会统筹部分所占的比重。如果这项调整一时有困难,则希望对因有重病人而生活特别困难的库区移民家庭给予紧急救援。

加强物价监控和管理,避免因食品价格上升过快而影响重庆库区移民家庭的正常生活。如果物价未能控制住,则宜对库区移民家庭中的特困户提供食品价格专项补贴。

发起组织社会互助活动和青年志愿者活动,为确有困难的库区移民家庭提供货币援助、物资援助和生活服务援助。但要多干实事,少搞宣传,不作表演,避免过度宣传对库区移民困难户尊严的伤害。

四要提供化解矛盾、理顺关系,实现和谐移民的服务。首先是适当平衡不同移民群体之间的补偿、补助性利益分配。重庆库区移民在三峡工程动工前有不同的户籍身份,不同的就业、收入、财产和生活状况,又因不同的原因、通过不同方式成为库区移民。他们内部本来就有相当大的差异,按照基本差异把他们划分为不同移民群体,采用不完全相同的补偿标准、补助方式,是有根据的,也是有一定必要的。

移民以来,主要由于不同移民群体在移民前的不同社会经济背景(生活地点、就业部门、工作身份、劳动技能、经营经验、社会关系等),也部分地由于移民后得到政府的待遇有差别,使他们之间的就业、收入和生活状况有较明显的差距。但是,移民后境遇相对较差的移民群体成员往往不愿从自身社会经济背景来探求差异形成的原因，而简单地归咎于政策的不平等。因此他们对政府有意见，对境遇相对较好的移民群体也不服气。有些人还为此而上访，向媒体投诉，使这方面的人民内部矛盾比较突出。

建设社会主义和谐社会，就必须正视矛盾，努力化解矛盾。对于一部分移民的误解和怨气，要多作耐心的说服、疏导和解释工作，要引导有意见的人认识到原有社会经济背景差异对现状差异的实际影响，更多地从克服自身弱点、增强就业、经营能力和竞争优势的方面考虑问题，要尽可能地让他们理解政策部分具体差异的必要性和合理性。但是，课题组在了解各类移民和库区有关部门干部、基层移民工作人员的不同意见后觉得，有些政策待遇上的差异虽然有一定理由，但并不完全是合理的，比如城镇移民中"淹地移民"与"占地移民"之间房屋补偿标准的差异较大的问题等。在有些明显不够合理的地方适当调整，将有利于建设和谐库区，有利于实现和谐移民。

最后，我们提出有关大中型水库库区移民的制度创新设想：用产权置换产权。重庆库区部分移民家庭对补偿标准等政策规定有意见，是大型水利工程移民中常见的现象。由于这一类移民采取非自愿移民方式，移民前工程业主与被搬迁人之间不可能经过充分协商谈判达成完全一致的协议，移民补偿就很难有一个双方所有成员都满意的标准。2006年4月26日时任国务院副总理的曾培炎同志在全国水库移民工作会议上讲话指出，"改革开放以来，虽然全国水库移民生产生活状况有所改善，但总体上看仍与全社会反差较大。……据调查，农村水库移民人均纯收入仅相当于全国农民人均纯收入的50%左右，近一半的移民属于绝对贫困和低收入人口"。课题组在重庆库区调查到的情况同样也是相当严峻的。既然移民意味着多数家庭的境况可能恶化，移民家庭当然就会尽可能地多争取一些补偿。但是，补偿只能弥补财产（住房等）和资产（手工作坊、商店铺面等固定资产，承包土地使用权、宅基地使用权等无形资产），不能补偿失去的就业机会、收入机会、发展机会和致富机会。即使在补偿之外再追加生活补助,那通常也只能维持一般的生活水平,甚至只够满足最基本的生存需要。这些补偿、补助比起移民前曾经拥有的机会和前景来往往是不够的。因此,移民家庭的意见就必然存在,必然要设法表达、争取实现。

课题组认为,可以通过制度创新来更好地调节利益关系,更好地解决重庆库区移民问题,更好地处理大中型水利工程的移民问题。

库区移民在搬迁后失去的产权,包含着所有权(房屋等)、使用权(居住、耕种等)、处分权(房屋出售、出租、继承,土地转包等)和收益权(生产收入、经营收入等)等一系列权利。补偿通常只是对灭失资产的所有权补偿,而不包括对未来长期收益权的弥补。城镇移民中那些原来居住、经营于优良地段的家庭,他们所丧失的区位价值及其升值收益更难以准确计算和补偿。要化解移民工作中的阻力,就应该设法为移民提供未来的收益来源,让他们有盼头,有发展机会。

我国水利工程移民在原有房屋、土地上的产权随着它的物质实体的拆除和淹没而灭失了,但通过水利工程的建设又形成了大中型水库、水电站的新的产权。新产权的形成以这些旧产权的灭失为前提和条件。因此,课题组建议,以大中型水库、水电站的资产为基础,设立水利股份有限公司,把一部分股份按照被淹没损失的大小比例(被淹没资产仍然给予补偿,以保障被搬迁人的基本生活水平)在被搬迁人之间分配,使他们成为水利股份有限公司的股东。这样一来,用股份这种产权形式置换被搬迁人原有的资产产权,就不仅能保障被搬迁人的生存权,而且为他提供未来的收益权、发展权。水利工程移民与水利工程之间的利益对立关系,就可以变为利益共同体内部的关系。移民的生活就可以获得补偿款和水利股份有限公司股份的双重保障,移民的未来收入也可以长期从股份中获得。水利工程移民就有可能更加关心水利工程的成败和公司的发展,就可能少一些矛盾和摩擦,多一些理解和合作。

第三节 生态保护区的经济发展和居民收入问题
——黑龙江以及扎龙、拜泉的调研

导 语

截止 2006 年底，全国共有各种类型、不同级别的自然保护区 2395 个，总面积 15153.50 万公顷，其中国家级自然保护区 265 个，面积 9170 万公顷，分别占全国自然保护区总数和总面积的 11.06% 和 60.51%。目前，我国生态保护区的建设面临着巨大的压力。由于生态保护区限制和禁止开发，当地居民收入从哪里来，生活水平如何提高？这是研究我国地区间居民收入分配差距不可回避的一个重要问题。有鉴于此，我们组织了以北京师范大学经济与资源管理研究院副院长张琦教授为领队的子课题组，于 2007 年 9 月 24~27 日对黑龙江省扎龙国家级自然保护区以及拜泉县进行了调研活动，了解生态保护区居民收入分配问题。调研组的成员有北京师范大学金继红副教授（扎龙调研区负责人），丁伟国博士后（拜泉调研区负责人），郭彦英、刘涛两位博士以及梁菁菁硕士。

这里，要感谢黑龙江省委办公厅、拜泉县政府有关部门以及扎龙国家级自然保护区管理局的大力支持和协助，要感谢黑龙江省社科院以及齐齐哈尔市社科院的大力协助。省委办公厅李道刚，省社科院蒋院长，拜泉县副县长孟繁久，扎龙自然保护区仇福臣、蔡勇军科长等提供了调研的便利条件和第一手的宝贵资料和信息，齐齐哈尔市社科院孙文政、张志臣副研究员等还参与了调研活动。

课题组对黑龙江省生态保护区居民收入特点、居民收入分配中存在的问题、原因等作出了分析，测算了生态补偿额度等，最后形成了《黑龙江生态保护区居民收入分配问题研究》总报告，以及《扎龙国家级自然保护区农民收入分配差距调研报告》和《拜泉县居民收入分配调研报告》两个调研报告。总报告由金继红副教授起草完成，两个调研报告分别由郭彦英、刘涛博士起草完成。

一、黑龙江生态保护区居民收入分配问题研究

良好的生态环境是可持续发展的基础和保障。我国是世界上湿地类型齐全、数量丰富的国家之一，湿地面积居亚洲第一位、世界第四位。我国十分重视湿地保护，尤其是进入 21 世纪，湿地保护工作有了进一步加强。自 2000 年国家制定并发布了《中国湿地保护行动计划》，确定了湿地保护和合理利用的指导思想和行动纲领以来，加强对湿地的保护和管理，已成为各级政府的重要工作之一。

同样，生态农业是实现农业可持续发展和建设现代化农业的必由之路。人类在向自然开发与索取的过程中，忽视了人与生态环境的和谐性与统一性，造成了耕地锐减、土地沙漠化、森林破坏、环境污染等问题。随着我国经济的不断发展，环境破坏也越来越严重，我国发布了生态环境建设规划，各级政府也制定了生态环境建设规划，积极采取各种措施，努力保护生态环境。

黑龙江省是国内湿地面积最大、分布最广、类型最齐全的省份之一，也是全国进行生态农业建设较早的省份之一。近几年来，黑龙江省加快了生态保护建设的步伐，制定了一系列的保护条例和办法等法规政策，加大了生态保护执法的力度，取得了积极成果。但是生态保护区的建设与当地居民的利益对立，尤其是自然保护区内居民的生产、生活与保护区的生态建设之间的矛盾更为突出。

课题组①为了了解生态保护区居民收入分配问题，于 2007 年 9 月 24 ~ 27 日对黑龙江省扎龙自然保护区以及拜泉县进行了调研活动。具体情况如下。

（一）自然保护区建立的重要性

自然保护区建设是近代人类的一大创举，是人类面对生存环境发生巨大变化而做出的明智选择。自 1872 年世界第一个自然保护区美国黄石国家公园建立以来，世界自然保护区事业得到了迅速发展。目前，全球已经建立自然保护区 10.2 万个，总面积占全球陆地面积的 11.5%。而且从目前的趋势来看，全世界自然保护区的数量和面积仍在不断增加。自然保护区这个名词不仅为人人所熟知，并且几乎变成了一个国家文明与进步的象征。

1. 自然保护区概况

我国有着辽阔的疆域、复杂的自然条件、丰富的生物类型，这是大自然留给我们的宝贵财富。它为我国建立自然保护区创造了得天独厚的条件。同时我国是一个人口众多、历史悠久的国家，自然资源开发的历史很长。随着人口的增加，自然资源和生态环境承受的压力日趋加大，遭到的破坏也不断加重。因此，建立自然保护区也就更为迫切。

我国自然保护区的建立起步较晚，并且走过了坎坷的历程。我国自 1956 年起正式建立自然保护区，经过差不多 10 年的时间，保护区的数量才发展到 19 处，而且最初一批自然保护区的类型十分单调，主要偏重在森林类型。此后，自然保护区的建设工作有所加快。这既表现为保护区数量和面积的迅速增加，也表现为管理机构日趋完善、管理水平不断提高。

据《2006 年中国环境状况公报》显示，截止 2006 年底，全国共有各种类型、不同级别的自然保护区 2395 个，总面积 15153.50 万公顷，其中

---

① 调研组负责人是北京师范大学经济与资源管理研究院副院长张琦教授，成员有北京师范大学金继红副教授、丁伟国博士后、郭彦英、刘涛两位博士以及梁菁菁硕士。其间，齐齐哈尔市社科院孙文政、张志臣副研究员陪同调研。

国家级自然保护区 265 个，面积 9169.70 万公顷，分别占全国自然保护区总数和总面积的 11.06% 和 60.51%。保护区总面积中，海域面积 600 万公顷，陆域面积 14553.50 万公顷，陆域自然保护区面积占国土面积的比例为 15.16%。与上年相比，自然保护区数量增加 46 个，面积增加 158.60 万公顷，形成了布局较为合理、类型较为齐全的自然保护区体系（见图 3-3）。

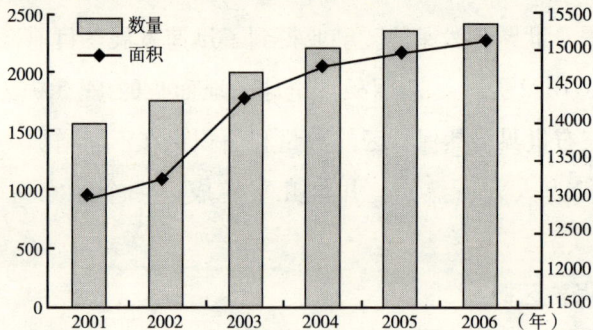

图 3-3　全国自然保护区数量及面积变化（单位：万公顷）

我国自然保护区包括森林、草原、湿地、海洋、荒漠、野生动物、野生植物、地质遗迹、古生物遗迹等九种类型。从布局上看，全国各省区都有自然保护区。全国 85% 的陆地自然生态系统类型、40% 的天然湿地、20% 的天然林、绝大多数自然遗迹、85% 的野生动植物种群、65% 的高等植物群落，特别是国家重点保护的珍稀濒危野生动植物物种，都在保护区内得到了有效保护。

2. 自然保护区分类型管理

根据我国自然保护区管理条例，自然保护区是指对有代表性的自然保护生态系统、珍稀濒危野生动植物物种的天然集中分布区、有特殊意义的自然遗迹等保护对象所在的陆地、陆地水体或者海域，依法划出一定面积予以特殊保护和管理的区域。

根据保护对象的特点，自然保护区分为生态系统保护区、野生生物类和自然遗迹类 3 大类别 9 个类型。生态系统类型自然保护区指以具有代表性、典型性与完整性的生物群落和非生物环境共同组成的生态系统为保护对象，包括森林生态系统、草原和草甸生态系统、荒漠生态系统、湿地生态系统、海洋和海岸生态系统。野生生物类指珍稀濒危物种的分布集中地区，包括野生动物和野生植物 2 种类型。自然遗迹类包括地质遗迹类和古生物遗迹类。

目前在我国，森林生态系统保护区类型数量最多，达 1205 个；而野生动物类型自然保护区面积最大，占自然保护区总面积的 28.5%；海洋和海岸生态系统、自然遗迹类自然保护区面积较小，占自然保护区总面积的比例仅为 1% 左右（见表 3 - 70）。

表 3 - 70　2006 年底自然保护区类型结构

类　型	数　量		面　积	
	总数量（个）	占总数（%）	总面积（万公顷）	占总面积（%）
自然生态系统类	1593	66.51	10366.45	68.41
森林生态系统类型	1205	50.31	3362.37	22.19
草原与草甸生态系统类型	45	1.88	319.35	2.11
荒漠生态系统类型	25	1.04	3966.78	26.18
内陆湿地和水域生态系统	250	10.44	2616.42	17.27
海洋生态系统类型	68	2.84	101.53	0.67
野生生物类	669	27.93	4609.08	30.42
野生动物类型	511	21.34	4318.46	28.50
野生植物类型	158	6.6	290.62	1.92
自然遗迹类	133	5.55	177.97	1.17
地质遗迹类型	101	4.22	125.55	0.83
古生物遗迹类型	32	1.34	52.43	0.35
合　计	2395	100	15153.5	100

资料来源：国家环境保护总局。

自然保护区的类型与分部门管理往往有密切的关系，如林业部门多是建设森林、湿地与野生动物保护的自然保护区，海洋部门多是建设海洋保护区，农业部门多与草地鱼类保护区相关，国土资源部门多与自然遗迹自然保护区相关。

3. 湿地自然保护区

我国湿地面积3848万公顷（不包括水稻田），面积居亚洲第一位，世界第四位。目前，全国湿地自然保护区面积达1600万公顷，约有40%的自然湿地得到有效保护。但由于对湿地的长期侵扰和开发，大面积的天然湿地被水稻田等人工湿地所替代。天然湿地大面积萎缩、消亡、退化的现象仍很严重。

黑龙江省是国内湿地面积最大、分布最广、类型最齐全的省份之一。现有湿地面积434万平方公里，占全国湿地总面积的16%，占全省土地总面积9.18%，主要分布在三江平原、松嫩平原和大兴安岭、小兴安岭及东部地区。湿地类型众多，有沼泽、河流、湖泊等，其中尤以沼泽湿地最为典型。湿地也是生物多样性的富集地区，孕育了丰富的动植物资源，仅扎龙自然保护区就有高等植物67科468种、鱼类9科46种、鸟类48科260多种。

然而，随着人口的急剧增加，对湿地的不合理开发利用导致黑龙江省天然湿地日益减少，功能和效益下降；捕捞、狩猎、砍伐、采挖等过量获取湿地生物资源，造成了湿地生物多样性逐渐丧失；湿地水资源过度开采利用，导致湿地水质碱化，湖泊萎缩；长期承泄工农业废水、生活污水，导致湿地水污染，严重危及湿地生物的生存；森林资源的过度砍伐，植被破坏，导致水土流失加剧，江河湖泊泥沙淤积等。以上种种都使得黑龙江省湿地资源已经遭受严重破坏，其生态功能也严重受损。据统计，我国最大的沼泽集中分布区——三江平原，已有300万平方公里湿地变为农田，目前仅有沼泽104万平方公里。如果不加以控制，这些沼泽湿地将丧失殆尽。然而，湿地面积的减少，直接造成湿地生物多样性减少，致使部分河流、湖泊天然鱼类资源枯竭，众多候鸟种群迁徙地变迁。湿地面积减少、质量下降也影响区域气候变化，使降雨量减少，周边区域土壤水分丧失，灾害性气候增多。

黑龙江省为了保护湿地，采取了一系列措施，取得了一些成绩。例如先后建立了内陆湿地和水域生态系统类型的自然保护区40个，面积达130.0万平方公里。其中，国家级的有6个，省级的有10个。扎龙、洪河、兴凯湖、三江已列入了国际重要湿地名录。

4. 生态农业基地

长期以来,黑龙江省农业生产结构单一,资源优势未能充分发挥,农业资源日益衰退,生态环境明显恶化,自然灾害渐趋加剧,局部地区乱砍乱伐,个别地方还在进行"刀耕火种"的原始农业,以致土壤流失面积扩大,水土流失程度加深。有些地区甚至出现土壤沙化、草原沙漠化,农业生态系统出现恶性循环。这种生态环境恶化和生态系统有序性的破坏所产生的"负效应"却没有从生态效益、经济效益和社会效益角度全面地来衡量。

人口的增长、资源的衰竭、环境的恶化、气候的异常、灾害的频繁,使黑龙江省农业生态系统陷入了恶性循环的生态危机之中。黑龙江省是全国进行生态农业建设较早的省份之一。早在20世纪80年代初,该省就开始了生态农业的探索与实践。纵观黑龙江省生态农业的发展构成,可划分为两个阶段:第一个阶段从20世纪80年代初至90年代初,以学术探索及小范围试点为主;第二阶段从1993年开始,即全国生态农业县建设会议召开后,生态农业建设开始向政府行为转变,试点规模由户、村、乡向试点县及示范区建设发展。到目前为止,黑龙江省已建立国家级生态县2个、省级生态县5个、垦区生态农场9个、各种不同规模的生态农业试点达200多个。其中,拜泉县被联合国工发组织确定为绿色食品原料生产基地。目前,黑龙江省生态农业建设正朝着大规模深层次方向发展,为平原、丘陵、山区、草原、水域、沙丘、滩涂等不同类型地区的生态农业发展,探索出初见成效的经验。环境保护已由被动的单纯治理阶段进入主动的预防为主阶段,为黑龙江省的农业现代化和可持续发展奠定了坚实的基础。

(二)生态保护区居民收入的特点

我国生态保护区大部分地处偏远,由于自然依赖性强、交通不便、限制开发等种种原因,生态保护区居民的收入水平低于全国农民平均水平。比如黑龙江省生态保护区的居民收入水平比较偏低,处在全国水平以及黑龙江省水平的1/2~1/3左右,齐齐哈尔市水平的2/3左右,农业依然是收入的主要来源。虽然拜泉县的生态农业取得了成绩，但是农民人均收入近几年连续下滑，影响了农民的生产积极性。扎龙自然保护区为了有效地保护湿地、限制开发，使得核心区的农民生活也很困难。通过各方面的调查研究，生态保护区居民收入特点主要体现在以下几个方面。

1. 自然依赖性强，收入不稳定

生态保护区大部分设立在经济相对落后的贫困地区，因工业、服务业不发达，当地居民依赖自然资源生存，祖祖辈辈依靠耕地、放牧、狩猎、养殖、采集药材等维持生活。如扎龙自然保护区居民收入较低，增长率不稳，对自然的依赖性强。当雨水多，湖泊、沼泽水量丰沛，芦苇和草原长势良好的时候，居民就会取得较好收成，人均收入会在 1000 元左右；而当干旱少雨、湿地缺少和严重萎缩时，自然资源急剧减产，区内居民收入锐减。保护区周围地区经济发展缓慢，人均收入低，属于经济发展落后地区。区内大部分居民仍然处于贫困状态，社会经济来源主要依赖种植、畜牧业以及割苇等，生产方式落后，经营方式粗放，生产力水平低下。特别是生活在核心区内的居民的生产方式更落后，生活状况更是十分艰苦。

农村以单家独户小规模分散经营，机械化作业难以推广，农业现代化水平低，加之人口多，人均拥有土地相对少，抵御自然灾害能力弱，基本是靠天吃饭。农业受自然灾害的影响较大，比如2007年拜泉县遭遇严重干旱，给农业造成了直接损失 1 亿元，预测农民人均收入不到 1000 元。

2. 限制开发，居民收入提高途径少

自然保护区大部分是自然资源比较丰富的地区，包括森林资源、草原、水资源、矿物资源、野生动物资源、野生植物资源以及旅游资源。但是由于建立自然保护区，为了维护自然生态，自然保护核心区、实验区不能修路，不准建设工厂、发电厂、水库等，这也限制了矿产、旅游等开发。自然保护区的大部分是贫困地区，这给原本交通不便、经济落后、生活贫困的当地的工业发展、农民收入带来很大影响。

保护区内的农业、林业、养殖、开发等生产活动，一定要遵循保护区的整体计划，开发和采伐一律被禁止。虽然居民有土地使用权，但是自然保护区拥有土地管理权。因此，限制开发在一定程度上也减少了当地居民的收入。

3. 交通不便，影响收入提高

大部分自然保护区地处偏远，许多地方不便于修建交通设施，这大大制约了保护区内基础设施的发展。许多乡村不通公路，冬季下雪和夏季下雨往往会中断交通。近年来的生态环境恶化也直接影响了保护区农民的生活，特别是由于全球的温室效应，一些高山积雪因气候转暖而消失，许多依靠融雪灌溉的农田没有办法继续耕种，只能任其荒芜。

因为保护区农民的收入都很低，除了家庭消费以外很少有剩余，村庄几乎没有公共资产。如扎龙自然保护区核心区扎龙乡赵凯村至今未拉上居民用电，也没有一条道路能够与外界相通，不仅信息闭塞，也几乎处于与世隔绝的状态。黑龙江省生态农业典范的拜泉县境内无铁路，高标准公路只有200国道，部分乡镇雨季里内不出、外不进，对基本生产和生活造成直接影响。

4. 生态保护区收入和消费存在地域差距

我国的南北方区域因自然环境的不同而导致了生活条件和消费额度的不同，形成了北方高于南方的局面。北方受气候条件的限制，寒冷的期间较长。尤其是黑龙江省处于我国最北部，天气寒冷，农闲期长，大约半年的时间农民无法从事农业生产活动。加上天气寒冷，需要取暖，农民的生活消费就明显地高于南方。

生态保护区的交通普遍落后，冬季下雪会中断交通，这给北方的农民生活改善带来了更加不利的因素。这些自然条件的约束，给北方农民尤其是生态保护区的农民带来了生活比较困难、居民收入提高缓慢等问题。

5. 生态资产高价值与居民低收入形成反差

生态系统能够给人类提供巨大的间接环境价值，是一笔巨大的财富或资产。生态系统功能通常分为物质生产功能和生态服务功能。物质生产是指生态系统的生产可以进入市场交换的物质产品，包括全部的植物产品和动物产品。如扎龙湿地最典型的植物为芦苇，具有很高的经济价值和生态价值，还有各种鱼类等动物。生态服务功能包括许多方面，具体种类尚有不同的看法。一般而言，它包括涵养水源效益、保持水土效益、维持大气平衡效益、调节气候效益、吸收和分解污染物质效益、维持生物多样性效益和游憩效益、提供娱乐价值、美学价值、科研价值、教育价值等多方面的功能，具有巨大的社会经济效益。

生态系统能产生上述各种效益，生态保护区的生态资产价值很高，但与此相反，当地保护区居民的生活水平却低于当地居民的平均水平乃至全国平均水平，面临着生态资产价值与居民收入之间的较大反差。通常生态资产价值中，物质生产价值与生态服务功能中的旅游、科研、文化价值可以转化为生态补偿额度的标准。

6. 生态保护区居民收入水平普遍低于全国农民平均水平

我国的自然保护区大多处在经济发展相对落后的地区，保护区人口2/3为农民，生活水平基本维持温饱，还有相当一部分人生活在贫困线以下，甚至那些所谓已达到小康水平的，也不过是年人均收入超过3000元，远远低于城镇居民人均收入水平。其中个别生态保护区，比如九寨沟、鼎湖山等著名风景旅游区居民的人均收入水平高于全国平均水平，但为数不多。根据经济学家预测，21世纪中国面临的最严重问题是农民问题，而自然保护区与居民之间发生的种种冲突预示了这一点。

表3-71　部分自然保护区农民人均收入与全国平均水平比较

单位：元/%

地区＼年度	2003		2004		2005		2006	
	收入	增幅	收入	增幅	收入	增幅	收入	增幅
全　国	2622	4.3	2936	6.8	3255	6.2	3587	7.4
西双版纳自然保护区	1910	5.0	2012	5.3	2178	8.0	2412	11.0
卧龙自然保护区	1840	8.0	2074	12.7	2253	8.6	—	—
湖北神农架自然保护区	1594	8.8	1906	19.6	2164	13.5	2394	10.6
扎龙自然保护区	900	-50.0	1200	33.3	1000	-16.7	2000	100

资料来源：统计年鉴以及各地自然保护区网上资料编制。

据统计，我国有 3/4 的国家级贫困县与自然保护区毗邻，这说明自然保护区与贫困县之间结下不解之缘。从表 3 – 71 看，全国的农民人均收入从 2003 年的 2622 元提高到 2006 年的 3587 元，呈逐步增加的趋势，且平均增幅为 6% 左右。与全国农民人均收入相比较，各地自然保护区农民的人均收入增长幅度较快，但与全国的平均水平差距较大，普遍低于全国农民的人均水平，只有全国平均的 2/3 水准。

（三）生态保护区居民生态补偿合理性分析

国内外的实践表明，建立自然保护区是进行生物多样性保护和生态服务功能恢复最重要的措施之一。但与此同时，自然保护区的建立目前也面临着资金等问题，而且对当地居民的传统生产活动和生活方式产生了一定的影响。如何通过经济手段与相应的政策措施，协调公益性的自然保护与地区发展之间的矛盾，协调生态保护与居民收入提高之间的矛盾，是目前自然保护区管理所面临的基本问题。

经费短缺已成为我国自然保护区发展的最大障碍，多数地方政府不能保证对自然保护区最基本的投入，许多地处贫困边远地区的自然保护区处境更是困难。而生态补偿机制正是通过经济激励手段解决资金问题的重要途径。

1. 生态补偿政策现状以及出现的问题

最早的生态补偿政策始于天然林保护工程，但补偿标准因所有制而异。较为规范的生态补偿政策出现在退耕还林还草工程。它有明确的补偿标准，以及同一区域执行同一补偿标准。

1999 年国家首先在四川、陕西和甘肃开展了"退耕还林"的试点工作，并在 3 年后制定了退耕还林 10 年规划。2002 年 12 月，国务院颁布了《环境保护退耕还林条例》，在全国实施退耕还林（草）政策。按照有关政策，对退耕的农户和地方政府分别提供补偿，补偿期限一般为 5~8 年。在黄河上流地区，对退耕农户的补偿标准为每亩土地补偿粮食 200 斤或 140 元（按每公斤粮食 0.7 元折算），并补助种苗费 50 元和管护费 20 元；长江上流地区的补偿标准为每亩土地补偿粮食 300 斤或 210 元，并补助种苗费

50元和管护费20元。对地方政府因退耕还林（草）减少的财政收入，国家通过财政转移支付予以补偿。"退耕还林（草）"政策实施以来，它确实对长江和黄河上游地区生态环境的改善发挥了积极的作用，但是也暴露出了不少问题，从而严重影响了政策的实施效果。"退耕还林（草）"政策执行中面临的突出问题包括：一是政策缺乏延续性，实施期满后怎么办；二是补偿标准过低，无法弥补农民损失；三是补偿标准的制定缺乏市场基础；四是"一刀切"的政策造成农民收入减少。

在2001年，财政部和国家林业局选择了11个省、自治区的658个县（单位）和24个国家级自然保护区作为生态效益补助资金的试点，拉开了实施生态效益补偿政策的帷幕。通过3年试点，从2004年12月开始正式建立了中央森林生态效益补偿基金，将补偿范围扩大到全国，并出台了《中央森林生态效益补偿基金管理办法》。中央补偿基金平均补助标准为每年每亩5元，其中4.5元用于补偿性支出，0.5元用于森林防火等公共管护性支出。生态公益林补偿金政策的实施取得了积极的成效，但在实施过程中也存在一些问题，主要表现为：生态公益林认定上存在问题；补偿标准不合理，难以弥补保护者的损失；补偿对象上存在问题；地方配套资金不足等。

国家"十一五"规划中指出，要增加对限制开发区域、禁止开发区域用于公共服务和生态环境补偿的财政转移支付，逐步使当地居民享有均等化的基本公共服务，引导限制开发区域和禁止开发区域的人口逐步自愿平稳有序转移。对限制开发区域，要突出生态环境保护等的评价，弱化经济增长、工业化和城镇化水平的评价；对禁止开发区域，主要评价生态环境保护等。尤其是对湿地保护与修复，要建设222个湿地保护区，包括建设国家级湿地保护区49个，通过对水资源的合理调配和管理等措施恢复重要湿地。

2. 生态补偿标准评估方法与测算

生态补偿标准是生态效益补偿的核心，关系到补偿的效果和补偿者的承受能力。通常是生态补偿主体（国家和生态环境受益地区）对生态补偿对象（上游欠发达地区）为其获得的环境收益进行补偿。如果补偿主体所提供的补偿数量过少，未能满足落后贫困地区的基本要求，落后贫困地区不会认真处理污染问题，加大生态建设强度。如果补偿主体被征收补偿的数量过多，超过财政承受能力，发达地区不愿意提供补偿。只有当补偿数量能够让补偿者和被补偿者双方满意和接受时，生态补偿才能有效进行。

国家环境保护总局2007年8月《关于开展生态补偿试点工作的指导意见》中提出了研究建立自然保护区生态补偿标准体系。根据各自然保护区主要保护对象的不同，评估保护区内居民基本生活保障，以及对维护保护区正常生态功能的基本建设、人员工资、基本运行费用、必需生态建设投入等生态保护投入和管护能力建设需求，测算保护区野生动物引起人身伤害和经济损失；全面评价周边地区各类建设项目对自然保护区生态环境破坏或功能区划调整、范围调整带来的生态损失，及其对自然保护区生态效益的利用情况，收集与充实相关数据、信息，建立自然保护区生态补偿标准的测算方法与技术体系。但目前，《指导意见》还只是一个方向性的文件。至于试点工作究竟如何开展，一些关键性的操作性文件都没有出台，例如补偿的标准如何设置，试点的地区和时间表怎样安排等。①

课题组对调研的扎龙湿地保护区核心区进行了初步测算，测算的思路是：补偿标准的上下限取决于效益量（损失量）、补偿期限以及道德习惯等因素，并根据齐齐哈尔市的人均收入增长进行了对照和验证。我们测算的结果高于当地有关部门的补偿额度，其是否合理，仅供当地有关部门参考，也请本领域的专家提出指导意见。

（1）利用生态价值以及收益损失程度测算

生态补偿是一个新兴的研究领域，补偿制度、补偿的额度，国内外没有统一的规定与标准，都还处于研究探索阶段。补偿标准可按照以下方法估算②：

①基于生态系统服务价值评估确定补偿标准。其前提是自然保护区和

---

① 顾瑞珍：《我国积极探索建立重点领域的生态补偿机制》，新华网2007年9月23日。
② 根据钟瑜、毛显强等（2002）《湖区的生态补偿研究》、雄鹰等（2004）《洞庭湖区的生态补偿研究》以及崔丽娟（2002）《扎龙湿地生态补偿研究》整理而成。

生态功能区关键服务功能的认定和评估，具有较为完善的市场机制。这种方法有助于真正建立一种生态保护与建设相促进的激励机制，但由于目前在生态系统服务评估中存在着很大的不确定性等因素，用这种方法所得的结果一般可以作为理论上限。

②将退耕（牧）还林（草）的农、牧民的收益损失作为补偿的下限，即在流域生态恢复中，对导致移民农（牧）民经济收入或发展机会减少的补偿，这是对移民农（牧）民的最低利益保障。

③在制定补偿额度时，要综合考虑流域上中下游地区的经济社会发展水平及群众生活水平等，最终确定补偿额。

④基于支付意愿和受偿意愿确定补偿标准。条件价值评估法是生态与环境经济学中最重要和应用最广泛的关于公共物品价值评估的方法，通过直接询问居民的支付意愿和受偿意愿，确定生态补偿标准。该方法确定的补偿标准体现"公众参与"的思想，可以在政策的制定中考虑公众的意见，有助于提高居民恢复和保护生态环境的积极性和主动性。

借鉴上述方法，利用下列数据测算了扎龙自然保护区核心区居民生态补偿额度。扎龙湿地总价值为 156 亿元[①]，其中直接价值和间接价值为 107 亿元[②]，核心区的面积相当于总面积的 1/3，移民人口为 4806 人，退耕面积为 19208 亩，计算出补偿上限为人均 13520 元。因退耕所带来的经济损失为 480 万元（每亩 250 元计算），补偿下限为人均 1000 元，补偿额度为 6260 元比较合理[③]，且每年补偿 1043 元，期限为 6 年。

（2）对照验证：达到齐齐哈尔市农民人均收入水平

齐齐哈尔市 2003 年农民人均收入为 1094 元，2004 年为 1977 元，2005

---

① 对湿地生态系统价值评估比较有代表性的是 Costanza 等人在 1997 年对全球生态系统服务价值的估算。他将湿地的服务分为大气调节、水分调节、净化水体等 10 类，并根据效用价值理论和均衡价值理论对每一种服务的价值进行评估。这种方法目前使用得较为广泛，在我国许多相关的研究也都是以此为基础而相继展开。

② 崔丽娟对扎龙湿地的经济价值计算中包含了非使用类价值，因此在测算中把这部分减去。

③ 补偿额度的计算是，上限减去下限，除以 2。扎龙自然保护区管理局测算的核心区居民迁移经费概算表中的这部分计算为 5200 元。

年为2456元，2006年为2596元。但是扎龙自然保护区核心区2003年农民人均收入为600元，2004年为900元，2005年为600元，2006年为1100元，与齐齐哈尔市农民人均收入相比偏低，只有其1/2（见表3-72）。

表3-72 齐齐哈尔、扎龙核心区人均收入比较

单位：元

地区 \ 年度	2003		2004		2005		2006	
	收入	增幅	收入	增幅	收入	增幅	收入	增幅
齐齐哈尔市	1094	-40.9	1977	80.8	2456	24.2	2596	5.7
扎龙核心区	600	-40.0	900	50.0	600	-33.3	1100	83.3

资料来源：2007年全国统计年鉴和拜泉县统计局以及扎龙自然保护区的统计资料编制。

如果按照齐齐哈尔市农村居民人均收入每年大约以11%的速度增长（全国与齐齐哈尔市的平均增幅计算），以及扎龙自然保护区核心区居民的收入按照25%的速度增长的前提下，扎龙自然保护区居民的人均收入达到齐齐哈尔市农民人均收入平均水平，每年补偿额度如下表3-73。

表3-73 齐齐哈尔市农民人均水平测算

单位：元

年份	2007	2008	2009	2010	2011	2012
齐齐哈尔	2882	3199	3550	3941	4374	4856
扎龙核心区	1375	1719	2148	2686	3357	4196
补偿额度	1507	1480	1402	1255	1017	659

按照上述达到齐齐哈尔市人均水平的补偿额度，六年间补偿额度7320元，每年平均为1220元，第七年达到齐齐哈尔市农民人均水平。

3. 补偿资金来源与补偿方式

（1）政府提供

它包括政府购买、财政支付转移、政策优惠、税收减免、发放补贴。公共产品由政府提供已经成为各国政府的共识和基本职责。自然保护区的

公共物品性质决定了政府在这种物品的提供中应该负首要责任。根据受益范围原则和成本与受益对称原则，公共产品应由能使这一产品的成本与效益内部化的最小地理范围的辖区来提供，即应根据公共产品的受益范围确定分担公共产品成本的辖区范围，使成本分担的地理边界与受益范围相一致。根据此原则，需要在不同层级政府之间合理分配资金责任，通过各级政府购买、财政支付转移、政策优惠、税收减免、发放补贴等具体方式，对自然保护区进行支持，保证自然保护区管理工作的有效开展。

（2）行业与区域补偿方式

自然保护区提供的生态系统服务在不同尺度上的受益对象，需要通过生态补偿机制对生态保护的机会成本给予相应的补偿，并通过一定的政策手段，实现生态保护的外部成本内部化，使生态保护的受益者支付相应的费用。各地制定相应的实施条例，对保护区管理、生态环境建设、生态补偿资金投入的方针、政策、制度和措施进行统一的规定和协调。构建高效的保护区管理机构，鼓励构建跨部门的保护区管理机构，如湿地保护区，应当有由水利部门、土地管理部门、渔业部门、环境保护部门等共同组成的管理委员会；天然林保护区应有由土地资源部门、水利部门、农林部门、环保部门等组成的管理委员会。但各部门的责任、权力和利益要明确。

（3）自然保护区生态补偿专项基金

凡是基于自然保护区生态补偿框架得到的资金，尤其是国际、国内机构、企业、个人对基于自然保护区保护进行的捐助，可以申请建立自然保护区生态补偿专项基金，通过基金管理委员会对基金进行统一管理。管理委员会成员可以由资金提供者推荐和保护区管理人员共同商定等方式确定。基金管理按照国家发布的"基金会管理办法"及民政部、中国人民银行对于基金会管理要求的原则进行统一管理。同时着重强调基金的使用，即需要根据生态补偿的原则和补偿对象的科学界定、自然保护区自然保护目标以及捐赠者意愿进行确定。尤其是在人、财两缺的贫困地区，应当通过参与相关的国际项目加强政府部门和社区组织的能力建设，以便更好地进行保护区生物多样性保护。

生态补偿的形式是多样化的，它可以是金钱、食物、基础设施方面的补助，也可以是技术培训、提供就业、信息、赋权、贷款等方面的内容。从国外的经验来看，有时候金钱的补助形式未必是最好的，农户更重视获得技术培训、贷款、赋权等。

（四）生态保护区居民收入分配合理化的政策建议

生态保护一方面给当地居民带来了环境的改善，保护了自然环境；但另一方面也给当地的经济发展带来了不利的影响，使得当地居民收入增长缓慢，生活比较困难。为了提高生态保护区居民收入，提出下面几项政策性建议。

1. 建立健全生态补偿机制，保护生态保护区农民的利益

近年来，我国部分省、自治区、直辖市对于生态补偿机制进行了积极的探索与实践。从我国现行的与生态补偿相关的各项政策，可以清晰地看出，现有生态补偿政策主要是一些部门性的政策或在一些部门性的政策中零星、分散地纳入生态补偿的概念。我国已经实施的与生态补偿相关的政策主要有：20 世纪 80 年代开始的生态环境补偿费政策；20 世纪 90 年代末实施的退耕还林（草）工程、退牧还草工程以及天然林资源保护工程的经济补助政策；2001 年开始试点的生态公益林补偿金政策以及扶贫政策中的生态补偿政策、生态移民政策，矿产资源开发的有关补偿政策，耕地占用的有关补偿政策，三江源保护工程经济补助政策以及流域治理与水土保持补助政策等。从立法角度看，我国 1998 年的《森林法》修正案中第一次明确规定"国家设立森林生态效益补偿基金"，但这项立法至今还没有全面实施。

上述与生态补偿相关的政策在保护生态环境、调节生态保护相关方经济利益的关系上发挥了积极作用，但依然存在以下问题：政策基本上还不是以生态补偿为目标而设计的，带有比较强烈的部门色彩；整体上还缺少长期有效的生态补偿政策；在政策制定过程中缺乏利益相关方的充分参与；补偿标准普遍偏低；资金使用上没有真正体现生态补偿的概念和涵义。

因此建立以生态补偿为目标，且长期有效的生态补偿机制是可持续发展的迫切要求。在保护生态环境的同时，也要保证自然保护区居民收入的稳定增长。

2. 支持自然保护区核心区的生态移民

我国的生态移民政策脱胎于扶贫政策，也是实现生态脆弱地区和重要生态功能区生态恢复和保护，帮助群众脱贫的一项重要手段。自然保护区核心区生态移民旨在局部地区调整人与自然的关系。通过保护区与地方政府合作，要将核心区内村屯迁出，减轻人为活动压力，保护、恢复和发展生物多样性，改善区域生态环境，保护核心区的生态系统，进而实现自然保护和可持续利用与社区经济的协调发展。首先，生态移民是保护生物多样性的需要，核心区是生物多样性最丰富的区域。其次，生态移民是保护湿地生态系统的需要，要将核心区变为无人区，实现湿地生态系统的完整性与连续性。第三，生态移民有效提高保护工作，把有限的保护力量转移到其他地点，这将大大提高保护工作的水平。

通过移民和政府扶持，把核心区的农民迁出，脱离恶劣的生存环境，帮助他们寻找新的经济增长点，使他们异地脱贫致富。同时移民越早，则政府越节约财力，核心区的农民也越能早一点过上幸福生活，这对于资源保护和社区经济发展可谓一举两得。

3. 鼓励保护区的社区居民参与生态保护

政府在有关政策的制定过程中，缺乏利益相关者广泛参与的机制和实现途径，现有的生态补偿相关政策也不例外。这主要表现是：首先，由于各地自然条件和人文资源的不同，在补偿对象的认定上不能因地制宜地，充分考虑地区之间的差异；其次，在补偿标准的制定上，更多地体现出中央政府的意愿，而没有能充分考虑农民、牧民、企业团体和各级地方政府的意愿和希望。生态补偿政策，若没有主要利益群体的真正参与，则制订出的条款、规定将很难顺利实施下去。所以，在建立生态补偿策略时，有必要把农村社区包括进去，考虑其生存和发展条件，把经济目标和生态目标综合起来。

社区是生态补偿机制落实的最终对象，社区公众的知识、认知和意愿直接影响保护区管理的效果。提高公众资源管理能力的重要因素之一是改变目前实施的自上而下"一刀切"政策。因此，在制定生态补偿机制和规划时要充分鼓励社区公众的参与，采取"边学边做"的方法。

4. 积极创造绿色就业，提高生态保护区居民家庭经营性收入

增加居民收入的最好途径是增加就业机会。积极帮助低收入家庭增加就业，是消除贫困的最佳选择。充分发挥生态保护区的作用，创造绿色就业，也就是有利于生态保护区发展的就业渠道。

生态旅游能保证生态环境的可持续利用与发展、改善旅游区的居民福利。根据"倡导绿色消费，注重实地生态教育"方针，可考虑大力发展生态餐饮业、生态服装业、生态休闲服物业、生态农业旅游等产业，既提高生态保护区居民保护生态环境的意识，还能提高居民收入。

同时，政府有关部门应加强保护区居民的技能培训，针对农村劳动力转移过程中存在的劳动力素质偏低、观念落后、就业门路不广等实际问题，积极组织培训，切实提高劳动力转移人员的思想道德素质和业务技能，并帮助他们了解劳动力转移的途径、方法，掌握有关劳动政策、法规，顺利地找到外出就业岗位和较好地适应新的工作环境。

5. 保护区居民享受同等社会保障

社会保障制度是以国家立法形式确定的一种责任和制度，同时也是公民获得生活保障的一种必要的基本权利，是社会稳定的安全阀。合理的社会保障制度，应当使一个国家的全体社会成员享有社会保障的平等权利，其任务是积极创造条件，扩大在基本生活保障、失业、疾病、意外伤害等方面的社会覆盖面并逐步提高其保障水平，防止两极分化。长期以来，我国的社会保障局限于城镇就业人口，而忽视广大农村居民，难以体现社会各阶层平等享有社会保障的权利。

完善社会保障制度，全方位拓展救助渠道，是保障弱势群体权益的重要手段。尤其是保护区居民的生活因受到种种限制，收入水平偏低，因此要以发展最低生活保障和医疗保障为主，满足农民基本养老需求；不断完善"五保"供养制度；建立和完善保护区居民最低生活保障制度和贫困老年人救助制度；积极探索多种形式的农村医疗保障制度，使保护区居民享受与当地农民同等待遇的社会保障。

二、扎龙国家级自然保护区农民收入分配差距调研报告

为了完成国家社科基金重大课题 A 类项目"我国地区间居民收入分配差距研究"的地区调研工作，课题承担单位北京师范大学经济与资源管理研究院，在黑龙江省齐齐哈尔市社会科学院协助下[①]，于 2007 年 9 月 24 ~ 27 日到黑龙江省齐齐哈尔市就居民收入分配差距问题进行调研。期间，调研小组先与齐齐哈尔市铁锋区政府部门、企业代表，以及扎龙乡扎龙村、吐木可村村民进行深入了解，后到扎龙保护区管理局与相关负责人进一步交流，就扎龙国家级自然保护区居民收入情况进行了深入了解。调研小组对保护区内居民收入分配情况以及自然保护区保护与当地经济发展之间的矛盾有了初步了解，调研情况整理如下。

（一）扎龙自然保护区概况

扎龙湿地是历史上由嫩江洪水泛滥和乌裕尔河河水漫溢而成的一大片泛滥地型湿地，由许多小型浅水湖泊和广阔的草甸、草原组成。湿地苇丛茂密，鱼虾丛多，是水禽理想的栖息地。水禽有 120 多种，占中国的半数

---

① 扎龙调研小组组长、副组长分别是北京师范大学经济与资源管理研究院副院长张琦教授、金继红副教授，调研组成员有北京师范大学经济与资源管理研究院丁伟国博士后、郭彦英、刘涛博士和梁菁菁硕士。感谢扎龙国家级自然保护区管理局仇福臣科长和蔡勇军科长慷慨提供扎龙保护区相关研究资料。感谢齐齐哈尔社会科学院孙文政、张志臣两位副研究员始终随同调研。

以上。其中国家一、二级重点保护鸟类有 35 种。最为著名的是鹤类，有丹顶鹤、白鹤、白头鹤、白枕鹤和蓑羽鹤等。为了保护湿地生态和珍稀水禽，1976 年黑龙江省林业厅开始筹建扎龙湿地保护区，1979 年成立黑龙江省扎龙自然保护区和扎龙自然保护区管理局，1987 年 4 月国务院批准它为国家级自然保护区。1992 年它被列入国际重要湿地名录。

保护区地处黑龙江省齐齐哈尔市铁锋区、昂昂溪区、泰来县、富裕县和大庆市杜尔伯特蒙古自治县、林甸县交界处，呈东北至西南不规则长方形，南北最长距离 80.6 千米，东西最宽距离 58.0 千米，总面积 21 万公顷，其中行政归齐齐哈尔市管辖面积为 9.3 万公顷，归大庆市管辖面积为 11.7 万公顷。保护区管理局行政归齐齐哈尔市管辖。

保护区按功能划分为核心区、缓冲区和实验区。核心区面积 7 万公顷，是保存完好的典型湿地生境，80% 以上为芦苇沼泽，是珍稀水禽重要的栖息地和巢区分布地；自核心区外围至实验区为缓冲区，面积 6.7 万公顷，分布着成片或断续的芦苇沼泽、苔草沼泽及湖泡，也是珍稀水禽的活动领地；实验区面积 7.3 万公顷，生境与缓冲区相同，有限开放生态旅游。

保护区共涉及 13 个乡镇、56 个村屯及 10 余个小型国有农、牧、渔、苇企事业单位，总人口约 2.9 万。保护区及其周边地区开发较晚。20 世纪初人烟稀少，20 世纪 50 年代末期村屯才逐渐兴建和扩大，生产规模也随之发展，并陆续修建一些水利、公路等大型工程。目前，土地及其他资源已全部分割利用，区内居民 70% 以上经济收入依靠自然资源，经济来源主要为种植、畜牧业和割卖芦苇等。

（二）保护区农民收入现状和特点

扎龙自然保护区因其地理环境为湿地沼泽，尤其是核心区还保存原始湿地状态，加上其生态保护功能要求，这里的居民收入存在着有别于其他地方的特点。

1. 长期低水平

与齐齐哈尔市和黑龙江全省相比，扎龙自然保护区农民收入普遍较低。在 1998～2003 年，除 2002 年情况较好外，齐齐哈尔市有 5 年遭受了严重的自然灾害。1998 年特大洪涝灾害，1999 年干旱、早霜，2000 年严重干旱，2001 年特大干旱，2003 年春季干旱、夏季阶段性低温寡照、秋季洪涝等多重灾害。2001 年湿地还发生有史以来最大规模野火，核心区的 10 个村屯几乎遭遇灭顶之灾，农牧诸业几近绝收。此后两年政府采取湿地补水措施，湿地生态环境恶化的势头有所缓减，区内生产和经济逐渐恢复常态，但区内农民收入仍然处于自然状态，收入主要随年景丰欠变化。

在齐齐哈尔市农民收入构成中，农业收入居主体地位。因此，在 2001～2006 年的 6 年间，该市农民人均纯收入头三年持续下降，2004 年以来农业形势好转，农民收入持续增长。与黑龙江省全省相比，齐齐哈尔市农民收入整体较低，而扎龙自然保护区农民收入更低。2006 年由于雨水充足，依赖自然资源的保护区农民收入有急剧上升。总体来说，2006 年前的 5 年间，保护区农民收入基本处于停滞状态，尤其是核心区农民收入持续低下，仅相当全区收入的一半。2000 年以来扎龙保护区和核心区与所在市齐齐哈尔、大庆，以及黑龙江省和全国农民收入比较情况详见表 3－74。

表 3－74　扎龙保护区农民人均纯收入比较

单位：元/人

项目＼年份	2001	2002	2003	2004	2005	2006	各年平均
保护区核心区	600	1000	600	900	600	1100	800
扎龙保护区	1000	1800	900	1200	1000	2000	1316.67
齐齐哈尔市	1485.0	1853.4	1093.7	1977.4	2455.9	2595.6	1910.17
大庆市	1329.1	1838.5	1980.0	2384.5	2723.0	3610.0	2310.85
黑龙江省	2280.3	2405.0	2508.9	3005.2	3221.3	3552.0	2828.78
全　国	2366	2476	2622	2936	3255	3587	2873.67

注：扎龙保护区农民人均纯收入数为被调查对象估计数和扎龙自然保护区管理局相关报告数据。
资料来源：黑龙江省统计局网站（www. hlj. stats. gov. cn），齐齐哈尔市 2000～2006 年经济和社会发展统计公报，2002～2006 大庆市经济和社会发展统计公报，2002～2006 年扎龙保护区管理局资料《扎龙保护区自然概况》，2001～2006 年中华人民共和国国民经济和社会发展统计公报。

2001～2006 年的 6 年间，扎龙保护区农民人均纯收入简单平均值

1316.67 元，分别为所在市齐齐哈尔（1910.17 元）和大庆（2310.85 元）的 68.93% 和 56.98%，为黑龙江省（2828.78 元）的 46.55%。而保护区核心区农民简单人均纯收入 800 元，仅为保护区农民简单人均收入的 60.76%，为齐齐哈尔市和大庆市的 41.88% 和 34.62%，为黑龙江省的 28.28%。

2. 自然依赖性强，收入呈间歇性起伏变化

扎龙自然保护区居民收入严重依赖于自然资源条件。全区村民收入主要依靠收割售卖芦苇、捕鱼、种植、畜牧，而芦苇和鱼的产量、畜牧的好坏，甚至种植的收欠完全依赖区域自然气候条件。如果雨水丰沛，则区内各种资源丰富，产量提高，农民收入相应提高；如果干旱少雨，则收入下降。实验区和缓冲区交通相对比较便利，农民可外出打工或者给收苇商家搞运输，其收入可得到一定补充。所以，这两个分区的居民收入依赖自然条件的程度相对弱一些，但 70% 以上的收入仍然离不开自然条件和资源。这两个分区的居民虽然收入的一半来自农牧渔业，另一半来自搞运输、打工，但搞的运输也是区内的芦苇等自然资源，只有一小部分来自于到更远的地方的打工收入。核心区由于交通极为不便，只能靠天吃饭，其收入几乎全部来自农牧渔业，主要为卖芦苇、捕鱼、养奶牛、种植玉米等，且大部分直接来自芦苇、鱼等自然资源。区内居民收入来源情况见表 3-75。

表 3-75　保护区各项收入所占比重

单位：%

项目 分区	总收入	非农收入	农业收入				
		非农（运输、修理、打工等）收入占总收入比重	农业各项收入占农业收入比重	农业各项收入占农业收入比重			
				卖芦苇	捕鱼	养奶牛	种植玉米
核心区（%）	100	0	100	50	17	25	8
缓冲区、实验区（%）	100	50~60	40~50	15	30		55

注：收入所占百分比为被调查对象估计数。

资料来源：扎龙自然保护区管理局相关负责人座谈记录。

　　不管是保护区核心区还是其他两个区，农牧渔甚至运输收入都严重依赖自然气候条件。本区域自然气候条件不稳定性和间歇性变化，导致农民收入忽高忽低，呈间歇性起伏变化特点。保护区2002年雨水相对丰富，农民人均纯收入为1800元；2003年受干旱影响，农民收入仅为900元；2004年雨水相对多一些，收入马上提高到1200元；2005年又中度干旱，农民收入下降到1000左右；而2006年雨水充足，农民收入比上年剧增100%，增加到2000元。核心区农民人均纯收入同样呈间歇性起伏变化，2001～2006年人均分别为600元、1000元、600元、900元、600元、1100元（见图3-4并参见表3-74）。

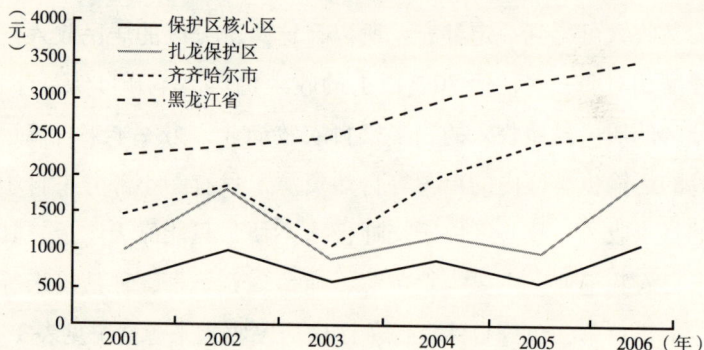

图3-4　2001～2006年扎龙保护区农民人均纯收入变化趋势

　　由上图可知，与黑龙江省和齐齐哈尔市相比，无论是扎龙自然保护区还是其核心区，近几年农民人均纯收入都呈间歇性起伏变化，与这几年气候变化的规律和自然资源状况变化情况是相一致的。

3. 生活条件普遍恶劣

　　保护区中还有相当比例的居民生活比较困难，整体生活居住条件差。从生活情况看，参加调研座谈会的保护区农民估计，以年景最好的2006年来说，自然保护区农民生活较正常的占40%，通过打工等努力实现基本没有生活困难的占35%；生活最差的是核心区居民和其他两区部分低收入居民，占全区的25%。如果年景不好，困难居民比例将会大大提高。

生活居住条件普遍较差具体表现在：交通不便，雨季许多地方无法出行；就学难，好多村子没有学校，得到镇上或市区去上学；就医难，大部分村屯没有必要的医务人员，少数有医士，但医疗条件极差；饮用水质差，人畜饮用水均是土井水，水质恶劣，煮开后浑浊不堪，难以饮用；土地沙漠化和污染严重，生存条件恶劣；住房条件差，保护区内农民住宅以平房为主体，尚有 1/3 以上的草垡子房，核心区内农民住宅砖瓦化程度不足 2%，大部分为草垡子房。

（三）区内居民收入分配中存在的主要问题

扎龙保护区内农民人均纯收入不仅与齐齐哈尔市和黑龙江省农民相比普遍较低，而且居民收入分配还存在比较突出的具体问题。

1. 低收入农民数量大

这里说的低收入农民，是指年人均纯收入长期停滞在 1000 元以下的农民。扎龙保护区农民受地域和其他条件的限制，相当一部分农民家庭收入得不到提高或提高很慢，长期处于低水平。这一群体人数达到 7000 人以上，约占全区人口的 1/4。

低收入农民主要包括两类：一是核心区农民。核心区所有 10 个村屯唐土岗子、林齐岛、赵凯、老马场、卧牛岗子、肯可、老地方子、大松树、田合祥、后地房子的几乎所有农民都处于低收入群众之列。这些自然村屯都坐落在孤岛和半岛上，岛的周围是沼泽和水域。农民主要经济来源是收割苇草、捕鱼，以及把岗地的草地开垦为农田进行耕作，对自然资源的依赖性极大，是典型的"吃资源村"和"靠天吃饭村"。遇上丰年，这 10 个村的人均收入在 1000 元左右；遇上灾年，全部农民人均收入极低。他们是保护区中最困难且生活地域集中的群体，共有农民 3762 人。

二是缓冲区和实验区的低收入农民。这些低收入农民没有交通运输工具，无一技之长。此外，还有一些孤寡户、重病户等。这些家庭经济收入主要依靠割卖芦苇或雇人割卖芦苇，没有打工、捕鱼、养畜等经营收入。他们的经济状况跟核心区内农民差不多，也是靠天吃饭，家庭经济比较困难。这类农民占缓冲区和实验区 25280 居民的 10%～12%，约 3000 人。

2. 区内居民收入差距较大

它主要表现在三方面：核心区与缓冲区、实验区的差距，缓冲区和实验区内部差距，保护区高收入与低收入之间的差距。

（1）核心区与缓冲区、实验区差距明显

缓冲区和实验区处在保护区的外沿，交通条件相对便利，且实验区还是有限开发旅游区域，因而这两个区的农民除了依赖自然资源的收入外，还可通过搞运输和打工增加收入，有的还搞一些旅游和服务业。所以，这两个区的农民收入整体比核心区农民高 40%以上。核心区农民人均纯收入 2005 年为缓冲区和实验区的 60%，2006 年为 55%。2001～2006 年核心区农民人均纯收入平均为缓冲区和实验的 63.38%。

（2）缓冲区和实验区内部差距较大

虽然缓冲区和实验区交通自然条件相对较好，收入水平整体上比核心区高，但这两个区内部收入也有相当差距。拥有交通工具、会驾驶机动车、有技能的农民收入就会相对高许多，而无技术专长、没有交通工具的农民以及疾病伤残、孤寡农民户，收入就要低得多。据座谈农民估计，全区农民纯收入最高的可达 1 万元以上，而最低的几乎没有现金收入。55%以上的农民家庭人均纯收入低于 2000 元，其中 20%以上的农民人均纯收入低于 1000 元；30%以内的农民收入在 2000 元至 3000 元之间；只有 10%左右的农民人均纯收入在 3000 元以上。

扎龙自然保护区管理局曾于 2005 年 10 月，以位于保护区缓冲区和实验区结合处的泰来县汤池镇乌诺村东吐木台屯为样本，调查该屯农民纯收入分布情况。调研小组将被调查的农民人均纯收入排序，该屯 95 户按照 2004 年人均纯收入 4000 元以上、3000～4000 元、2000～3000 元、1300～2000 元、600～1200 元，共分五档排列，表 3－76 反映出该屯农民收入分布结构情况。

表 3 - 76　2004 年扎龙保护区东吐木台屯农民收入分组及比例

收入水平	高收入	中高收入	中收入	中低收入	低收入
分　组	4000 元以上	3000~4000 元	2000~3000 元	1300~2000 元	600~1200 元
户　数	3	10	30	40	12
所占比例(%)	3.2	10.5	31.6	42.1	12.6

资源来源：扎龙国家级自然保护区管理局；东吐木台屯 PRA 调查报告。

　　根据保护区管理局相关负责人和农民现场座谈介绍，因为泰来县汤池镇乌诺村东吐木台屯处于缓冲区和实验区交界，所以该屯农民收入和分布状况大体能够反映缓冲区和实验区农民收入差异情况。我们采用这个五档分布占比结构，作为保护区缓冲区和实验区农民收入的分布结构。从上表反映的保护区缓冲区和实验区情况看，这两个分区中高收入农民所占比例仅为 13.7%，低收入农民占比为 12.6%。中高收入是低收入的 2.5~6.6 倍，差距较大。

　　（3）全区收入差距显著

　　核心区农民收入一般处于低收入水平，且大多处于低收入档的最低限 600 元左右。核心区农民有近 3800 人，占整个保护区全部居民 2.9 万的 13.4%。合并核心区低收入占比的 13.4% 与缓冲区、实验区低收入占比的 12.6%，两项合计，整个保护区低收入居民占所有居民的比例不低于 26.0%。占全区农民比例 3.2% 的最高收入水平的人均 4000 元以上与占人口 26.0% 的低收入水平的人均 600~1200 元相比，差距在 3~6 倍以上。

　　3. 核心区居民收入微薄，生活特别困难。

　　核心区农民收入长期得不到明显提高，遇到干旱年景，收入低得可怜。他们整体生活十分困难，生活条件十分艰苦，其中扎龙乡赵凯村至今未拉上居民用电，也没有一条道路能够与外界相通，基本处于与世隔绝的状态。居民没有什么文化娱乐活动，只能看看电视，听听广播，生活方式仍较传统，依然过着"三个月种田、三个月过年、三个月农闲"的简单生活。核心区农民的生命安全也得不到保障，1998 年的特大洪水险些把全部

10个村屯淹没，2001年的湿地大火又差一点把它们全部烧毁。

4. 特殊群体经济和生活十分困难

这些特殊群众包括退伍老军人、疾病伤残人员、孤寡老人、家有孩子上高中以上的农民。复员老军人的配偶大都没有工作，儿女多数生活也较困难，无赡养能力。他们体弱多病，配偶也多数身体不好，导致长期生活贫困。随着物价和医疗费用提高，他们的经济状况更加恶化。目前相关部门给予的生活和医疗补助无法解决他们的生活困难问题。伤残疾病人员、孤寡老人的生活虽然有相关部门一定的救济，但基本处于极端贫困状态。随着教育费用负担的提高，有孩子上学尤其是有高中以上学生的家庭，教育支出是其支出的大头。有的远远超出其收入支付能力，造成经济出现严重困难。

（四）相关部门为改善居民收入分配采取的措施

为了提高保护区居民收入水平，改善他们的经济和生活条件，各级政府和主管部门采取了一些积极措施，初步收到一定成效，但这些努力不但不能保证居民收入长期增长，而且在某种程度上恶化了当地自然资源环境，影响了当地经济的可持续发展，同时也违背了湿地生态保护目的，使得发展经济与保护生态之间呈现比较尖锐的矛盾。

1. 水利部门给湿地补水

扎龙自然保护区为湿地生态类型的国家级自然保护区，虽然已被列为国际重要湿地，但从1999年以来，由于连年干旱，补水无源，湿地面积不断萎缩，不但丹顶鹤生活居住区受到严重威胁，而且主要依靠湿地资源生存的区内农民的收入也连年下降。2001~2003年，水利部松辽水利委员会与黑龙江省水利部门配合，三次从嫩江向扎龙湿地应急调水近7亿立方米，有效地缓解了湿地的缺水状况。补水后的扎龙湿地的生态功能有一定的恢复，使现状湿地水面在130平方公里基础上扩大至1000平方公里，区内芦苇生长环境得到改善，鱼类生长水面也得以扩大，产生了一定的生态、经济和社会效益，农民人均年收入有所提高，群众生活得到一定改善。

2. 国家和相关部门修筑国道、引水渠等

自 1992 年开始，国家和黑龙江省动工修建的 301 国道，起于绥芬河终于满洲里，呈西北——东南走向，在齐齐哈尔市和大庆市杜尔伯特蒙古自治县境内横穿扎龙湿地北部的核心区，穿越长度达 20 余公里。此外，哈尔滨铁路和引嫩江水的六支干渠、八支干渠和九支干渠、中引干渠、八一幸福运河也贯穿湿地核心区。国道两边有数十家饭店，附近兴建了不少办公楼、度假村、收费站、加油站。这些设施的建设一方面给保护区内居民提供了交通上的方便，也提供了就业和创收的机会，使一些经营户发家致富；但另一方面，交通和旅游开发对湿地内的动植物生存环境造成了极大的破坏，不但对动物的正常生活和繁殖造成惊扰和驱逐，还阻断了众多动物尤其是水禽的迁徙路线。开发资源与生态保护的矛盾是比较尖锐的。

3. 当地政府采取其他多项措施

为了提高当地农民收入，保护区所在地各级政府采取了多种措施。如本世纪初，泰来县政府引进完达山蒙牛乳业，提出了畜牧富县的口号。各村屯大力发展畜牧业，该县所属保护区缓冲区的东吐木台村村民 80% 大搞畜牧业。初期由于未采取禁牧措施，该县所属区内草原被严重践踏，草场严重退化。2004 年该县虽然发布禁牧规定，但因为禁牧措施没有相应补偿，农户抵触情绪很大，并没有执行禁牧规定，现该村 1/6 的耕地接近沙漠化。

当地政府把基础设施建设作为新农村建设工作的重头戏。2006 年 5 月至 9 月，保护区内的铁锋区扎龙乡扎龙村利用自筹资金 100 万元和黑龙江省交通厅、扶贫办的帮扶资金 60 万元，建成高等级的通村公路。该公路的建成和使用使村里出产的蔬菜瓜果、苇草制品的流通量和交易量比往年都高出一倍多，而且良好的道路条件还吸引了大量游客前来购买和消费这里的特产湖鱼、河蟹等水产品。搞水产养殖和旅游产业开发的投资者也纷至沓来。但红火的村屯经济的发展，也给自然保护区生态带来诸多负面影响。

为了搞活村级经济，2006 年初，铁锋区扎龙乡扎龙村村委会打起养殖河蟹的主意，与辽宁福缘淡水养殖有限公司签订了合作开发淡水河蟹养殖项目，仅当年 4 月份即投放 2 万公斤蟹苗。该村领导班子把水产品养殖作为壮大集体经济和提高农民收入的长期发展方向。搞蟹养殖业可能给农民增加一定的收入，但在全村近半数达 1.1 万亩的水面养殖非湿地原生态生物的蟹类动物，对保护区生态环境的负面影响是巨大的。

总之，在当地各级政府的支持下，各村屯大面积开垦、围垦和围湖，使湿地总面积逐年减少。在湿地 21 万公顷的范围中，农业用地现已达 22768.7 公顷，占总面积的 10.8%。这种资源开发的趋势至今未被遏止。但与湿地生态保护目的相违背的资源破坏性开发，并没有从根本上改善区内居民的收入和生活，还使得保护湿地与发展经济的矛盾更加尖锐。

（五）影响收入提高和分配差距偏大原因分析

保护区农民收入较低、分配差距相对较大的原因是多方面的，主要包括自然条件、生态环境差，限制开发的补偿政策缺位，管理体制不顺等。

1. 自然条件差，生态环境恶化

保护区大部分为湿地，分布着成片或断续的芦苇沼泽、苔草沼泽及湖泡。尤其是核心区处于沼泽和湖泡深处，没有成形的交通设施，有的地方至今不通路不通电。20 世纪 90 年代以来，当地气候条件恶化，尤其是 1990 年代末以来，气候持续干旱。1998 ~ 2006 年，只有 2002 年和 2006 年雨水比较充足，2004 年相对丰富，其他年份都是不同程度的干旱和多种灾害。长期的干旱使保护区湿地水位持续下降，河道断流，沼泽干涸，湿地面积萎缩，加上来水上游污染严重，湿地水体呈重富营养化。水资源短缺和水质污染导致生态环境恶化，不仅严重影响保护区自然资源生长，造成芦苇面积减少、产量骤减，鱼类种类减少、产量下降，也导致农民收入持续下降。尤其是主要依赖自然资源的核心区居民，收入长期停滞不前。

2. 湿地生态保护客观上限制区内经济发展

近年来，有关部门逐步完善了对自然保护区管理的政策法规，尤其是自1996年2月颁布了《黑龙江省自然保护区管理办法》以来，保护区管理局进一步加强了对保护区的生态维护和管理。但加强湿地生态保护也对区内农民生产生活造成严重负面影响，客观上阻碍了区内农民增产增收。

1996年2月颁布的《黑龙江省自然保护区管理办法》第十五条规定，"自然保护区分为核心区、缓冲区和实验区。核心区未经批准禁止任何单位和个人进入；缓冲区只准进入从事科学研究观测活动；实验区可以进入从事科学试验、教学实习、参观考察、旅游以及驯化繁殖珍稀濒危野生动植物等活动。核心区不得建设任何设施；缓冲区不得建设任何生产设施；实验区不得建设污染环境、破坏资源或者景观的生产设施"。该办法第十八条明确规定，"禁止从事下列行为：在自然保护区内砍伐、放牧、狩猎、捕捞、采药、开垦、烧荒、开矿、采石、挖沙等，但法律、法规另有规定的除外"。

这些规定禁止保护区内新设立任何形式的企业，只允许搞一些运输业，且是有条件、限时间地允许把区内资源运输出去。秋冬季为防止荒火，核心区实行资源禁运，核心区内居民出售芦苇和干草受到极大限制，往往不得不赶在禁运前降价把所属资源处理掉，使其有限的资源也得不到应有的收益。核心区还不准盖房子，不许转让房子，村民们需要住房的时候只能搭盖草垡子房。核心区和缓冲区严格禁止开发，只有实验区仅限于搞简单的旅游和服务业，绝不许搞工业企业。总之，保护区的划定和严格限制，使当地的资源开发规模和利用程度受到很大限制，在一定程度上阻碍了农民正常生产和生活，制约了当地经济发展。

3. 补偿政策缺位，居民生存和发展权益长期受损

保护区管理部门实行较严格的自然生态保护政策，但对当地居民经济利益缺少必要的补偿，也没有出台替代产业发展的相关政策。保护区管理部门只注重当地社区生产生活对保护区的生态环境影响，而忽视保护区的建立给社区带来的社会经济影响，在对当地社区不合理的资源利用方式实行禁止时，忽视为他们找到可持续的替代发展途径，使保护与开发产生了比较尖锐的矛盾，既不利于当地居民增加收入提高生活质量，也最终不利于湿地的可持续保护。

为保护重要湿地资源，保护区当局严格管理办法和措施是无可厚非的，但保护区内生活着大量居民也是已然的事实，而且人口还在增长中。如果长期缺乏合理有效的居民补偿政策，那么70%以上经济收入依靠自然资源的当地居民，出于习惯性地盲目开发和急功近利的心理，从事一些经营活动，势必对保护区生态造成更大的威胁。如果管理当局和相关政府不能从根本上解决农民的生存和发展问题，不能使他们为保护生态资源而受损的利益得到相应的补偿，则他们必然会对保护工作采取消极态度，甚至走向生态保护的对立面。相关部门应当在保护生态资源和保障当地居民生存上取得平衡。

4. 管理体制不顺，阻碍当地经济发展

扎龙自然保护区的管理体制先天不足。保护区管理局受黑龙江省林业厅和齐齐哈尔市政府双重领导，行政区划分属齐齐哈尔市和大庆市，涉及4县两区、14个乡镇。保护区管理局没有自然资源管理权，只负责保护丹顶鹤等珍贵、稀有水禽及其赖以生存的湿地生态系统的野生动物和湿地。地方政府有保护生态功能的责任，但同时拥有保护区内资源权属和使用权，也有发展当地经济、提高区内居民收入和生活水平的责任。保护区的自然资源实行条块管理体制，各行政主管部门各管一线：林业部门管理野生动物，轻工管芦苇，水产管渔业，畜牧管草原，水利管水资源，环保管污染，土地部门管土地资源。这种生态功能保护和地方资源和经济的分割管理体制导致诸多矛盾和问题无法协调解决。

湿地保护部门注重生态功能保护而漠视当地居民经济发展，客观上阻碍着地方经济的发展。而地方相关政府对区内民生的责任和政绩要求，使他们对区内农民收入问题比较重视。各级政府组织开展各种应对措施，努力改善农民生活、提高农民收入。但地方政府为提高区内农民收入的积极

工作也并未取得理想效果，同时客观上造成保护区资源环境更加恶化，不利于保护区保护目的，也不利于区内农民收入的可持续增长。尤其是这些措施中的修筑道路、建造水渠、兴建旅游设施、开垦草原、过度放牧奶牛等，使区内自然生态持续恶化，不仅破坏了湿地功能，也从根本上不利于农民增加收入。

（六）改善保护区农民收入和分配状况的政策建议

调研中，保护区管理局、区内农民对改善居民收入分配状况和维护保护区生态提出了一些建议。我们根据调研，总结归纳出一些政策建议。具体包括以下几点。

1. 实施核心区移民，彻底改变居民生存环境

受自然环境恶化和生态保护限制的双重制约，区内居民收入已经没有增长空间，加之湿地人口逐年增加，当地居民如果继续在原地生产生活，不但不能摆脱困境，还会为生存和发展而大面积围垦、开荒，导致湿地面积减少、植被破坏、水土流失严重，进一步使得湿地的生态功能丧失。因此，提高区内居民收入和生活水平、保护湿地资源的根本之策，是尽快把其中的居民迁出去。

移民可采取三种方式：一种是大迁移，彻底把居民从保护区迁出，落户到其他农区；一种是小迁移，即把核心区中的居民迁到保护区内的实验区或者其他自然条件好的地区；再一种是根据具体条件采取灵活的迁移方式。

目前比较现实可行的迁移方案是第二种小迁移，即把核心区居民迁到保护区内的实验区。具体理由有三：一是核心区居民收入长期不能提高，多年人均纯收入平均在800元以下，生活比较困难，生活条件恶劣，有必要尽快把他们迁到交通和自然条件相对较好的区域，使他们脱离环境困境。二是核心区目前还保存着比较完好的典型湿地生境，是保护区的重要功能区域，原则上不应该有任何干扰活动，迁走其中居民是保护湿地原始生态的必然要求。三是核心区只有4000左右居民，人数相对较少，迁移成本不大，有利于减轻筹措资金压力。

保护区管理局曾于 2007 年 7 月向黑龙江省政府上报核心区居民迁移方案。方案迁移目的地为保护区毗邻地区，迁移涉及核心区及邻近地区 13 个村屯、1530 户，人口约 5400 人。补偿标准按黑龙江省农村居民生活水平，给予每个迁出居民 3 万元，共计 1620 万元，其中包括给予每人建筑不低于 17 平方米的砖瓦住房和发展替代产业扶植资金等。居民迁出后对原有资源使用权不变，仍可回原承包水面和农田收割芦苇、从事耕种等。同时政府鼓励和帮助居民在新居地发展替代产业、自谋职业、进城务工等。迁出居民转为非农户口，享受城市居民最低生活保障等。

目前，保护区管理局提出的迁移方案还没有得到有关部门批准。我们认为这个方案是比较现实可行的，希望相关部门能够尽快研究论证，拿出切实可行的最终迁移办法，使移民工程能够尽快落实。

2. 建立合理有效的利益协调机制和管理体制

当前湿地农民收入低下和生态"保护不力"问题长期得不到解决，也跟利益协调机制不顺、管理体制不合理有关。保护区管理局拥有湿地生态保护、研究和监管责任，不对区内居民生产生活负责，其生态保护行为往往与当地居民利益相冲突。各级地方政府拥有湿地资源使用权属，肩负发展经济、提高居民收入的责任。双方职责和目标不同，且往往发生激烈冲突，既不利于湿地资源保护，也不利于居民提高收入。这种管理体制必须尽快改革。

为保护湿地和顾及区内居民利益，应该建立"四个统一"的扎龙自然保护区管理体制。四个统一是管理委员会统一、管理局统一、法规统一、规划统一。所谓管委会统一，是指要建立一个统摄两区四县行政区划、统摄资源管理和资源使用权的统一管理委员会。为保证管委会的权威性，管委会必须由黑龙江省政府直接领导。所谓统一管理局，就是该管理局直接向管委会负责，具有统管所辖区县一切资源权属，统筹区内资源、人员的协调职能，地方利益服从保护区利益。所谓统一法规，就是明确扎龙自然保护区法律地位和管理体制，建立资源、人员统一协调和管理的《扎龙自然保护区管理条例》。所谓统一规划，就是制定统筹考虑自然资源保护与经济发展、湿地保护与开发利用的总体规划，做到既管理保护和合理利用湿地，又发展经济提高居民收入。

3. 落实和加大湿地居民社会保障力度

调研发现，湿地居民为了生态保护承担了相当的经济损失成本。2001~2006年，核心区农民人均纯收入仅为齐齐哈尔市农民人均纯收入的2/5强一点，缓冲区和实验区农民人均纯收入也仅是齐齐哈尔市的2/3。缓冲区和实验区农民为保护湿地生态承担的损失相对少一些，而核心区承担了巨大的损失成本。如果把齐齐哈尔市2001~2006年农民年人均纯收入1910.17元作为保护区农民应该获得的经济收益来计算，则核心区年人均800元的损失成本为其收入的138.77%，即1110.17元；整个保护区的损失成本为其年人均纯收入1316.67元的45.08%，即593.5元。如果以保护区部分所属地大庆市和黑龙江全省农民人均纯收入作为农民正常收入标准，则损失成本更大。总之，保护区居民为保护湿地生态付出的贡献和代价是巨大的，应该给予适量的补偿，最起码应该对符合省定农村低保标准的居民实行最低保障。

按黑龙江省农村低保标准，农民低保对象的保障标准为人均800元，补差额为400元。目前保护区享受低保补助的农民只是低收入居民中的极少数。有关部门应根据农民每年实际收入变动情况，及时、准确和足数地核定低保对象，动态调整应享受人群，使应该享受低保的人群都得到足额的补偿。建议有关部门重点对核心区居民的收入和生活进行跟踪掌握，以便及时保障他们正常的生活，同时对全区退伍老军人、伤残智障人员、疾病户提供社会保障。

4. 建立更加灵活、有效的扶贫机制

目前，一般性的临时性扶贫已经不能满足湿地贫困居民的实际需要，必须尽快建立更加灵活、有效的扶贫机制。所谓灵活，就是扶贫对象和救助标准不能一成不变，因为保护区农民收入受年景影响很大，有的年份收入有所提高，有的年份几乎绝收。按照现有扶贫方式，很难使收入间歇性

变化很大的农民的收入，在收入激剧下降的年份得到相应的补助，扶贫工作必须具有相应的灵活性。所谓有效，就是扶贫资金和物资必须实实在在到户到位，因为居民收入变化幅度大，居住地极为分散，必须把工作做细做实，使受困居民真正能够得到有效的扶持和救助。因此，建立更加灵活有效的扶贫机制，使困难农民得到足量、实在和稳定的经济扶持和救济是当务之急。目前，有关部门已经在开展一些扶贫工作。比如，按国家贫困线1000元的标准，扎龙乡有三个村列入国家贫困村，实行分阶段扶贫。但是，这种整体和临时性扶贫的效果并不明显。到2006年，也只有其中一个村子实现扶贫目标，即达到人均纯收入1000元，这也是由于该年年景好收成好起很大作用，并不完全是扶贫的效果。

5. 健全补水机制，维持居民生存和发展的基础条件

在迁移等其他措施未实施前，提高农民收入直接有效办法是持续足量的湿地补水，这也是区内农民最关心的问题。保护区农民靠自然资源获取收入主要依赖区内水源充足，干旱缺水，就失去了资源和收入的保证。只要水源充足，草场能繁茂，芦苇和鱼的产量能上去，农民就可现期增收。自2001年开始，水利部门前后三次组织实施向扎龙湿地补水，产生了巨大的经济、社会和生态效益。补水促进了区内经济发展，仅2002年的供水就使当地渔苇业增加收入几千万元，同时改善了保护区生态环境，初步解决了扎龙湿地鹤类等珍稀鸟类的生存问题。

据水资源专家初步预测，由于自然原因和人为工程等影响，扎龙湿地平均每年水量缺口至少为2亿立方米，在相当长时期内将面临水资源短缺的威胁。没有了水，扎龙湿地生态系统和当地农民生存都受到直接威胁。因此，为了保存扎龙湿地，保障区内农民生存，保住鹤类等珍稀动植物资源，应该尽快健全扎龙湿地补水机制。

为巩固补水成果，长期有效解决扎龙及乌裕尔河和双阳河下游湿地的水资源短缺、水环境恶化、水管理体制不善等问题，必须提出统一的水资源规划，优化水资源配置。解决扎龙湿地水的问题，仅依靠乌裕尔河和双阳河为其补水，已不能保障湿地的用水需要，必须考虑从邻近流域调水。近期借助目前已建成的中部引嫩工程，每年从嫩江引水为扎龙湿地补水。远期而言，在尼尔基水利枢纽建成后，扩建引嫩骨干工程，实现北部引嫩工程与中部引嫩工程联合运用，加大引嫩水量，方可保证扎龙湿地生态环境用水需要。

三、拜泉县居民收入分配调研报告

黑龙江省拜泉县作为国家级生态农业试点县，自 20 世纪 80 年代中期开始建设以来，已取得显著成效，成为了国内这一领域的重要典范。因此，选取拜泉县来考察生态农业区内居民收入分配问题具有很强的代表性。2007 年 9 月 24、25 日，调研组①专门赴拜泉县展开调研，先后与县统计局、发展改革局、经贸局、财政局、民政局、农经站、林业局、环保局、人事局、劳动和社会保障局、扶贫办等政府部门，神峰酒业公司、飞雪制糖公司、宏晟源食品公司、国富林场、拜泉林场等当地企业，以及新生乡兴安村农民进行了座谈。

调研报告是在各单位提供的书面材料和调研座谈记录的基础上撰写的，共分收入分配的现状及特点、存在的主要问题、原因分析以及相应的政策建议四个部分。

（一）拜泉县居民收入分配的现状及特点

拜泉县面积 3599 平方公里，下辖 7 镇 9 乡 186 个村，总人口 58.9 万人，其中农业人口占 86.1%。历史上由于过度垦殖，在 20 世纪 70 年代末森林覆盖率仅为 3.7%，水土流失面积达到全县总土地面积的 60%，相当于一个村的耕地。持续恶化的生态环境导致了生态性贫困，人均收入不足百元。20 世纪 80 年代以来，拜泉县着力改善生态环境，治理水土流失和

---

① 拜泉调研小组组长、副组长分别是北京师范大学经济与资源管理研究院副院长张琦教授、丁伟国博士后。调研组成员有北京师范大学经济与资源管理研究院金继红副教授、郭彦英、刘涛博士和梁菁菁硕士。其间，齐齐哈尔市社科院孙文政、张志臣副研究员随同调研。

控制污染，并于 1986 年确定实施生态农业的发展战略，由单项植树造林、水土保持过渡到以小流域为单元的综合生态农业建设，1994 年成为全国首批生态农业建设试点县之一，1999 年通过国家级阶段性验收并名列榜首。经过 20 多年的艰苦奋斗，拜泉县的生态环境发生了根本性变化，人工林面积已达 123 万亩，形成了 1.06 万个（500 米 × 500 米）的农田防护林网格，森林覆盖率增加到 22.7%，先后获得了全国造林绿化百佳县、水土保持先进县、国际生态工程一等奖等荣誉。综合生态农业建设不仅改善了拜泉县自身的生态环境，更主要的是减轻了松花江中下游的泥沙和水害，对周边地区具有很强的正外部性。

1. 农民收入水平低、增长缓慢

近三年来，拜泉县农民收入仅有千余元，且增长缓慢，仍处在"贫困县"行列中徘徊。2004 年农民人均纯收入仅为 1092 元，2005 年增加到 1233 元，2006 年为 1227 元（见图 3 - 5）。

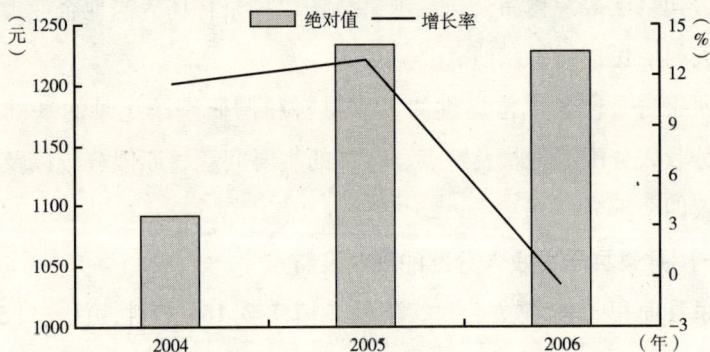

图 3 - 5　2004 ~ 2006 年拜泉县农民人均纯收入变动

2004 ~ 2006 年期间，农民人均纯收入同比增长率分别是 11.5%、12.9% 和 - 0.5%。与拜泉县城镇居民人均可支配收入的增速相比，除 2005 年以外，其余年份的增长速度明显落后，2006 年的增速甚至低出了近 13 个百分点。与齐齐哈尔市、黑龙江省乃至全国的农民人均纯收入水平相比，拜泉县农民人均纯收入更是明显偏低（见表 3 - 77）。

表 3 -77 拜泉县农民人均纯收入与齐齐哈尔市、黑龙江省及全国的对比

单位：元

年 份	拜泉县	齐齐哈尔市	黑龙江省	全国
2004	1092	1977	3005	2936
2005	1233	2455	3221	3255
2006	1227	2596	3552	3587

资料来源：《中国统计年鉴2007》、《齐齐哈尔市国民经济和社会发展统计公报（2004～2006）》以及拜泉县统计局提供的数据。

此外，2006 年受干旱天气的影响，拜泉县农民人均纯收入仅相当于同期齐齐哈尔市农民人均纯收入的 47.3%、黑龙江省平均水平的 34.5%，与全国平均水平差距比较大。

2. 农民收入来源多元化、但农牧业经营性收入仍占主导

受农村剩余劳动力外出务工不断增加的影响，拜泉县农民收入来源日益多样化。但鉴于农业在县域经济中的主导地位（2006 年三次产业比重分别为 42%:18%:40%），农民收入仍然主要依赖农业种植和畜牧养殖，两项累计接近总收入的 70% 左右。

其中，农业种植获得的收入所占比重由 2005 年的 37.8% 增加至 2006 的 43.1%，2007 年预计将回落到 39.0%。种植的作物以大豆、玉米和甜菜为主，但产量并不高。每亩地毛收入约为 250～300 元之间，按人均 5.6 亩地计算，农民年人均收入约为 1400～1700 元，加上国家给予农户的粮油补贴，并抵扣投入农业的生产资料价格后，农民人均纯收入基本维持在 1200 元左右。由于 2007 年旱情严重，预计纯收入减少较多。另外，部分农户还依靠畜牧养殖（养牛、猪等）获得收入，这一项占全部收入的比重在 2005 年和 2006 年分别是 35.0% 和 31.0%。由于受 2007 年猪肉价格上涨的影响，养猪的农户今年上半年每头猪净赚 200 多元，预计该项比重今年将回升至 32.0%（见表 3 -78）。

表 3 −78　拜泉县农村居民人均收入来源构成

单位：%

年　份	经营性收入			劳务性收入
	农业	牧业	其他	
2005	37.8	35.0	8.5	18.8
2006	43.1	31.0	6.6	19.3
2007	39.0	32.0	7.5	21.5

注：2007 年为预计数。

资料来源：拜泉县农经站提供。

截至目前，拜泉县共实现劳动力转移 12.6 万人，占农村劳动力总数的 52%。其中，自发转移 6.5 万人，有组织转移 6.1 万人；当地转移 1.2 万人、向外转移 11.4 万人。大量剩余劳动力外出打工集中在黑河、哈尔滨、长春、大连等地，劳务总收入达 1.5 亿元，占全部收入的比重也由 2005 年的 18.8% 稳步上升到 21.5%，成为农民增加收入新的渠道。

3. 林场及企业职工工资显著低于全县城镇职工平均水平

拜泉县在实施生态农业发展战略中，始终将林业生态工程建设作为重点。目前，全县主要有国富林场和拜泉林场两家规模较大的林场，职工总数为 215 人，其中在职职工 169 人、离退休 32 人、其他 14 人。1984 年林业体制改革以来，国有林场的性质虽然是事业单位，但内部实行的是企业化管理。其中，约有 20% 的职工作为林场管护和营林生产人员，由林场每月按档案工资的 40% 发放，年工资额为 5800～8400 元。退休人员按管护和营林生产人员工资标准由林场发放生活费，工资额度很低，年均 3600～4200 元。其他人员开支渠道为"以地代资"，具体为每个职工每年承包 10～15 亩土地，按每亩地年收益 80 元计算。这部分职工年收入均在 800～1200 元。由此可见，即便是林场管护和营林生产人员的工资收入也明显低于当地从业人员的平均工资水平。同 2006 年全县从业人员 13080 元的年平均工资相比，这一差距非常显著（见图 3 −6）。

此外，由于县域经济农业依赖型的特点，当地的工业企业并不多，主

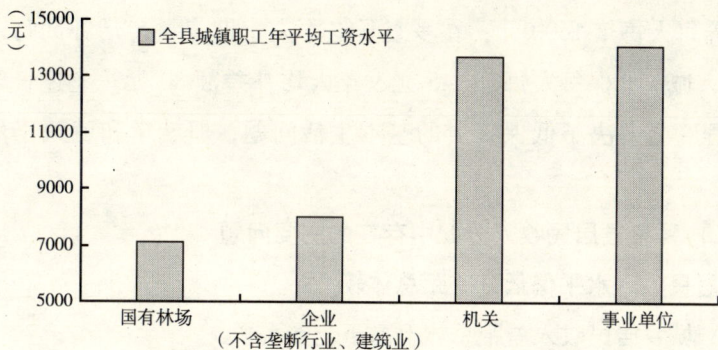

图 3 - 6　拜泉县 2006 年不同性质单位的职工工资

要仍是以农副产品为原料的粗加工企业，这也使得企业职工的收入水平普遍较低。2006 年拜泉县企业从业人员的平均工资为 13026 元，但若剔除掉垄断行业等，其他类型企业的从业人员平均工资更是在 8000 元以下。根据典型调查的三家企业①发现，企业职工的平均工资仅为 7261 元，相当于全县年平均工资水平的 55.5%。而当地机关和事业单位平均工资分别高达13703 元和 14080 元，比平均工资水平高出 4.8% 和 7.6%。

4. 低收入居民特别是农村贫困人口数量多

近年来，伴随县域经济结构的调整，出现了大量因病、因灾致贫的农村特困救助对象，同时城市下岗人员也不断增多，城镇低保对象相应增加。2006 年拜泉县低收入人口 13.3 万人，占总人口的 22.5%，其中农村低收入人口 12.5 万人，占全部低收入总数的比例高达 94.0%。具体来看，农村低收入人口主要包括农村低保户、五保户、在乡贫困老军人等，城镇贫困家庭主要是下岗职工家庭、贫病致贫家庭、无劳动能力的残疾人等。

对于低收入人群的提供的社会保障标准，拜泉县政府规定农村低保每人每年 683 元，年人均补差额 346 元；五保户集中供养每人每年 2200 元，

---

① 这三家企业分别是神峰酒业有限公司、飞雪制糖公司以及宏晟源食品公司。

分散供养每人每年 1600 元；在乡复员老军人定期定量生活补助每人每年 2825 元；城镇低保每人每月 145 元，年人均补差额 80 元。上述资金扶持在相当程度上解决了低保人员的基本生活问题，但就学和就医仍然没有保障。

（二）拜泉县居民收入分配中存在的主要问题

1. 居民收入水平偏低、差距总体较大

（1）城乡居民收入差距总体上高于全国水平

近三年来，拜泉县城乡居民收入差距总体上呈扩大趋势，且明显高于全国平均水平（见图 3 - 7）。

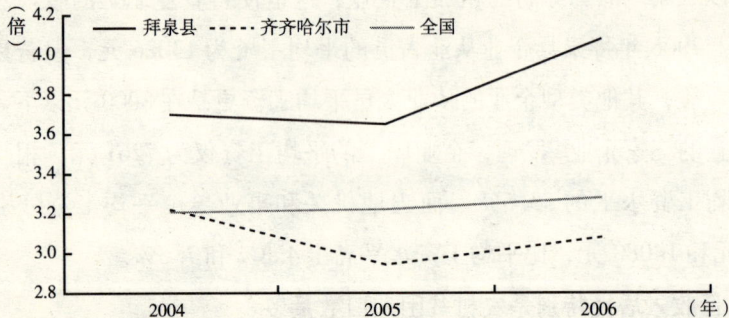

图 3 - 7　拜泉县城乡居民人均收入比与齐齐哈尔市、全国水平的比较

2004 年拜泉县城乡居民人均收入比为 3.7 倍，经过 2005 年的小幅下降之后，2006 年反弹至 4.1 倍，而同期齐齐哈尔市城乡居民人均收入比仅在 3.0 ~ 3.2 倍之间，全国城乡居民人均收入比也大体在 3.2 ~ 3.3 倍之间。

（2）农民收入整体水平偏低、差距明显

通过典型乡、村的调研发现，有 45% 左右的农户仅以种植业作为收入来源，年人均收入不超过 1200 元。而对于那些既种地又搞养殖的农户而言，年人均收入在 1500 元以上，其所占比例约为 30%。另外，由于本地农产品加工企业数量较少，许多农村剩余劳动力选择了外出打工，甚至有的还举家外迁，由"候鸟式"流动向迁徙式流动转变。例如，新生乡兴安村全村831户中举家外迁的接近1/3。外出打工的农民工收入最高可达到2000元/月，最低的为300~500元/月，成为当地名副其实的富裕户，但仅占15%的比例。而低收入群体的年人均收入不足500元，所占比例大约为总数的10%左右，这些农户主要是属于因病丧失或基本丧失劳动能力的。其中还有大约10户农民基本没有收入来源，仅依靠民政部门过年过节发放的米面粮食等生存，处境非常困难（见表3-79）。

表3-79　2006年拜泉县农民人均年收入分组及比例

收入水平	分　组	从事工作	所占比例（%）
高收入	3500元以上	外出务工	15.0
中等收入	1500元左右	种植＋养殖	30.0
中低收入	1200元左右	种植	45.0
低收入	500元以下	没有职业	10.0

资源来源：拜泉县统计局提供。

总的来看，中低收入和低收入群体占到总数的55%左右，更重要的是，15%的高收入群体与45%的中低收入群体的人均收入水平相差近三倍，而低收入群体的收入更是仅有中等收入和高收入水平的1/3和1/7。

（3）不同行业间居民收入差距悬殊

首先，垄断行业和竞争性行业间的收入差距过大。金融保险、电力生产与供应等垄断性企业利用的是国家资源，但最终收入的大部分却流入企业内部，造成这些行业收入畸高。以金融保险业为例，2006年该行业的平均工资高达20169元，是全县从业人员的平均工资的1.5倍。

其次，企业与机关事业单位人员之间的收入差距也很大。剔除垄断行业之后，2006年企业从业人员的平均工资仅相当于机关事单位平均工资的58.4%和56.8%，差距也非常明显。

2. 居民收入分配中较为突出的问题

（1）生态效益补偿的额度有限

如前所述，拜泉县开展的生态建设对其他地区具有很强的正外部性，但却并未得到足够的生态补偿。仅从林业用地角度看，区划的生态公益林总面积927公顷，占林业用地的80%。其中界定为重点公益林面积就有577公顷，占林业用地的50%；一般公益林面积为350公顷，占林业用地30%；而区划商品林总面积为230公顷，仅占林业用地的20%。

生态林建设也需要生产成本，如购买种苗、种植树苗、管理树苗的劳动成本，尤其是农民由于退耕丧失的机会成本等，这些需要给予国家给予足够的补偿。20多年来拜泉县大搞生态农业建设和水土保持治理，累计投资42亿元（加上投劳折款），其中国家投入仅为1.3亿元，大量的群众义务工是投资主要来源之一。与此同时，国家对于生态公益林规定的管护费只有5元/亩，远低于林地所产生的经济效益（有关专家估测经济林每年平均产出为36元/亩）。[①] 低补偿标准事实上导致退耕农民所获得的经济补偿低于其在同一土地进行农业生产的经济效益。农民经济利益得不到合理的补偿，造成减收甚至返贫。

此外，国家确定的林业重点工程建设项目，多数林场无缘入选，而发展多种经营门路有限，且缺乏必要的启动扶持资金，造成生产运转困难。截至2006年末，拜泉县国有林场累计拖欠在职职工工资542万元，至今无力偿还。从长远看，如果生态建设长期得不到国家应有的补偿，农民对水土保持与生态建设的积极性必然会被挫伤。

（2）国有林、牧场职工的社会保障基本处于空白

现行的社会养老保险制度只在城镇展开，而医疗保险和社会最低生活保障在城镇和农村都已开展。由于长期以来国家将国有林场（除少数采育场）确定为实行企业化管理的事业单位，职工身份既不是国家产业工人，又不是事业单位员工，也不是农民工，而是类似国营农场工人。这种定位和体制使得国有林、牧场职工的社会保障基本上处于空白，职工不能参加社会养老保险、医疗保险和社会低保，无法享受到企业工人、事业单位职

① 王建：《生态保护区应完善补偿机制》，《中国改革报》2007年9月7日。

工的待遇，或是农民的政策补贴、扶贫资金，缺乏养老、就医等方面的必要保障。

此外，国有林场职工居住条件相当艰苦。拜泉县目前依然有大约1/3的职工居住在草房和土坯房中。由于职工工资收入低，无力维修现有住房，导致部分住房变成危房，存在极大的安全隐患，严重威胁林场职工的生命财产安全。

（3）在乡复员老军人收入低微、生活困难

随着物价上涨和消费水平的提高，加之复员老军人年龄普遍在75岁以上，身体状况不佳，医疗费用开支庞大，造成每年的定期定量补助非常拮据。自2007年8月1日开始，拜泉县根据黑龙江省文件精神，在原有每人每年发放2825的元定期定量补助基础上增加了600元，并外加了420元医疗费补助，使得补助总额提高到3845元。但即便如此，该补助还是难以满足复员老军人的基本生活需要。主要原因在于复员老军人的配偶基本都没有工作，身体状况也不好，儿女大多数也生活困难，没有赡养能力，其微薄的收入要维系全家的生活。例如，兴华乡复员老军人田凤春老两口，住两间房，取暖需要920元（460/吨×2吨），打针吃药至少2000元，两口人生活费按每天5元计算需3650元，因此保守估计最低也需要6570元。

（三）拜泉县居民收入偏低、差距过大的原因分析

1. 生态环境保护一定程度上制约了农民收入的提高

实施生态环境保护，确实改善了当地的生产、生活条件，并对周边地区发挥了积极作用，但也在一定程度上限制了当地经济的发展和农民收入的提高。将拜泉县与邻近的克山县、依安县作对比可以发现，在产业结构类似的前提下，2006年拜泉县农民人均纯收入比2004年只增加了135元，年均增长6.0%；而同期克山县农民人均纯收入年均增长率达到了16.3%，依安县为15.5%，远远超出了拜泉县农民人均纯收入的增长速度（见表3-80）。即便是受地区自然条件、资源禀赋等差异的影响，应该也不至于形成近10个百分点的差距。

表3-80　拜泉县与周边县份农民人均纯收入的对比

单位：元

年　份	2004	2005	2006
拜泉县	1092	1233	1227
克山县	2582	3095	3490
依安县	2396	2837	3193

资料来源：齐齐哈尔市政府网；各县《政府工作报告》、《"十一五"规划》。

　　再从三个县的城乡居民人均储蓄余额来看，2001~2006年拜泉县居民人均储蓄余额只相当于克山县的54.2~58.5%，存在着明显的差距。与依安县相比，除2006年外，拜泉县的居民人均储蓄余额也仅有依安县居民人均储蓄余额的79.5~88.4%（见表3-81）。

表3-81　拜泉县与周边县份居民人均储蓄余额对比

单位：元

年　份	拜泉县	克山县	依安县
2000	1169.6	2152.7	1453.4
2001	1401.8	2412.2	1721.1
2002	1706.2	2963.5	2007.5
2003	2011.0	3485.3	2275.7
2004	1813.3	3098.8	2280.8
2005	2174.6	3731.2	2563.1
2006	2340.0	4012.5	1752.1

资料来源：历年《中国县（市）社会经济统计年鉴》。

2. 生态农业产业化不足，深加工弱

　　农产品生产的规模化、商品化程度低，生产设备、技术装备水平落后，限制了农产品附加值的提高。拜泉县的"绿色农产品"迄今尚未形成品牌，发展林果业取得的收益也并不显著。由于拜泉县境内没有铁路沿线，交通不便利，当地也缺乏从事农产品深加工的企业，没能将生态农业最基本的农、工、商有机地结合起来，使得即便是有了联合国工发组织确定的"绿色食品原料生产基地"的称号，也只能等待外地收购，造成产品

附加值低，制约了市场规模的扩大和农民收入的增长。

3. 农资价格增长过快，农民贷款难

农业生产资料价格上涨日益成为影响农民增收难的最突出原因。近年来，化肥、种子、柴油等农用生产资料价格的不断增长与农产品价格增长滞后形成鲜明对比，在相当程度上抵消了免除农业税、粮食补贴等利农措施给农民带来的收益，直接影响了农民的生产积极性。国务院发展研究中心的调查也表明，在 2491 个受访村庄的农民对增收困难的原因选择中，有接近 70% 的比例认为"农产品价格偏低、农资价格过高"。[①]

此外，虽然国家采取了一系列措施推进农村金融改革，但受多种因素的影响，总体上看，目前农户"贷款难"的状况仍然难以改变。许多农户表示信用社贷款利率偏高、周期过短。拜泉县当地农村信用社的贷款利率为 9.85%，大大超过了农户可接受的 5% 的最高借款利率[②]，使得相当一部分农户的实际金融需求无法得到有效满足。与此同时，由于农业生产的效益普遍低于其他产业，农业借贷的收益率相对较低，过高的利率必然会给农户带来沉重的经济负担。另外，信用社贷款期限是从 3 月初至当年 11 月，周期只有 8 个月。由于期限短，一些收购商瞄准农民还款付息的时机，有意压低收购价格，例如大豆每斤收购价开始为 1.6~1.7 元，在 11 月 1 日的还款期限前，收购商压价到 1.2 元/斤，种豆农民为此一亩地将损失 72~90 元（按每亩产 180 斤计算），严重损害了农民切身利益。

4. 农业基础设施落后、抗灾能力弱

农业基础设施严重不足对农户基本的生产、生活造成直接影响。拜泉县的西南部乡镇耕地土质较差，严重影响了种植业生产。全县农业基本是靠天吃饭，优质的绿色产品缺乏加工增值过程，大宗农副产品均以原字号产品出售，始终处于产业链的低端，农民收入无法提高。

---

① 国务院发展研究中心课题组：《中国新农村建设推进情况总报告》，《改革》2007 年第 6 期。
② 中国农村金融需求与农村信用社改革课题组：《中国农村金融现状调查及其政策建议》，《改革》2007 年第 1 期。

此外，自然灾害的频繁发生也对农业生产构成了直接威胁。减产、绝产地块年年存在，农民赖以生存的空间逐渐被挤压缩小，经济收入日益低下。2001年末，也就是拜泉县被确定为国家级扶贫开发重点县前期，农民人均收入仅960元。2007年的旱情尤为严重，整个作物生长季节仅下了一场雨，而且达不到当时作物需要的60%，直接造成了巨大的农业损失。

5. 政策支持不到位、落实力度不够

当前，国有林场存在管理体制不顺、经营机制不活、政策支持不到位等问题，严重制约了国有林场的改革和发展。由于树木采伐的收益归集体所有，林业采伐指标又控制得很严，生态公益林对周边县份的社会效益虽然体现出来了，但没能为当地居民增加经济收入。

此外，还存在着社会保障政策覆盖不全、救助资金不足的问题。虽然，近几年国家建立了三条保障线制度，各级政府加大了覆盖城乡的社会保障工作，但是现行的低保标准仍然较低。例如，农村低保标准为年683元，年人均补助346元，较农村居民人均收入1227元还低544元。由于县级财力拮据，只能在低水平上运行，低保人员除了维持基本生活外，就学、就医基本都没有保障。

与此类似，现行的农村五保供养标准过低，难以维持其生活。根据拜泉县财政局、民政局对农村五保供养对象的生活水平的调查，集中供养标准应由目前的每人每年2200元提高到3500元，分散供养由目前的每人每年1600元提高到2800元，这样才可以保证五保供养对象的基本生活。

6. 地方财政再分配功能弱化

理论上讲，居民收入分配差距在初次分配后，可以通过二次分配来加以调节，从而实现公平与均衡。但是，二次分配的决定因素是以政府的财政能力为基础的。如果县乡财政对农业的依赖程度越高，则表明县乡财政越困难[①]，收入再分配功能也就弱化。

---

① 刘尚希等：《缓解县乡财政困难的路径选择》，中国财政经济出版社2006年版。

从拜泉县与周边县份相比，财政对以农业税为主体的税种更为依赖。在免征农业税和取消特产税后，一般预算收入总量明显下降，2006年财政收入只有4160万元，需要依靠上级大量的转移支付维持运转。即便是这样，由于财权和事权的不对称，很多需要地方配套的资金补贴仍然无法到位。例如，在拜泉县开展的新型农村合作医疗和城乡医疗救助工作中，由于医疗救助需要县级财政有一定比例的配套资金，这就使得财力拮据的拜泉县大病补偿最高额度仅为14000元。和几万元的巨额医药费相比，它仍是杯水车薪，一些患大病的家庭生活非常贫困。

（四）提高生态农业保护区居民收入的政策建议

结合前文的分析，特别是针对生态农业保护区居民收入水平低、差距大的现实，通过与各部门、各阶层的交流和座谈，现提出以下建议。

1. 完善生态补偿制度

国家应采用财政转移支付、银行贷款、政策倾斜等多种措施，提高对进行生态环境保护而减少收入的农民的补偿额度。对于部分生态建设项目，还可以采取公开发包、竞价招标、明确验收标准及完成期限的办法，由农民自行组织实施，在竞价的额度内给予补贴，以保证生态农业保护区居民的收入提高。

生态公益型林场要切实按照从事公益事业单位进行管理，所需资金要按行政隶属关系由同级政府承担。对县一级政府财力有限无法全额承担的，省一级政府应当设立省级森林生态效益专项补偿基金。同时，要适当提高公益林生态效益补偿基金标准，尝试进行林业统计改革，准确测算林业产出和社会贡献率。此外，还应改革营造林投入机制，探索开展国家直接收购个人投资营造的重点公益林试点工作。

2. 加大对绿色农产品产业化的扶持力度

党的十七大报告中强调要"建设生态文明，基本形成节约能源资源和保护生态环境的产业结构、增长方式、消费模式"。同样，在社会主义新农村建设中，也要注重发展体现生态文明的优质、高效、生态农业，走生态农业产业化道路，推动农业和农村现代化建设进入可持续发展的轨道。

依据拜泉县的特点，应加强以绿色农产品种植和精深加工为基础，建设绿色食品生产基地，扶持绿色食品深加工企业发展，积极构建突出地方特色的绿色产品交易市场和专业批发市场，逐步形成集生产、加工、营销为一体的现代农业经营体系。此外，还可以依托百万亩人工林的资源优势，以经济林替代杨树为重点，壮大和发展林木加工基地，以实现生态、经济和社会效益的统一。

3. 强化农业生产资料市场监管力度

一方面要进一步规范生产资料市场，加强对农业生产资料供应、价格、质量等问题的监管力度，抑制农资价格过快上涨，以降低农业生产成本，从而提高农业生产效益，确保农业增产增收。

另一方面，政府应积极保障农业收购价格稳定，避免出现丰产不丰收的状况，提高农民的种田积极性，在稳定生产成本的基础上逐步提高农民的收入。

4. 妥善解决国有林、牧场职工及家属的社会保障

建议有关部门积极推动将国有林、牧职工纳入社会保障体系中，使其能参加社会养老保险、医疗保险及社会最低生活保障，享受和其他企业职工、城乡居民的同等待遇。按照属地管理原则，由当地政府及其职能部门将国有林、牧场职工及家属持有城市户口符合城市低保条件的纳入城市低保范围。

此外，还要逐步取消国有林、牧场固定用工和自然增长招工制度，精简国有林、牧场内部管理机构和人员，建立起向生产第一线倾斜、向生产和经营能手倾斜的工资分配制度。对于国有林、牧场自身通过机动地发包和资产变现等方式积极解决拖欠职工工资的，政府可以视同化解债务给予奖励。

5. 加大在乡复员老军人的优抚福利政策力度

首先，提高在乡复员老军人的定期定量生活补助标准。建议由中央财政列支分档次提高全国在乡复员老军人的定期定量补助标准，针对在乡复员老军人年龄偏大、逐渐丧失劳动能力等实际困难，确保包括回乡务农抗战老战士在内的在乡复员军人的生活不低于当地农村的平均生活水平。

其次，加快建立抚恤补助标准自然增长机制。对于尚未建立抚恤补助自然增长机制的地方，要通过加强临时困难补助力度、从优实行双重保障等措施，切实保证在乡复员军人的生活略高于当地群众的平均生活水平。

最后，建立在乡复员老军人等重点优抚对象医疗保障制度，确保在乡复员老军人等重点优抚对象有病能及时治疗，大病能得到补助。

6. 加大对农村劳动力转移的支持力度

政府应进一步加强宣传引导，扫除农村劳动力转移的思想障碍。通过各种手段广泛宣传外出务工人员的典型事迹、成功经验，使他们放下包袱，消除顾虑，自觉主动地"走出去"。此外，还应积极开展针对性强的职业技能、法规政策、心理健康和职业道德等方面的培训，切实提高劳动力转移人员的思想道德素质和业务技能，并帮助他们了解劳动力转移的途径、方法，掌握有关劳动政策、法规，顺利地找到外出就业岗位，较好地适应新的工作环境。

由于城乡差距的存在和受教育和程度不同，转移的农村青年劳动力属于弱势群体，政府还应加强跟踪服务管理，维护劳动力转移青年的合法权益。要努力加强企业与务工人员之间的联系与沟通，切实维护外出务工人员的合法权益不受侵犯，使农村劳动力向非农产业和城镇批量转移。

7. 完善分税制、加大对生态农业保护区的转移支付

在生态农业保护区里，地方财政对农业的较强依赖性。在免征农业税以后，虽然中央和省级财政给予了县、乡两级财政既得财力的相应补助，但随着经济发展和整个社会需求水平的提高，原有的定额结算补助还远不能满足了生态农业保护地区财政支出增长的需求。从另一个角度看，免征农业税以后，乡、村集体经济的收入来源十分有限，特别是农业县份如果没有上级财政的资金扶持，要保证乡、村两级财务的正常支出和公益事业支出则非常困难。

因此，分税制财政体制应该更多地向县、乡两级财政倾斜，建议适当提高对县、乡两级财政上划税收的返还系数，并继续加大对生态保护

区的转移支付力度，以增加地方政府可支配财力，促进公共服务的有效供给。

第四节　少数民族地区居民的收入问题
——云南红河州和新疆阿克苏地区的调研

导　语

中国是一个拥有 56 个民族的多民族国家。截至 2008 年底，我国民族地区总人口 19156 万，占全国总人口的 14.42%，但其分布却在中国面积占了一大半。全国 2.2 万多公里陆地边界线中的 1.9 万公里分布在民族地区，在国家级自然保护区面积中民族地区占到 85% 以上。正因为如此，民族地区居民收入分配问题就显得格外重要。这里，我们选择了两个民族地区进行了调研，一个是典型多民族地区的云南省，一个是面积最大的民族地区新疆自治区。云南财经大学国际工商学院王敏副教授承担了云南民族地区调研的任务，新疆财经大学教师阿依吐逊承担了新疆调研的任务。他们分别是北京师范大学经济与资源管理研究院的兼职研究员、访问学者。

云南少数民族众多，经济社会发展水平差异很大，课题组选取云南省红河州个旧市作为代表性地区，先后在 2007 年 8 月 26～31 日和 11 月 9～14 日分两次进行实地调研。个旧市政府高度重视课题组的调研工作，市属有关部门在调研过程中给予了大力的支持。

新疆的调研则选取了阿克苏地区来考察棉区的居民收入分配。阿克苏地区的棉花年产量占到全国的 1/8，其棉花市场与国际市场全面接轨，棉花价格波动幅度较大，棉农的收入状况值得关注。课题组于 2008 年 1 月 4～11 日赴阿克苏地区展开专门调研，先后与阿克苏地区统计局、农经局、民政局、财政局、社会保险管理局以及一些企业进行了座谈，并深入到社区与居民交流，掌握了大量第一手资料。

一、云南省典型多民族地区居民收入分配研究

位于我国西南部的云南省，少数民族众多，经济社会发展水平差异较大，是典型的民族聚居区。为此，课题组①选取云南省红河州个旧市作为代表性地区开展了调研，并在此基础上形成了《云南省典型多民族地区居民收入分配研究》报告。

报告对个旧市的经济发展特别是居民收入分配情况进行了重点分析，并以大屯、鸡街、沙甸、锡城四个典型乡镇为例，研究了居民收入分配差距现状及其形成原因，最后提出了改善少数民族收入分配的政策建议。

（一）个旧市经济发展与收入分配基本情况

个旧市位于云南省东南部，红河北岸，距省会昆明 220 公里，与越南老街省相距 170 公里。全市现辖 6 镇 2 乡 1 区（沙甸区）1 个街道办事处。个旧市历史悠久，是锡文化的发祥地。② 2005 年，个旧累计生产有色金属 360 万吨，其中锡 140 万吨，是我国最大的锡生产基地。每年锡金属产量约占全国 50%，占世界 20%，并形成了包括地质、采矿、选矿、冶炼加工、生物资源加工、化工、机电、建材、轻纺、食品等在内的多元化工业生产体系。

1. 个旧市人口和民族构成

2006 年个旧市户籍总人口 38.8 万，其中，少数民族人口 14.3 万，占

---

① 本子课题委托云南财经大学国际工商学院王敏副教授主持和组织完成。课题组先后进行两次实地调研，重点考察了大屯、鸡街、沙甸、锡城四个典型乡镇。

② 100 多年前，个旧就开始引进德国、英国的机械设备进行锡生产和加工了，这使个旧成为中国乃至世界知名的锡生产基地。英国《简明大不列颠百科全书》第三卷称"个旧，中国云南省第二大城市，著名的锡都"。

总人口的36.9%。在主要的少数民族中，人口最多的是彝族，共有8.8万人，占总人口的比例为22.7%；回族、壮族人口分别为1.7万、1.5万，占总人的比例为4%左右（见图3-8）。

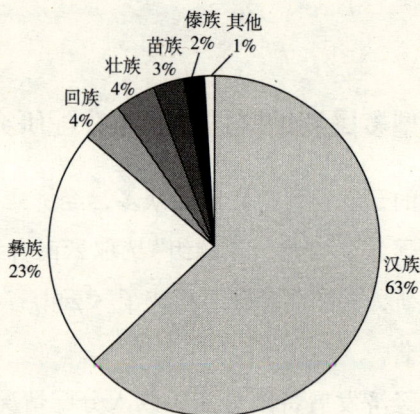

图3-8 2006年个旧市户籍人口民族构成

此外，个旧市的苗族人口约1.1万，傣族人口0.6万，哈尼族、布依族、瑶族等31个少数民族共计0.6万。

2. 个旧市的经济发展基本状况

（1）GDP的增长情况

改革开放以来，个旧市的GDP由1978年的15.64亿元增长到2006年的66.89亿元（见图3-9）。

此外，1978～2006年个旧市经历了三个经济高速增长期，即：第一个快速增长期为1978～1989年，持续六年，GDP平均增长率为19.30%；第二个快速增长期为1993～1995年，持续三年，GDP平均增长率为23.13%；第三个快速增长期为2003年至今，已经持续三年，GDP平均增长率为20.27%（见图3-10）。

需要注意的是，个旧市经济增长速度的波动较大。例如1998～2002年，GDP平均增长速度仅为5.90%，大大低于同期全国和全省的GDP平

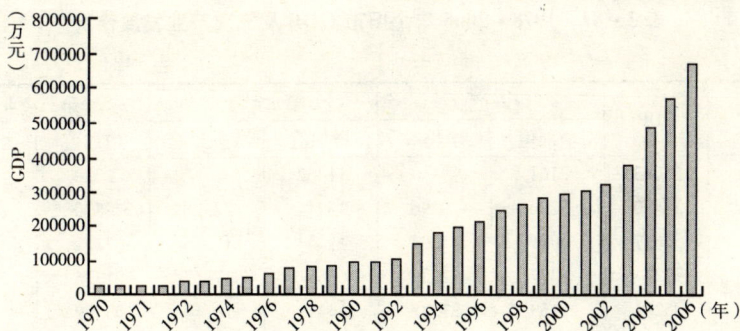

图 3 - 9　1978～2006 年个旧市 GDP 变动情况

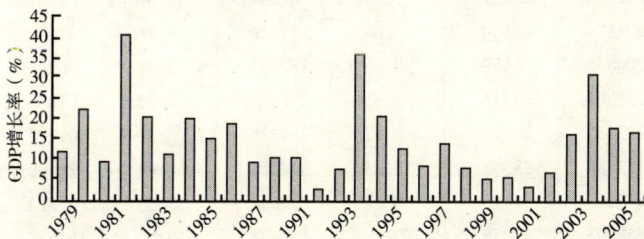

图 3 - 10　1978～2006 年个旧市 GDP 年增长率

均增长速度。近年来，得益于政府有力的政策措施和有色金属价格上涨的有利环境，个旧进入了一个新的 GDP 持续高速增长期。

（2）三次产业的增长情况

1978～2006 年，个旧市 70% 左右的 GDP 来自第二产业增加值，第一产业增加值总体呈逐年下降的趋势，近年已经低于 GDP 的 6%，第三产业占 GDP 的比重则从 1978 年的 13% 提高到 2006 年的 25% 左右。

从三次产业的增长率看，第一产业的平均增长率为 11.49%，第二产业的平均增长率为 14.74%，第三产业的平均增长率为 17.64%。总的来说，第三产业的增长率为三个产业中增长最快的。但近三年来，第二产业的平均增长率为 26.33%，超过近三年第三产业的平均增长率 13.80% 近12.5 个百分点。

表 3－82 1978～2006 年个旧市 GDP 及三次产业发展情况

单位：万元／%

年 度	GDP	第一产业		第二产业		第三产业	
		增加值	增长率	增加值	增长率	增加值	增长率
1978	15643	2161	—	11462	—	2020	—
1980	21430	2296	19.96	16244	22.28	2890	25.05
1985	52627	4051	11.02	41444	18.86	7132	36.37
1990	95724	8327	2.07	65661	7.57	21736	25.07
1995	195201	21153	27.27	114449	16.14	59599	2.47
1996	211851	24776	17.13	119857	4.73	67218	12.78
1997	241338	26580	7.28	137405	14.64	77353	15.08
1998	261577	27675	4.12	149443	8.76	84459	9.19
1999	275630	25717	-7.07	161244	7.90	88669	4.98
2000	291124	26500	3.04	172310	6.86	92314	4.11
2001	300835	26659	0.60	177267	2.88	96909	4.98
2002	321304	28433	6.65	191176	7.85	101695	4.94
2003	373431	29476	3.67	234228	22.52	109727	7.90
2004	489286	33346	13.13	329350	40.61	126590	15.37
2005	575130	36118	8.31	393058	19.34	145954	15.30
2006	668895	39434	9.18	467848	19.03	161613	10.73

资料来源：《个旧市统计年鉴》。

由此可见，个旧市经济发展的支柱依然是第二产业。作为一个典型的工业城市，工业发展的快慢与否决定了个旧市总体的经济发展状况。

（3）财政收入的增长情况

从地方财政收入看，1978 年个旧市为 2051 万元，至 2006 年为 43470 万元，28 年内增长 20 多倍，年均增长率为 11.33%，低于 14.25% 的 GDP 年均增长率。税收总收入从 1978 年的 2093 万元增长到 2006 年的 11.15 亿，增长 52 倍多，年均增长率 15.2%，高于 14.25% 的 GDP 年均增长率。尤其近年来，税收收入增长非常迅速，2006 年的税收收入为 2001 年税收收入的 2.7 倍（见图 3－11）。

可见，个旧市的地方财政收入增长速度小于其税收增长速度 4% 多，这一方面说明个旧市上交税收收入的比例逐渐扩大，大部分税收上交中

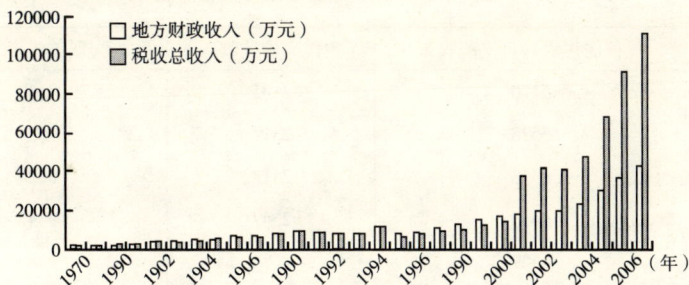

图 3 – 11　1978 ~ 2006 年个旧市地方财政收入

央；另一方面也说明个旧市的财政自给率逐渐下降，由 1993 年分税制前的 170% 下降为 2006 年的 56.3%。

3. 个旧市的收入分配的基本状况

（1）城乡居民收入增长情况

1995 年以来，个旧市城乡居民收入有较大增长。其中，城镇居民人均可支配收入由 3598 元增加到 2006 年的 8583 元，农民人均纯收入也从 1580 元增加到 2006 年的 3498 元。与此同时，在岗职工平均工资有较为平稳的增长，特别是在 2003 ~ 2006 年从 9387 元增长到 17372 元，增长了 85%。同期城镇居民人均可支配收入增长 31%，农村人均纯收入增长 30%，均小于在岗职工年均工资增长率，但城乡居民收入增长速度十分接近。由此可见，个旧市近年来，就业与否对收入影响最大，而同期的城乡收入差距基本保持不变。

表 3 – 83　1995 ~ 2006 年个旧市城乡居民收入

单位：元

年　份	城镇居民人均可支配收入	农民人均纯收入	在岗职工年平均工资
1995	3598	1580	4642
1996	4249	1759	5461
1997	4429	2085	5699
1998	4597	2157	6601

续表

年 份	城镇居民人均可支配收入	农民人均纯收入	在岗职工年平均工资
1999	5110	2185	7119
2000	5523	2319	7624
2001	6348	2418	8224
2002	6420	2547	9042
2003	6529	2684	9387
2004	7431	2967	11243
2005	7947	3264	14392
2006	8583	3498	17372

资料来源:《个旧市统计年鉴》。

值得注意的是,2006 年个旧市的人均 GDP 为 14864 元,人均税收收入为 2480 元。而同期全国的人均 GDP 为 14068 元,人均税收收入为 2200 元,云南省的人均 GDP 为 7800 元,人均税收收入为 702 元。个旧市的人均 GDP 和人均税收收入均高于全国平均水平,但是个旧市的城乡居民的人均收入却远低于全国平均水平,特别是还低于云南省全省平均水平。例如:2004～2006 年,个旧市城镇居民人均年可支配收入分别为 7431 元、7974 元、8853 元,低于全国 9422 元、10493 元、11795 元,全省 8871 元、9266 元、10070 元的平均水平,与省内 15 个全国级和省级调查点相比,排在最末位。在岗职工平均工资为 11243 元、14392 元、16024 元(含云锡集团在岗职工,如仅统计市属企业在岗职工,平均工资更低),比全国平均水平低 4781 元、4013 元、4013 元,比全省平均水平低 3338 元、2588 元、1748 元。

(2)基尼系数和恩格尔系数

城乡居民收入不断增长的同时,收入差距也在逐年扩大。2004 年,个旧市居民收入的基尼系数超过全国 0.45 的水平,但 2005 年收入差距有所缩小(见表 3 - 84)。城镇乡居民收入比由 2004 年的 2.65 倍下降到 2005 年的 2.43 倍,表明农民有所减负,促进农民增收的效果明显。

表 3 – 84　个旧市基尼系数表

年　度	基尼系数	年　度	基尼系数
1980	0.329	2001	0.441
1990	0.330	2004	0.463
1999	0.432	2005	0.424

与此同时，个旧市的恩格尔系数城镇由 1995 年的 57.2% 下降到 2005 年的 41.9%，农村的由 1995 年的 63% 下降到 2005 年的 41.5%。这表明目前个旧城镇和农村的恩格尔系数已经处于 40% ~ 50% 的小康水平。但与全国相比，个旧市城镇的恩格尔系数高于全国的 36.7%，农村的恩格尔系数则低于全国的 45.5%。

4. 个旧市收入分配中的低保问题与政府的举措

作为老工业城市和国有企业改革的重点城市，个旧的经济建设获得高速发展，同时职工下岗、待岗和青年待业状况十分严峻，一度成为社会矛盾的集中点。1998 年以来，个旧市较为及时地按照国家政策构建了城镇低保体系，对维护社会稳定、保障经济建设、推动国有企业改革起到了非常重要的作用。此外，个旧市还积极地推进了农村低保救助体系的建设工作，改善了农村贫困人口的收入状况。调研的具体情况如下。

（1）个旧市城镇失业待业形势十分严峻

长期以来，个旧市以资源开发为主的单一经济结构，使多年来积累的诸多矛盾和问题在改革开放的新形势和市场经济条件下日渐显现出来。随着国有企业改革的不断深入，个旧市破产、停产、半停产企业和待岗、下岗职工人数不断增加。1997 年以来，国有、集体企业下岗、失业职工达 2.6 万人，占全市职工总数的 20% 以上，仅国有企业下岗、待业的职工就达 1.6 万人。此外，还有 1 万余人矿区职工子女的待业"大军"，就业形势十分严峻。2006 年，个旧市失业下岗人数为 2.6 万人，占总就业人数的比例为 25.1%（见图 3 – 12）。

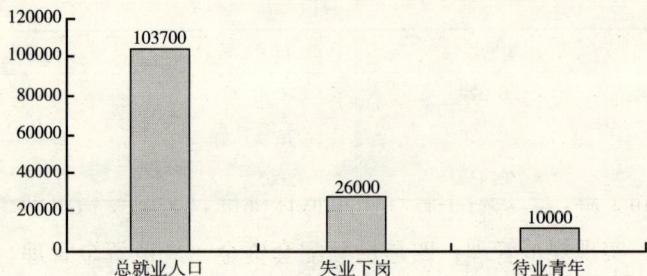

图 3 – 12　2006 年个旧市失业待业状况

（2）个旧市较为全面、及时地开展了城市低保工作

个旧市 1998 年开始实施城市居民最低生活保障制度。由于企业经济效益普遍较差，下岗、失业人员多等原因，城市低保对象较多。截止 2007 年 7 月，全市低保对象共有 19375 户、41746 人，占全州的 43.5%、全省的 10%。其中，少数民族 1721 人（回族 1240 人、彝族 345 人、其他 136 人），所占比例为 4.21%。政府月发放低保金 389 万元，人均补差 92 元。

近九年来，通过实施这一制度，全市贫困居民的基本生活得到了有效保障，为深化国有企业改革、实施再就业工程创造了有利条件。围绕城市困难居民的保障工作，个旧市从以下七个方面进行了探索。一是制定了完善的规章体系，提供了制度保障；二是基本保障方式突出特殊困难群众，实施分类施保；三是管理服务体系不断加强，提供了组织保障；四是健全了监督体系，提供了公平和安全保障；五是初步形成了覆盖全面的低保救助体系，提供了更高层次的生活保障；六是适时提高保障标准，提供了更高层次的物质保障；七是实施物价上涨动态补贴制度，进一步加大分类施保力度。

（3）逐步建立和完善农村低保制度，改善困难农民生活状况

个旧市将建立和实施农村最低生活保障制度作为社会主义新农村建设的一项重要任务，坚持低标准、小范围起步，规范化运行，渐进性发展，努力发挥其在调节社会矛盾、促进社会公平、维护社会稳定方面的重要

作用。

从操作层面来讲，农村低保工作比城市低保工作更为复杂。为建立规范的农村低保制度，个旧市主要做了以下工作：一是开展调研试点，出台《实施办法》，组成调研组到省内已开展农村低保工作的大理、楚雄等地进行了走访和了解；二是科学合理制定低保标准，实施分档救助；三是坚持公正公开，实现规范管理；四是足额配套资金，规范资金管理。通过建立农村低保制度，进一步完善了城乡社会救助体系建设，扩大了农村特困群体的救助覆盖面，进一步提高救助水平，使得救助更有针对性，农村救助工作更加规范，从而促进了农村社会稳定，较好地解决了农村特困群众的基本生活。

（二）个旧市四镇（区）民族间收入分配差距情况

在全市的经济发展和收入分配状况了解的基础上，课题组选择了四个典型乡镇进行实地调查。

1. 大屯镇民族间收入分配状况

大屯镇位于个旧市东北部，全镇总面积132.81平方公里，辖9个村民委员会、46个村民小组、57个村民小组。辖区总户数21538户，总人口65203人，其中农业人口35004人，农村劳动力资源24986人，其中劳动力年龄内23520人，农业人口与非农业人口的比例为39.53：60.47。全镇农村经济收入来源主要是工业经营收入，其次是一、三产业。2006年，全镇农村经济总收入为111707万元，其中工业收入72815万元，农业收入为13004万元，第三产业经营收入为25888万元。全镇共有汉、彝、壮、苗、白、哈尼等12个民族，少数民族占农村人口的44%，是一个多民族混、杂居的乡镇。少数民族分布于46个自然民族村，主要集中居住在大屯镇的楼坊寨村委会、龙井村委会、红土坡村委会、团结村委会，且以苗族、彝族为主，主要经济收入以农业为主，产业收入为铺。

（1）大屯镇少数民族聚居地收入分配情况

全镇12个少数民族村都是分布在交通较不便的半山区。近几年，政府高度重视改善少数民族人口的生产生活条件，切实加强基础设施建设，使少数民族村"五通"（即通电、通路、通水、通电话、通电视广播）情况有了很大改善，农民生活水平有了较大提高。但总体上说，二、三产业的经济总量还比较小，特别是受交通条件的限制，少数民族聚居区的经济发展水平还显得滞后。

近几年，大屯镇少数民族聚居地区的农民经济收入虽有不同程度的增加，但增长幅度却不大。大屯镇 2006 年全镇年人均收入为 5059 元，农民年人均收入一直徘徊在 600～1800 元之间，绝对贫困户和低收入贫困户仍然占有相大的比例，收入差距较为悬殊。究其原因是农业结构调整的力度不大。农业是少数民族聚居地经济的基础产业，吸纳了近 77.5% 的劳动力。在大力调整农业产业结构的背景下，该镇少数民族聚居地的农业经济也努力朝这方面发展，农业结构有所调整，但调整的力度不是很大，尤其是近几年农产品市场价格持续低迷的情况下，少数民族聚居地的农业经济缓慢发展。具体来看，有以下情况。

第一，近两年少数民族聚居区的农林牧渔业结构调整缓慢。农业林牧渔业在结构上仍以农业为主，农业产值占仍相当大的比重。在农产品特别是种植业农产品市场价格低迷的条件下，发展以种植业为主的少数民族聚居区经济的困难是显而易见的。少数民族聚居区分布在山区、半山区，地理条件的制约，限制了渔业的发展空间。

第二，非农产业基础差，占经济总量的份额很小。第二、三产业在少数民族聚居区经济总量很小，在农村经济中占有比重低，工业经济在产业结构中份量不重，对经济的推动作用不强；第三产业在少数民族聚居区更为薄弱。少数民族聚居区农民生活水平不高，在很大程度上限制了第三产业的发展。区域内第二、三产业不发达也影响了劳动力的转移速度，使得大部分劳动力拥挤在狭窄的土地上。

（2）大屯镇政府为改善少数民族地区的收入采取的措施

促进少数民族聚居区经济和社会各项事业的发展，不仅关系到少数民族聚居区的繁荣与稳定，而且事关经济建设的全局。由于自然条件、地理位置的制约，以及社会发展程度低、生产条件差、科技和文化知识不够普及等因素的影响，少数民族较为集中的地区发展相对落后，少数民族聚居区的人口与经济发展还不协调。在少数民族的各项事业发展中，大屯镇政府主要采取了以下措施。

第一，加大农业投入，调整优化农业产业结构。从多方面筹集资金，特别是积极争取国家扶贫和信贷资金，加大对少数民族聚居区农业的投入，重点改善农业生产条件，提高抗御自然灾害的能力和农业综合生产能力。此外，为了解决农产品销售难的主要问题，进一步优化农业生产结构，使农产品的品种、品质适应市场需求，从而保证农民增产增收。特别是抓住少数民族聚居区独特的"青山绿水"环境，大力发展绿色农业、反季节农业、高山农业，在"季节差、无公害"方面狠下功夫，增强了竞争优势。

第二，加大科技指导、信息引导力度。充分发挥基层农科站、农机站、畜牧兽医站、水利办、农经站的职能作用，深入少数民族聚居区为农民提供实用的技术，引导农民学习农业科技，应用新品种、新技术，努力提高农业的科技含量，保证农业的种植效益。

第三，继续加大对教育的投入。积极改善民族村的办学条件，为家庭贫困学生提供帮助，确保农村小学入学率保持100%，初中毛入学率保持99.9%，并加大对农村高等教育的扶持力度，每年多渠道筹措资金用于帮助贫困大学生。另外，镇科协和镇农技中心还定期举办各种种植、养殖培训班，加大对劳动力的技能培训力度，使其有一技之长，从而扩充就业和增加收入的渠道。

第四，加大扶贫力度。近年来，政府一直把少数民族聚居区作为重点扶持对象，在扶贫资金和物资的分配上重点向少数民族聚居区倾斜，对少数民族聚居区给予资金、技术、项目的支持。例如，对龙井村委会铜冲村小组实施了省级温饱示范工程，对该村的人畜饮水、茅草房实施了改造，鼓励扶持农户种植经济林果、养殖生猪。楼坊寨村委会的杨柳田村小村实施了省级整村推进工程，对该村的村内道路进行了硬化，并结合该村的种养殖特点，发展山羊养殖和经济林果种植。

第五，落实惠民政策。目前该镇贫困人口根据2006年建档立卡、实地走访调查全镇贫困户为1017户，占全镇总户数的11%，且分布不均。辖区内的9个村委会均分布有贫困户，其中绝对贫困户724户、3103人，低收入贫困户193户、1161人。村里较为富裕家庭年收入约为32000元，支出约20000元，纯收入为12000左右；中等家庭年收入约为20000元，支出12000元，纯收入为8000左右；而贫困家庭收入较低，收入差距较大。为帮助贫困户提高经济收入，政府在加大项目扶贫、科技扶贫力度的同时，积极搞好农村贫困家庭低保工作。根据相关文件规定将五保户、特困户等符合条件的家庭纳入低保救助范围。2007年1~7月，全镇享受农村低保共645人，救助粮食8.85吨，折合人民币23010元。

继续搞好农村新型医疗合作工作，为农村群众解决部分就医负担。目前，该镇参加农村新型医疗合作的农村家庭有8804户、32204人，参合率达92%，绝大部分农村群众就医看病有了保障。

第六，加大劳动力转移力度。当地政府多方协调，努力解决农村剩余劳动力就业。2006年农村剩余劳动力转移人数为554人，转移收入58.8万元，省内转移15人，县外转移476人。大部分剩余劳动力选择在县内转移主要是因为外出省外就业门槛高，技术要求高。加之受传统观念影响，也有一部分人不愿出远门就业。通过以上各方面的措施，该镇少数民族聚居地区的农户生产、生活、经济各方面均有不同程度的改善。

2. 鸡街镇民族间收入分配状况

鸡街镇位于个旧市北郊，是在原鸡街、乍甸、倘甸三乡（镇）的基础上撤并组建而成。辖区面积283.97平方公里，下辖16个村委会、2个社区居委会、105个村民小组。居住着汉、壮、彝、回、苗、傣、哈尼等13个民族，少数民族占总人口的50%多。全镇人口近10万人，户籍人口54900人，其中二冶工业园区10000余人，八抱树工业园区近10000人，黑神庙坡工业园区近10000人，老虎山工业园区10000余人。

2006年，鸡街镇财政收入9900万元，地方政收入达3566万元，同比增长30.54%。实现农村经济总收入14.32亿元，同比增长6%。生产牛奶12056吨，是全州最大的牛奶基地。乡镇企业数发展到428家，营业收入完成26.9亿元，为去年同期的136.2%。工业总产值完成17.8亿元，工业增加值完成16551万元，同比增长8.2%。

鸡街镇以"牛、果、蔬"为主的农业产业化初具规模，"两杂"制种、畜牧养殖业、特色经济果蔬种植、农家乐与生态果园观光等项目已成为农民增收的亮点。2006年，鸡街镇农民人均纯收入3160元，其中纯农业收入1300多元。半山区的彝族、山区的苗族等少数民族依托山区水果种植，人均耕地较多，其收入和坝区差距不是不大。目前农村低保人口700人，其中少数民族占33%。全镇农村均实现农村互助医疗，100%的义务教育普及率，所有16岁以下的青少年都能完成初中学业。对于考上大学的贫困家庭学生镇政府给予资助，2007年资助28人，其中汉族6人，少数民族22人，少数民族考生占资助比例的79%。

3. 沙甸区民族间收入分配状况

（1）沙甸区基本状况

沙甸区地处个旧市北郊，位于昆河公路的咽喉要道。下辖4个乡（即沙甸回族乡、新沙甸回族乡、金川回族乡及冲坡哨彝族乡）、11个自然村、30个合作社。全区总面积27.5平方公里，耕地面积5402亩，总户数4254户，总人口14218人，总劳动人口7451人，居住着回、彝、汉、壮、苗等10个民族。少数民族占总人口的97%，其中近90%是回族。

2006年，沙甸区的农村社会经济总收入89986万元，比2005年的80426万元增收9560万元；农民人均收入5440元，比2005年的4813元增收627元；乡镇企业总收入301851万元，比2005年的141489万元增收160362万元；实交税金6500万元，比2005年的4506万元增收1994万元；财政收入2902万元，比2005年的2615万元增收287万元。

2006 年，该区企业数为 438 户，其中工业企业 40 户，从业人员 4270 人，以有色金属冶炼为主的工业企业得到了较快发展。现有精铅冶炼厂 8 家，生产规模 25 万吨；还有粗铅冶炼企业 22 家，精锌冶炼企业 1 家，冰铜生产企业 1 家，锡生产企业 1 家，银生产企业 1 家，红砖生产企业 3 家。非公经济呈现出蓬勃生机与活力，其经济总收入已占全区的 90% 以上。

（2）沙甸的收入分配状况

沙甸区总体收入水平较高，2006 年人均收入为 5440 元。城区居民收入尚无准确统计数据，但居民收入差距较大，既有不少资产上千万甚至过亿的家庭，也有不少贫困人口。全区有 18% 的人口年均收入低于 810 元。中间较为富裕的家庭每年收入为 24 万元，支出 13 万元，纯收入 11 万元。中等家庭每年收入为 2.8 万元，支出 1.3 万元，纯收入 1.5 万元。

全区收入差距问题较为突出，当地政府主要从四个方面采取措施：一是加大教育投入。1988 年起全区实施免费义务教育，但 1999 年起开始实施 1/4 免费交易，将免费教育补贴向贫困家庭倾斜。减免全区 1/4 困难家庭学生学费，出资支持困难大学生上学，此项经费共支出 14 万余元。全区没有一个学生因家庭困难而辍学。二是危房改建。由区财政出钱，全额支持特困户，部分支持困难户。2006 年完成 35 户 100 间危房改造。2007 年，计划安排资金 70 万左右，对 23 户特困户的 71 间危房统一筹划建盖。三是发展农村低保，区内自筹资金建立全面的农村低保制度，发放生活费、救济粮补助生活困难户。2006 年发放社会救济经费 547491 元，定期救济困难户 609 人，救济临时困难户 146 人次。

4. 锡城镇民族间收入分配状况

（1）锡城镇基本情况

锡城镇主要世居民族有汉、彝、哈尼 3 个民族，其中汉族 7589 人，占总人口 47%；彝族 8235 人，占总人口的 51%；哈尼族 324 人，占总人口 2%。2006 年全镇实现农业收入 5307.96 万元，林业收入 324.4 万元，牧业收入 2902.52 万元，渔业收入 6 万元，工业收入 68786.04 万元，建筑业收入1863.2万元，运输业收入7387.04万元，商贸餐饮业收入18034.15万元，服务业收入511.42万元，其他收入4021.27万元。2006年农民人均收入5152元。供养社会孤、老、残、幼人员24名，乡镇各种救济对象得到国家救济1400人，农村社会养老保险，参险人数4241人，投保金额813万元。全镇享受城镇低保人数1385人，其中少数民族占20%；农村低保人数250人，其中少数民族占80%。

锡城镇为个旧市郊区。随着个旧市城市建设的不断发展，征用的土地都来自锡城镇。因此，锡城镇的农民失地问题较为严重，特别是6个城中村约涉及2000多人。这些人在征地的时候都安置了工作，但现在相当一部分人下岗，经济较为困难。

（2）彝族聚集地戈贾村基本情况

戈贾村位于个旧市区老阳山后，距市区4公里，辖区总面积2461公顷。该村下辖7个村民小组，总人口1841人，乡村劳动力1291人，其中从事农业的951人，从事工业的5人，从事交通运输的12人，从事批发和零售的19人，从事其他行业的304人。彝族占总人口的98%。

由于地处山区，地理位置较为偏僻，基础设施差，村内交通不畅，信息闭塞，经济结构单一，农产品商品率低。在全村的经济收入中，农业占71.95%，而山区资源潜力大的林牧业收入比重小，农村二、三产业处于萌芽状态，生产力水平低下，村民生活比较困苦。2006年全村经济总收入达1414.6万元，农民人均纯收入3513元。戈贾村较为富裕的农户每年收入可达到5000元左右，中等农户每年收入3500左右。

（三）个旧市少数民族收入分配差距的形成因素与改善措施

1. 个旧市少数民族聚居地收入分配差距的特点

（1）个旧市北部和南部发区的收入差距较大

2006年，北部乡镇锡城镇、鸡街镇、大屯镇、沙甸区的农民人均收入为4703元，南部乡镇的贾沙、卡房、保和、老厂、蔓耗五个乡镇为2392元，北部人均收入是南部的1.9倍。总体上看，个旧市少数民族聚集地区收入分配悬殊，北部地区相对发展较快，而南部地区相对发展较慢。这种差距是相当明显的，形成这种状况的原因又是多方面的。

一是自然环境恶劣，生存条件较差。70%以上的发展相对落后的少数民族居住于山高坡陡、严重缺水、地处偏僻的山区，耕作条件很差。

二是生产方式落后，基础设施薄弱。低水平的生产方式决定了低水平的生产效益。这些地区的基础设施很薄弱，有的地区的农业基础设施几乎为零。

（2）各少数民族之间的收入分配差距较大

总体上看，个旧市五个世居少数民族的收入差距分配悬殊很大，其中回族收入分配最高，如沙甸区回族聚集区农民人均收入为5440元，傣族人均收入为3000元左右，壮族人均收入2700元左右，彝族人均收入约2500元左右，苗族人均收入不到1500元。

形成上述收入差距的主要原因有：一是各民族所生活的区位优势不同；二是各民族间人口素质不一样，有的民族善于经商办企业，而有的民族主要从事小农经济；三是在资源分配方面不同，有的民族地区抓住了发展机遇，充分享受和利用了国家的民族政策。

2. 政府改善少数民族收入分配的政策措施

个旧市重视少数民族和少数民族地区经济发展问题，为少数民族和少数民族地区的发展，采取了以下五个方面的措施。

第一，实施项目、产业带动，努力加快民族地区的发展。个旧市70%的少数民族地区是相对落后地区，当地政府始终把少数民族地区的发展作为一项主要工作，把实施扶贫项目、水利设施建设、自然村车马驿道建设、电视村村通工程、沼气池以及茅草房改造等70%的扶贫开发项目都安排在少数民族地区。

第二，改善少数民族地区的基础设施建设，为少数民族地区的发展打下了良好的基础。这包括发展电力、交通和解决人畜饮水、燃料困难等举措。截至2006年，全市基本完成了农电网改造，实现了少数民族聚集的乡镇全部通水泥路，多数村委会所在地通了弹石路，少数民族出门难、交通难的状况得到改善。近几年来投入近亿元修建了贾沙河至陡岩彝区长达 21.8 公里的大沟、保和彝族地区的三岔河水库、锡城戈贾水库等民族地区水利设施，近 100 个村寨 20000 多少数民族居民受益。近五年来，全市少数民族地区新建沼气池 12000 余口，推广节能灶 20000 余眼，沼气和节能灶的运用节约了燃料，少数民族地区生态环境得到进一步的保护。2000 ~ 2006 年政府在少数民族进行茅草房改造近 5000 多户。

第三，在少数民族地区实施以烤烟、甘蔗、热带水果为主的支柱产业培植，使卡房、贾沙、保和、蔓耗等南部山区的少数民族加快了脱贫步伐。近年来，全市农村经济增长幅度较大，很多少数民族村寨已经开始富裕起来。例如，老厂镇补东新寨等苗族居民依靠栽种烤烟逐步富裕起来，70% 农户新盖了钢筋水泥房，成为靠种烤烟致富的苗族村。蔓耗镇还组织牛棚、西都底、坡头、水头等几个村彝、苗族 103 户、447 人实施扶贫移民搬迁，从根本上解决了居住在基本不具备生存条件的地区少数民族寨子群众的脱贫致富问题。

第四，开展技术培训。针对少数民族和民族地区技术力量薄弱的状况，近两年来，全市民族地区举办科技培训 153 期、15184 人，项目覆盖全市 11 个乡镇 122 个少数民族自然村，2.89 万人受益。例如，民族局帮助乍甸木沙寨苗族村大力发展梨、桃等果品种植，2001 年年产量已有 55000 公斤，2006 年产量达到 150000 多公斤，增加了 2 倍，人均收入也由 2001 年的 900 多元增加到 2006 年的 2000 多元。

（四）主要结论

1. 少数民族的商业文化和城镇化是影响收入分配的重要因素

在个旧市的收入分配调查中，课题组认为少数民族的商业文化和城镇化水平是影响其收入分配的重要因素，这体现在以下方面。

（1）在多民族聚居的区域性中心城市，民族间收入分配差距并不显著

在个旧市区各个民族之间的收入几乎没有差别。调查发现，在市区政府很多统计数据都没有刻意按民族分类。企业用工也几乎都不刻意了解民

族背景。就是在近似无差别的环境下，少数民族和汉族的收入没有差距，几乎一样。

（2）中心城市的发展对带动周边少数民族收入分配水平提高的重要作用

个旧市外来人口总数约为70000人，其中65%为少数民族，大都来自周围收入十分贫困的国家级贫困县，例如红河县、河口县、金平县等。

（3）各民族收入分配差距与距离中心城市和中心企业的距离成正比

在锡城镇、鸡街镇和大屯镇的调研中，课题组发现民族自然村距离市区越远，收入差距越大，即基本上以市区和工业聚集区为中心，与其距离越近，收入越高；与其距离越远，收入越低。并且，少数民族收入下降的速度远高于汉族收入下降的速度。

（4）回族的收入好于其他少数民族，甚至好于汉族

调研中还发现，回族的收入水平远高于其他少数民族，甚至还高于汉族。2006年，回族占绝大多数的沙甸区年人均收入为5440元，远高于年人均收入3498元的全市平均水平。并且沙甸区居民的真实收入水平存在低估的可能，其实际收入很可能要超过年人均1万元。回族之所以收入高，其最重要原因在于积极参与现代商业经济，如贸易和企业建设。

如果以经商、办企业和熟练技工为重要标志的现代商业文化水平为坐标，可以发现除了自然条件、经济条件外，商业文化条件是影响民族间收入分配差距最重要的因素。沙甸回族聚居区和一些汉族聚居区自然资源条件并不很好，但收入却很高，其主要原因很可能就是这些地区的商业文化水平较高。另外，从商业文化水平来看，个旧市政府、企业和个体访谈的结果基本都认为回族最高、汉族第二、彝族第三、哈尼族第四、苗族第五，这个顺序恰好就是个旧市五个民族收入分配的排序。因此，要缩小各民族间收入分配差距，鼓励、扶持少数民族积极参与现代经济建设可能是最重要的方法之一。

2. 建设新农村、推进城镇化是改善少数民族收入分配差距的有效途径

2005年，个旧市人均GDP达到14884元，超过1500美元，农业与非

农产业的产值结构大约为7.2%：92.8%，农业与非农产业的就业结构大约为43.9%：56.1%，城镇化水平为68.3%。这四项指标表明，目前个旧已经进入工业化中后期阶段，经济增长的动力主要来自非农产业。根据国际经验，在这个阶段以工业反哺农业，具有普遍性的意义。

综合分析个旧农业农村经济发展的实际，建设社会主义新农村，重点在乡镇，难点在山区。按照统筹发展、梯度推进的要求，既要注重发展农村生产力，又需重视调整农村生产关系；既要注重推进农村生产方式的现代化，又需重视推进农民生活方式、价值观念的现代化，最终达到整个城乡社会的和谐发展和文明进步。

（1）加大基础设施建设投入力度，形成发展生产的良好基础

要解决好群众生产生活的行路、饮水、用电、通讯、上学、就医难的问题，达到道路通畅、饮水安全、用电保证、通讯便捷、上学方便、就医可靠的效果。把国家资金用到村以下和农民生产生活息息相关的小项目上，建设农村的小型道路、小型电力、小型通讯、小型水利、小型沼气等。采取"以奖代补"方式，鼓励农民积极兴修水利、修建道路、实施中低产田改造工程等。在基础设施投入的经费方面，可采取"几个一点"（市级给一点、乡镇配套一点、村民自筹一点）的办法有计划、分批次地逐年解决。

（2）加大农业科技投入和人才储备培养，大力推广农业科技

可以考虑拿出部分土地对拟实施项目与科研部门或院校合作试验，便于新技术推广。做好农村区域经济规划，合理布局，科学引导，对符合产业规划的给予适度补贴。建立区域内的农产品信息交易平台，对内和对外适时发布信息，提供市场信息服务。加强农村执业技术教育，完善农村就业培训体系，让大多数农村学术在返回农村后掌握一至两门实用技术。培养和储备农业科技人才和农村乡土人才。制定措施，鼓励农业科技人员积极参与农村经济发展，带动农民利用新科技。

（3）积极扶持农村新型经济合作组织，引导农民走向市场

专业协会等合作组织能较好地保障农民的合法权益，把农民由自给自

足的产品生产者引导成以出售产品为主的商品生产者，进行农产品的加工和运销，让农民分享流通领域的收益，把产业链从第一产业延伸到第二、三产业。同时，专业协会等合作组织要积极引进适宜推广的新品种、新技术，逐渐成为农村新技术推广的一个重要基地，从而帮助农民实现增收。通过协会及经纪人，了解各地市场行情、消费特点，研究种植节令、品种，推介本地产品，引种新的产品，让各种协会、经纪人和农民共享增收的利润空间，并在利益共分、信息共享、促进生产发展的共同行动中"走出去"，谋求更大的市场，培育更多的新产业新项目，实现可持续增收。

（4）大力推进城镇化

推进城镇化，是促进农村经济快速增长、优化经济结构、提高人民生活水平的重要途径。只有逐步使农民从分散向城市集中，才能从根本上提高农民的生活质量，才能做到对环境资源的合理、科学、清洁、节约地利用。根据城镇化的一般规律，城镇化水平在30%～70%的时期是城镇化加速发展的时期。一个国家的城镇化水平达到70%时才能基本稳定。个旧城镇化水平达到68.3%，继续加快工业化和城镇化发展将为解决"三农"问题提供难得机遇。农民在非农经济领域的就业收入已成为农民增收的最直接、最有效的途径。为此，应统筹考虑解决好城市就业问题和解决农村富余劳动力的转移问题，依法保护进城务工农民及其子女的合法权益。目前，个旧拥有农村劳动力资源11万人，约有4万名农村富余劳动力。2005年，个旧农民外出务工收入打3123万元，占农民人均纯收入的5.8%。2005年，红河州作出了在州域内进行户籍改革的决定，全州居民可在州域内自由选择居住地，所有居民在低保、养老、教育方面一视同仁。在个旧市区及各乡镇所在地，可以探索把部分孤老户、丧失劳动力的困难户以及有经济能力的农户安排进城进镇居住，将回收的土地及宅基地部分用于新农村建设。

（5）重视农村区域平衡发展，分类指导，梯次推进

进一步研究个旧农业产业扶持政策，区别不同乡镇的发展水平，加大

对南部贫困山区的扶持力度，使其能真正得到农业产业发展政策的支持。充分利用各乡镇气候和自然条件，加快发展名、特、有、新特色产业，按照比较优势原则，坚持在比较中调整，在调整中建立新优势，围绕现有产业优化品种、品质结构，提高农产品质量，增加生产效益。进一步强化品牌和质量意识，加强农产品品牌宣传，争创名牌，使名特优农产品形成规模优势，提高农产品的品质和档次。坚持按照规划先导、重点推进的原则，在工业较发达的乡镇通过招商引资、自主创业等形式，形成工业经济规模，带动城镇化水平快速发展。在山区农业乡镇，要以特色农业为主，加大扶持力度，使高效、生态的特色农业向规模化、基地化、产业化方向发展，并培育和扶持龙头企业，带动农产品加工和农产品市场建设，促进山区乡镇的城镇化发展。

（6）培育新型农民，提高农民自我管理和民主管理的能力

加快推进农村义务教育体制改革，进一步加大公共财政对农村义务交易的投入力度，在减轻农民负担的同时增加农民受教育的机会；坚持实际、实用、实效的原则，对农民进行免费农业实用技术培训，让农民掌握脱困致富的本领；对农村劳动力拟向非农和财政转移就业的中、青年农民，开展引导性的职业技能培训。宣传一种思想，营造一种氛围，树立农村也能够大有作为的思想。引导农民正确认识当前大学生的就业现状，使农民高度重视子女教育。注重村民自治建设和完善村民管理体系，完善公众参与的社会管理格局。建立健全各项规章制度，使村民有章可循、照章办事、违章必纠，培育文明新风尚。积极鼓励支持村集体发展壮大集体经济组织，使其能为群众解决实际问题。

二、新疆阿克苏地区居民收入分配研究

在我国改革棉花流通体制及加入 WTO 以后，国内棉花市场与国际市场全面接轨，棉花价格波动幅度有所加大。新疆阿克苏地区的棉花年产量占到全国的 1/8，其中，长绒棉产量更是占到全国的 93％，被国家农业部

命名为"中国长绒棉之乡"。因此，选取阿克苏地区来考察棉区的居民收入分配问题具有很强的代表性。课题组①于2008年1月4～11日赴阿克苏地区展开专门调研，掌握了大量第一手资料。

本报告是在各单位提供的书面材料及调研座谈记录的基础上撰写的，通过梳理阿克苏地区近年来的经济发展情况，研究了居民收入差距、存在的问题及其原因，在分析当地政府改进居民收入分配工作的基础上，进一步提出完善阿克苏地区居民收入分配的政策建议。

（一）阿克苏市经济发展的基本情况

阿克苏位于新疆天山南麓塔里木盆地的西北边缘，面积1.8万平方公里，地势广阔平坦，土层深厚，光热丰富，适于农林、畜牧业全面发展，是历史悠久的农业区。改革开放以来，阿克苏地区居民收入水平发生了巨大的变化，呈现增长良好的趋势。

2006年，阿克苏市生产总值为41.9亿元，比上年增长14.8%，人均生产总值为11886元/人。2007年，阿克苏地区生产总值预计将达到49.2亿元，按常住人口计算，人均生产总值为12979元，增长8.8%，以当年平均汇率折算，约合1568美元（见图3-13）。

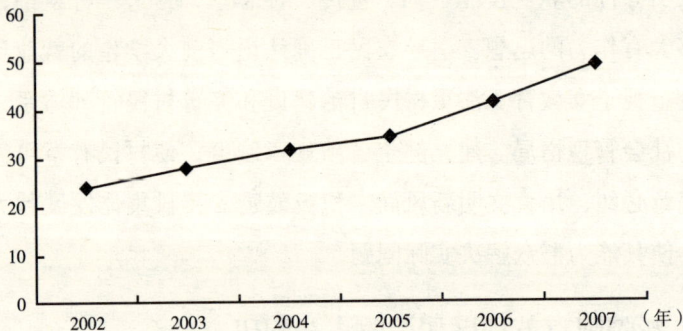

图3-13 2002～2007年阿克苏市生产总值

① 本子课题和报告委托北京师范大学经济与资源管理研究院访问学者、新疆财经大学教师阿依吐逊主持并执笔完成初稿，和晋予和林永生博士为进一步完善报告作出了努力。

在阿克苏市的产业发展中，第三产业发展速度较快，所占比重较高。2007年第一产业增加值9.0亿元，增长8.0%；第二产业增加值11.6亿元，增长20.6%；第三产业增加值28.6亿元，增长14.7%。三次产业比重为18.2%：23.6%：58.2%（见图3-14），第三产业所占比重比上年提高了0.5个百分点。

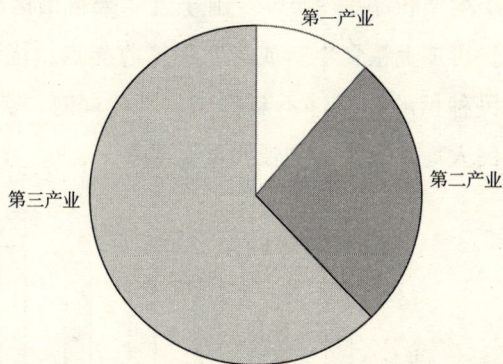

图3-14　2007年阿克苏市生产总值比重

此外，第三产业对经济增长的贡献率最高。具体来看，三次产业对GDP的贡献率分别为11.4%、26.3%、62.3%。

（二）阿克苏市居民收入基本情况

1. 城乡居民收入总体情况

近年来，阿克苏城乡居民收入不断提高。2007年城乡实际人均纯收入4643.7元，较上年增长了12.8%。其中，城镇居民人均可支配收入10304.9元（含年底增资因素），比上年增长20.8%；农村居民人均纯收入4633.7元，比上年增长12.8%。

2. 城镇居民人均纯收入情况

目前，阿克苏城镇居民家庭收入以工薪收入为主，以经营、财产、其他转移收入为辅。由于择业观念的转变，居民收入渠道进一步拓宽，第二职业收入、零星劳动收入不断增多，收入来源结构趋于多元化，这些成为城镇居民家庭收入增长的主要原因。2007 年阿克苏市城镇居民人均工资性收入 9012.2 元，同比增长 20.3%；人均转移性收入（离退休金、价格补贴、出售财物收入等）1216.5 元，同比增长 4.6%。

3. 农民人均纯收入情况

1998～2007 年，阿克苏市农民人均纯收入由 1855 元增长到 4633 元（见图 3-15），年均增长率为 9.6%。由于近年来自治区相继出台了减轻农民负担的政策，再加上粮食生产成为农民增收亮点，优势特色农产品生产形势看好，农民种植的积极性不断提高。与此同时，劳务创收的增加，正在成为拉动农民人均现金收入增长的重要因素。

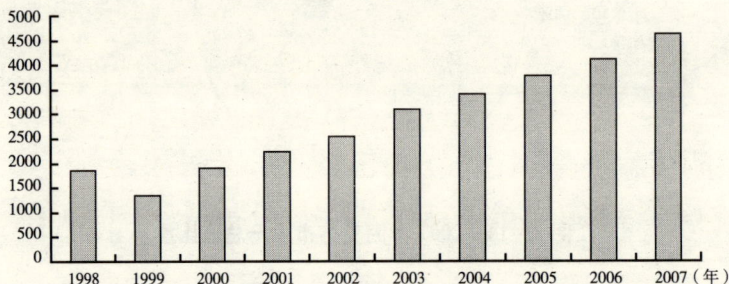

图 3-15　1998～2007 年阿克苏市农民人均纯收入

2007 年，阿克苏全市实现农村经济总收入 12.7 亿元，同比增加 2.8 亿元，增长 24.1%。近两年来，农村非农产业发展形势平稳，2007 年非农产业收入达到 1.2 亿元，较上年增加 731 万元，增幅达到 6.8%。但受到原材料价格上涨的影响，农民人均非农产业纯收入仅达到 141.6 元，同比减收 126.5 元，减幅达到了 47.2%，在农民人均纯收入中的比率也降到 10% 以下，仅为 3.1%。

4. 阿克苏市棉农收入情况

2007 年，阿克苏市的棉花播种面积为 45.8 万亩，较上年增播 2.4 万亩。由于高密度棉花的大面积种植、农业生产水平的不断提高，棉花平均单产较 2006 年提高了 5.2 公斤。其中，长绒棉单产提高了 7.2 公斤，达到

99.2公斤；陆地棉单产提高了4.0公斤，达到143.9公斤。总产增加了1.2万吨，达6.0万吨；棉花收购价格较上年相比提高了近1元/公斤，平均单价近13元。因此，棉花生产收入达到了7.8亿元，同比增加了1.9亿元。虽然农资价格较上年同期提高了近10%，但棉花人均纯收入仍达到了2801.9元，较上年增收了248.6元，增长幅度近10%。

课题组在阿克苏地区的阿瓦提县①对棉农收入进行了调研。2007年，阿瓦提县棉花播种面积达68.5万亩，其中长绒棉65.0万亩，细绒棉3.6万亩，总产达6.7万吨，较2002年面积增加26.5万亩，总产增加2.3万吨。

在农民人均纯收入中，种植业收入1990年占73.0%，1995年占78.5%，1998年占85.8%，2000年占81.0%，2001年占78.1%，2002年占78.3%。棉花收入分别占上述年份的种植业收入的比重分别为70.0%、75.2%、78.3%、80.4%、81.5%、79.2%。2007年阿瓦提县的农民人均纯收入达4681元，比2002年增加2152元，年均递增13.1%。

5. 阿克苏市低收入居民基本情况

（1）农村低保居民的情况

阿克苏市民政局按照自治区界定的年人均纯收入低于700元的标准，进行了摸底调查，同时对享受低保的农村居民进行了入户调查。调查结果表明，目前阿克苏市符合农村低保条件的共有8222户、20116人。其中，因病的为4288人，因残的为3560人，年老体弱的为4700人，因自然灾害的为1269人，因缺乏劳动力的为3676人，其他原因造成困难的为2623人。在这些人中，家庭收入低于650元以下的有5606户、13510人。家庭收入处于650~680元之间的有2267户、4897人，家庭收入处于680~700元之间的有349户、1709人。年需补差保障金为538.3万元，月需发放补差保障金44.9万元。

阿克苏市对低保对象中的"三无"、"重残"人员实施了全额求助，每

---

① 阿瓦提县是全国著名的百万担产棉大县和全国优质长绒棉生产基地。年产长绒棉皮棉5万吨左右，占全疆仍至全国长绒棉总产量的三分之一强。

人每月补助 10 元，全年 120 元。主要救助农村五保户、优抚对象、孤儿等。

与此同时，2007 年全市农村贫（特）困人员参加农村新型合作医疗的为 2169 户、4390 人。其中，五保户 365 户、406 人，特困户 1271 户、2798 人，贫困户 389 户、922 人。

在农村调研中，课题组发现农村居民收入差距存在较大，需要通过经济发展和政策支持来缩小。

（2）城市低保对象的情况

社区居住的居民主要有离退休人员、在职职工、外来务工人员等。其主要经济来源基本上都是工资收入。调研发现，享受低保的居民共有 135 户，人均收入为 130 元。

目前，阿克苏地区有敬老院 6 所，有五保人员 498 人，其中供养人员为 205 人，集中供养率达 41.1%；分散供养 293 人，占五保人员总数的 58.8%。集中供养人均年供养费 4800 元/人，分散供养 1920 元/人。

（三）阿克苏市居民收入差距、存在问题及原因

1. 阿克苏市居民收入分配差距情况

改革开放以来，阿克苏市行业之间、地区之间的收入分配差距呈现出不断拉大的趋势。从不同所有制职工收入差距看，企业在岗职工的平均工资由 2003 年的 10798 元增长到 2006 年的 14342 元；事业单位在岗职工的平均工资由 2003 年的 14600 元增加到 2006 年的 14769 元；机关在岗职工的平均工资由 2003 年的 11842 元增加到 13986 元（见表 3 - 86）。

表 3 - 86　2003～2006 年阿克苏市在岗职工平均工资差距

单位：元

年份	企业	事业单位	机关
2003	10798	14600	11842
2004	12268	13860	12474
2005	13032	14773	12366
2006	14342	14769	13986

资料来源：阿克苏地区统计局。

由于不同所有制职工工资平均增长速度不同，低工资职工工资增长速度低于高工资职工工资增长速度，使得不同所有制职工的工资绝对差额和相对差额都呈扩大趋势。

从各乡镇的棉农收入差距来看，2007年阿克苏地区各乡之间棉农人均纯收入的差距明显，人均纯收入最高的喀拉塔勒镇达到3959.1元，而最低的依干其乡只有641.0元，差距为6.2倍（见表3-87）。

表3-87　2007年阿克苏市各地棉农收入差距

单位：元

	依干其乡	拜什吐格曼乡	喀拉塔勒镇	托普鲁克乡	库木巴什乡	阿依库勒镇	农场
收　入	2664.0	14584.1	28151.4	9431.6	7876.5	14423.8	711.1
净收入	1221.7	6153.8	12420.5	4611.1	4471.5	9020.6	337.1
人　均	641.0	3077.5	3959.1	4299.8	2777.3	2585.4	780.0

资料来源：阿克苏地区统计局。

2. 阿克苏市居民收入分配中较为突出的问题

（1）企业和机关事业单位离退休人员的待遇差别很大

在调研过程中无论是与阿克苏市政府部门座谈时，还是和企业、城镇居民座谈时，他们都重点反映离退休人员的待遇问题。阿瓦提县友好社区居民反映，机关单位的离退休人员一个月收入至少是2500元，但是企业单位的离退休人员最多1000元，部队转业到企业退休后只能拿900元工资，但如果在部队里退休收入至少为3000元。

在医疗待遇方面，公务员和事业单位的医疗保险由财政负责，比较稳定。但是，企业离退休职工的医疗保险则明显要受到企业经营效益的制约。那些破产企业的退休职工生活普遍比较贫困。

（2）物价上涨降给低收入家庭生活带来较大压力

课题组调研中还发现，近两年的名义工资虽然不断增加，但实际工资基本没有什么增长。2006年阿克苏市居民消费价格指数平均为102.3%，价格总水平比上年上涨2.3个百分点，而2007年的价格涨幅继续扩大，结构性波动特征明显。具体来看，食品类上涨 4.5%，烟酒及用品上涨 1.6%，医疗保健和个人用品上涨 2.1%，交通和通信上涨 0.9%，居住上涨 5.1%，衣着下降 0.4%，家庭设备用品及维修服务下降 1.0%，娱乐教育文化用品及服务下降 0.4%。

居民消费价格变动呈现渐进式、结构性的价格上涨，这种形式的价格上涨有一定的持续性和较强的隐蔽性。它一方面表现为价格涨幅相对平缓；另一方面表现为价格上涨具有明显的结构性，即在食品、水电燃料和一些服务项目价格明显上涨的同时，大部分工业消费品价格仍在下降。但值得注意的是，通胀主要是食品价格上涨带动物价上涨，对低收入家庭而言影响最大。低收入家庭消费品种单一，主要集中于生活必需品，消费弹性小，替代效应不明显。因此，生活必需品价格上涨，使低收入家庭食品的消费支出增加，消费量下降，生活质量降低。

（3）部分居民住房问题需要解决

在调研过程中，无论是事业单位、企业单位，还是下岗职工或农民，普遍反映的问题就是住房问题。房价飙升导致普通居民住房消费更加艰难，低收入居民更感困难。

2006 年，阿克苏市居民每人每年收支结余约 912.8 元。按每家 3 口人计算，6 年间一个普通家庭节余的资金约 6000 元，而在 2000～2006 年间房价（按 100 平方米普通住宅计算）约上涨 10 万元，居民积累资金的速度根本抵不上住房价格上涨的速度。目前开发商热衷于建中高档住宅，位置优越的地方房价基本上都在 1800 元/平方米以上，购买住房需要支数十万元，普通居民难以问津。

总之，近几年以来，虽然居民收入增长较快，市场物价总体上波动不大，但由于部分品种价格急剧上涨，增加了居民心理和支付能力的压力，导致部分居民感到生活压力较大。

（4）新农村建设面临着难题

阿克苏市建设社会主义新农村也面临着一些困难和问题。具体来看，一是农民收入增长缓慢，城乡和地区差距呈扩大趋势；二是乡村基础设施、公益事业建设所需投资大；三是农村社会发展滞后，不适应经济发展需要；四是乡、村级规划不完善，大多数村容、村貌建设仍处于低水平的起步阶段；五是乡、村普遍存在集体经济实力薄弱现象；六是农业资源还比较短缺，生态环境仍很脆弱，生态环境恶化的趋势还未得到遏制。

3. 阿克苏市居民收入分配差距较大的原因

近些年来阿克苏地区高度重视解决收入分配差距扩大的问题，采取了一系列政策措施，如整顿和规范分配秩序，推进分配制度改革，调节收入分配，完善社会保障体系，减免农业税，切实增加农民收入等。然而居民收入差距仍在有继续扩大的趋势，主要原因如下。

首先，政府政策的调整和执行需要一个过程，不可能政策一出台就能马上解决贫富差距问题。

其次，近年来国家实施西部大开发，对新疆的支持很大，阿克苏地区经济增长连续多年保持了较快速度，超过了全国的平均增速。但即便这样，由于历史原因，阿克苏地区经济社会的发展起点低、基数低，从长期来看，它与内地的差距将会不断缩小，但在短期内绝对数的差距还会扩大。

第三，改革目前正处于攻坚阶段，越来越涉及一些深层次的利益关系。体制改革与解决收入差距的有关政策之间的矛盾还没有完全理顺，还使得解决收入差距的一些政策一时难以达到预期的效果。

（四）阿克苏市政府在改善居民收入分配方面的工作

近年来，阿克苏市对居民收入问题高度重视，各部门在改善居民收入分配方面做了以下一些工作。

1. 财政收入的增加提高了公共财政支出的比重

2007 年预计完成地方财政收入 5.8 亿元，比年初预算增加 6500 万元。全年财政收入比上年增收 1.4 亿元，同比增长 30.6%。其中，一般预算收入预计完成 3.8 亿元，同比增长 17.0%；基金收入预计完成 2 亿元，同比增长 67.9%。2007 年预计阿克苏地区完成地方财政支出 8.4 亿元。其中，一般预算支出为 6.3 亿元，基金支出为 2.1 亿元。从 2007 年 1～10 月完成的财政支出来看，首先确保了行政、事业单位人员工资按时发放和机构的正常运转；其次是保证了城镇居民最低生活保障人、农村三老人员、村干部等人员的补贴按时发放。

总的来说，阿克苏市财政收入平稳快速增长的主要原因在于：第一，阿克苏地区主体税种保持了良好增长态势。第二，税务部门加大清欠力度追回历年欠税数额较大。第三，随着多浪河改道工程项目顺利实施，阿克苏地区土地出让金增幅较大，从而带动相关产业税种稳步提高。第四，国民经济快速发展给财政收入增长提供了充足的来源。第五，财政部门大力推进非税收入改革，加速各类非税收入依法收缴国库和财政专户。

2. 政府重视低收入居民的生活保障

阿克苏市政府制定下发了《开展农村低保工作实施方案》，明确界定了保障对象的范围及标准，按照自治区界定的年人均纯收入低于 700 元的标准进行摸底调查。各乡（镇）场也成立了相应的领导机构，确保了农村居民最低生活保障的各项政策落到实处。

3. 进行入户调查、科学策划，保证低保资金落实到位并及时发放

阿克苏市初次申请农村低保的农村居民进行了入户调查。通过调查，准确掌握了农村低保对象的底数和保障金的要求情况。年需补差保障金为 538.3 万元，月需发放补差保障金 44.9 万元。

开展农村低保后，按照自治区的要求，阿克苏市还配套落实了当地农村低保资金。截至目前，已发放补差保障金 269.2 万元。其中上级财政拨入 190 万元，市级财政拨入 79.2 万元。

4. 对义务教育阶段的学生实行了"两免"政策

阿克苏市义务教育阶段的学生都实行了"两免"政策，即免课本费，免贫困生和农牧民子女学生的学杂费。

阿克苏市农村义务教育阶段的中小学生全部免除了杂费，其免除的标准为初中生每学年 100 元、小学生每学年 70 元，每年应安排免杂费 241.9

万元，其中中央和自治区按 8∶2 比例分担，中央分担 193.5 万元，自治区分担 48.4 万元。2007 年市财政已将全年中小学生免杂费 241.9 万元资金全部拨付到农村各学校，作为公用经费使用。

（五）改善阿克苏地区居民收入分配状况的建议

通过调研，各部门就改善居民收入分配状况提出了一些建议，可以归纳为以下五个方面。

1. 继续深化农业内部结构调整

要围绕粮食、棉花、特色林果业和畜牧业四大基地和区域性特色农业开发，以效益为中心，以建设现代农业为目标，推进农业向深度和广度进军，全面提升农业整体发展水平，依靠农业增效促增收。重点是依托龙头企业和产业化经营带动，加快构建优势农产品产业带，推动农产品加工、保鲜、储运业的发展，使农民在农业产业链条延伸中获得更多收益。要适应建设现代农业的要求，加快发展设施农业，支持发展循环农业，积极发展节约型农业。创新农业发展模式，鼓励城市郊区、民俗旅游区农民发展休闲观光农业、生态农业，形成农民增收新亮点。

2. 努力增加农民非农产业收入

抓住各地推进新农村建设和村庄整治、环境治理的有利时机，引导农民大力发展农村二三产业。支持发展乡镇企业和农村工业，放手发展农村非公有制经济，全面放开农村二三产业经营领域，鼓励农民以家庭经营形式参与交通运输、批发贸易、餐饮旅游和社会服务业等第三产业。大力发展小城镇经济，不断扩大县域经济规模，为城乡统筹提供有利载体，为农民增收开辟更大空间。要把小城镇建设和新农村规划建设，农村经济结构调整，乡镇企业、农业产业化经营和非公有制经济发展结合起来推动，培育小城镇经济增长点，为农民创造更多创业就业机会和岗位。

3. 积极推动农民外出务工创收

继续加大统筹城乡就业力度，结合大规模开展农民劳动就业技能培训，从更大范围引导和组织农民开展劳务创收。结合新农村建设和新型工业化、城镇化和城市化的推进，制定地区县市劳务创收年度计划，抓好落实。坚持农业内部转移与向二三产业转移、就近转移与跨区转移、常年转移与季节性转移相结合，推动劳务创收向多元化渠道拓展，促进农民工在城乡、地区和产业间有序流动，着力形成一批有稳定职业的农民工创业队伍。

4. 建立与物价指数相衔接的社会最低保障制度

在市场经济条件下，仅靠一个地区的宏观调控很难达到抑制物价过快上涨的目的。但在物价上涨的过程中，应考虑对低收入户出台配套的保护性政策，确保生活不受到严重冲击，如将最低生活保障金"指数化"，与物价指数挂钩。当低收入居民消费价格指数上涨超过一定幅度时，最低生活保障标准也随之相应提高，从而尽可能地减少物价上涨对低收入居民家庭生活的冲击。加强成本监督，从严控制涨价。

5. 加强宏观调控，力求降低物价上涨对低收入家庭的影响

政府部门在制定与人民生活息息相关的调价政策时，应充分考虑低收入家庭的承受能力，决策要科学慎重，力求最大限度地降低调价对其生活带来的影响，确保低收入家庭生活水平不因调价而受到较大影响。

第五节　经济欠发达地区的农民收入问题
——甘肃平凉的调研

导　语

平凉调研报告是国家社科基金重大课题与国务院信息办农村信息化课题相结合的成果。为了促进农村信息化工作，提高农民的收入，国务院信息办专家委员会在西部贫困地区选择了平凉为调研点，专家委员会副主任周宏仁教授对课题调研做了非常重要的指示，并委派杨煜东处长负责联系和协调工作。

根据领导同志的要求和国家社科基金重大课题 A 类项目"我国地区间居民收入分配差距研究"课题的需要，北京师范大学经济与资源管理研究院组织了奔赴平凉的调研活动。李晓西院长和曾学文副教授是调查组的负责人。调查组成员有张琦教授、杨煜东处长、金三林副研究员、和晋予博士、王颖硕士、张坤硕士、杨婕硕士、肖博强硕士。

2007 年 7 月 22～28 日，课题组在甘肃平凉开展了信息化与农民增收的相关调研。调研组深入到了平凉市各村，在田间地头与当地的农民访谈；同时也就当地在粮食、果业、牧业领域的多个信息化促农增收试点项目的进行情况做了调研，并和当地的领导干部、群众进行了座谈。课题组了解到了大量的一线材料，收集了当地农民自 2004 年以来通过信息化手段取得收入增长的第一手资料。在调研的过程中，甘肃省信息办李景相副主任给予了大力支持，并派去陈昕同志陪同调研，使我们了解到甘肃省信息化的基本情况和取得的经验。在平凉调研期间，陈伟市长会见了课题组全体成员，介绍了平凉市经济社会发展的现状，对课题研究提出了很好的建议。平凉市长助理、信息办主任施海虎同志以及市信息办的全体同志为课题组的调研作了周密的安排，提供了良好的调研条件。

课题组最初在调研分析的基础上形成了一个《平凉信息化发展模式研究报告》，并报送国务院信息办专家委员会。同时，根据国家社科基金重大项目的要求，根据调研中获得的资料、信息和案例，撰写了《甘肃平凉农村信息化促进农民增收的典型调查》。

（一）调查背景

解决好"三农"问题，关键一条是要持续增加农民收入。在市场经济条件下，信息对于农业生产经营的作用越来越重要，信息化引起经济社会的全方位深刻变革，对收入分配以及产业结构方面的影响十分显著。第一，信息化对欠发达地区提高收入水平有较为明显的促进作用。由于这种收入水平的提高是由产业结构升级带动的，因此，在一定意义上，利用信息化推动产业升级、增加就业是收入提高的关键。而信息化对产业结构升级所发挥的作用是巨大的、全面的、跨越式的，特别是在欠发达地区，以信息化提升传统农业是农村经济发展的必要手段，同时应将信息化带来的发展机遇和自身比较优势紧密结合，加快产业升级速度和力度，找准关键产业并发挥其带动性。第二，农村信息化推进有利于缩小城乡收入分配差距。城乡二元结构是中国经济发展的重要特点，信息化的过程是中国缩小城乡差距的重要历史机遇。应紧紧抓住这一契机，发展农村信息化，提高农业生产水平，加快农民增收步伐。

西部地区在农村信息化促进农民增收方面取得了显著成果，涌现出若干成功的案例。甘肃省平凉市因地制宜开展农村信息化建设，其经验很有特色，反映了欠发达地区的普遍特点。2006 年，平凉人均 GDP 为 5742 元，农民人均纯收入为 1950 元，第一、第二、第三产业占比为 23.5∶39.4∶37.1，属于典型的不发达地区，总体上处于工业化初期阶段。近年来，平凉市已经探索出一套较为成熟的发展模式，其农村信息化建设中以崆峒粮油期货贸易、飞云乡果业信息之家等最为典型。这两个典型在发展农村经济和引导农民致富上取得了较为显著的成效，并在全国范围内引起关注。

2007 年 7 月 22～28 日，在李晓西教授的带领下，研究小组成员赴平凉进行实地调研。在调研过程中，课题组将座谈与现场考察相结合，获取了大量的第一手资料。课题组对平凉崆峒区粮食局和泾川县飞云乡坡头村信息化建设进行了调研，并和相关粮食经纪人、种粮大户和粮食企业负责人，以及果农大户、果品流通企业负责人等座谈，同时在飞云乡开展了农户收入分配的调查，为分析农村信息化促进农民增长提供了基础数据。

（二）泾川县飞云乡"果农信息之家"促进农民增收的典型分析

泾川县飞云乡跨村联合，成立了富源果树技术服务协会和恒丰果品流通协会。协会吸收种植苹果能手、营销能人和储运大户作为会员,开办了"果农信息之家",建立了飞云乡果品信息网站。协会还通过互联网广泛收集、筛选有关农业技术信息、市场供求和价格信息,积极为果农提供信息服务,从而成为集技术报务和果品营销为一体的跨村产业化发展服务组织。通过协会的努力,农民参与市场竞争的组织化程度与林果业产业化程度同步提高。

1. "果农信息之家"的发展背景

课题组对甘肃省平凉市泾川县飞云乡坡头村的"果农信息之家"进行了实地考察。该村地处泾川县南部塬区,全村有9个村民小组411个农户,人口达1700余人。近年来,坡头村从实际情况出发,按照泾川县确定的"一村一品"产业开发的基本思路,把果品作为调整农业产业结构、增加农民收入的主导产业,坚持大户栽桩、整村整区域推进,果品产业取得了长足的发展,基地规模不断扩大,产业效益日益明显。目前,全村以苹果为主的果树经济林面积达到2423亩,户均6亩,人均1.4亩。2006年全村果品总产量达到1440吨,果品产值230万元,人均果品收入占全村农民人均收入的62.4%。果品已成为当地农民增收的重要支柱。[1]

随着果品产业规模的不断扩大,一家一户的小生产越来越不能适应市场经济发展的需要。为此,有效地组织种果大户、技术能手和果品经销大户开展规模化、产业化经营,解决农户分散生产与大市场不相对接的问题,已成为其全面提升果业开发水平的当务之急。2004年,飞云乡按照"入会自愿、退会自由、风险共担、利益共享"的原则,由坡头村和相邻的果品专业村元朝村联合组建果业协会,成员为坡头村、元朝村的种果大户技术能手和流通大户。协会下设果农信息之家、果品质量检测检验中心、恒丰果品流通协会、富源果树技术协会,现有会员421人,其中取得农民专业技术职称资格的122人,具有中级职称的24人,具有助理职称的43人,林果技术员共197人。

---

① 甘肃省平凉市信息化工作办公室:《泾川县飞云向坡头村果业协会情况》,2006年11月20日。

2. "果农信息之家"的主要做法

果业协会制定了协会章程，大力开展果品产前、产中、产后服务，重点开展了技术培训、果品贮存、市场信息、流通销售为一体的产、贮、销全方位服务，探索出了"协会＋基地＋农户"、"公司＋协会＋基地＋农户"、"支部＋协会＋基地＋农户"、"专家＋协会＋农户"等运作模式，为果品产业快速发展发挥了龙头作用。

2004年6月，果业协会市场信息部建设了"果农信息之家"，配置电脑一台，打印机、速印机各一台，电脑上网的软件硬件设备都达到了规范要求标准。"果农信息之家"以提供科技与信息、沟通产业与市场、服务果品产业的发展的宗旨，制定了包括管理制度、工作职责、服务方式、服务项目等为内容的各项制度，制作了信息发布栏，加强果品产业信息服务，不断拓宽果农信息之家的服务领域。

果业协会充分依托果农信息之家，不断深入开展果品信息服务。制作飞云乡果业信息网页，向全国发布飞云乡果业信息，向果农提供科技资料。协会把在网上下载的全国各地的果品销售市场信息印发到农户，使果农及时掌握全国果品市场行情和最新技术，有力地指导了果农适时适价销售。特别是在果品收获季节，及时向果农发布提供全国主要果品批发市场的果品供求、价格信息，同时在网上与外地的果业公司达成果农合作协议，不断拓宽销售市场，增加农民收入。组织果农每年销售果品5000多吨，果品销往全国十多个省市，仅此一项收入10万元；果品销售价格与2003年相比每公斤提高0.4元，为两村果农人均增收326元；协会根据果品市场变化，利用修建的20孔果窖以保护价收购农户果品，每年贮存果品2000多吨，贮存利润按协会三成、农户七成的比例分成，让利于果农。协会还配合乡村积极发展农村社会事业，积极组织会员开展科技文化培训，使得近年全乡经济社会稳步发展。①

---

① 资料由飞云乡坡头村果农信息之家提供。

在技术服务方面，"果业信息之家"根据果树生长管理不同季节的果农对技术的要求，及时下载印发果树栽培、施肥、修剪、病虫害防治等各类科技资料等，为广大果农提供全方位生产服务。同时，协会按照果品生产不同季节，邀请市、县果树专家举办82期技术培训班，培训果农1万人次，其中有122人取得了专业技术职称资格。协会每年组织100多个技术能手为果农上门服务，组织群众全面落实"强拉枝、大改形、巧施肥、无公害"四大关键措施和果实套袋、摘叶转果、树体输液、铺反光膜、配方施肥、病虫害防治等"十大优果技术"，全面提高果园标准化管理水平。

3. 信息化推动对农民增收的影响

调查组对泾川县飞云乡17户农户进行问卷调查，并与农户进行了讨论。调查表明：88.23%的受访农民认为信息化措施——"果农信息之家"对提高收入的作用很重要。其余11.77%的受访农民认为其作用一般，没有任何受访农民认为信息化对提高收入的作用不重要。2004年在该地全面推行"果农信息之家"这一信息化平台之后，当年该地农民收入就有了大幅增长。在2004~2006年中，该地农民在收入水平、收入来源结构和信息致富意识方面，已经远远超出平凉市农民一般水平。农村信息化工作在增加农民收入、促进农业经验多元化、培养农民致富能力方面的作用得到了很好体现。

泾川县飞云乡农民增收速度远远高于平凉地区平均水平。平凉市整体的农民收入状近年来一直持续增长态势。2006年平凉市农民人均纯收入达到1950元，比上年增加130元，增幅达7.1%。如下表所示。

表3-88　2004~2006年来平凉农民收入水平情况

单位：元/年

指　　标	2004	2005	2006
平凉市农村居民人均纯收入	1715	1820	1950
泾川县飞云乡受访农民人均年收入	2994	3779	4343

资料来源：2003~2005年数据摘自《平凉统计年鉴2005》，2006年数据为平凉市政府提供，受访农民收入情况来自调查问卷整理。

泾川县飞云乡受访农户 2006 年人均收入 4342.67 元，是平凉农民人均纯收入水平的 2.23 倍。从增长速度来看，平凉市 2005 和 2006 年农民人均纯收入增幅为 6.1% 和 7.1%，而飞云乡受访农民 2005 和 2006 年的收入增幅为 26.2% 和 14.2%，分别高出 20.1% 和 7.1%。快速的收入增长为飞云乡的受访农民提供了较好的资金支持，部分受访农民已经采取较原有"果农信息之家"所提供的信息手段之外的现代信息技术，来寻求商机和获取农业技术知识，并且开始寻求其他的农业增收途径。在调查中，有近 20% 的农户开始主动通过网络和计算机寻求价格信息和农业信息，而这些农户的年收入已经达到 8000 元，是平凉市农村居民人均纯收入的 4 倍。

泾川县飞云乡农民通过"果农信息之家"模式增收后，收入来源多样化，收入结构更合理。平凉市农民人均纯收入中，草畜、蔬菜主导产业收入占到 47.5%。而泾川县飞云乡受访农民的收入来源为果业收入占 33%，种粮收入 32%，养殖收入 24%，外出打工收入占 11%。如下图所示：

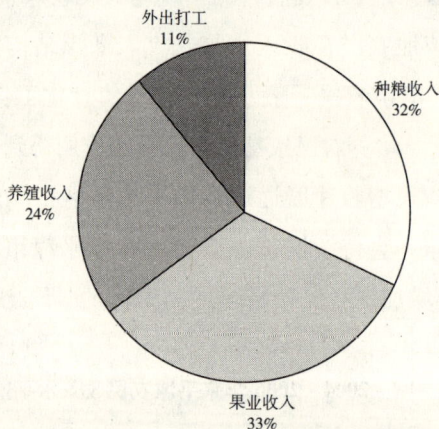

图 3－16　平凉市泾川县飞云乡受访农民收入结构

从该地农民收入来源来看，该地农户普遍实现了农业混业经营。受访农户中，有种粮收入的占 70%，有果业收入的占 70%，有养殖收入的占 53%，有外出打工收入的占 24%；82.3% 的农户有两个以上的收入来源。

"果农信息之家"除提供果业信息之外，还大量提供其他农业信息，对该地农户的经营方式进行有效的引导，最终形成了这种混业经营模式。一户之内可能有多个主要收入来源，既降低了本地的内部竞争，提高了抗农业风险能力，又有效地利用了劳动力和生产资料，为未来的农民收入增长打下了基础。

泾川县飞云乡农民通过"果农信息之家"实现增收后，信息需求强烈，获取信息的来源也日益多元化。"果农信息之家"模式最初的农业信息化手段主要是由农业科技员通过网络、电视、报纸、杂志等途径收集农业信息，然后发布到飞云乡的信息公告栏，并采用短信、农户子女从学校带回相关农业科技资料等手段作为辅助。该地农户之间也愿意共享各种农业信息，以实现共同致富。2007年，"果农信息之家"模式开展3年多之后，当地的农民已经开始在它的引导下，自主地寻找各种农业技术信息和农产品价格信息。受访农民的主要信息来源如下图所示：

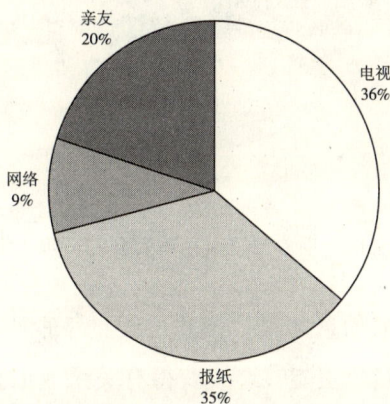

图3－17　平凉市泾川县飞云乡农民获取信息途径

电视、报纸、网络作为现代社会中最常用、最有效的三种信息传播手段，在该地都得到了较好运用。"果农信息之家"通过网络寻找农业生产经营信息，引起了部分农户浓厚的兴趣，他们逐步将网路渠道作为了自己的主要信息来源之一。在受访农户中，9%的将网络作为主要信息来源的农户人均收入为 8000 元，高出其他主要利用传统信息渠道的农户 5000 元。虽然最具有自主选择性的网络这一信息获取渠道只有 9% 的受访农户在采用，但是考虑到当地较好的信息共享传统，以及 20% 的主要靠邻居亲友传播农业生产经营信息的受访农户，网络渠道的实际作用应该已经超出这一调查所得数据的显示。泾川县飞云乡农民通过"果农信息之家"实现增收后，致富意愿更加强烈，致富能力也得到增强。通过"果农信息之家"的引导，受访的飞云乡农民已经有了对市场和现代农业技术的自主研判力，对自己目前所需的信息都有明确的认识。受访农民所需信息类别如下图所示：

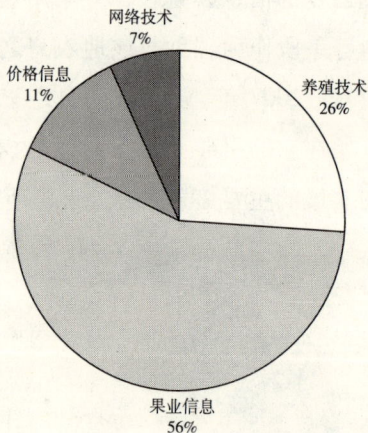

图 3 – 18　平凉市泾川县飞云乡农民所需信息

由于已经在"果农信息之家"模式的帮助下取得了较快的收入增长，当地的大部分农民依然希望能够继续获得有关果业信息支持。部分生产大户希望能够在农村品价格信息方面获得支持。26% 的受访农户意识到该地的果业生产已经具备一定规模，而且其他农户在果业生产方面具备先发优势，也希望能够通过养殖技术信息在其他方面实现收入增长。在"果农信息之家"模式的帮助下，农民跳出了原有"果业、果农"的限制，利用该地农业混业经营的特色，开创出适合自己的致富之路。7% 表示需要网络技术信息的受访农民，还希望通过网络获取价格信息、农产品品种信息，拓展农产品销售市场。这种信息需求实际上是该部分受访农户希望能够由自己来搜寻信息，建立自己的信息获取、发布渠道。"果农信息之家"模式在飞云乡推行 3 年之后，该地的农民已经具备了良好的农业生产经营理念，有意识地培养自己的致富能力，对自己的农业生产模式进行规划。可以预见，该地农户将在"果农信息之家"的帮助下，走上收入持续高速增长的致富道路。

（三）崆峒区粮食产业信息化促进农民增收的典型分析

近年来，在利用粮食产业信息化提高农民收入方面，平凉崆峒区进行多渠道探索，取得了较好的成效。崆峒区粮食局紧紧围绕市区两级政府关于信息化建设工作的总体安排部署，坚持以项目建设搞活粮油和特色农产品经营，提高经济效益，实现农民增收。同时，不断加强软硬件设施建设，充分利用已建成的信息网络，加强信息的发布、收集、筛选、归纳工作，发挥其在粮食生产和市场之间发挥了桥梁和纽带作用，促进粮食流通工作的顺利开展，从而显著提高农民收入。同时，把粮食局转变为生产和流通的信息服务部门，可以有效地转变政府职能，对西部其他地区新农村建设具有良好的借鉴意义。

1. 平凉崆峒区涉农企业信息化主要做法

（1）组建粮食期货贸易部

2004 年 4 月，平凉市崆峒区前期投资 82 万元，购置计算机设备、新华社期货交易专用软件和以新华财经卫星接收系统为基础的网络设施，成立了以期货交易、现货交易及信息收集发布为目的的粮食期货贸易部，将粮食期货贸易部作为信息及物流枢纽，整合现有粮食购销企业，构建欠发达地区实际的粮食流通体系。通过充分利用新华社最新最快的信息网络和提供的文字期货市场交易信息，分析预测趋势，把握行情，把粮食现货和期货交易有机结合，填补了基层粮食期货交易业务的空白。另外，根据全球粮食期货即时行情，粮食期货贸易部还采集绘制了重要城市长达30多年的粮食价格走势图，搜集和绘制了国内大宗粮食近 10 年的价格、种植面积、进出口、消费等变化状况图，通过比较国际、国内粮食价格与崆峒区近8年粮食价格走势，预测价格变动，规避经营风险。同时，为粮食经营决策和经营管理层收集、筛选、供需信息，使崆峒区粮食贸易尽快进入全球市场，并形成了有效的运作管理模式，取得显著的经济效益和社会效益。

（2）搭建粮油信息平台

2004年3月，崆峒区粮食局投资10万元在深圳"中农网"创办了崆峒区粮油信息网，开设了崆峒区粮食行业简介、农业概况、招商引资优惠政策等7个静态栏目以及粮油资讯、特色产品、供求快讯、价格行情、重点企业、农民经纪人、技术咨询、招商信息、信息发布、市场公告等15个动态栏目，并面向全世界开设了相应重点栏目的英文版。"中农网"还开设了商品周报、批发市场、专家分析、市场动态、分析预测、经济新闻、国际农业、农业招商等10个栏目，为崆峒区粮食企业提供信息共享服务。同时，"中农网"建立了"平凉崆峒粮油商务频道"，利用中农网电子商务平台实现崆峒区粮食企业电子商务活动和网上交易。此外，通过加强粮食信息网络建设和信息的发布、收集、筛选、归纳工作，积极服务招商引资、粮食流通和新农村建设，引导农民按市场需求安排粮食生产，充分发挥信息在粮食生产和市场之间的桥梁和纽带作用。

（3）促进粮食企业信息化建设

粮食龙头企业是平凉市崆峒区富农的主要带动者。通过加强粮食龙头企业的信息化建设，提高企业信息发布、收集和分析能力，让企业及时掌握市场信息，能将企业的资源优势转化为市场优势，提高粮食企业竞争力，进而增加种粮农户的收入。在粮食企业信息化建设方面，平凉市崆峒区为11户粮食购销企业配备了微机，坚持每天一小时上网制度，登陆区粮食局创办的《崆峒区粮油信息网》及其他粮油信息网，及时掌握、分析、预测粮油商品交易价格变动趋势，开展网上交易和电子商务活动。通过和粮食购销企业和组织及粮食协会的合作，把小农生产无序的状况改变为订单农业的格局，不仅增加了当地农民的收入，而且为农业的社会化分工打下基础，对于调整传统的农业生产组织结构意义深远。

2. 粮食产业信息化在农民增收方面取得的成效

崆峒区粮食期货部通过利用信息化手段，收集信息、分析粮食期货市场的价格行情和走势，为粮食购销企业提供信息服务，使该地区的粮食贸易很快打入全球市场，并充分利用期货市场的优势，通过套期保值等方法有效地降低农产品期货的风险，帮助农民提高收入。2007年上半年，粮食期货部利用信息化手段完成粮食交易6万多吨，实现农民增收2500万元。

崆峒粮油信息网充分发挥和利用现代信息技术，建立了高效的粮食物流机制，带动了崆峒区粮食经营由区域型向全国、出口型转变，由粗放经营向单品分色、筛选的精细经营转变，及时调整了农业结构，形成了以传统农业向市场农业的转变。从2004年5月至2007年底，已向国内外客商推介该区40多种粮食及特色农产品，已和160多户客商建立了购销关系，累计完成粮食经营量67.52万吨，实现销售收入3.84亿元，使农民增收3.14亿元。[①] 此外，为了加快新农村信息化建设步伐，帮助农民及时准确享受信息化建设成果，崆峒粮油信息网工作人员对符合条件的50户农民无偿配送电脑和无线上网设备，并提供无偿的培训服务。同时，这50户也将作为崆峒粮油信息网的信息采集发布点，利用最新的粮食信息，帮助农民最大幅度增收。

通过粮食企业的信息化建设，利用已建成的信息网络为226个粮食经纪人、125户种粮大户，以及29户粮食购销企业、民营及其他所有制企业提供信息服务。通过发展信息化，参加全球招商，先后引进建成了熊毅武方便面生产线、陇兴食用油生产线、香源马铃薯淀粉生产线、崆峒区农副产品综合交易市场、金属装潢材料生产线、叶面复合肥生产线等6个项目，总投资1.03亿元。通过项目建设和扩大经营，共使212名下岗和分流职工实现了再就业。同时，利用粮食龙头企业的引导作用，大力发展订单农业，不仅有效

---

① 参见《崆峒区粮油信息网荣获"2007年中国农业网站100强"称号》，http://www.ktqw.gov.cn。

提高了农户收入，也使崆峒区粮食产销一体化工作步入了快车道。

（四）农村信息化增加农民收入过程中存在的问题与建议

1. 存在的主要问题

西部欠发达地区区位条件不利，生产力水平比较低，经济发展比较脆弱。因此，西部欠发达地区农村信息化促进农民增收也存在许多实际困难，主要表面在如下四个方面。

（1）信息化硬件及配套设施不足

"果农信息之家"设施极其简单，联网不能保证，对外开放时间受限。根据调研，飞云乡相当一部分地区的网络还不能通到村里面。即使有了电脑也不能连接到网络，从而无法利用信息资源。

（2）网络成本高

农民是县域绝对主体人群，推进县域经济信息化的瓶颈之一就是农村信息传播存在"最后一公里"问题。但是，相对于农民的收入来讲，除了计算机价格高外，上网费用也比较高。目前平凉地区农村农用电话的收费以及线路的状况对发展农业信息网络服务还受到一定限制，在农民收入较低、负担重的前提下，要解决农民信息上的贫困，需要采用简捷、便宜的手段来实现。

（3）信息化应用效益不高

目前普遍存在着信息化内容收集、发布不够及时，信息的收集、加工、增值的手段和机制缺乏，信息化对经济社会的推动作用还不十分明显。特别是农村信息传播手段单一，信息总量小，难以满足农村发展和农民致富的需要。信息传播速度较慢，时效性差，难以发挥信息的先导作用。信息的针对性不强，个性化服务信息极少，信息的利用价值不高。

（4）信息服务队伍建设滞后

一是观念亟需转变；二是知识亟需更新；三是经费亟需建立支持渠道。根据调研，"果农信息之家"缺乏真正的专业技术指导人员，而一般的技术指导人员大多是通过兼职等非职业形式工作。这接影响到"果农信息之家"发展的稳定性以及信息采集的准确性和及时性。

2. 西部欠发达地区农村信息化促进农民增收的建议

当前农村信息化开展工作的基本指导思想是提高农民收入，只有增加农民收入才能把信息化搞好，而不能就信息化谈信息化，工作要落到实处。但目前许多工作还停留在表面上，没有充分发挥促进农民增收的作用。今后，要围绕提高农民收入开展工作，提供有价值的信息，从技术、流通和电子商务方面进行信息化建设，帮助农民增加收入。

（1）加快信息基础设施建设，改善信息服务条件

紧紧抓住中央加快建设社会主义新农村的战略机遇和省里启动实施农村信息公共服务网络工程的有效时机，采取市场化手段，协调引导电信运营商加大农村资金投入，加快农村广播、电视、电话以及宽带网络建设步伐，不断改善农村信息服务设施条件，扩大有线电视、无线通讯和互联网的覆盖范围。进一步扩大"果农信息之家"的影响力，使网络优势得到充分发挥，不断促进农民增收。

（2）开展数字乡镇和数字农村试点工作，从根本上降低网络接入费用

结合新农村建设试点，在有条件的村部配备电脑，并宽带接入互联网，免费为农民提供和发布信息，着力解决信息进村入户的问题。

（3）延伸"果农信息之家"网络体系，扩大信息覆盖范围

加快向龙头企业、批发市场、经营大户、中介组织的纵向延伸，创新信息服务方式，在继续使用发布栏、宣传册等服务方式的基础上，积极探索利用广播、电视、电话、短信等多种形式，解决信息入村入户的问题，尝试建立农业110、农业寻呼机等有效的服务模式。依托信息之家、农村中小学等，通过计算机、多媒体有计划、分批次对农村党员与农技员进行培训，提高农民科技和文化素质。在飞云乡果品网页基础上，全面整合市内科技、农业、气象、农牧、水利以及农业科研院所在内的各类涉农资源和专家资源，为农民提供实用技术、市场信息、政策法规等全方位的服务信息。大力推广网上订单农业，有步骤地开展农产品电子商务。

（4）加强龙头企业的信息化建设

鼓励龙头企业建立自己的信息管理部门或专职信息员，建立自己的网站，提高信息发布、收集和分析能力。鼓励加工类企业实施 ERP 等现代管理系统，提高竞争能力。加强政府对龙头企业的信息服务，为企业提供一个崭新、快捷、全面的信息传递渠道，让企业及时掌握市场信息，根据市场变化情况制定前瞻性的生产计划，把资源优势转化为市场优势。对于信息化水平高的企业，可认定为高新技术企业，享受有关优惠政策。

（5）整合资源，加快农业信息资源库建设

按照资源共享、信息共用的原则，实现各农业信息资源的互联互动，开辟信息传输渠道。进一步加大网站信息资源的开发和利用力度，突出抓好信息资源库建设，加强信息资源的收集，以便更好地为农村经济发展和农民增收提供支持。

附录
平凉市经济社会发展所处阶段分析

在经济发展的过程中，产业结构、城市化进程、收入分配、发展均衡、消费模式、科技进步、社会福利等多方面都会发生相应变化。以工业化和城市化作为核心指标，对比我国经济整体水平和美国经济发展历程，可以判断得出平凉经济发展处于"工业化和城市化快速发展的起步阶段"。

（一）我国经济社会目前处于工业化、城市化"双中期"阶段

2005 年，我国第二产业占 GDP 比重为 47.5%，已经进入工业化后期，实践上也高出了 38%，即美国 1950～1960 年的工业化后期水平。但我国2005 年的第二产业就业比重为 26.7%，还低于工业化前期水平。考虑到现代社会信息技术的发展以及工业技术革新对人力资本的节约，工业化程度判断中的就业比率指标就应该相应降低，我国的就业比率指标也接近或达到了工业化中期水平。

在城市化方面，根据美国著名经济地理学家诺瑟姆（RayM. Northman）的城市化进程的"S"曲线规律模型，来判断以城市人口占总人口比重及城市化率。具体来看：在该比率为30%之前，城市化的物质基础薄弱，规模较小，发展缓慢，是快速发展的准备阶段。在该比率为30%～70%之间，则是城市化中期阶段，即城市化飞跃发展，第三产业进入增长阶段。在该比率为75%以后的阶段，社会经济各个方面发展成熟、速度下降，进入城市化的晚期。2005年我过城市化率为42.99%，处于城市化的中期。

（二）平凉的工业化和城市化处于快速发展的起步阶段

按照工业化程度评判方法，选用四个指标反映工业化程度。这四个指标是：第二产业占GDP的比重、第三产业占GDP的比重、第二产业就业人数比例、第三产业就业人数比例。现将平凉市2005年的这四个指标与全国2005年的数值以及美国的历史数值进行对照。

表3-89　平凉市经济社会发展所处阶段分析

指　标	平　凉		中　国		美　国	
	年　份	数　值	年　份	数　值	年　份	数　值
第二产业占GDP的比重	2005	38.64	2005	47.5	1950～1960	38
第二产业就业人数比重	2005	14.1	2005	23.8	1900	30
第三产业占GDP的比重	2005	36.88	2005	39.9	1820～1870	32～58
第三产业就业人数的比重	2005	20.75	2005	31.4	1900	32

资料来源：《平凉统计年鉴2005》；《中国统计年鉴2006》；《2005年中国现代化报告》。

从上表数据和美国经济发展阶段的划分[①]，可以看出平凉第二产业占生产总值比重对应于美国1950～1960年的水平，也就是美国工业化中期水平，而其就业比例远远低于美国1900年即工业化初期水平。借助第三产业进行比较，可以看出第三产业占生产总值比重和就业人数，都低于美国工

---

① 美国经济发展阶段划分为：1870～1910年属于工业化初期阶段，1910～1940年属于工业化中期，1970～1992年属于后工业化社会。

业化初期水平。同时，比照全国情况来看，4个指标均既低于全国水平，也低于现代信息社会中的工业化中期水平。

此外，结合钱纳里的工业化阶段理论及其在《发展的模式》中所采用的产出结构与就业结构转变的"标准形式"，有关数值参见下表。

表3-90　工业劳动力份额在不同工业时期的标准值表①

经济发展时期	工业劳动力份额（%）
工业化前期	16.4~25.5
工业化中期	23.5~30.3
工业化后期	30.3~36.8

由上表可见，平凉在较高的第二产业占生产总值比重下，第二产业的就业人数同样处于工业化前期阶段。考虑平凉市的信息化工作正在开展之中，生产技术水平也并非全面处于国际领先地位。第二产业和第三产业的低就业人数已经足以证明平凉现阶段经济处于工业化快速发展的起步阶段。

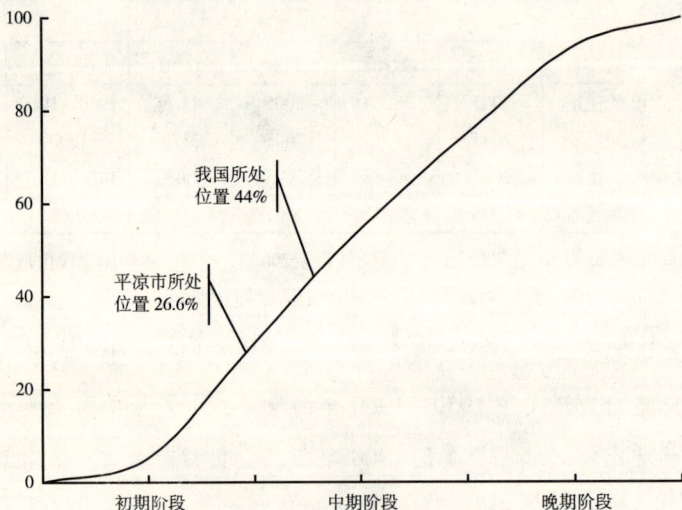

图3-19　平凉市城市化率图

① 李晓西：《新世纪中国经济报告》，人民出版社2006年版。

在城市化方面，同样采用诺瑟姆的城市化进程的"S"曲线规律模型，平凉统计局所提供的 2006 年平凉城市化率为 26.6%，低于 2006 年全国城市化水平 17.4 个百分点，低于城市化中期 30% 城市化率的标准，处于下图中城市化起步阶段的范围内。

同时，考虑 2006 年平凉农村居民纯收入为城镇居民可支配收入的 24.84%。城市化程度越高，农村和城镇居民的收入水平会越接近。从以上两点看出，平凉处于城市化快速发展的起步阶段。

综上所述，界定平凉市经济发展为工业化和城市化快速发展的起步阶段，是有理论依据的，也是符合我国国情和当地发展状况的。这一判断，对认识平凉地区经济发展的特征和规律，进而认识其信息化发展条件及其发展战略，是非常有用的。

本章主要参考资料

1. 《中华人民共和国三峡水利枢纽可行性研究报告》，加拿大国际项目管理集团长江联营公司编制，加拿大国际开发署资助，长江三峡工程可行性研究指导委员会第六次会议 1988 年 6 月审查通过。

2. 《大中型水利水电工程建设征地补偿和移民安置条例》，中华人民共和国国务院令 1991 年第 74 号，1991 年 2 月 15 日发布。

3. 《关于兴建长江三峡工程的决议》，中华人民共和国第七届全国人民代表大会第五次会议通过，《新华月报》1992 年第 5 期。

4. 《长江三峡工程水库淹没处理及移民安置规划大纲》，国三峡办发计字〔1993〕013 号文，中华人民共和国国务院三峡工程建设管理委员会办公室 1993 年发布。

5. 《长江三峡工程建设移民条例》，中华人民共和国国务院令 1993 年第 126 号，1993 年 6 月 29 日公布。

6. 《三峡地区经济发展规划纲要》，中华人民共和国国家计划委员会国地〔1996〕610 号文，1996 年 3 月 30 日发布。

7. 《关于清理三峡工程重庆库区移民收费项目问题的通知》，中华人民共和国国务院办公厅，1998 年 4 月下达。

8. 《关于做好三峡工程库区农村移民外迁安置工作的若干意见》，国务院三峡办和移民开发局，1999 年 12 月公布。

9. 《重庆市三峡库区移民资金管理办法》，渝府令［2000］70号文，2000年3月1日公布。

10. 《长江三峡工程建设移民条例》（修订），中华人民共和国国务院令2001年第299号，2001年2月21日公布。

11. 《重庆市实施〈长江三峡工程建设移民条例〉办法》，重庆市第一届人民代表大会常务委员会第四十次会议通过，2002年6月8日公布。

12. 《长江三峡二期工程移民工程终验报告》，中华人民共和国国务院三峡二期移民验收委员会，2003年4月公布。

13. 《国务院关于完善大中型水库移民后期扶持政策的意见》，中华人民共和国国务院，国发［2006］17号文，2006年5月公布。

14. 《大中型水利水电工程建设征地补偿和移民安置条例》（修订），中华人民共和国国务院令2006年第471号，2006年7月7日公布。

15. 《大中型水库移民后期扶持基金征收使用管理暂行办法》，财综［2006］29号文，中华人民共和国财政部，2006年7月9日发布。

16. 《长江三峡库区移民资金审计报告》，中华人民共和国国家审计署2007年第1号（总第19号）审计报告，2007年1月19日公布。

17. 《中国三峡建设年鉴》，国务院三峡工程建设委员会主管、中国长江三峡工程开发总公司主办，中国三峡建设年鉴社1998~2007年各期。

18. 《重庆统计年鉴》，重庆市统计局主编，重庆出版社1998~2007年各册。

19. 重庆市人民政府向重庆市人民代表大会历次全体会议提交的《移民工作报告》，载《重庆市人民政府公告》，1998~2007年各期。

20. 《三峡工程重庆库区统计历史资料汇编（1992~2004）》，重庆市统计局、重庆市移民局，2005年8月。

21. 《长江三峡工程生态与环境监测系统重庆社会环境监测站2005年度报告》，重庆市统计局，2006年4月。

22. 《长江三峡工程生态与环境监测系统重庆社会环境监测站2006年度报告》，重庆市统计局，2007年4月。

23. 《中国统计年鉴2007》，中国统计出版社2007年版。

24. 国家环保总局：《2006年中国环境状况公报》。

25. 黑龙江省统计局：《2006年黑龙江省国民经济和社会发展统计公报》。

26. 黑龙江省统计局：《2006年齐齐哈尔市国民经济和社会发展统计公报》。

27. 扎龙自然保护管理局：《扎龙自然保护区生态移民工作方案》。

28. 拜泉县统计局：《城镇居民收入分配的现状、主要问题及成因》。

29. 崔丽娟：《扎龙湿地价值货币化评价》，《自然资源学报》2002年第4期。

30. 钟瑜等：《退田还湖生态补偿机制研究》，《中国人口资源与环境》2002年第4期。

31. 雄鹰等：《洞庭湖区湿地恢复的生态补偿效应评估》，《地理学报》2004年第 5 期。

32. 翟伟峰、齐恒玉等：《黑龙江生态建设与湿地保护措施策略分析》，《防护林科技》2004 年第 9 期。

33. 粟晏、赖庆奎：《浅谈生态补偿与社区参与》，《林业与社会》2005 年第 2 期。

34. 冯东方、任勇等：《我国生态补偿相关政策评述》，《环境保护》2006 年第 10 期。

35. 闵庆文，甄霖等：《自然保护区生态补偿机制与政策研究》，《环境保护》2006 年第 10 期。

36. 顾瑞珍：《我国积极探索建立重点领域的生态补偿机制》，新华网 2007 年 9 月 23 日。

37. 扎龙国家级自然保护区管理局：《扎龙保护区自然状况》。

38. 扎龙国家级自然保护区管理局：《关于进一步加强扎龙保护区管理工作的意见和建议》。

39. 扎龙国家级自然保护区管理局：《扎龙自然保护区建设管理状况》。

40. 扎龙国家级自然保护区管理局：《关于扎龙保护区管理体制问题的探讨》。

41. 扎龙国家级自然保护区管理局：《关于进一步加强扎龙自然保护区管理的报告》。

42. 扎龙国家级自然保护区管理局：《东吐木台屯 PRA 调查报告》。

43. 扎龙国家级自然保护区管理局：《扎龙自然保护区生态移民工作方案》。

44. 扎龙国家级自然保护区管理局：《扎龙保护区区域人口表》。

45. 扎龙国家级自然保护区管理局：《扎龙自然保护区吐木台管护站社区经济调查报告》。

46. 《落实科学发展观，铸就铁锋新辉煌》，http：//www. tfqzf. gov. cn，2006 年 9 月 21 日。

47. 《王振东在全区农村工作暨社会主义新农村建设工作及农村公路建设工作会议上的讲话》，http：//www. tfqzf. gov. cn，2007 年 3 月 16 日。

48. 《耿嘉毅区长在全区农村工作会议上的讲话》，http：//www. tfqzf. gov. cn，2007 年 3 月 29 日。

49. 《吐木柯村扶贫开发规划 2001~2010》，黑龙江农村扶贫开发信息网 http：//www. fupin. hljagri. gov. cn/jsp。

50. 《小河蟹爬进芦苇塘》，http：//www. qqhr. gov. cn/index. htm，2006 年 4 月 14 日。

51. 《扎龙的新生——扎龙湿地补水透视》，http：//www. chinawater. com. cn/newscenter。

52. 李玉文、舒展：《扎龙湿地生态环境退化原因及恢复对策》，《野生动物》2005 年第 1 期。

53. 赵旭：《扎龙湿地水环境与可持续发展》，《湿地科学》2005 年第 4 期。

54. 刘加海、许唯临、曹波：《制约扎龙湿地生存发展的问题与对策分析》，《水利科技与经济》2006 年第 3 期。

55. 许江、姜智：《水润扎龙万象新》，《中国水利报》2002 年 7 月 11 日。

56. 冯涛：《新气象，新风貌——全市新农村建设成果丰硕》，《齐齐哈尔日报》2006 年 11 月 18 日。

57.《中国统计年鉴 2007》，中国统计出版社 2007 年版。

58. 黑龙江省统计局：《齐齐哈尔市国民经济和社会发展统计公报 2004～2006》。

59. 拜泉县统计局：《城镇居民收入分配的现状、主要问题及成因》。

60. 拜泉县农经站：《拜泉县 2005～2007 年农村经济收益分配情况分析、主要问题及成因》。

61. 拜泉县发展改革局：《产业发展对拜泉经济发展的影响》。

62. 拜泉县民政局：《拜泉县城乡低收入人群基本状况》。

63. 拜泉县民政局：《我县复员老军人消费支出情况》。

64. 拜泉县林业局：《国富林场、拜泉林场基本情况》。

65. 拜泉县扶贫办：《拜泉县贫困状况成因及几点建议》。

66. 拜泉县劳动力转移办公室：《拜泉县劳动力转移基本情况汇报》。

67. 刘尚希等：《缓解县乡财政困难的路径选择》，中国财政经济出版社 2006 年版。

68. 中国农村金融需求与农村信用社改革课题组：《中国农村金融现状调查及其政策建议》，《改革》2007 年第 1 期。

69. 国务院发展研究中心课题组：《中国新农村建设推进情况总报告》，《改革》2007 年第 6 期。

70. 阿克苏地区统计局：《工作总结及统计公报》。

71. 阿克苏地区民政局：《关于农村低保工作情况的回报》。

72. 阿克苏地区财政局：《2007 年的工作总结》。

73. 阿克苏地区农经局：《2007 年农村经济收益分配统计》。

74. 阿克苏地区委：《农村领导小组农村经济分析报告》。

75. 阿克苏地区农经局：《阿克苏地区农村经济收益分配统计指标浅析》。

76. 阿克苏地区委员会、市人民政府：《国民经济和社会发展一览表》。

77. 阿瓦提县农经局：《关于棉花产业发展情况汇报》。

第四章

地区间居民收入分配差距研究方法
思考及缩小差距的政策建议

  在对全国分区的城乡居民收入统计分析的基础上，在调研与分析典型地区城乡居民收入状况后，课题组还希望就一些理论问题进行讨论，最后还想提出较为综合性的政策建议。当然，这两方面的工作量都很大，我们只能说是完成了部分工作，希望将来有机会投入更多时间和精力来进行这方面的理论与实践的分析。

  下面主要分析"库兹涅茨"倒 U 曲线、基尼系数对分析收入差距的作用，探讨在实际中价格指数所产生的影响，以及社会发展多方面的因素在收入差距分析中的定位等。最后，用较大篇幅提出了 8 条缩小地区间收入差距的政策建议。这些内容尤其是理论讨论，多为作者在参与课题调研中产生的观点，可能会有不同之处，仅供这方面的专家们参考。

第一节　库兹涅茨的倒 U 曲线在中国是否

得到验证？拐点在哪里？①

研究我国区域间收入分配问题，无论从理论上，还是从我国社会经济发展的阶段性推进过程中的政策调整上，都无法回避对"库兹涅茨"倒 U 曲线问题分析和判断。也就是说，库氏的倒 U 曲线在我国是否得到验证？假如存在，那么可能出现的拐点在哪里？对此加以正确的判断和认识，对我国制定宏观经济政策和区域性政策都大有裨益。

（1）理论上的争论：库氏的倒 U 曲线在我国是否得到验证？

库氏的倒 U 曲线即"库兹涅茨假说"，主要是指人均财富差异与经济增长之间关系变化。它指出，随着经济的发展和人均国民生产总值的不断增长，收入分配的不平等将经历一个先迅速扩大，然后处于稳定状态，最后逐步缩小的过程。对此观点，赞成者不少，但反对者也同样很多。例如 Tsidon 和 Galor（1996）以新古典增长模型为理论基础，引入了技术进步这一内生变量，通过模型分析证实了库兹涅茨假说的存在。Robinson（1976）基于二元经济划分提出了著名"Robinson Curve"，通过该曲线推导论证了"倒 U"现象存在的必然性。在实证分析研究方面，Ahluwalia（1976）分别用 60 个发达国家和 40 个发展我国家的截面数据，以收入水平最低的40% 人口所占收入份额和人均 GDP 为被解释变量和解释变量，通过回归估分析支持了"倒 U"关系的存在。钱纳里、塞尔昆等人运用回归分析证实了倒 U 现象的存在，并推测拐点将在人均 GNP3000 美元左右出现。但也有反对观点，例如 2000 年的《世界发展报告》利用时间序列资料对 65 个发

---

① 本部分由张琦教授、郭迷硕士撰写完成。

展中国家的人均消费增长与基尼系数变化的相关关系进行了分析，认为"各个国家的经济增长与基尼系数变化并没有系统的相关关系"，其研究结果也并不支持倒 U 假说的成立。[①] Albert 等人（1994）在利用了"土地分配的基尼系数"研究了 1960、1985 年不同国家的收入分配对经济增长造成的影响，其计量分析结果表明，收入分配差距的加大和随后的经济增长是反方向变化关系。

与国际上对倒 U 曲线理论的验证观点相同，国内学者也是赞成者与反对者各执一词。反对者如王振中认为发达国家在二战后分配差距并没有下降，反而提高了，不符合库兹涅茨假说；李实和赵人伟早在 1999 就根据不同省份及省内收入差距与实际收入水平关系的几种函数进行了经验估计，并计算了相应基尼系数，其结论并不支持库兹涅茨假说。2002 年，杨俊和张宗益利用跨省横截面数据定量分析的结果表明，经济发展和收入分配差别扩大的变动趋势，是否主要由经济发展决定并没有得到充分证实，也无法有力地支持倒 U 假说。岳翠云用我国的实际数据对库兹涅茨倒 U 假说进行了检验，认为我国的收入分配基本上不符合倒 U 形状，不能靠经济增长来解决收入差距的拉大问题[②]。

而赞成者也不在少数，如陈宗胜从经济发展过程中城市化的角度，利用两部门模型从理论上证明倒 U 形假说，并且对比库兹涅茨假说，以公有制经济特征为前提，提出了公有制条件下收入分配倒 U 形假说，并在后续的研究中对该理论假说进行了不断完善。管晓明通过对我国近二十年来分省（市）城乡收入差距的实证分析，验证了倒 U 假说在我国适用性，并认为政策、地区等因素是促成倒 U 假说的重要因素[③]。姚智谋、尚卫平通过运用测度经济发展均衡程度新指标——余期望系数，测度了江苏三个区域

① 丁任重、陈志舟、顾文军：《"倒 U 假说"与我国转型期收入差距》，《经济学家》2003年第 6 期。

② 岳翠云：《我国的收入分配发展趋势是否为倒 U 形》，《价值工程》2007 年第 11 期。

③ 管晓明：《倒 U 假说的推演及其在我国的检验》，《山西财经大学学报》2006 年第 5 期。

和各自内部城市之间 2000～2005 年经济发展差距。他根据计算得出江苏收入分配状况随经济发展过程而变化的关系总体符合库兹涅茨 "倒 U 假说"①。张世伟、吕世斌通过应用两部门经济模型模拟经济发展过程中收入不平等变动趋势的结果显示：如果我国经济能够保持近年来的平均增长速度且城乡内部收入维持现有水平，则我国收入不平等水平将于 2017～2020 年间到达倒 U 型曲线拐点②。

黄泰岩、牛飞亮认为，中国居居民收入差距长期变动虽然符合 U 型曲线，但可以根据原因不同分为经济增长型 U 型曲线和制度变迁型 U 型曲线。这一结论的实证检验有待于中国改革开放最后完成，所以现在主要是对前半段的检验，后半段即拐点出现有待以后来检验③。

（2）区域间验证：库氏的倒 U 曲线在我国能得到验证吗？

前面的数据分析和研究结果显示，尽管我国区域间绝对收入差距总体上一直处于上升趋势，但是，一个不可否认的事实就是，我国区域间相对差距正在减弱，或者说区域间收入差距扩大的速度开始减弱。这可以从很多指标和分析方法中得到验证，如人均 GDP 威廉逊系数通过计算后的结果就可以描述为以下图所示：

从上图中可以明显看出，尽管由于区域划分不同，以上三种区域间人均 GDP 威廉逊系数有所不同，但是从 1988 年到 2005 年，我国人均 GDP 的威廉逊系数都处于上升趋势，在 2005 年首次有小幅的下降，随后又开始上升，不过其上升的趋势变缓。从总体上来说，它处于下降通道中。但是，这是否符合并能验证库氏的倒 U 曲线呢？对此，大多学者都通过基尼系数与经济增长关系进行了验证。为了显示出研究多样性，在此，我们通过余

---

① 姚智谋、尚卫平：《江苏省各区域经济发展差距的实证分析》《南京财经大学学报》2007 年第 5 期。

② 张世伟、吕世斌：《库兹涅茨倒 U 型假说：基于基尼系数的分析途径》，《经济评论》2007 年第 3 期。

③ 黄泰岩、牛飞亮：《中国城镇居民收入差距》，经济科学出版社 2007 年版。

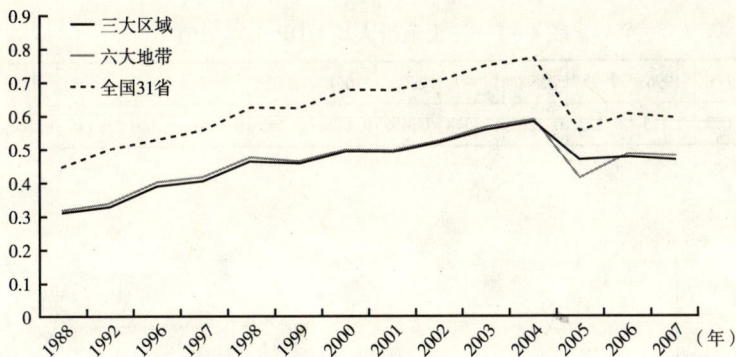

图 4 - 1 人均 GDP 威廉逊系数

期望值[1]和经济增长分析来进行验证其结果同样获得验证。与基尼系数相比，由于余期望系数数学含义及表达式简单明了，不涉及不规则图形面积的计算，也不需要在计算过程中对各收入单位进行人为的分组，因此其计算精度能得到保证，应具有较高的可信度。[2]

首先，库氏的倒 U 曲线在我国三大地带可以得到验证，拐点可能出现在 2009 年。

我们以三大区域人均 GDP 比重为权数，根据公式计算余期望值 Ug，西部、东部、中部分别代表三个区域内部收入的余期望值[3]，计算结果如下图表所示。

---

① 余期望系数定义为 $\mu = 1 + \sum_1^n pi \times \log pi/\log n$，其中 Pi 为第 i 个单位所占的收入份额。余期望值介于 0 和 1 之间，越接近 1 表示差距就越大。由于余期望系数是从期望信息量的角度来设计的反映收入差异程度的新指标，它能较好地克服基尼系数和泰尔指标只是采取近似的算且易受分组数据影响导致结果不确定性和不可比性的不足。

② 尚卫平：《一种反映收入差异程度的新指标—余期望系数》，《统计研究》2004 年第 1 期。

③ 在计算区域内部收入的余期望系数 Um 时，以区域内各区域居民人口所占份额为权数。Ut 为区域内部收入差距的余期望值与区域间的余期望值的总和。$Ut = Ug + Um$ $Ug + \sum_1^3 Pi \times \log Pi/\log 3$ $Um = \sum_i^n fiUi$（i = 1，2，3），其中 Pi 为第 i 地带所占的比重。计算内部 Um 是本文选择各区域人口所占的比重为权重，fi 为第 i 各地区人口总数占全国总人口的比重，Ui 为区域内部的余期望值，计算时以区域内部各城市 GDP 值占总区域的 GDP 值为权重。

表4-1　三大地带人均GDP余期望值

年份	1995	1996	1997	1998	1999	2000	2001	2002	2003	2004	2005	2006	2007
余期望	0.097	0.115	0.122	0.1295	0.1348	0.1408	0.1424	0.145	0.1491	0.146	0.145	0.1448	0.1414

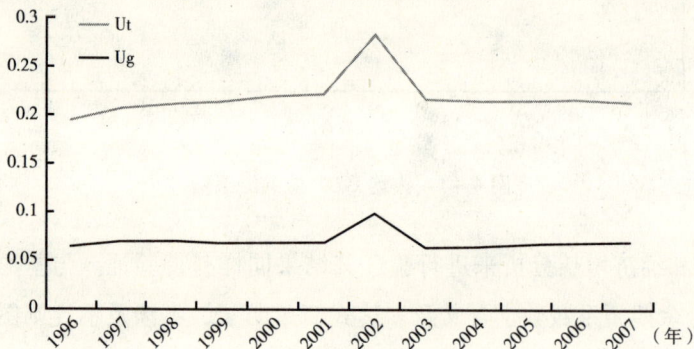

图4-2　三大区域余期望值

从图4-2中我们可以看出，Ut和Ug都是逐年上升的，区域内部的余期望指数上升得比较平缓，而且小于各区域之间的余期望值，这与我国的国情是基本符合的。然后经过相关性检验，选取人均GDP、第三产业增加值占GDP的比重、人口增长率、城市化率等指标，然后进行主成分分析，可得出经济发展的综合指标和拟合出的综合指标F，并经过分析新指标F与三大区域的余期望值进行相关关系，得出两者在0.01水平上的相关系数为0.905，即是显著相关的。最后，经过回归分析来研究在模拟经济增长综合指标F值与余期望值两个变量中的三种非线形模型的基本情况：1. 指数模型 $u = a * b^F$（$a > 0$，$b > 1$）。它反映了人均收入差异随着经济增长呈递增趋势增加。2. S曲线模型 $U = a * e^{b/F}$（$a > 0$）。它反映了人均收入差异随经济增长呈递减趋势增加。3. 二次曲线模型。$U = a + bx + c * F^2$。它反映了人均收入差异随经济增长呈倒"U"型变化，即先上升后下降。在SPSS软件上分别建立这三个模型，用非线型加权最小二乘法估计模型中参数，得到参数估计结果和模型检验结果，然后进行对比分析发现，二次曲线模型调整的拟合优度（0.982）大于指数模型（0.652）和幂函数模型（0.151）调整的拟合优度；回归误差（0.002）小于指数模型（0.049）和幂函数模型（0.077）的回归误差；残差平方和小于指数模型（0.024）和幂函数模型（0.059）的残差平方和。二次曲线模型的拟合效果要优于其他两个模型的拟合效果，更适合解释余期望值与经济指数之间的相关关系，而根据结果所得的回归方程为：$U = 0.133 + 0.013F - 0.003F2$，二次曲线系数为负值。这说明三大地带的人均收入差异随经济增长呈倒"U"型变化，即先上升，然后趋于平缓，最后开始下降。这就验证了经过改革开放以来近 20 年的高速发展，我国已进入倒"U"型假说所预言的由非均衡逐渐向均衡过程的转变时期。而且根据二次曲线求导，可以大概求出其拐点为 $F = 3.25$，相应的余期望值为 0.1435。然后对模型进行相关的预测分析，估计我国在 2009 年左右三大区域间收入差距出现拐点。当然，这一判断还只是一个初步结论。究竟如何，有待实践进一步检验。

其次，库氏的倒 U 曲线在我国六大区域尚未验证，六大区域在短期内尚不会有拐点出现。

一般来说，区域划分越细，区域间的收入差距就越大。那么，库氏的倒 U 曲线在六大区域间是否可以同样得到了验证呢？通过对我国六大区域的余期望值计算后如图所示：

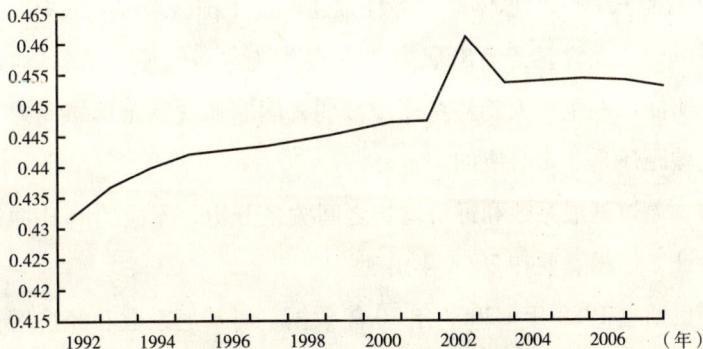

图 4-3　六大地带的余期望值

然后，对六大地带的余期望值与经济发展综合指标进行相关性分析，得到两者的相关系数为0.863，两者显著相关，再对其进行回归分析。

表4-2　六大地带相关系数

	未标准化系数		标准化系数	t	Sig.
	B	Std. Error	Beta		
综合 F	.005	.001	1.153	7.539	.000
综合 F**2	.0001	.000	-.422	-2.762	.016
(Constant)	.447	.001		397.029	.000

从回归分析可以看出，用二次曲线对六大地带的余期望值和综合指标 F 之间进行回归时，能够很好的通过相关的检验，但是其二次项系数接近为 O。同时对其进行一次线性回归和指数回归，发现两种模型的拟合度是 0.745 以上，说明六大区域间的总体收入差距随着经济的增长一直在上升，即迄今为止还没有出现倒 U 曲线的趋势，六大区域 GDP 与余期望值的曲线也没有出现拐点。这说明，区域划分对于验证和分析库氏的倒 U 曲线是否出现的结论影响是很大的。虽然，我们没有对全国所有省份进行检验，但从区域划分角度来说，库氏的倒 U 曲线出现的可能性很小。因为，全国30多个省份之间的差异会比 6 大区域更大，这也从另外一个角度说明了库氏的倒 U 曲线也只是一个总体的趋势性描述，即中国区域间收入差距只是从三大地带的概念上说，开始出现了"拐点"迹象，但还不是整体性特征，只仅仅说明区域差距扩大趋势在逐步减弱，国家通过制定区域间差异性政策来消除差距还是非常必要的。

再次，通过基尼系数和经济增长之间关系分析，库氏的倒 U 曲线在我国得到验证，但拐点要在 2068 年出现。

我们也通过1988 年~2007 年20 年数据，对基尼系数和经济增长之间关系进行了分析，其结果是 GINI = 0.346 + 0.029F - 0.007F2。经检验，方程各项显著，基尼系数与经济增长综合指标 F 之间的变化如下图，两者之间具有明显的二次曲线关系。由此可见，随着经济增长，基尼系数线上升后下降呈现出倒 U 型。

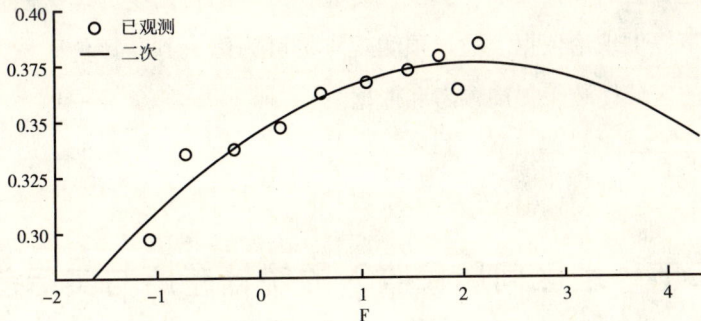

图 4 - 4　基尼系数 - 经济综合指标 F 函数关系

根据图像我们可以看出，随着经济的不断增长，我国总体的基尼系数是先上升，然后速度趋于平缓，而根据我们模拟出来的二次曲线系数为负值，则我国的收入分配差距与经济增长呈现出倒 U 型。而且根据二次曲线求导，可以大概求出其拐点为 F = 2.074，相应的基尼系数为 0.64 左右。然后对模型进行相关的预测分析，由求导的结果可知，当倒 U 字形曲线出现拐点的时候，F = 2，GINI = 0.64，此时大概为 2068 年左右。

当然，也有学者预测过我国未来可能出现拐点时间，如陈宗胜等人还利用回归方程以及预测出来的 2000～2020 年的人均国民生产总值，计算出了 1981～2020 年的全国、城镇、农村居民的正常收入的分配差别基尼系数。按照他的推论，我国居民的正常收入的差别预计大约在 2008～2010 年左右达到顶点。杨建华在分析浙江省的情况时，得出人均 6 千美元阶段的区域差距已经出现"倒 U 形曲线"拐点。世界银行有关我国发展报告的预测表明，我国城乡差距的综合基尼系数将在 2020 年达到 0.474 的拐点。

学者观点各异，但研究库氏的倒 U 曲线和预测拐点还是很有现实意义的，对此必须正确对待。首先，倒 U 曲线的客观存在，并不代表着就放任收入差距持续扩大，不能将收入差距过大当作经济社会发展中的一个正常现象，作为不调整收入分配政策的理由。研究拐点出现及影响因素等，是为了更好的缩小地区间差距，促使拐点的到来或者降低倒 U 曲线的拐点高度，促进社会的和谐发展。其次，研究拐点等的目的是为国家制定不同阶段的政策提供理论依据。通过预测观点，可为国家判断评价区域差距并制定相应的区域性政策提高参考和依据。

第二节　地区间居民收入的统计差距与实际差距①

衡量地区间居民收入差距最常用指标的是居民人均收入，以及由此派生的人均收入极值比、基尼系数、泰尔指数和库兹涅茨比率等。这些指标都是统计部门数据直接显示或经过计算而得的居民收入差距水平，因而可以将其称之为地区间居民收入的统计差距。但是，现阶段由于统计指标的局限性，地区间居民收入的差距远不止于此。这就需要对包括人均收入在内的各种影响居民收入差距的因素予以综合考虑，而由此得到的更为广义的收入差距水平可被界定为地区间居民收入的实际差距。一般来讲，除人均收入之外，地区间居民收入的实际差距主要包括以下八个方面的内容。

1. 教育发展水平

教育是一种生产性活动，它可以增长个体的能力和知识，包括文化水平、专业技能以及社会认知等。因此，教育被看作是人力资本投资的最主要方式。当地区间教育发展不平等程度较为严重时，意味着人力资本投资存在非均衡性。人力资本投资的差异形成了不同的人力资本水平，最终必然会造成地区间居民收入上的差距。而收入差距又会影响到不同居民及其后代的人力资本投资，使得人力资本投资差异和收入差距不断扩大。

---

① 本节是由刘涛博士撰写完成。

从我国实际情况来看，西部地区较东部地区更容易受到教育不均等的影响而导致收入分配不公。在控制了其他因素后，中西部地区相对于东部地区而言，教育不平等程度更高。这表明教育不平等和收入不平等相互影响，具有明显的区域性。[①] 通过分析地区间基础教育的生均事业性经费可以发现，小学、初中和高中都呈现出东部地区生均事业性经费最高，次之是西部地区，最低是中部地区的凹型分布。此外，教育机会在地区间的分配也是不均等的。在导致收入差距扩大的因素中，教育机会的不平等是最大的因素，对基尼系数的影响高达 14.1 个百分点。[②]

通过政府采取加大教育投入等措施，有助于降低地区间的教育不平等和缩小居民收入差距。近年来，国家通过转移支付和专项拨款实施西部远程教育工程、西部地区"两基"攻坚计划、"两免一补"政策，并实行中央和地方政府共同承担教育经费的新的教育财政政策，一定程度上改善了中西部地区教育教学条件，但这些地区在教育发展水平上与东部地区的差异仍然很大。

2. 医疗补助水平

医疗补助并没能有效地缩小地区间居民收入差距，反而造成了"逆向再分配"的结果。从政府卫生补助的绝对值分布看，相对于贫困人群来说，富裕人群从政府医疗补助中的获益更大。如果从不同服务类型看，住院补助向富裕人群倾斜的程度比门诊部门更加严重，在目前以"补供方"为主的补偿机制下，谁对医疗服务利用越多，从政府补助中获益也就相对越多，这直接导致接受政府补助不公平状态的存在。

自 2005 年全国范围内开展城市医疗救助试点后，其筹资呈现出较大的区域非均衡性。首先，人均筹资水平的基尼系数高达 0.881，处于极其不平等的状态。其中，东部地区不平等程度最大。对于这一不平等，省际差

---

① 杨俊等：《教育不平等与收入分配差距：中国的实证分析》，《管理世界》2008 年第 1 期。
② 中国经济改革研究基金会、中国经济体制改革研究会：《收入分配与公共政策》，上海远东出版社 2005 年版。

异的贡献率为 55.45% ，省内各区县之间的差异贡献了 38.35% 。其次，人均给付水平总的基尼系数为 0.652 ，也呈现极其不平等的状态，而东中西三大地区之间的差异对这一不平等状态的贡献较大。第三，对医疗救助人均筹资和人均给付水平的基尼系数的分解结果显示，省级和中央政府的转移支付没有产生拉平效应，未能对公共服务水平公平的实现发挥应有的作用。[①] 在医疗卫生机构从政府和社会那里获得的追加投入投入和服务能力不断提高的情况下，收益较大的并不是那些低收入的贫困人群，而是那些有支付能力的高收入或较高收入的人群。那么，这些对医疗卫生服务机构的追加投入，就可能进一步加剧地区间居民收入分配的差距。

此外，我国城镇机关、事业行政单位的职工还享受公费医疗方面的福利待遇。依照国际标准，公费医疗待遇应作为实物报酬计入居民可支配收入之中。但由于居民收入统计只限于现金收入，因此存在被低估的情况。与城镇居民相比，农村居民中仅有少数人能够享受公费医疗。所以，上述诸多类型的实物性收入必然会对居民收入分配差距产生影响。

3. 社会保障水平

科学完善的社会保障体系能够有效地调节收入分配和再分配过程，促进社会公平与稳定。一般而言，社会保障体系包括基本养老保险、医疗保险、失业保险和贫困救助四个方面。由于我国实行社会保障属地化管理原则，在区域经济发展不平衡的条件下，由地方政府负责的社会保障存在明显的区域差异，导致中西部地区社会保障覆盖范围小、水平低、抗风险能力弱。

首先，参保覆盖范围在东部、中部、西部呈现出依次递减趋势。2006年东、中、西部地区基本养老保险参保职工占城镇人口的比重分别为 36.8% 、30.5% 和 25.8% ；基本医疗保险参保职工占城镇人口的比重分别为 66.7% 、58.8% 和 54.7% ；失业保险参保职工占城镇就业人数比重分别

---

① 高梦滔、顾昕：《城市医疗救助筹资与给付水平的地区不平等性》，《南京大学学报》2007年第3期。

为 62.3%、61.0% 和 52.6%。

其次，中西部地区的社会保险部分险种支付水平偏低。大部分中西部地区人均养老金、人均医疗保险金的支付水平低于全国平均水平。2006 年西部地区的人均养老金和人均医疗保险金支付水平为 9833 元和 766 元，相当于全国平均水平的 93.1% 和 94.5%；而中部地区的人均养老金和人均医疗保险金支付水平为 8867 元和 562 元，仅相当于全国平均水平的 83.9% 和 69.3%。

最后，在最低生活保障方面，从缩小同一地区内部居民收入分配差距的角度讲，补充性社会救助面临的最突出问题是还没有作到"应助则助"，很多因重大疾病和子女受教育而入不敷出的困难家庭还没有得到特殊救助。即使在低保范围内的家庭，其未成年子女也未必能得到教育救助。[①]而从目前农村居民最低生活保障制度试点的情况看，保障资金一般由各级财政和村集体分担。因此，它与城市居民最低生活保障制度不同，仍然带有集体救助的性质，农村居民最低生活保障的覆盖面和保障力度在很大程度上受地方经济发展水平和地方政府财政状况的限制，因而具有明显的地区差别。

4. 财产投资收益

目前，对于居民的财产情况尚无准确的统计数据，但可以从居民储蓄存款进行粗略的分析。20 世纪 90 年代以来，我国地区间居民储蓄存款余额的差距呈扩大趋势。东部地区与中、西部地区呈现出明显的梯度差异，即东部地区居民储蓄存款规模占全国的份额最大，其次是中部地区，最小的是西部地区。1990 ~ 2006 年间，东部地区居民储蓄存款余额由 4025.0 亿元猛增至 98773.8 亿元，占全国的份额由 57.2% 稳步提升到 61.3%，上升了 4.2 个百分点。中、西部地区居民储蓄存款余额分别由 1972.9 亿元、1036.3 亿元增长到 39011.4 亿元、23244.5 亿元，所占份额分别由 28.1%、

---

① 中国经济改革研究基金会、中国经济体制改革研究会：《收入分配与公共政策》，上海远东出版社 2005 年版。

14.7%下降到24.2%、14.4%，分别降低了3.9个百分点和0.3个百分点。

尽管居民储蓄存款的分布差距是收入差距逐年积累而成的，但现阶段的情况是多数人还不具备依靠财产改善收入的条件。由于财产增值的特点，发达地区高收入阶层从股市、房市等途径获得的投资收益的增幅和规模往往是以几何级数递增的，这也将进一步加剧地区间居民收入差距的扩大。在一定条件下，当10%最高收入家庭和最低收入家庭之间的收入差距扩大到30倍时，他们之间的财产差距扩大到90倍左右。①

此外，不同地区的居民在理财知识、地理位置上的差距也造成了财产收益分布的区域差距。首先，经济欠发达地区的居民相对于发达地区的居民理财知识比较匮乏。即使收支余额相等，也会因理财结构不同，使双方财产收益增量差距拉大。其次，欠发达地区地理位置相对比较偏僻，距离证券交易所、大型银行很远。即使双方理财知识相同，欠发达地区居民也会因高额的交易成本而选择将钱存在银行，不去购买有价证券。

5. 福利性住房和购房

1998年以来进行的住房制度改革，全面取消了福利分房，开始实行住房商品化。在改革过程中，国家采取了鼓励职工购买福利性住房的政策。也就是说，国有企业、集体企业和事业行政单位职工可以以较低的价格购买单位的住房。而这个价格远低于市场价格，国家和企业提供了大量的购房补贴。这些国有企业、集体企业和事业行政单位的职工获得了大量的实物收入。然而，这部分收入并没有计入居民的可支配收入。

与此同时，很多单位将公房出售给职工，随意设定销售价，大多未考虑住房质量和位置，只注重面积。在农村地区，旧房转让和新房交易很不发达，房价很低，而城镇房价持续攀升。所以，绝大部分城镇居民，尤其是那些以远低于市场价取得了较好位置和质量的公房的城镇家庭，享受了这种住房制度变迁的净收益，进而形成了居民人均净房产分布的差距。

---

① 《财产性收入校差：如何防止财产性收入差距过大》，《瞭望》新闻周刊2008年4月1日。

如果把住房改革后居民自有住房的估算租金也当作一种收入的话，那么，在迄今为止的住房改革中，自有住房估算租金的不平等系数（1995 年为 0.371）已经超过了计划经济时代形成的住房补贴（暗补）的不平等系数（1995 年为 0.322），而住房补贴的不平等系数又超过了城镇居民总体的不平等系数（1995 年为 0.286）。这表明，住房改革中将原有的隐性收入的不平等加以显形化，只不过是承认原来的不平等的话，那么，当自有住房估算租金的不平等超过了原有住房补贴的不平等时，就应该看到，这是显形化过程中追加的不平等。而且，还应该看到，这种状况在 20 世纪 90 年代中后期以来的住房改革中进一步恶化了。在从实物分房向货币分房过渡的关头，人们发现，住房的双轨价格的差别，远比一般商品的双轨价格的差别要大。①

6. 非法非正常收入

在不同国家或同一国家的不同时期，非法非正常收入的内涵与范围存在一定的差异。这里的非法非正常收入是指在我国目前的法律规定条件下不合法的收入。各种非法非正常收入的影响仍使得我国居民的收入分配差别达到了很高的程度。换句话说，各种非法非正常收入是导致全国居民收入差别"非正常扩大"的基本因素。②

在经济转轨过程中，各类经济主体获取非法非正常收入主要有：个体经营户和私营企业主通过偷税漏税等违法经营所获取的收入；集团消费转化为个人消费形成的收入，即公款消费、公款送礼等；大规模地违反国家禁令走私贩私及其他种类影响较大的非法非正常收入。总体上看，基尼系数的正常收入差别为 0.2961，私营非法收入的差别为 0.0846，官员非法收入的差别为 0.0055，行政费用转化收入差别的为 0.0026，总收入差别为

---

① 赵人伟：《对我国收入分配改革的若干思考》，《经济学动态》2002 年第 9 期。
② 陈宗胜等：《非法非正常收入对居民收入差别的影响及其经济学解释》，《经济研究》2001 年第 4 期。

0.3888。我国非法收入大约使得收入差距的基尼系数上升了331.8%。①

7. 财税体制的缺陷

通过分析我国现行税制结构可以发现，由于个人所得税、财产税和资源税等收入分配功能显著的税种占税收收入的比重较低，具有累退税性质的一般流转税比重超过50%，因而在总体上现行税制仍不完善，其收入分配功能较弱。而在以流转税为主体税种的税制结构下，低收入者以商品消费为主，承担的增值税负较多；高收入者的服务消费比重较大，承担的营业税负比较多。由于低收入者的边际消费倾向高，增值税在税收收入中所占比重大，因而恶化了收入分配。另外，由于征管环境的制约，以货币收入作为个人所得税计税基数的征管方法，无法对以实物形式存在的福利和职务消费的个人实质性消费收入征税。而分类征收、源泉扣缴、统一起点的征税模式，无法根据纳税人的赡养负担等因素进行调整，反而加重了低收入居民的税负。

此外，我国财政转移支付制度也存在明显缺陷。首先，新旧体制交错中的转移支付问题。税收返还不仅不具有均等化的作用，反而使富的地方更富，贫困的地方更贫困。大量的税收返还也在一定程度上分散了中央政府用于调节地区间差距的财力，限制了中央政府集中收入进行再分配的能力。其次，专项拨款也并非是均等化的，约占全部转移支付资金的三分之一，并存在较多问题。最后，一般性转移支付的规模较小，难以发挥应有调节地区财力差距的作用。一般性转移支付的分配公式的设计及因素的选取也不够科学规范。

8. 腐败

腐败的来源主要是由于一系列制度的不健全。例如，政府对资金、资源的管理分配方面的制度不透明以及缺乏有效的监督等。在由计划经济向市场经济转轨的过程中，由于政府职能转变还不到位，管理体制仍不完

① 张问敏：《关于收入差距与工资体制改革问题的争论》，《经济研究参考》2005年第29期。

善，腐败现象在一些地区、部门和领域还比较严重，一定程度上助长了地区间居民收入分配的两极分化。

从现阶段来看，腐败主要表现为：通过地下钱庄的转移假借为对外投资；在进出口贸易中，不惜牺牲国家的利益，通过抬高进口商品价格和压低出口商品价格的办法获取外商的高额回扣，而这些回扣被直接存入国外银行；通过送子女到国外上学而将国内的非法收入"暗渡陈仓"，转移到子女在国外的账户上；消费转移，即把在国内获取的不义之财花在国外市场上。[1]

第三节　基尼系数在比较收入差距方面的可信度与局限性[2]

基尼系数是理论界用于比较和分析居民收入分配差距时，使用最为广泛的指标之一，但有人容易过分夸大基尼系数的可信度，而对局限性分析不足。基于此，本部分先简要概述居民收入分配领域的理论演化，然后论述基尼系数的含义及其可信性，最后剖析基尼系数的局限性。

1. 基尼系数的产生：居民收入分配研究领域的理论演化

在国民经济中，价格体制决定资源配置和收入分配。与国民生产相联系的生产要素的重要程度，决定了其按要素份额进行分配或按功能进行分配。这一研究思路遵循李嘉图的学说（Ricardo，1817）。

另一种研究思路是帕累托（Pareto，1895，1897）开创的，它研究一组经济单位（家庭、住户、个人）成员之间的收入分配，或者考虑每一个经济单位的收入总额，或者考虑将收入来源进行细分，比如工资和薪金、

---

① 卢嘉瑞：《中国现阶段收入分配差距研究》，人民出版社 2003 年版。

② 本节由林永生博士撰写完成。

财产所得、自营收入、转移等。这种研究涉及处理依收入的多少来分配的问题，也就是按人的收入分配。同时，它对所给出的一组经济单位成员之间收入不平等的相对程度做出定量评价。这样的研究为支持有关收入分配的综合研究战略提供基本的数量信息，包括对社会福利和社会政策的原因作出了说明。

有意思的是，帕累托有关收入分配的研究，是为了在"达到减少不平等分配的手段和方法"问题上与法国和意大利的社会主义者论战。于是，实际的度量不平等的方法受到注意，主要用于评价两大方面内容：一是某个指定国家或地区不平等的演化；二是各个国家和地区之间不平等的相对程度。

科拉多·基尼（Corrado Gini）在对居民收入分配的研究方法及应用等问题上做了诸多杰出的贡献，充实并拓展了这个研究领域。他于1910年修正了对帕累托不平等参数的解释，并于1912年提出了收入不平等的一种新的度量法——基尼系数（Gini，C，1910，1912）。基尼系数由此产生，并很快成为世界范围内研究居民收入分配差距时被广泛采用的指标。尽管随后的国内外学者在居民收入分配差距研究领域进行不断地努力与尝试，并且提出很多其他测量居民收入差距的指标，比如变异系数、泰尔指数等，但是无论从这些指标的创新程度，还是从其应用范围，都远远不如基尼系数。

2. 基尼系数的含义及其可信度

基尼系数（GiniCoefficient）是意大利经济学兼统计学家基尼（CorradoGini，1884～1965）于1912年提出的，定量测定收入分配差异程度，并在国际上用来综合考察居民内部收入分配差异状况的一个重要分析指标，也是目前世界范围内比较通行的衡量居民收入分配差距的一种方法。它的基本含义是指社会成员的总收入分配状况与绝对平均分配状况的相对差距，也就是全部居民收入中用于不平均分配的百分比。

其计算公式为：$G = Sa/(Sa + Sb)$，G 表示基尼系数，见图 4-5。

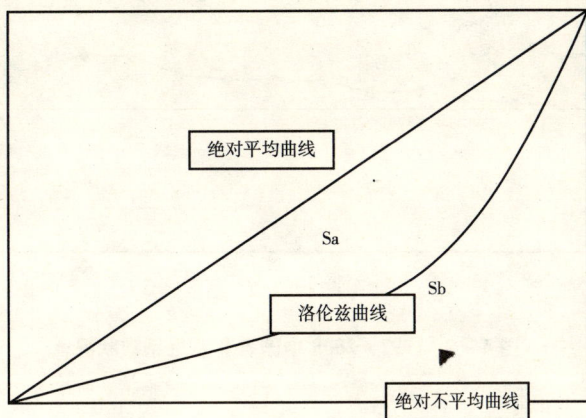

图4-5 洛伦兹曲线和基尼系数

如图4-5所示，Sa，Sb 分别表示洛伦兹曲线与绝对平均线、洛伦兹曲线与绝对不平均线所围成的面积。显然，基尼系数的值介于0和1之间，数值越小，收入分配的平均程度越高。数值越大，收入分配的差别程度越大：当 $G=0$，即 $Sa=0$ 的时候，洛伦兹曲线与绝对平均线重合，故此时的收入分配为绝对平均；当 $G=1$，即 $Sb=0$ 时，洛伦兹曲线与绝对不平均线重合，故此时的收入分配为绝对不平均，所有收入集中于一人。

学界在很多经验研究的基础上，将基尼系数分为五个区间，分别对应国民经济中居民收入分配的平均程度：一般认为，当基尼系数小于0.2，即全部居民收入中用于不平均分配的比例小于20%时，为高度平均；当基尼系数介于0.2~0.3之间表示相对平均；当基尼系数介于0.3~0.4之间为比较合理水平；当基尼系数介于0.4~0.5之间表示差距较大；当基尼系数介于0.5以上表示收入差距悬殊，严重两极分化。人们通常把0.4当作一国居民收入分配的国际警戒线，认为若基尼系数超过0.4，就易发生社会动荡。

用基尼系数来分析中国的居民收入分配状况，基本上反映了我国的实际情况，具有一定的可信度，见图4-6。

477

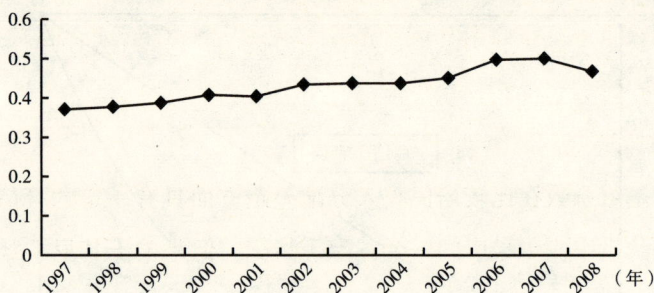

图 4 - 6 1997～2008 中国各年基尼系数状况

数据来源于：百度百科。

从图 4 - 6 中可以发现，上个世纪 90 年代后期，尤其是 1997～1999 年，由于发生亚洲金融危机，股市低迷，富人的资产和收入相对于穷人而言迅速缩水，表现为社会范围内的居民收入分配差距较小。1997、1998、1999 年中国基尼系数分别为 0.37、0.38、0.39，均低于 0.4，处于"比较合理水平"区间内。但是 2000 年以来，中国经济快速发展，股市和房地产市场呈现非理性繁荣局面，富人资产相对于穷人而言迅速积累，居民收入分配差距迅速扩大，2005、2006、2007 年三年中国基尼系数分别为 0.45、0.5、0.5，处于"差距较大"区间内。2008 年美国金融危机对中国经济影响凸显，中国股市和房地产市场逐渐低迷，使得富人阶层的资产性收入骤降，国内的收入分配差距较之前两年微降，2008 年中国基尼系数为 0.47。

尽管目前国际上存在很多可用来分析和反映居民收入分配差距的方法和指标，但基尼系数由于给出了反映居民之间贫富差异程度的数量界线，可以较客观、直观地反映和监测居民之间的贫富差距，预报、预警和防止居民之间出现贫富两极分化。同时，通过计算一国的基尼系数来反映收入分配差距，简单便捷又很科学，因此它得到世界各国的广泛认同和普遍采用。它被称为一种国际方法，本身就说明这一方法已经在不同的国家反复被使用，是具有普遍可信度的。并且，在世界范围内，也需要有一种通用的衡量标准来比较各国居民收入分配的均等程度。因此，衡量我国收入分配差距状况是有必要运用基尼系数这一方法的，这在我国理论界也是被普遍认同的，并且还将在长期应用。

3. 基尼系数的局限性

尽管基尼系数在比较居民收入分配差距方面具有一定的可信度，进而成为实证分析中应用最广的一个不平等指标，但是关于基尼系数的争论也一直伴随着该领域的研究。这些争论的焦点主要在于基尼系数有哪些局限性，又该如何看待这些局限性？需要强调的是，分析基尼系数的局限性时，必须从基尼系数的含义及计算方法上寻找其自身的缺陷。除此之外的任何其他所谓的"局限性"，只能叫做"基尼系数用于分析中国居民收入分配差距时的局限性"，不能称之为"基尼系数的局限性"。

比如国内有学者认为基尼系数国际警戒线的标准设定为0.4，并不适合于中国。因为国际警戒线主要是基于西方国家经验的抽象，这些国家的一个基本特征是完成了城市化、工业化和国际化进程。而处于城市化和工业化进程中的国家，基尼系数往往要高于前者，这是正常现象。尽管中国的基尼系数超过0.4，进入"收入差距较大"的区间，但其对于经济的负面影响并不突出，工业化和城市化的步伐仍在继续，不能说中国收入差距的影响也超过了警戒线。中国目前应该将其适当放宽，而不是教条地把0.4作为警戒线。有学者认为基尼系数的方法应该考虑到中国的二元结构，应该将城市与农村的系数分开计算，然后加权算总，国家统计局实际上也一直在按此分别测算城乡居民的基尼系数。所以，严格说来，这些争论并不是真正意义上的"基尼系数的局限性"，只能算作"基尼系数用于分析中国居民收入分配差距时的局限性"。无论是认为基尼系数在中国的警戒线水平应该高于0.4，还是认为中国应该分别计算城乡居民的基尼系数，其背后隐含的假设是城乡居民对于收入以及收入差距的感受程度是不一样。换句话说，他们对于差距的容忍程度不一。从中国当前的二元社会实际出发，默认这种差距的合理性，然后再进行理论分析，这是异常错误的。因为经济社会的发展目标就是消除这种多维的差距，不再区分什么城市人和农村人。从这个意义上而言，观点根本就不能算作基尼系数的局限性。正如同一些人偏激地认为中国人的素质相对于发达国家的居民而言比较低，不适应民主社会，因此中国就适合实行集中制一样，但他们从根本上忽略了这一点：即中国传统社会长期实行"君君、臣臣、父父、子子"家长制统治。在父亲的面前，无论你怎么多大，也永远只是个孩子。

基尼系数测度收入差距，本质上是找一个实数与已知的收入分布 $X = (x_1, x_2, \ldots, x_n)$，它从 n 维实数空间到一维实数集合的映射，即 $G: R_n R_1$。因此，肯定会存在转换过程中的信息丢失（洪兴建，2008）。基尼系数在比较收入差距方面的主要局限性包括以下几点：

（1）基尼系数与洛仑兹曲线并非一一对应

根据以上图1的解释，只要两条不同的洛仑兹曲线与绝对平均曲线所围成的面积相等，就会出现两条不同的曲线计算出的基尼系数相等。见图4－7。

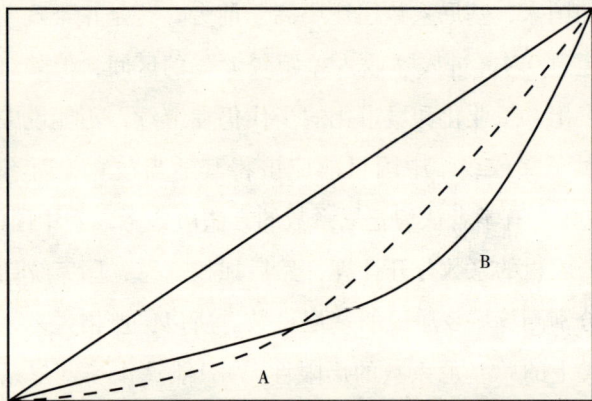

图4－7　基尼系数与洛仑兹曲线的不一致性

如图4－7所示，A 和 B 分别代表不同的洛仑兹曲线，而 A、B 各自与绝对平均曲线所围成的面积相等，则根据 A、B 两条洛仑兹曲线计算出的基尼系数一定相等。这就意味着，不同社会中，即使存在不同的收入结构，一个社会（如 A）低收入群体的收入份额小于另外一个社会（如 B），即 A 社会中的穷人比 B 社会更穷，那么也存在两者的收入差距相等这样一个可能。假设国家 1 和国家 2 的四等分组的收入分别为（75，125，200，600）和（25，175，250，550），则可计算出国家 1 和 2 的基尼系数都是 0.4125，但收入结构悬殊，国家 2 比国家 1 的收入分配更加不平等。理论上可以证明，在基尼系数相同的情况下，低收入组的收入比重越低，收入分配不平等程度越高。所以，此时用基尼系数比较和分析居民收入差距，尤其是居民收入结构的变化，就存在明显的局限性。

（2）基尼系数不能反映各个收入组的动态变化

基尼系数是某个时点上各个收入组之间差距的加总平均，是计算居民收入差距的一个静态指标，而不能反映各个收入组动态变动的情况（魏杰、谭伟，2006）。同样是基尼系数从 0.25 增加到 0.45，可能有两种情况：一个是各个收入组的绝对收入都增加，但高收入组收入增加的速度快于低收入组。这时社会各阶层的收入都在增长，各个阶层打破现有分配框架的欲望不大，社会相对稳定。另一个是低收入组的绝对收入减少，高收入组的绝对收入增加，就有可能引发激烈的社会问题。因此，在评价收入差距变动时，必须要考虑基尼系数背后隐藏的收入结构的动态变化。

（3）基尼系数不满足转移敏感性公理

所谓转移敏感性公理是指个体之间发生收入转移的行为，应该对整个社会的收入分配差距产生明显的影响。可以证明，基尼系数的数值变化只与转移者和接受者之间的序号差（$j-i$）有关，与具体的序号 j、i 无关。也就是说，在 x_j 和 x_i 之间的数据越多，$j-i$ 的数值就越大，等量数额收入的转移导致的基尼系数减少的幅度就越大。这表明基尼系数对众数附近的转移最敏感，如果数据分布是"中间多，两头小"的"倒 U 形"分布，那么基尼系数对中等数值的转移度最为敏感。显然基尼系数只满足众数转移敏感性，不满足一般的转移敏感性。这也是基尼系数在分析居民收入分配差距动态变化时的一种局限性。

第四节　地区物价指数对地区间
居民收入的影响①

　　目前国内学术界在测算不同地区间城镇居民人均可支配收入差距和农村居民人均纯收入差距时几乎全部采用现价，但不同地区消费物价水平差距较大，因此最好的做法是测算剔除价格因素影响后的各地区城乡居民实际收入之间的差距。只有这样，才能真实反映不同地区间居民收入的差距。本节主要就不同地区间城镇居民不变价人均可支配收入差距和农村居民人均不变价纯收入差距的测算和分析，这在国内可能属于较少有人做过的工作。

　　要剔除价格因素对居民收入的影响，必须考虑两个因素，一是基年如何确定？二是用何价格指数对居民现价收入进行缩减？选择基年的一个基本原则是，一方面，该年不能早于城乡住户调查开展的最早年份，另一方面，要求在该年全国各地消费品绝对价格水平相差不大。显然，改革开放之初的 1978 年是一个比较理想的基年，这是因为在该年我国开始有城乡住户调查数据。再加上在该年之前我国一直实行计划经济体制，价格管制比较严，全国各地消费品价格绝对水平基本接近（可能仅相差运输费用）。非常可惜的是，海南和青海分别从 1987 年和 1990 年开始才有城乡住户调查数据，因此我们只好选择 1990 年作为基年。至于选用何种价格指数对城乡居民现价收入进行缩减，目前国家统计局目前没有做出全国统一的明确规定。据了解，国家统计局城市司和农村司的做法是，用城镇居民消费价格指数缩减城镇居民人均可支配收入，用农村居民消费价格指数缩减农村

_____

　　① 本节是高级统计师施发启提供的，范丽娜硕士参与了具体计算工作。

居民人均纯收入。就全国各省、直辖市和自治区而言，部分地区的做法与国家统计局相同，但也有少数地区除采用居民消费价格指数外还引入其他相关价格指数（如工业品出厂价价格指数等）对本地居民收入进行缩减，更多地区（18 个地区）仅提供本地区的城镇居民现价人均可支配收入和农村居民现价人均纯收入数据。在这种情形下，我们的处理方法是，对有不变价居民收入（包括城镇居民不变价人均可支配收入和农村居民不变价人均纯收入）数据的省份，直接采用，对于个别缺失数据的年份，采用国家统计局的缩减方法将其补齐；对于不提供不变价居民收入的省份，也采用国家统计局的缩减方法对其进行估算。

根据以上方法加工计算出的 1990～2008 年期间按 1990 年价格计算的各省、直辖市和自治区的城镇居民不变价人均可支配收入和农村居民不变价人均纯收入数据，可以分别计算出部分年份相应的基尼系数和威廉逊系数。由表 4-3 到表 4-4 可知，基尼系数和威廉逊系数所得出的趋势基本一致，下面以基尼系数为例分析 1990 年以来我国城乡居民实际收入差距的变化情况。

2008 年，全国 31 个省市区城镇居民人均实际可支配收入的基尼系数为 0.1397，比 1992 年扩大 0.0269；三大地带城镇居民人均实际可支配收入的基尼系数为 0.1008，比 1992 年扩大 0.0280；六大区城镇居民人均实际可支配收入的基尼系数为 0.0314，比 1992 年扩大 0.0280。由表 4-3 可知，全国 31 个省市区城镇居民人均实际可支配收入差距从 1992 开始持续扩大，到 2005 年达到顶峰，从 2006 年开始差距又有所缩小；全国六大区城镇居民人均实际可支配收入差距从 1992 开始持续扩大，到 2004 年达到顶峰，从 2005 年开始差距又有所缩小；全国三大地带城镇居民人均实际可支配收入差距从 1992 开始持续扩大，到 2006 年达到顶峰，从 2007 年开始差距又有所缩小。

2008 年，全国 31 个省市区农村居民人均实际纯收入的基尼系数为 0.1870，比 1992 年扩大 0.0234，也比同年的城镇居民人均实际收入的基尼系数高出 0.0473，这表明农村居民实际收入的差距要大于城镇居民。三大地带城农村民人均实际纯收入的基尼系数为 0.1580，比 1992 年扩大 0.0402。六大区农村居民人均实际纯收入的基尼系数为 0.1694，比 1992 年扩大 0.0296。由表 4-4 可知，全国 31 个省市区、六大区和三大地带农村居民人均实际纯收入差距都从 1992 开始持续扩大到 2008 年。

表 4-3　1992~2008 年城镇人均实际可支配收入的基尼系数

地 区 划 分	1992	1996	2000	2004	2008
三大地带	0.0727	0.0840	0.0968	0.0981	0.1008
六大区	0.0880	0.1031	0.1155	0.1261	0.1194
全国 31 省市区	0.1128	0.1290	0.1400	0.1494	0.1397

表 4-4　1992~2008 年农村人均实际纯收入的基尼系数

地 区 划 分	1992	1996	2000	2004	2008
三大地带	0.1178	0.1457	0.1509	0.1482	0.1580
六大区	0.1398	0.1604	0.1620	0.1601	0.1694
全国 31 省市区	0.1636	0.1786	0.1767	0.1763	0.1870

表 4-5　1992~2008 年城镇人均实际可支配收入的威廉逊系数

地 区 划 分	1992	1996	2000	2004	2008
三大地带	0.1369	0.1656	0.1873	0.1953	0.2016
六大区	0.1776	0.2021	0.2236	0.2448	0.2235
全国 31 省市区	0.2296	0.2617	0.2775	0.2900	0.2565

表 4-6　1992~2008 年农村人均实际纯收入的威廉逊系数

地 区 划 分	1992	1996	2000	2004	2008
三大地带	0.2298	0.2750	0.2858	0.2856	0.2725
六大区	0.2770	0.2940	0.2946	0.2963	0.2825
全国 31 省市区	0.3227	0.3262	0.3243	0.3362	0.3248

第五节　缩小地区间居民收入分配
差距的政策建议[①]

合理的地区居民收入分配是社会公平的重要体现。改革开放以来，我国人民生活水平不断提升，但地区居民收入分配差距拉大的趋势还未得以根本扭转，对国民经济经济的持续健康快速发展带来较大的负面影响。基于本报告对居民收入差距的实证分析，首先，就调研到的典型区域提出十点具体政策建议，同时又主要从八个方面提出综合性的政策建议。

（一）针对调研的典型地区提出的十点具体政策建议

1. 改善沿海地区城郊失地农民收入分配差距的政策建议：一是设立失地农民社会保障的最低缴费基数和待遇水平，在土地出让金中建立失地农民基本养老保障风险准备金；二是完善养老保障基金的监督和管理。

2. 改善库区移民收入分配差距的政策建议：一是逐步改革原有的维持城乡隔离的户籍管理制度，使库区城乡劳动力市场与全国劳动力市场连通；二是进一步发展民营经济，带动更多就业岗位；三是进一步完善社会保障制度；四是积极发展库区非农产业。

3. 改善生态保护区居民收入分配差距的政策建议：一是建立健全生态补偿机制；二是支持自然保护区核心区的生态移民；三是鼓励保护区的社区居民参与生态保护。

4. 改善少数民族收入分配差距的政策建议：第一，继续投资基础设施建设，改善民族地区经济发展条件；第二，扶植特色产业发展。如进一步支持少数民族发展热带水果、烤烟等特色产业；第三，在民族地区举办各

---

① 本部分是在李晓西教授具体指导下，由刘涛博士、赵峥博士、何奎博士与张艾硕士完成基础稿。其中，赵峥博士在汇总稿子上下了很大功夫。

种实用的科技培训；第四，加大对少数民族干部和致富带头人的培养。

5. 改善西部欠发达地区居民收入分配差距的政策建议：一是努力促进农民增收；二是因地制宜地力促传统农业向现代农业转变，走科学发展现代农业之路。

6. 改善城市老年人收入与健康支出状况的政策建议：一是尽快建立普遍的医疗补充保险制度；二是有效降低老年人医疗费用支出；三是加大老年贫困人口的救助力度；四是鼓励社会参与老年人慈善事业。

7. 城乡统筹示范区促进经济开发、提高收入水平的政策建议：一是加强对个人收入的税收调节；二是加快公益事业改革，减少居民不合理支出；三是加大对低收入人群的扶持力度；四是促进农村富余劳动力转移；五是切实规范农村土地征用及补偿工作。

8. 城乡结合地区提高居民收入水平的政策建议：一是加快城乡结合地区产业结构转型；二是对城乡结合地区进行合理规划；三是拓宽就业渠道，提高失地农民的收入水平；四是完善社会保障体系。

9. 资源富集区提高居民收入水平、改善收入分配差距的政策建议：第一，加强就业培训，发展矿区新型替代产业等促进居民就业；第二，调整动力煤价格机制，促进煤炭行业发展；第三，通过补偿失地农民，促进社会保险地区转移。

10. 推广南通市缩小居民收入差距的经验：一是农村实行"南通模式"的初级卫生体系、城镇开展"无红包医院"创建等活动，很好地解决了"看病难、看病贵"的问题；二是加大地方财政中的教育支出，严惩违规收费行为，很好地解决了"上学难"的问题；三是很好地解决了"住房难"的问题。

（二）八条政策思路建议

1. 缩小地区间居民收入差距的关键是为欠发达地区选拔一批执政为民的官员

缩小地区间居民收入差距的关键在于地方官员。在实地考察中，我们发现，具有同样或类似资源禀赋的地方，有的经济发展很快，老百姓收入提高也很快，而有些地方发展较慢，老百姓的收入也相对较低，而造成这一现象的原因往往与当地官员的素质有直接关系。调查发现，中央政府的政策要真正发挥积极作用，地方政府的亲民爱民意识是非常重要的。只有地方政府真正把为百姓服务的意识落在实处，才能切实发挥出政策的效果。所以，应积极实现欠发达地区单纯依赖中央支持，向增强地方政府为民服务意识推动经济发展转变。从组织上为欠发达地区选拔一批权为民所用、情为民所系、利为民所谋的优秀干部，特别是优秀领导干部。选拔那些始终以党和人民的事业为重，用人民赋予的权力服务于人民，始终与人民群众心连心，始终把人民群众的安危冷暖挂在心上，切实关心群众疾苦，帮助群众解决实际困难，时刻把群众利益放在首位，为维护和实现最广大人民的根本利益而工作的官员。只有选拔一批真正执政为民的官员，才能真正推动欠发达地区经济社会发展，才能切实提高欠发达地区居民收入水平，缩小地区间居民收入差距。同时，应进一步推动政府体制转型步伐。收入分配体制改革与政府体制转型密切相关。改革开放以来，尽管权力和腐败对地区居民收入差距的影响可能并不见得非常大，但对地区居民收入差距所造成的负面关联影响则不可低估。因此应当加快政府转型步伐，减少权力与经济利益合谋的机会，打击腐败和寻租行为，使得公共政策尽可能全面、切实地惠及欠发达地区和低收入群体。

2. 缩小不同行业和行业中不同群体中的工资差距

职工工资性收入在很大程度上影响着本人的收入和福利水平。应注重提升职工工资水平，缩小不同行业和行业中不同群体中的工资差距，优化分配格局，进而缩小区域间居民收入差距。

调整工资收入结构，增加一线职工的基础工资。调查发现，虽然近年来工资总收入水平近年来得到了巨大增长，但基础工资并没有太大提高，主要是岗位工资的变化导致的收入增加。基础工资过低会直接影响职工将来退休后养老金的多少，这给广大职工将来的收入带来了隐患。因此在看到增加收入总量的同时，还要注意收入结构的合理，不能一味认为现在基础工资低会少交纳社会保险，而忽视将来给职工带来生活困难的可能，而应该相应地提高工人的基础工资，提高社会保险金的交纳比重。

严格规范管理者和一线工人收入比例，建立完善的年薪制。年薪制是近几年我国现代企业制度改革中进行分配制度改革的一种新探索，这项改革方向是正确的。但课题组在调查中发现，群众认为年薪制人为地拉大职工与管理层的收入，加深了企业内部矛盾。建议国家在推广年薪制改革过程中要与本企业的效益相结合、与整个职工的工资变化相联系，要加强年薪制的制定依据、执行程序等方面透明度和公众监督，增加职工和工会的决策和参与程度，大力推行职工工资协商制度和集体协商机制。同时，政府应出台相关政策来规范工资制定标准。

加强和完善对个人收入的税收调节。调查发现，目前个人收入的税收调节机制还不完善，还远未能发挥税收对收入分配的调节作用。未来应适当提高起个人所得税的起征点，减轻中低收入者的税赋负担。健全个人收入监测办法，完善居民储蓄实名制，加快个人信用体系建设。强化个人所得税的征管，加强对高收入人群收入的纳税监督和执行力度，严格按照税收征管法的规定，加大对偷税、漏税和抗税行为的处罚力度。适当扩大消费税征收范围，将尚未征收消费税的部分高档消费品以及奢侈性消费活动纳入征税范围。

进一步提高企业工资指导线，建立最低工资刚性兑现机制。在实地考察中，我们发现，在一些地区和一些企业特别是欠发达地区的民营企业，存在着不执行最低工资标准和拖欠工资等现象，特别需要进一步规范民营企业的劳动关系，落实职工合法权益。首先加强对企业执行最低工资标准的监督管理，确保职工获得最低报酬的权益；其次按照谁主管谁负责原则，进一步明确企业经营者作为解决欠薪问题第一责任人的责任，如凡拖欠工资的企业，经营者不得兑现各种奖励、不得增加工资，实行年薪制的不得兑现效益年薪等；三是进一步充实劳动监察队伍，加强对企业工资分配和支付的监督执法力度，定期检查和抽样检查相结合，坚决制止恶意拖欠工人工资的不法行为。

尽快从政策上弥补企业退休人员工资的差距，争取出台合理政策，改善企业离退休人员工资状况。调查发现，企业和机关事业单位离退休人员收入差距过大，不仅引起了严重的经济问题，也给社会稳定留下了严重隐患。需要在符合实际的情况下，合理、有序地提高企业离退休人员的收入，解决其后顾之忧。要认真贯彻落实好劳动和社会保障部、财政部下发的《关于调整企业退休人员基本养老金的通知》精神，要特别重视2006年对企业退休人员基本养老金的调整，调升数额应不低于此次收入分配改革后退休公务员退休金增加的绝对数，以改善此次公务员工资调整的舆论环境和社会预期。同时，参照上年职工工资平均增长幅度、通货膨胀率、利率水平等多因素确定增长比例，研究完善企业职工退休金核定办法，至少努力做到今后企业退休人员养老金的涨幅与机关事业单位人员基本保持适当一致。

3. 提升低收入群体的就业和再就业机会

低收入群体不仅包括城乡中的贫困人口，也包括在市场经济中处于不利地位的其他人群，如失地农民、下岗失业家庭等。在实地考察中，我们发现，低收入群体的能力建设，不仅仅是一个单纯的缩小地区居民收入差距的经济问题，也是一个带有社会政治性的全局性问题。针对低收入群体，特别是欠发达地区低收入群体的支持，应不仅仅局限于货币收入补偿，更重要的是在于扶助其能力建设，提升低收入群体的就业和再就业机会。

努力提升低收入群体的就业能力，鼓励中小企业、个体私营经济的发展，开发城市公共卫生、城市环保、居民医疗保健以及社区、家政服务等就业岗位，增加困难群体就业机会。完善落实再就业各项政策。鼓励国有企业挖掘潜力分流安置富余人员，支持下岗职工自主创业、自谋职业，加大支持力度。同时，对于在岗人员，不断强化岗位培训和后续教育服务，帮助其树立终身学习的观念，提高其多岗位多领域的工作技能，增强整体科技文化素质和个人综合竞争力。对于失业人员，一是加强培训内容的实用性和技能性，使培训对象通过培训掌握一定的技巧或技能。二是在培训费用上，应给予一定优惠或减免，不能按商业培训收费。三是在就业市场上，不能仅局限于本地的就业市场，还可面向周边城市。

调查研究发现，城乡结合部的主要就业压力来自于失地农民的生存压力而导致的劳动力供给膨胀，解决这一问题的关键是要拓宽失地农民的就业渠道。在征地过程中，优先考虑有能力安置失地农民的征地单位，在招工时要优先招用所征土地上的失地农民；政府要出台奖励安置失地农民就业的政策，鼓励征地单位或有关企业吸纳失地农民就业；各级职业介绍机构应该积极为失地农民服务，举办各种类型的招聘会，为失地农民开办专场。同时，要充分发挥社区服务业在吸纳劳动力就业方面的重要作用。随着经济的发展和社会的进步，人们对社区服务业的需求日益增长，社区就业逐渐成为失地农民和其他弱势就业群体实现就业的重要领域。社区服务的许多行业技术含量不高，无需培训即可上岗，非常有利于安置那些文化水平低的大龄失地农民。因此，发展社区服务也是缓解城乡结合部就业压力、扩大失地农民收入水平的重要途径。

4. 高度关注四大功能区中限制开发区的居民的经济补偿问题

发展绿色经济是中国经济长期持续健康发展的战略选择。党中央统筹考虑我国人口分布、经济布局、国土利用和城镇化格局，将国土空间划分为优化开发、重点开发、限制开发和禁止开发四类主体功能区。在实地考察中，我们发现，目前禁止开发区域主要依据法律法规和相关的规划实行强制性保护，严禁不符合主体功能定位的开发活动，自然保护区内的人口大多迁出或部分就地转为管护人员，相应政策措施已经很完善。相对而言，限制开发区是指资源承载能力较弱，大规模集聚经济和人口条件不够好，但却关系到全国或较大范围生态安全的区域。这一区域是发展绿色经济的重要地区，涉及地区广泛，人口众多，区域特色各不相同，相应的居民经济补偿政策还不完善。我们认为，要高度关注四大功能区中限制开发区的居民的经济补偿问题。针对目前存在现实问题，未来需要根据区域规划安排，划定补偿范围，明确补偿对象，制定符合当地发展水平和特点的补偿标准和补偿年限，建立限制开发区域利益补偿的长效机制，提升区域居民转产就业能力。在保护生态环境的同时，保证当地居民收入的稳定增长，进而从实质上和根本上提高生态保护效率，起到缩小收入差距并改善社会福利的作用。同时，根据课题组对一些资源型地区的调查研究发现，一些地方具有丰富的自然资源和矿产资源，以供国家经济建设需要，但同时也承担着比较重的税收，从而导致自身发展资金不足，居民收入普遍较低。例如煤炭工业是关系到国计民生的最基础产业，国家一直将煤炭作为宏观经济计划的重要部分，支持着全国改革开放快速推进，因而产煤大省山西就在价格、财政税收等方面做出了很大的牺牲和代价。目前，山西是中西部地区唯一的财政上缴省，税收上交比例仍然高达 60% ~ 65% 以上，导致了省内建设资金匮乏，财力不足，社会保障乏力，低收入群体等难以得到保障。因此，建议根据实际情况，适当减低类似地区的税收上缴比例。

5. 社会保障水平的均等化是缩小地区居民收入差距的重要途径

从各国对社会收入分配调节的实践表明，完善社会保障体系是缩小社会生活水平差异最有效的措施。在实地考察中，我们也发现，缩小地区间居民收入差距在于提高部分欠发达地区的居民收入水平，而居民收入水平的提高不仅仅是指表面上的货币收入增加，还在于其潜在的收入的提升，而这个潜在收入主要是由社会保障体系构成的。因此，提高欠发达地区的社会保障水平对缩小地区居民收入差距具有十分重要的意义。

加强失地农民社会保障。调查发现，我国经济发展较不平衡，经济条件较好的地区集体经济可以为失地农民购买养老保险，而集体经济不发达的地区，失地农民往往很少享有养老保险。要反对"一刀切"，根据具体情况分析具体问题，按不同年龄段分别实行培训就业保障、养老保险和福利保障等多种保障方式。尤其是要确立失地农民社会保障的最低缴费基数和待遇水平，明确集体经济和政府应当缴纳的最低下限，将失地农民养老保障基金实行收支两条线、财政专户管理，独立设帐，专款专用，建立完善的基金监督和管理机制，实现失地农民社会保障基金的顺利保值增值。

探索解决社会保险跨地区自由转移问题。调查发现，我国目前社会保险没有打破地区间界限，导致高流动性农民工的社会保险关系和待遇出现时间接续以及地区转移等问题，比较严重地损害了农民工在流动就业中的权益。如果企业为农民工按照工资总额交纳保险，不仅工人自身没有享受到社会保险的益处，而且企业也白白给他们交纳了保险费，同时给农民工个人和其所在企业增加了支出，减少了其实际收入。例如对高比例使用农民工的煤矿企业来说，这个问题尤其迫切。因此急需从技术上解决社会保险的地区间自由转移问题，让农民工真正享受到社会保障的益处。

加大对低收入、残疾等特困老年人的救助力度。调查发现，改革城镇基本养老保险制度，建立新型农村养老保险制度，已经解决了大部分现实老年人和未来老年人的经济保障问题。当前应重点关注那些低收入、残疾等特困老年人，通过社会救助和社会福利以解决其经济收入问题。建议在已实施高龄津贴发放政策的基础上，扩大此项政策的覆盖范围，加大对低收入、残疾老年人的倾斜。一是进一步放宽低收入老年人纳入最低生活保障的条件，提高补助标准，并在医疗保障补偿机制上给予照顾；二是在现有在临时救助和应急救助制度中，增加"对常年需要药物治疗或维持的慢性疾病特困老年人给予定额临时救助"；三是健全社会服务网络，建立居家养老服务专项补贴，为这些特殊困难老年人提供照顾和康复服务，保障其基本生活条件。

加大财政对欠发达地区教育的支持力度。调查发现，教育在收入决定中的作用不断上升是传统的平均主义分配体制不断被打破的重要表现。这意味着，收入决定机制中人力资本的作用不断被强调。这样一种分配机制的转型对于增强人力资本投资、增进经济效率具有非常重要的促进作用。

教育水平高低以及教育均等程度与收入差距之间具有明显的正相关性。在一定意义上，贫困和教育落后互为恶性循环。因此，扩大低收入地区和低收入群体的教育投资，努力创造公平的受教育机会，是其脱贫致富的长远之计。要让公共财政的阳光更好地普照教育，提高教育经费占财政支出的比重，加大对义务教育和职业教育的基本投入，加大对农村地区、落后地区和边疆少数民族地区的教育转移支付力度，以免因贫失学和因学致贫。完善农村义务教育阶段在校生的"三免一补"政策，加大对考入大学的城乡贫困学生的救助。

6. 着力推动欠发达地区农村发展

在实地考察中，我们发现，地区居民收的差距很大体现在农村发展水平的差距上。欠发达地区往往农村地区多，农民也多。所以，缩小地区居民收入差距，促进欠发达地区农村的发展是关键。未来应不断推动欠发达地区农村发展，加大"三农"投入，深化农业内部结构调整，努力拓宽农民增收渠道，推动农村土地制度创新，使广大农民更好地分享了改革开放和现代化建设的成果，从而缩小地区居民收入差距。

继续深化农业内部结构调整。要围绕区域性特色农业开发，以效益为中心，以建设现代农业为目标，全面提升农业整体发展水平，依靠农业增效促增收。通过重点依托龙头企业和产业化经营带动，加快构建优势农产品产业带，推动农产品加工、保鲜、储运业的发展，使农民在农业产业链条延伸中获得更多收益。要适应建设现代农业的要求，加快发展设施农业，支持发展循环农业，积极发展节约型农业。创新农业发展模式，鼓励城市郊区、民俗旅游区农民发展休闲观光农业、生态农业，形成农民增收新亮点。

努力增加农民非农产业收入。抓住各地推进新农村建设的有利时机，支持发展乡镇企业和农村工业，放手发展农村非公有制经济，全面放开农村二、三产业经营领域，鼓励农民以家庭经营形式参与交通运输、批发贸易、餐饮旅游和社会服务业等第三产业。大力发展小城镇经济，不断扩大县域经济规模，为城乡统筹提供有利载体，为农民增收开辟更大空间。要把小城镇建设和新农村规划建设，农村经济结构调整，乡镇企业、农业产业化经营和非公有制经济发展结合起来推动，培育小城镇经济增长点，为农民创造更多创业就业机会和岗位。

积极推动农民外出务工创收。结合新农村建设和新型工业化、城镇化和城市化的推进，制定地区县市劳务创收年度计划，结合大规模开展农民劳动就业技能培训，从更大范围引导和组织农民开展劳务创收。坚持农业内部转移与向二、三产业转移，就近转移与跨区转移，常年转移与季节性转移相结合，推动劳务创收向多元化渠道拓展，促进农民工在城乡、地区和产业间有序流动，着力形成一批有稳定职业的农民工创业队伍。

创新农村土地产权制度。土地应该成为农民收入和财产的主要来源。针对目前农民在土地的流转和出让中还不能够获得合理的补偿和回报，农民的利益受到了比较的损害的情况，需要大力创新土地制度。建议建立国家和地方土地发展基金，土地发展基金的来源主要是土地出让金收入。土地出让金收入分配比例，按照国家和地方4:6确定，地方土地发展基金收入应全额纳入地方预算，土地出让金的分配主要包括征地农民补偿、农业开发、廉租房建设等，但首先应满足征地农民补偿。土地出让金必须足额安排支付征地补偿安置费用、拆迁补偿费用，补助被征地农民社会保障所需资金的不足。结余资金应逐步提高用于农业土地开发和农村基础设施建设的比重，以及廉租住房建设和完善国有土地使用功能的配套设施建设。国家土地发展基金，则主要用于环境保护、国土资源开发建设。

7. 推进生产要素市场化改革尤其是区域间劳动力自由流动

在实地考察中，我们发现，目前我国劳动力市场化进程不断加快，但劳动力市场被严重分割的现象仍然存在，多种因素的制约导致劳动力在区域间难以充分流动。加快培育和发展更具开放性、更具流动性的劳动力市场是缩小区域居民收入差距的有效途径。未来，应进一步加快城市化发展进程、促进农村非农产业的发展，有助于提高农民的充分就业时间和单位劳动的工资率。并且，在促进劳动力的自由流动同时加强对劳动的保护，从政策上支持维护劳动者获取报酬的权益，逐步改变过度压低劳动力成本吸引投资、促进发展的政策取向。同时，消除劳动力流动的制度障碍不仅包括取消户籍管制、限制农民工进城等直接阻碍劳动力流动的政策，应打破分割、消除壁垒，按照市场规则进行配置，各显其能、各尽其智。应努力消除公共服务的歧视性，如城市的公共教育体系应当同时覆盖到农民工的学龄子女、城市的医疗卫生服务不应将农民工拒之门外，应当建立起有利于劳动力自由流动的住房租赁市场等。

同时，还应进一步推进各类生产要素市场化改革。要素市场化是我国建立市场经济体制的基础，而价格的市场化决定是最基本要求。调查发现，由于政策限制，一些重要的生产要素还没有市场化，从而导致一些地区资源丰富而不发达、经济发展而不富裕。例如我国煤炭工业可持续发展的关键之一就是要解决价格市场化问题。正是由于电煤价格长期被管制，导致了整个煤价被压低。煤炭成本构成中资源、环境、安全、转型成本都没有计算进去，环境欠帐，资源欠账。完整的煤炭成本核算机制无法形成。这样，煤炭工业可持续发展也就难以为继，产煤区居民收入也难以实现较大增长。因此，国家适当地调整动力煤价格是必要的，而且，按照目前的电力发展，逐步地建立煤价的市场化定价机制的时机和条件已经基本成熟。

8. 实现三个转变促进区域经济均衡发展

在一定程度上，我国居民收入差距过大来自于地区经济发展的不均衡。缩小地区居民收入差距，必须大力推动落后地区经济发展，努力实现区域经济均衡。在社会主义市场经济条件下，区域经济的协调发展既不能无为而治，单纯仅靠市场力量，依靠人口自由迁徙和劳动力自由流动来在相当长的一段历史时期内逐步地自发地消除区域差别，同时也不能完全靠中央财政按计划经济的办法和纯粹的行政手段来调整生产力布局的不均衡。应该看到，直接的干预措施固然见效明显，但同时也可能造成价格机制的扭曲、市场功能的扭曲，干预措施同样不能背离市场原则。而是需要强调政府支持与借助市场力量相结合，将完善市场的自我调节功能与增强政府调节能力放在同等重要的地位，即强调市场机制对资源配置作用与国家宏观调控作用的结合。

充分发挥市场和政府的作用，促进区域经济均衡发展，要努力实现三个转变：第一个转变是由单靠国家财力投资搞建设的模式向国家政策投入与市场基础作用相结合、多元化投资发展经济的方向转变。未来，除了加快推进西部大开发、振兴东北和中部崛起战略外，在保证国家宏观调控统一性的前提下，中央应对中西部地区采取更加灵活的政策措施，更多地倾向于使用政策资源去调控区域之间的经济发展。同时，国家重大建设项目布点时，在同等条件下优先考虑中西部地区，让国家对落后地区的公共设施投资项目有所增加，并出台相应政策鼓励和引导各种类型的经济主体到落后地区来投资。特别是在鼓励多元化投资中，要发挥中小企业在中西部经济发展中的作用。第二个转变是由主要靠开发自然资源的模式向综合开发市场、知识、技术、资本与自然资源相结合的方向转变。落后地区要充分利用资源、区位等优势，特别是劳动成本低的优势，承接发达地区的产业梯度转移，同时，要推动自然资源与市场、知识、技术、资本相结合，调整优化产业和产品结构，大力发展有市场前景、有技术含量的特色经济和优势产业，不断拓展落后地区经济发展的空间，分享现代区际的分工利益，努力缩小与发达地区的经济发展差距。第三个转变是由封闭式、自我开发的模式向全国、全世界全方位开放的方向转变。区域经济均衡发展必须是开放的，国家应当积极促进东中西地区协调发展，促进中西部地区与长三角、珠三角、京津冀等沿海发达地区联动合作，推动中西部地区面向全球接受资金、技术和产业的梯度转移与辐射带动效应，实现中西部地区整体发展与推进。

本章主要参考资料

1. Kuznets, Economic development and income inequality, American Economic Review, 1995.

2. Alesina, A &Perotti, 1996, Income distribution, political instability, and investment, European Economic Review.

3. Ricardo D. 1817, Principles of Political Economy. In works and Correspondence of David Richard, Vol. 1. ed. Piero Sraffa, Cambridge: Cambridge University Press, 1951.

4. Pareto, V. 1895, La legge Della domanda. Giornale degll Economists, 49 ~ 68.

5. Pareto V. 1897, Cows d' economic poliligee, Ed. G. H. Bousquet and G. Busino, Geneva: Librairie Droz 1964.

6. Gini, C. 1910. Indici di concentrazione e di dependenza. Atti della III Riunione della Societa Italiano per ll Progresso delle Sciencze, in Gini (1955), 3 ~ 120.

7. Gini, C. 1912. Variabilita e mulabilita, Studi economico giwidici Lńitgrsita di Cagliari III, 2a, in Gini (1955), 211 ~ 382.

8. Lambert, P. J.: The Distribution and Redistribution of Income, Manchester University Press, Manchester, U. K. , 2001

9. Michael Schneider: The Distribution of Wealth, Northhampton, Mass: Edward Elgar. 2004.

10. Ravallion, Martin and Shaohua Chen (2004) China's (Uneven) Progress Against Poverty, World Bank Policy Research Paper 3408, Development Research Group, World Bank, Washington, D. C.

11. Dwayne Benjamin; Loren Brandt; John Giles (2005): The Evvolution of Income Inequality in Rural China, Economic Development and Cultural Change Jul 2005

12. Justin Y Lin; Geweu \ i Wang; Yaohui Zhao (2004): Regional Inequality and Labor Tranfers in China, Economic Development and Cultural Change Apr 2004

13. Jones, Derek, Cheng Li and Ann L. Owen (2003) Growth and Regional Inequality in China During the Reform Era, William Davidson Working Paper No. 561, The William Davidson Institute at The University of Michigan Business School.

14. Kanbur, Ravi and Xiaobo Zhang (2004) Fifty Years of Regional Inequality in China: A Journey through Central Planning, Rcform, and Openness, United Nations University WIDER Discussion Paper No. 2004/50.

15. Khan, Azizur Rahman, Keith Griffin, and Carl Riskin (1999) Income Distribution in Urban China During the Period of Economic Reform and Globalization, American Economic Review/AEA Papers and Proceedings, Vol. 89, No. 2.

16. Budy P Resosudarmo; Yogi Vidyattama (2006): Regional Income Disparity in Indonesia: A Panel Data Analysis, ASEAN Economic Bulletin Apr 2006

17. 丁任重、陈志舟、顾文军:《倒 U 假说"与我国转型期收入差距》,《经济学家》2003 年第 6 期。

18. 徐宗玲、陈涓:《经济增长与收入分配变动分析》,《汕头大学学报（人文科学版）》2000 年第 1 期。

19. 周云波:《城市化、城乡差距以及全国居民总体收入差距的变动—收入差距倒 U 形假说的实证检验》,《经济学》2009 年第 4 期。

20. 张少杰、董碧松、郭雅娴:《经济增长对收入分配的影响—来自我国的实践验证》,《中国地质大学学报》2007 年第 1 期。

21. 管晓明:《倒 U 假说的推演及其在我国的检验》,《山西财经大学学报》2006 年第 5 期。

22. 彭志胜:《关于"倒 U 字"假说的再思考》,行政管理。

23. 智谋、尚卫平:《江苏省各区域经济发展差距的实证分析》,《南京财经大学学报》2007 年第 5 期。

24. 张世伟、吕世斌:《库兹涅茨倒 U 型假说:基于基尼系数的分析途径》,《经济评论》2007 年。

25. 才斌:《我国经济增长对收入分配的影响》,《通化师范学院学报》2008 年第 6 期。

26. 周昂:《论倒 U 曲线与我国收入分配差距》,《现代商贸工业》2007 年第 11 期。

27. 姜文景、李君安:《浅析我国经济增长中收入分配存在的问题——基于"倒型"假说的视角》,《法商论丛书》2007 年。

28. 岳翠云:《我国的收入分配发展趋势是否为倒 U 形》,《价值工程》2007 年第 11 期。

29. 徐杰:《我国东、中、西部人均收入差异的比较分析》,《统计与信息论坛》2004 年第 6 期。

30. 祝志杰、刘艳茹:《辽宁省区域收入差距的统计研究》,《当代经济》2008 年第 11 期。

31. 尚卫平:《一种反映收入差异程度的新指标——余期望系数》,《统计研究》2004 年第 1 期。

32. 颜鹏飞、唐轶昂:《我国居民收入分配差距研究——兼评库兹涅茨的"倒 U 理论"》,《福建论坛》2003 年第 3 期。

33. 杨竹莘、聂彩云:《中国地区差距的测度与演变研究综述》,《吉首大学学报（社会科学版）》2006 年第 5 期。

34. 钱敏泽:《库兹涅茨倒 U 字形曲线假说的形成与拓展》,《世界经济》2007 年第 9 期。

35. 刘霖、秦宛顺:《收入分配差距与经济增长之因果关系研究》,《福建论坛》2005 年第 7 期。

36. 杨俊、张宗益：《收入分配与经济增长——近代西方理论与实证考察》,《重庆大学学报》2002 年第 10 期。

37. 杨建华：《浙江"倒 U 形曲线"拐点分析》,《浙江社会科学》2009 年第 7 期。

38. 记玉山：《倒 U 理论质疑》,《社会科学实践》1997 年第 3 期。

39. 陈燕、荀关玉：《收入差距出现倒 U 形拐点的因素》,《曲靖师范学院院报》2008 年第 1 期。

40. 乔榛：《我国居民收入差距不断扩大背景下的经济持续增长现象分析》,《当代经济研究》2003 年第 9 期。

41. 任重：《我国收入分配问题研究述评》,《开放导报》2008 年第 6 期。

42. 刘荣添、叶民强：《中国城乡收入差异的库兹涅茨曲线研究——基于各省份面板数据（1978～2004 年）的实证分析》,《经济问题探索》2006 年第 6 期。

43. 洪兴建：《基尼系数理论研究》,经济科学出版社 2008 年版。

44. 魏杰、谭伟：《基尼系数理论与中国现实的碰撞》,《光明日报》2006 年 2 月 14 日。

45. 王新怀：《我国地区发展差距现状及区域协调发展的建议》,《财经界》2009 年第 5 期。

46. 中国社会科学院：《城市蓝皮书：中国城市发展报告（NO.2）》,2009.

47. 国家发改委地区经济司：《2007 年我国地区经济形势分析与 2008 年政策建议》,《中国经贸导刊》2008 年第 8 期。

48. 欧阳洁：《关注收入差距：不同区域，收入差出一大截》,人民网,2007 年 12 月。

49. 许召元、李善同：《近年来中国地区差距的变化趋势》,《经济研究》2006 年第 7 期。

50. 李会宁、叶民强：《我国东中西部三地区经济发展差距分析》,《经济问题探索》2006 年第 6 期。

51. 李晓西、张琦：《中国区域收入差距分析及政策建议》,《改革》2005 年第 2 期。

52. 胡联合、胡鞍钢：《我国地区间收入差距的两极化趋势》,《社会观察》2005 年第 6 期。

53. 陈秀山、徐瑛：《中国区域差距影响因素的实证研究》,《中国社会科学》2004 年第 5 期。

54. 董先安：《浅释中国地区收入差距：1952～2003》,《经济研究》2004 年第 9 期。

55. 王小鲁、樊纲：《中国地区差距的变动趋势和影响因素》,《经济研究》2004 年第 1 期。

56. 马拴友、于红霞：《转移支付与地区经济收敛》,《经济研究》2003 年第 3 期。

57. 林毅夫、刘培林：《中国的经济发展战略与地区收入差距》，《经济研究》2003年第3期。

58. 蔡昉、都阳：《中国地区经济的趋同与差异——对西部开发战略的启示》，《经济研究》2000年第10期。

59. 李实、赵人伟：《中国居民收入差距的扩大及其原因》，《经济研究》1997年第9期。

60. 林毅夫、蔡昉、李周：《中国转型时期的地区差距分析》，《经济研究》1998年第6期。

61. 袁钢明：《地区经济差异与宏观经济波动》，《经济研究》1996年第10期。

62. 亚洲开发银行：《亚洲的分配不均等》，亚洲开发银行2007年工作文献。

63. 郝寿义、安虎森：《区域经济学》，经济科学出版社1999年版。

64. 孔泾源：《中国居民收入分配年度报告（2005）》，经济科学出版社2005年版。

65. 宋国恺：《城乡结合部研究综述》，《甘肃社会科学》2004年第2期。

66. 甄艳、吕康娟：《城乡结合部的地缘特性及其管理机制创新》，《世界地理研究》2005年第9期。

67. 蔡昉、都阳：《中国地区经济增长的趋同与差异——对西部开发战略的启示》，《经济研究》2000年第10期。

68. 林毅夫、刘培林：《中国的经济发展战略与地区收入差距》，《经济研究》2003年第3期。

69. 李实：《中国个人收入分配研究回顾与展望》，《经济学（季刊）》2003年第2期。

70. 王小鲁、樊纲：《中国地区差距的变动趋势和影响因素》，国务院发展研究中心信息网2004年4月28日。

71. 刘夏明、魏英琪、李国平：《收敛还是发散——中国区域经济发展争论的文献综述》，《经济研究》2004年第7期。

72. 彭国华：《中国地区收入差距、全要素生产率及其收敛分析》，《经济研究》2005年第9期。

73. 万广华、陆铭、陈钊：《全球化与地区间收入差距：来自中国的证据》，《中国社会科学》2005年第3期。

74. 张健、何彬：《中国地区收入差距趋于收敛还是发散学习与探索》，2007年第3期。

75. 司志宾、张东辉：《地区收入差距与经济增长——基于中国统计数据的实证分析》，《东岳论丛》2007年第5期。

76. 王家新、梅翠：《影响地区收入差距的税收因素分析》，《统计研究》2006年第12期。

77. 陶应虎：《农村居民收入区域差异及其影响因素研究——以江苏省为例》，清华大学出版社2009年版。

78. 麻健：《调节不合理收入分配问题研究》，中国经济出版社2008年版。

主要参考文献[①]

1. Alesina, A &Perotti, 1996, Income distribution, political instability, and investment, European Economic Review.

2. Budy P Resosudarmo; Yogi Vidyattama (2006): Regional Income Disparity in Indonesia: A Panel Data Analysis, ASEAN Economic Bulletin Apr 2006.

3. Dwayne Benjamin; Loren Brandt; John Giles (2005): The Evvolution of Income Inequality in Rural China, Economic Development and Cultural Change Jul 2005.

4. Gini, C. 1910. Indici di concentrazione e di dependenza. Atti della III Riunione della Societa Italiano per ll Progresso delle Sciencze, in Gini (1955), 3 ~ 120.

5. Jones, Derek, Cheng Li and Ann L. Owen (2003) Growth and Regional Inequality in China During the Reform Era, William Davidson Working Paper No. 561, The William Davidson Institute at The University of Michigan Business School.

6. Justin Y Lin; Geweu \ i Wang; Yaohui Zhao (2004): Regional Inequality and Labor Tranfers in China, Economic Development and Cultural Change Apr 2004.

---

① 本参考文献按课题报告出现的先后顺序排列。

7. Kanbur, Ravi and Xiaobo Zhang（2004）Fifty Years of Regional Inequality in China：A Journey through Central Planning, Reform, and Openness, United Nations University WIDER Discussion Paper No. 2004/50.

8. Khan, Azizur Rahman, Keith Griffin, and Carl Riskin（1999）Income Distribution in Urban China During the Period of Economic Reform and Globalization, American Economic Review/AEA Papers and Proceedings, Vol. 89, No. 2.

9. Lambert, P. J.：The Distribution and Redistribution of Income, Manchester University Press, Manchester, U. K. , 2001.

10. Michael Schneider：The Distribution of Wealth, Northhampton, Mass：Edward Elgar. 2004.

11. Pareto, V. 1895, La legge Della domanda. Giornale degll Economists, 49～68.

12. Pareto V. 1897, Cows d'economic poliligee, Ed. G. H. Bousquet and G. Busino, Geneva：Librairie Droz 1964.

13. Ravallion, Martin and Shaohua Chen（2004）China's（Uneven）Progress Against Poverty, World Bank Policy Research Paper 3408, Development Research Group, World Bank, Washington, D. C.

14. Ricardo D. 1817, Principles of Political Economy. In works and Correspondence of David Richard, Vol. 1. ed. Piero Sraffa, Cambridge：Cambridge University Press, 1951.

15. 约翰. 伊特韦尔，默里. 米尔盖特，彼得. 纽曼编.《新帕尔格雷夫经济学大辞典》第二卷, 北京：经济科学出版社 1996 年版。

16. 郝寿义、安虎森：《区域经济学》, 经济科学出版社 1999 年版。

17. 孔泾源：《中国居民收入分配年度报告（2005）》, 经济科学出版社 2005 年版。

18. 宋国恺：《城乡结合部研究综述》,《甘肃社会科学》2004 年第 2 期。

19. 甄艳、吕康娟：《城乡结合部的地缘特性及其管理机制创新》，《世界地理研究》2005 年第 9 期。

20. 蔡昉、都阳：《中国地区经济增长的趋同与差异——对西部开发战略的启示》，《经济研究》2000 年第 10 期。

21. 林毅夫、刘培林：《中国的经济发展战略与地区收入差距》，《经济研究》2003 年第 3 期。

22. 李实：《中国个人收入分配研究回顾与展望》，《经济学（季刊）》2003 年第 2 期。

23. 王小鲁、樊纲：《中国地区差距的变动趋势和影响因素》，《经济研究》2004.

24. 刘夏明、魏英琪、李国平，收敛还是发散：《中国区域经济发展争论的文献综述》，《经济研究》2004 年第 7 期。

25. 彭国华：《中国地区收入差距、全要素生产率及其收敛分析》，《经济研究》2005 年第 9 期。

26. 万广华、陆铭、陈钊：《全球化与地区间收入差距：来自中国的证据》，《中国社会科学》2005 年第 3 期。

27. 张健，何彬：《中国地区收入差距趋于收敛还是发散》，《学习与探索》2007 年第 3 期。

28. 司志宾、张东辉：《地区收入差距与经济增长——基于中国统计数据的实证分析》，《东岳论丛》2007 年第 5 期。

29. 王家新、梅翠：《影响地区收入差距的税收因素分析》，《统计研究》2006 年第 12 期。

30. 陶应虎：《农村居民收入区域差异及其影响因素研究——以江苏省为例》，清华大学出版社 2009 年版。

31. 麻健：《调节不合理收入分配问题研究》，中国经济出版社 2008 年版。

32. 国家统计局人口和就业统计司：《中国人口统计年鉴 2006》，中国统计出版社 2006 年版。

33. 国家统计局人口和就业统计司：《2007 中国人口和就业统计年鉴》，中国统计出版社 2007 年版。

34. 国家统计局城市社会经济调查司：《2006 中国城市统计年鉴》，中国统计出版社 2007 年版。

35. 中国劳动和社会保障年鉴编委会：《2006 中国劳动和社会保障年鉴》，中国劳动社会保障出版社 2007 年版。

36. 全国老龄工作委员会：中国城乡老年人口状况追踪调查，http：//www. china. com. cn/。

37. 北京市发展和改革委员会：《北京市及各区县国民经济和社会发展"十一五"规划纲要》，中国人口出版社 2006 年版。

38. 北京市统计局、国家统计局北京调查总队：《北京统计年鉴 2007》，中国统计出版社 2007 年版。

39. 北京市 1% 人口抽样调查领导小组办公室、北京市统计局：《2005年北京市 1% 人口抽样调查资料》，中国统计出版社 2007 年版。

40. 北京市人口普查办公室：《世纪之交的中国人口（北京卷）》，中国统计出版社 2005 年版。

41. 北京市民政局：《2005 北京市民政统计年鉴》。

42. 北京市民政局：《北京市低收入老人基本情况及保障措施》。

43. 北京市民政局：《关于"老年人社会福利"有关问题的建议》。

44. 北京市人口和计划生育委员会、北京市人口学会：《人口与发展》，清华大学出版社 2006 年版。

45. 北京市老龄问题研究中心：《北京市人口老龄化与社会经济发展》，2007 年。

46. 北京市老龄委：《北京市 2006 年老年人口信息和老龄事业发展状况报告》，2007 年。

47. 北京市劳动和社会保障局：《关于北京市 2008 年调整企业退休人员基本养老金的通知》，http：//www. bjld. gov. cn/。

48. 金大鹏：《全面开创首都卫生事业发展的新局面》（在 2007 年北京市卫生工作暨中医工作会议上的工作报告）。

49. 舍曼·富兰德等：《卫生经济学》，中国人民大学出版社 2004 年版。

50. 赵忠：《健康、医疗服务于传染病的经济学分析》，北京大学出版社 2007 年版。

51. 陆杰华：《我国老龄产业研究评述及展望》，《北京大学学报（哲学社会科学版）》2002 年第 1 期。

52. 王晓燕等：《北京老年知识分子卫生保健问题的伦理分析》，《中国医学伦理学》2002 年第 3 期。

53. 石广等：《投资于健康的理念与策略》，《卫生经济研究》2003 年第 1 期。

54. 王树新：《北京市人口老龄化与积极老龄化》，《人口与经济》2003 年第 4 期。

55. 辛英等：《北京市城区老年人口医疗费用支付能力研究》，《中国卫生经济》2005 年第 10 期。

56. 钱鑫等：《中国城市老年人就业意愿影响因素分析》，《人口学刊》2006 年第 5 期。

57. 王永炎：《中医药在构建社会医疗保障体系中的作用》，《中国药物经济学》2007 年第 3 期。

58. 北京市劳动和社会保障局医疗保险处：《关于解决本市城镇无医疗保障老年人医疗待遇问题的调研报告》，《北京调研》2007 年第 7 期。

59. 威海市发改委：《关于威海市居民收入问题有关情况的汇报》。

60. 威海市统计局：《居民收入显著提高，差距明显拉大》。

61. 威海市民政局：《"居民收入问题"座谈会发言提纲》。

62. 威海市经贸委：《市直工业企业劳动工资管理情况浅析》。

63. 威海市国资委：《关于市属企业职工工资分配状况的调查报告》。

64. 威海市劳动局：《职工工资收入分配的座谈提纲》。

65. 威海市船厂:《威海船厂关于职工工资分配情况的报告》。

66. 金猴集团:《职工收入及相关问题分析》。

67. 山花集团:《威海市山花地毯集团有限公司企业收入的基本情况》。

68. 三角集团:《关于企业薪酬体系调查情况的汇报提纲》。

69. 北洋集团:《威海北洋电器集团股份有限公司薪酬情况报告》。

70. 蓝星玻璃:《威海蓝星玻璃股份有限公司收入分配概况》。

71. 东营市统计局:《东营市城市居民收入现状》。

72. 东营市统计局:《东营市 2003～2005 年农民收入情况》。

73. 东营市民政局:《关于全市社会救助体系建设情况汇报》。

74. 东营市经贸委:《东营市石化工业基本情况》。

75. 东营市财政局:《发挥财政职能促进经济社会和谐发展》。

76. 东营市劳动局:《东营市企业职工收入情况分析》。

77. 东营市民政局:《东营社会救助文件汇编》。

78. 东营市统计局:《东营经济提要 2005》。

79. 东营区人民政府:《东营区城乡居民收入基本情况》。

80. 东营区辛店街道茶坡村:《辛店街道茶坡村建设情况简介》。

81. 东营区辛店街道红卫居委会:《辛店街道红卫居委会简介》。

82. 东营区辛店街道红卫居委会:《红卫居委会 2006 年上半年工作总结》。

83. 河口区人民政府:《关于全区居民收入情况的汇报》。

84. 河口区海宁社区:《海宁社区城镇居民收入分配情况》。

85. 垦利石化集团:《座谈会提纲》。

86. 万得福集团:《企业职工劳动报酬分配情况汇报材料》。

87. 大海集团:《收入分配汇报材料》。

88. 金岭集团:《在居民收入分配座谈会上的发言》。

89. 利华益集团:《利华益集团汇报材料》。

90. 俊富无纺布集团:《在居民收入分配问题座谈会上的讲话》。

91.《山西省统计年鉴》(2004～2006),中国统计出版社。

92. 《中国劳动统计年鉴》（2004~2006），中国统计出版社。

93. 张宝顺：《加入 WTO 后山西的发展思考》，红旗出版社 2003 年版。

94. 于幼军：《山西：煤炭经济发展模式必须转换》，《中国经济时报》2006 年 3 月 7 日。

95. 牛仁亮：《关于重建我国社会保障制度的几个问题》，《人民日报》1995 年 3 月 15 日。

96. 吴道容：《煤炭经济'十五'回顾与'十一五'展望》，中国煤炭工业网 http：//www.chinacoal.gov.cn/。

97. 国家信息中心、中国经济信息网：《中国行业发展报告：煤炭业》，中国经济出版社 2005 年版。

98. 山西省委政策研究室：《山西省统计局关于"十五"时期全省经济结构调整情况的统计公报》。

99. 山西省委政策研究室：《2005 年山西省国民经济和社会发展统计公报》。

100. 山西省委政策研究室：《山西省煤炭工业可持续发展政策报告》。

101. 山西省劳动保障厅：《国务院关于工资改革的文件》。

102. 山西省劳动保障厅：《关于我省企业退休人员退休待遇有关情况的汇报》。

103. 山西省劳动保障厅：《关于山西省城市居民最低生活保障情况的汇报》。

104. 山西省劳动保障厅：《企业养老保险退休人员平均养老金及企业在岗职工平均工资情况表》。

105. 山西省民政厅：《山西省民政厅文件》。

106. 山西省统计局：《1990 年以来山西城乡居民收支变化情况分析》。

107. 山西省统计局：《山西省各项主要经济指标历史变化情况》。

108. 山西省发改委：《山西省近年来城镇职工收入分配情况报告》。

109. 山西省发改委：《城市居民收入比较》。

110. 山西省国资委：《山西省国资委监管企业职工工资情况》。

111. 阳泉市劳动保障局：《阳泉市城镇失业人员收入分配现状》。

112. 阳泉市劳动保障局：《农村低保、城市低保情况发言提纲》。

113. 阳泉市信访局：《关于我市近年来信访工作的情况汇报》。

114. 阳泉市安监煤炭局：《山西煤炭工业可持续发展中居民收入分配机制研究座谈汇报材料》。

115. 阳泉市发改委：《阳泉市经济社会发展基本情况》。

116. 阳泉市总工会：《阳泉市困难职工群体情况汇报》。

117. 阳泉市统计局城调队：《对阳泉市居民收入增长途径的探究分析》。

118. 阳泉市统计局城调队：《从城市住户调查看低收入家庭生存状况》。

119. 南煤集团：《南煤集团薪酬管理汇报材料》。

120. 阳泉燕煤集团：《山西煤炭工业可持续发展中居民收入分配机制研究汇报材料》。

121. 大阳泉煤炭公司：《大阳泉煤炭有限责任公司收入分配情况》。

122. 上社煤炭公司：《阳泉市上社煤炭有限责任公司收入分配汇报材料》。

123.《中华人民共和国三峡水利枢纽可行性研究报告》，加拿大国际项目管理集团长江联营公司编制，加拿大国际开发署资助，长江三峡工程可行性研究指导委员会第六次会议 1988 年 6 月审查通过。

124.《大中型水利水电工程建设征地补偿和移民安置条例》，中华人民共和国国务院令 1991 年第 74 号，1991 年 2 月 15 日发布。

125.《关于兴建长江三峡工程的决议》，中华人民共和国第七届全国人民代表大会第五次会议通过，《新华月报》，1992 年第 5 期。

126.《长江三峡工程水库淹没处理及移民安置规划大纲》，国三峡办发计字（1993）013 号文，中华人民共和国国务院三峡工程建设管理委员会办公室 1993 年发布。

127.《长江三峡工程建设移民条例》，中华人民共和国国务院令 1993 年第 126 号，1993 年 6 月 29 日公布。

128. 《三峡地区经济发展规划纲要》，中华人民共和国国家计划委员会国地〔1996〕610号文，1996年3月30日发布。

129. 《关于清理三峡工程重庆库区移民收费项目问题的通知》，中华人民共和国国务院办公厅，1998年4月下达。

130. 《关于做好三峡工程库区农村移民外迁安置工作的若干意见》，国务院三峡办和移民开发局，1999年12月公布。

131. 《重庆市三峡库区移民资金管理办法》，渝府令〔2000〕70号文，2000年3月1日公布。

132. 《长江三峡工程建设移民条例》（修订），中华人民共和国国务院令2001年第299号，2001年2月21日公布。

133. 《重庆市实施〈长江三峡工程建设移民条例〉办法》，重庆市第一届人民代表大会常务委员会第四十次会议通过，2002年6月8日公布。

134. 《长江三峡二期工程移民工程终验报告》，国务院三峡二期移民验收委员会，2003年4月公布。

135. 《国务院关于完善大中型水库移民后期扶持政策的意见》，中华人民共和国国务院，国发〔2006〕17号文，2006年5月公布。

136. 《大中型水利水电工程建设征地补偿和移民安置条例》（修订），中华人民共和国国务院令2006年第471号，2006年7月7日公布。

137. 《大中型水库移民后期扶持基金征收使用管理暂行办法》，财综〔2006〕29号文，中华人民共和国财政部，2006年7月9日发布。

138. 《长江三峡库区移民资金审计报告》，中华人民共和国国家审计署2007年第1号（总第19号）审计报告，2007年1月19日公布。

139. 《中国三峡建设年鉴（1998~2007）》，国务院三峡工程建设委员会主管、中国长江三峡工程开发总公司主办，中国三峡建设年鉴社1998~2007年版。

140. 《重庆统计年鉴（1998~2007）》，重庆市统计局主编，重庆出版社1998~2007年版。

主要参考文献

141. 重庆市人民政府向重庆市人民代表大会历次全体会议提交的《移民工作报告》，载《重庆市人民政府公告》，1998～2007 年各期。

142. 重庆市统计局、重庆市移民局：《三峡工程重庆库区统计历史资料汇编（1992～2004）》，2005 年 8 月。

143. 重庆市统计局：《长江三峡工程生态与环境监测系统重庆社会环境监测站 2005 年度报告》，2006 年 4 月。

144. 重庆市统计局：《长江三峡工程生态与环境监测系统重庆社会环境监测站 2006 年度报告》，2007 年 4 月。

145.《中国统计年鉴 2007》，中国统计出版社 2007 年版。

146. 黑龙江省统计局：《齐齐哈尔市国民经济和社会发展统计公报 2004～2006》。

147. 拜泉县统计局：《城镇居民收入分配的现状、主要问题及成因》。

148. 拜泉县农经站：《拜泉县 2005～2007 年农村经济收益分配情况分析、主要问题及成因》。

149. 拜泉县发展改革局：《产业发展对拜泉经济发展的影响》。

150. 拜泉县民政局：《拜泉县城乡低收入人群基本状况》。

151. 拜泉县民政局：《我县复员老军人消费支出情况》。

152. 拜泉县林业局：《国富林场、拜泉林场基本情况》。

153. 拜泉县扶贫办：《拜泉县贫困状况成因及几点建议》。

154. 拜泉县劳动力转移办公室：《拜泉县劳动力转移基本情况汇报》。

155. 刘尚希等：《缓解县乡财政困难的路径选择》，中国财政经济出版社 2006 年版。

156. 中国农村金融需求与农村信用社改革课题组：《中国农村金融现状调查及其政策建议》，《改革》2007 年第 1 期。

157. 国务院发展研究中心课题组：《中国新农村建设推进情况总报告》，《改革》2007 年第 6 期。

158. 扎龙国家级自然保护区管理局：《扎龙保护区自然状况》。

159. 扎龙国家级自然保护区管理局：《关于进一步加强扎龙保护区管理工作的意见和建议》。

160. 扎龙国家级自然保护区管理局：《扎龙自然保护区建设管理状况》。

161. 扎龙国家级自然保护区管理局：《关于扎龙保护区管理体制问题的探讨》。

162. 扎龙国家级自然保护区管理局：《关于进一步加强扎龙自然保护区管理的报告》。

163. 扎龙国家级自然保护区管理局：《东吐木台屯 PRA 调查报告》。

164. 扎龙国家级自然保护区管理局：《扎龙自然保护区生态移民工作方案》。

165. 扎龙国家级自然保护区管理局：《扎龙保护区区域人口表》。

166. 扎龙国家级自然保护区管理局：《扎龙自然保护区吐木台管护站社区经济调查报告》。

167. 《落实科学发展观，铸就铁锋新辉煌》，http：//www. tfqzf. gov. cn，2006 年 9 月 21 日。

168. "王振东在全区农村工作暨社会主义新农村建设工作及农村公路建设工作会议上的讲话"，http：//www. tfqzf. gov. cn，2007 年 3 月 16 日。

169. 《耿嘉毅区长在全区农村工作会议上的讲话》，http：//www. tfqzf. gov. cn，2007 年 3 月 29 日。

170. 《吐木柯村扶贫开发规划 2001 ~ 2010》，黑龙江农村扶贫开发信息网 http：//www. fupin. hljagri. gov. cn/jsp。

171. 《扎龙的新生——扎龙湿地补水透视〉，http：//www. chinawater. com. cn/newscenter。

172. 李玉文、舒展：《扎龙湿地生态环境退化原因及恢复对策》，《野生动物》2005 年第 1 期。

173. 赵旭：《扎龙湿地水环境与可持续发展》，《湿地科学》2005 年第 4 期。

174. 刘加海、许唯临、曹波：《制约扎龙湿地生存发展的问题与对策分析》，《水利科技与经济》2006 年第 3 期。

175. 许江、姜智：《水润扎龙万象新》，《中国水利报》2002 年 7 月 11 日。

176. 冯涛：《新气象，新风貌——全市新农村建设成果丰硕》，《齐齐哈尔日报》2006 年 11 月 18 日。

177. 《中国统计年鉴 2007》，中国统计出版社 2007 年版。

178. 黑龙江省统计局：《齐齐哈尔市国民经济和社会发展统计公报 2004～2006》。

179. 拜泉县统计局：《城镇居民收入分配的现状、主要问题及成因》。

180. 刘尚希等：《缓解县乡财政困难的路径选择》，中国财政经济出版社 2006 年版。

181. 中国农村金融需求与农村信用社改革课题组：《中国农村金融现状调查及其政策建议》，《改革》2007 年第 1 期。

182. 国务院发展研究中心课题组：《中国新农村建设推进情况总报告》，《改革》2007 年第 6 期。

183. 丁任重，陈志舟，顾文军：《"倒 U 假说"与我国转型期收入差距》，《经济学家》2003 年第 6 期。

184. 徐宗玲、陈涓：《经济增长与收入分配变动分析》，《汕头大学学报（人文科学版）》2000 年第 1 期。

185. 周云波：《城市化、城乡差距以及全国居民总体收入差距的变动—收入差距倒 U 形假说的实证检验》，《经济学》2009 年第 4 期。

186. 张少杰、董碧松、郭雅娴：《经济增长对收入分配的影响—来自我国的实践验证》，《中国地质大学学报》2007 年第 1 期。

187. 管晓明：《倒 U 假说的推演及其在我国的检验》，《山西财经大学学报》2006 年第 5 期。

188. 彭志胜：《关于"倒 U 字"假说的再思考》，《行政管理》。

189. 智谋、尚卫平：《江苏省各区域经济发展差距的实证分析》，《南京财经大学学报》2007 年第 5 期。

190. 张世伟、吕世斌：《库兹涅茨倒 U 型假说：基于基尼系数的分析途径》，《经济评论》2007 年。

191. 祝志杰、刘艳茹：《辽宁省区域收入差距的统计研究》，《当代经济》2008 年第 11 期。

192. 尚卫平：《一种反映收入差异程度的新指标——余期望系数》，《统计研究》2004 年第 1 期。

193. 颜鹏飞、唐轶昂：《我国居民收入分配差距研究——兼评库兹涅茨的"倒 U 理论"》，《福建论坛》（经济社会版）2003 年第 3 期。

194. 杨竹莘、聂彩云：《中国地区差距的测度与演变研究综述》，《吉首大学学报》（社会科学版）第 27 卷第 5 期。

195. 钱敏泽：《库兹涅茨倒 U 字形曲线假说的形成与拓展》，《世界经济》2007 年第 9 期。

196. 刘霖、秦宛顺：《收入分配差距与经济增长之因果关系研究》，《福建论坛（人文社会科学版）》2005 年第 7 期。

197. 杨俊、张宗益：《收入分配与经济增长——近代西方理论与实证考察》，《重庆大学学报》2002 年第 10 期。

198. 杨建华：《浙江"倒 U 形曲线"拐点分析》，《浙江社会科学》2009 年第 7 期。

199. 记玉山：《倒 U 理论质疑》，《社会科学实践》1997 年第 3 期。

200. 陈燕、荀关玉：《收入差距出现倒 U 形拐点的因素》，《曲靖师范学院学报》2008 年 1 月总第 528 期。

201. 乔榛：《我国居民收入差距不断扩大背景下的经济持续增长现象分析》，《当代经济研究》2003 年第 9 期。

202. 任重：《我国收入分配问题研究述评》，《开放导报》2008 年第 6 期。

203. 刘荣添、叶民强：《中国城乡收入差异的库兹涅茨曲线研究——基于各省份面板数据（1978～2004 年）的实证分析》，《经济问题探索》

2006 年第 6 期。

204. 洪兴建：《基尼系数理论研究》，经济科学出版社 2008 年版。

205. 魏杰、谭伟：《基尼系数理论与中国现实的碰撞》，《光明日报》2006 年 2 月 14 日。

206. 王新怀：《我国地区发展差距现状及区域协调发展的建议》，《财经界》2009 第 5 期。

207. 中国社会科学院：《城市蓝皮书：中国城市发展报告（NO.2）》，2009。

208. 国家发改委地区经济司：《2007 年我国地区经济形势分析与 2008 年政策建议》，《中国经贸导刊》2008 第 8 期。

209. 欧阳洁：《关注收入差距：不同区域，收入差出一大截》，人民网 2007 年 12 月。

210. 许召元、李善同：《近年来中国地区差距的变化趋势》，《经济研究》2006 年第 7 期。

211. 李会宁、叶民强：《我国东中西部三地区经济发展差距分析》，《经济问题探索》2006 第 6 期。

212. 李晓西、张琦：《中国区域收入差距分析及政策建议》，《改革》2005 第 2 期。

213. 胡联合、胡鞍钢：《我国地区间收入差距的两极化趋势》，《社会观察》2005 年第 6 期。

214. 陈秀山、徐瑛：《中国区域差距影响因素的实证研究》，《中国社会科学》，2004 年第 5 期。

215. 董先安：《浅释中国地区收入差距：1952～2003》，《经济研究》，2004 年第 9 期。

216. 王小鲁、樊纲：《中国地区差距的变动趋势和影响因素》，《经济研究》，2004 年第 1 期。

217. 马拴友、于红霞：《转移支付与地区经济收敛》，《经济研究》，

2003 年第 3 期。

218. 林毅夫、刘培林：《中国的经济发展战略与地区收入差距》，《经济研究》2003 年第 3 期。

219. 蔡昉、都阳：《中国地区经济的趋同与差异——对西部开发战略的启示》，《经济研究》2000 年第 10 期。

220. 李实、赵人伟：《中国居民收入差距的扩大及其原因》，《经济研究》1997 年第 9 期。

221. 林毅夫、蔡昉、李周：《中国转型时期的地区差距分析》，《经济研究》1998 年第 6 期。

222. 袁钢明：《地区经济差异与宏观经济波动》，《经济研究》1996 年第 10 期。

223. 亚洲开发银行：《亚洲的分配不均等》，《亚洲开发银行 2007 年工作文献》

224. 郝寿义、安虎森：《区域经济学》，经济科学出版社 1999 年版。

225. 孔泾源：《中国居民收入分配年度报告（2005）》，经济科学出版社 2005 年版。

226. 宋国恺：《城乡结合部研究综述》，《甘肃社会科学》2004 年第 2 期。

227. 甄艳、吕康娟：《城乡结合部的地缘特性及其管理机制创新》，《世界地理研究》2005 年第 9 期。

228. 蔡昉、都阳：《中国地区经济增长的趋同与差异——对西部开发战略的启示》，《经济研究》2000 第 10 期。

229. 林毅夫、刘培林：《中国的经济发展战略与地区收入差距》，《经济研究》2003 年第 3 期。

230. 李实：《中国个人收入分配研究回顾与展望》，《经济学（季刊）》2003 年第 2 期。

231. 王小鲁、樊纲：《中国地区差距的变动趋势和影响因素》，国务院发展研究中心信息网 2004 年 4 月 28 日。

232. 刘夏明、魏英琪、李国平:《收敛还是发散——中国区域经济发展争论的文献综述》,《经济研究》2004 年第 7 期。

233. 彭国华:《中国地区收入差距、全要素生产率及其收敛分析》,《经济研究》2005 年第 9 期。

234. 万广华、陆铭、陈钊:《全球化与地区间收入差距:来自中国的证据》,《中国社会科学》2005 年第 3 期。

235. 张健,何彬:《中国地区收入差距趋于收敛还是发散》,《学习与探索》2007 年第 3 期。

236. 王家新、梅翠:《影响地区收入差距的税收因素分析》,《统计研究》2006 年第 12 期。

后　记

从承接课题到成果出版，转眼就快 4 年了。按照惯例，总是要在后记中回顾各方面对我们调研工作的支持，回顾参加课题的各位成员的工作，一并表示感谢。前言里已提及并感谢了不少专家与成员的工作，还想利用这个机会，把前言中没能完全表达的心意再讲一讲。

首先要感谢国家哲学社会科学规划办公室的佘主任以及各位工作人员。佘主任对我们的成果很有信心，充满信任和鼓励。课题 3 年多时间，国家哲学社会科学规划办公室的同志们一直在关注并督促着课题进展，促进了本课题的完成。

本课题得到了国家发改委收入分配司司长孔泾源博士的大力支持。尽管孔博士后来调到国家发改委体制改革司当司长，但他仍很关心本课题的进展，提出过不少有价值的指导意见。

我们要感谢一些国家部门与有关省市领导的关心与支持。在课题进行期间，时任国务院研究室主任，现任国家行政学院党委书记、常务副院长魏礼群同志对本课题研究与已取得的研究成果给予肯定，并提出如何具体修改的意见。时任山东省委书记，现任中共中央政治局委员、天津市委书记张高丽同志非常重视课题组关于东营市有关五保五救助的调研报告，做出了"报告很有说服力，发各市县参阅"的批示，山东省贾万志副省长也做了批示。山西省牛仁亮副省长非常关心山西煤炭工业中收入分配及对可持续发展的影响，专门指派了省发展研究中心配合我们的调研，并对上报材料做了"本报告所提建议颇具价值，请发改委等相关部门进一步研究并提出操作意见"的批示。国务院信息办专家委副主任周宏仁教授对课题组平凉农村信息化调研做了非常重要的指示，并委派杨煜东处长做联系和协调工作。中央党校原教务长王瑞璞教授组织了一个"南通现象"调研组，使我们有机会对发达地区居民收入情况也能做近距离地调研……

校内外专家的指导与帮助是非常重要的。山东省省委、省政府的泰山学者项目给我们很多支持，山东省社科院郑贵彬副院长、曲永义副院长安排并参加了我们在威海与东营的调研，共同完成了报告；著名中医专家王永炎院士主持的北京市"新医药学科群"项目，对我们在财力与人力上大力支持，保证了本课题能顺利进行；山西省经济发展研究中心的张复明副主任、山西省委政策研究室陈永奇副主任和研究中心郭延斌副处长陪同我们前往大同和阳泉两市调研，提供了重要思路与调研条件，大大提高了调研的质量；北京市委研究室林向阳主任和胡雪峰处长、北京市老龄问题研究中心陈谊主任，帮助我们组织会议，并参与和指导了课题的研究；我校经济与工商管理学院的李实教授和罗楚亮副教授同样承担着国家社会科学基金关于收入分配方面的重大课题，在我们完成初稿时，他们将形成的报告提供我们参考，对我们帮助和启发很大；还要感谢黑龙江省社科院以及齐齐哈尔市社科院的大力协助，感谢重庆大学建设管理与房地产学院各位院领导的支持，感谢中国市场经济研究会副秘书长徐志强同志的大力协助。

实地考察中各地政府及相关部门，都对课题调研给予了极大支持，没有这种帮助，我们的课题是无法进行的。在此，让我们对山东威海市政府、东营市政府，江苏南通市政府、甘肃平凉地区、山西阳泉市和大同市政府领导、云南个旧市政府、新疆阿克苏市政府、黑龙江省的拜泉县政府和扎龙国家级自然保护区管理局、重庆市政府移民局和统计局等有关部门、国家统计局广东调查大队等各方面提供的大力支持和协助，表示由衷的感谢！

这里，我还想回顾一下课题完成过程中的感人之事。校学生处梁家峰处长热情地帮助我们组织了北京师范大学多个院系的33名同学，分赴各自家乡进行有关"城乡结合部居民岁以后入分配情况"，形成了本书的一个重要部分。几位子课题负责人在完成调研中表现出非常好的合作精神与求实态度。颜哲教授作为子课题的受委托方，不顾身体有病，带领重庆大学一批研究生，深入库区认真调研，完成了10余万字的报告，精神令人感动，成果令人钦佩。王海港教授原在中山大学工作，接受调查失地农民的子课题后，率领师生，在珠江三角洲5个区（市）进行问卷调查，工作非常深入，报告非常扎实。张琦教授在申报课题与承担调研中，发挥了重要作用，为课题做出了很大贡献。王敏副教授与和晋予博士，作为课题联系人，不仅完成了自己承担的写作调研任务，还协助我做了大量组织工作。施发启博士在提供统计分析方面与咨询答疑方面，发挥了不可替代的作用。曾学文博士在数次调研中，均做了有效的协调与写作工作。金继红博士在黑龙江调研中，认真负责，很好地完成了报告。刘涛和林永生二位博士帮助我数次整理10个实地考察项目的材料，付出了大量的劳动。在课题收尾阶段，范丽娜老师承担了全国地区间居民收入差距现状的统计分析，工作量很大，难度很高，但完成得很好。董晓宇博士、王颖、肖博强、张江雪博士等，在调研写作以及组织座谈会方面，均发挥了重要作用。特别让我感动的是，新疆财经学院阿依吐逊老师来我院访问学习，她积极参与课题活动，主动赴新疆阿克苏地区就棉农收入问题进行实地调研，完成调研报告，精神可嘉，成果有价值。还有一些老师和同学，在本书子课题简介中都有提及，这里就不再一一介绍了。在此，让我对参与本课题的全体成员表示感谢和祝贺，大家的辛勤劳动，终于形成了一个有份量的成果。

　　最后，让我对人民出版社的领导和编辑们表示衷心的感谢。人民出版社对我院成果给予了高度关注，先后出版了我多本专著与我院多本研究报告，给了我们很大鼓舞与支持。经济编辑室张文勇主任很早就约了本书

后记

稿，并积极推动其出版。何奎编辑一边编辑加工，一边参与课题的研究工作，对及时地、高质量完成本书书稿做出了贡献，这里一并表示感谢，也祝人民出版社在新的一年中取得更大的成绩！

李晓西

2009 年 12 月 30 日于香港中文大学

策划编辑:张文勇
责任编辑:何　奎
装帧设计:肖　辉

图书在版编目(CIP)数据

中国地区间居民收入分配差距研究/李晓西 等著.
　-北京:人民出版社,2010.3
ISBN 978－7－01－008763－4

Ⅰ.中… 　Ⅱ.李… 　Ⅲ.居民实际收入-收分配-区域差异-研究报告-中国
　Ⅳ.F126.2

中国版本图书馆 CIP 数据核字(2010)第 040050 号

中国地区间居民收入分配差距研究
ZHONGGUO DIQU JIAN JUMIN SHOURU FENPEI CHAJU YANJIU

李晓西　等著

人民出版社 出版发行
(100706　北京朝阳门内大街 166 号)

北京佳顺印务有限公司印刷　　新华书店经销

2010 年 3 月第 1 版　2010 年 3 月北京第 1 次印刷
开本:710 毫米×1000 毫米 1/16　印张:33
字数:500 千字　印数:0,001－5,000 册

ISBN 978－7－01－008763－4　　定价:65.00 元

邮购地址 100706　北京朝阳门内大街 166 号
人民东方图书销售中心　电话 (010)65250042　65289539